AF855331

Excel 2019 pour les nuls

2e édition

Greg Harvey

Excel 2019 pour les nuls

2e édition

FIRST
INTERACTIVE

Excel 2019 pour les Nuls, 2e édition

Titre de l'édition originale : *Microsoft Excel 2019 For Dummies*

Éditions First, un département d'Édi8
92 avenue de France
75013 Paris
Tél. : 01 44 16 09 00
Fax : 01 44 16 09 01
Courriel : firstinfo@efirst.com
Site Internet : www.pourlesnuls.fr

ISBN : 978-2-412-06875-5
Dépôt légal : mai 2021
Imprimé en Italie
Mise en page : Catherine Kédémos

Sommaire

Partie 4 Plongeon dans l'analyse de données

Introduction

Je suis très fier de vous présenter *Excel 2019 pour les Nuls*, la dernière version du livre préféré des Français consacré à Microsoft Office Excel 2019, et qui n'ont pas pour ambition de devenir des gourous du meilleur des tableurs actuellement présent sur le marché.

Ce livre traite des techniques fondamentales dont vous avez besoin pour créer, modifier, mettre en forme, et imprimer vos propres feuilles de calcul. En plus de vous apprendre à partager votre travail, ce livre explique comment insérer des graphiques, créer des listes de données, et exécuter des analyses. Ne vous inquiétez pas ! Il s'agira pour vous d'apprendre à réaliser facilement ces diverses opérations. En effet, ce livre se concentre sur les feuilles de calcul qui restent les documents Excel que les utilisateurs manipulent quotidiennement. Donc, allons à l'essentiel, toujours et encore.

À propos de ce livre

Ce livre n'a pas été conçu pour être lu chronologiquement du début à la fin. Bien que ses chapitres soient strictement organisés afin de permettre une formation progressive à l'utilisation d'Excel, chaque sujet traité peut être appréhendé indépendamment des autres.

Chaque étude répond à la simple question de savoir comment utiliser efficacement une fonction indispensable. En effet, dans Excel comme dans la plupart des logiciels sophistiqués, il existe plusieurs manières de réaliser une même tâche. Pour éviter toute confusion dans votre esprit, je ne vous présenterai que la technique la plus pertinente. Bien entendu, lorsque vous maîtriserez votre niveau d'expérience d'Excel, vous pourrez tester d'autres méthodes afin de les ajouter à votre panoplie de savoir-faire.

Ce livre effectue quelques renvois à d'autres sections et chapitres qui vous communiqueront des informations supplémentaires sur un sujet spécifique. C'est une méthode efficace pour approfondir une technique et enrichir vos connaissances. Mais, rien ne vous oblige à consulter ces renvois. Vous pouvez très bien aborder ce livre comme s'ils n'existaient pas.

Comment utiliser ce livre

Ce livre doit être considéré comme un guide. Commencez par regarder un sujet pour lequel vous manquez d'informations. Pour cela, reportez-vous à la table des matières ou à l'index. Ensuite, consultez directement la section du livre traitant du sujet en question. J'expose les choses de manière naturelle, exactement comme si je me tenais près de vous pour vous expliquer comment réaliser telle et telle tâche étape par étape.

Ce que vous pouvez ignorer

Lorsque vous suivez une procédure décrite pas à pas, vous pouvez très bien ignorer tout le texte qui n'est pas en caractères gras.

Autant que faire se peut, j'ai essayé d'isoler du texte principal toutes les informations techniques que vous retrouvez généralement dans des encadrés, c'est-à-dire des blocs de texte reposant sur un arrière-plan gris. Souvent, ces sections sont précédées d'une icône qui permet d'identifier la nature des informations qu'elles contiennent. Rien ne vous oblige à lire ce contenu technique.

Mes présomptions à votre sujet

La rédaction d'un livre abordable pour le profane nécessite de faire quelques hypothèses sur les lecteurs. La première est une lapalissade. En effet, je suppose, à juste titre j'espère, que vous avez besoin d'utiliser Excel dans votre travail ou vos études. Et si je pousse encore plus loin mes suppositions, je pense que votre objectif n'est pas de devenir un spécialiste d'Excel. Si tel est le cas, croyez-moi, ce livre est définitivement fait pour vous. Mais, si vous êtes débutant et que vous avez envie de devenir un gourou du tableur, eh bien vous avez également frappé à la bonne porte. Ce livre vous apprendra les bases d'Excel que vous pourrez dépasser lorsque vous les maîtriserez totalement.

Je suppose également que vous disposez d'Excel 2019 (qui fait généralement partie de la suite Office 2019). Je présume aussi que cette version est installée sur un ordinateur fonctionnant sous Windows 10. En effet, Excel 2019 est la première version du logiciel qui ne peut pas s'installer sur d'anciennes versions de Windows, et notamment la très populaire Windows 7. En revanche, je ne suppose pas que vous utilisez Excel 2019 assis devant un grand écran, et que vous effectuez toutes vos entrées au clavier et à la souris. Avec l'apparition des tablettes Microsoft Surface 4 et de bien d'autres tablettes Windows, vous avez aujourd'hui la possibilité de travailler du bout des doigts ou d'un stylet en utilisant un clavier Windows Touch.

Pour traiter des différences qui existent entre une utilisation d'Excel 2019 sur un ordinateur de bureau ou portable standard, et sur un écran tactile, je présente les équivalents du « clic », double-clic », « glisser », *etc.*, au Chapitre 1.

Ce livre est destiné aux utilisateurs de Microsoft Excel 2019 ! Du fait de la grande diversité d'appareils sur lesquels Excel peut être exécuté, et des emplacements de stockage de ses fichiers, vous risquez d'être un peu perdu si vous aviez l'habitude de travailler avec Excel 2007 ou 2010. En revanche, vous aurez parfaitement l'habitude de travailler avec le Ruban, ce qui ne sera pas le cas des utilisateurs de versions antérieures à 2007.

Organisation de ce livre

Ce livre se compose de six parties qui contiennent au moins deux chapitres chacune. Chaque chapitre est divisé en sections qui couvrent les bases du sujet qu'elles traitent. Mais ne vous mettez pas martèle en tête. Peu importe que vous appreniez à mettre en forme une feuille de calcul avant de savoir la modifier. L'important est que vous trouviez l'information dont vous avez besoin quand vous en avez besoin.

Si cela vous intéresse, la prochaine section résume le contenu de chacune des parties de ce livre magnifique.

Première partie : Partir du bon pied avec Excel 2019

Comme vous pouvez l'imaginer, cette partie s'intéresse aux fondamentaux du programme tels que : comment exécuter Excel 2019, en identifier les parties à l'écran, entrer des données dans un classeur, enregistrer un document, *etc.*

Si vous débutez sans aucune connaissance d'Excel, vous devez impérativement lire le Chapitre 1 pour comprendre les secrets du Ruban. Ensuite, vous pourrez commencer à créer des classeurs et à remplir des feuilles de calcul comme expliqué au Chapitre 2.

Deuxième partie : Éditer sans pleurer

Dans cette partie, je vous apprends à éditer des feuilles de calcul pour leur donner un meilleur aspect. Vous verrez comment apporter des modifications majeures sans provoquer de désastre. Passez au Chapitre 3 pour apprendre à mettre en forme des données afin d'améliorer la lisibilité du contenu d'une feuille de calcul. Le Chapitre 4 explique comment organiser, supprimer, ou insérer de nouvelles informations. Enfin, consultez le Chapitre 5 pour découvrir comment imprimer votre produit fini.

Troisième partie : Rester dans le bon ordre des choses

Je vous communique ici de nombreuses astuces pour organiser vos données dans des feuilles de calcul. Le Chapitre 6 regorge de bonnes idées sur la manière de garder une trace de vos données et sur leur organisation dans une simple feuille de calcul. Le Chapitre 7 présente les tenants et les aboutissants du travail avec des données des différentes feuilles de calcul d'un même classeur. Vous verrez également comment transférer des données entre les feuilles de calcul de différents classeurs.

Quatrième partie : Analyser des données

Cette partie se compose de deux chapitres. Le Chapitre 8 présente les différents types d'analyse de scénarios, y compris la création de tables de données à une ou deux entrées. Vous verrez également comment rechercher des valeurs cibles, et créer différentes hypothèses avec le Gestionnaire de scénarios. Le Chapitre 9 présente les très puissantes fonctions de tableau croisé dynamique et de graphique croisé dynamique qui permettent de résumer et de filtrer de grandes quantités de données dans une table ou une liste de données, sous la forme d'un tableau ou d'un graphique compact.

Cinquième partie : Au-delà de la feuille de calcul

J'explore ici d'autres aspects d'Excel. Au Chapitre 10, je montre comment il est ridiculement facile de créer un graphique à partir des données d'une feuille de calcul. Le Chapitre 11 expose la création de listes de données afin de suivre et d'organiser de grandes quantités d'informations. Au Chapitre 12, vous verrez comment utiliser des compléments pour augmenter les possibilités d'Excel, pour ajouter des liens hypertextes afin d'atteindre rapidement d'autres emplacements d'une feuille de calcul, de nouveaux documents, et même des pages Web, mais aussi comment enregistrer des macros pour automatiser certaines tâches.

Sixième partie : Les dix commandements

Comme le veut la tradition des livres *Pour les Nuls*, la dernière partie de cet ouvrage est consacrée au top 10 des trucs et des astuces les plus utiles. Cette ultime partie se compose de trois chapitres. Le Chapitre 13 présente dix astuces à connaître lorsque vous exécutez ce programme. Le Chapitre 14 liste les dix meilleures fonctions pour gérer et préserver un nombre important de données dans Excel 2019. Enfin, le Chapitre 15 examine les dix fonctions qui permettent d'assurer la validité de vos données dans Excel.

Les conventions de ce livre

Les informations suivantes expliquent comment les choses se présentent dans ce livre. Les éditeurs appellent cela les *conventions.*

Sélectionner des commandes du Ruban

Tout au long de ce livre, vous exécuterez des séquences de commandes depuis le Ruban d'Excel. Ces séquences sont présentées de la manière suivante dans les paragraphes de ce livre :

Accueil/Copier

Cela signifie que vous devez cliquer sur l'onglet Accueil puis sur la commande Copier. Vous copiez ainsi, dans le Presse-papiers d'Excel, le contenu de cellules ou des graphiques sélectionnés.

Certaines commandes du Ruban se situent dans des sous-menus. Ainsi, lorsque vous lisez ceci :

Formules/Options de calcul/Manuel

cela signifie que vous devez cliquer sur l'onglet Formules, ouvrir le menu local Options de calcul, et cliquer sur Manuel.

Parfois, vous serez amené à taper du contenu au clavier, notamment dans des cellules spécifiques d'une feuille de calcul. Dans ce cas, le texte est écrit en gras. Par exemple, **=SOMME(A2:B2)** signifie que vous devez saisir exactement ce qui est écrit en gras, c'est-à-dire le signe égal, suivi du mot **SOMME**, une parenthèse gauche, le texte **A2:B2** (sans oublier les deux points entre les références de ces deux cellules), et la parenthèse droite. Enfin, pour valider cette saisie, vous devez appuyer sur la touche Entrée de votre clavier.

Occasionnellement, j'indique des combinaisons de touches, c'est-à-dire des raccourcis clavier qui permettent d'exécuter des commandes sans recourir à la souris. Les raccourcis sont indiqués sous cette forme : Alt + FS ou Ctrl + S. Lorsque vous pressez Alt, des lettres apparaissent au niveau des onglets du Ruban. Relâchez Alt et appuyez sur la lettre de l'onglet contenant la commande à exécuter. Ensuite, appuyez sur la lettre correspondant à ladite commande et qui est affichée dans l'onglet ouvert.

Lorsque vous exécutez un raccourci clavier avec la touche Ctrl, vous devez la maintenir enfoncée, puis appuyer sur la lettre indiquée. Vous n'ajouterez la touche Maj que si elle est spécifiée dans le raccourci, comme Ctrl + Maj + C.

Excel 2019 ne comporte qu'un seul menu déroulant (Fichier) et une barre d'outils (dite barre d'outils Accès rapide). Vous ouvrez le menu Fichier en cliquant sur l'onglet Fichier, ou en exécutant le raccourci Alt + F. Vous accédez alors à ce que l'on appelle le Backstage d'Excel. La barre d'outils Accès rapide et ses boutons se situe en haut à gauche de l'interface.

Enfin, vous noterez une différence dans la manière dont les noms des options des boîtes de dialogue sont orthographiés. En effet, afin de les différencier du corps du texte de mes explications, je les écris avec la première lettre en majuscule.

Les icônes de ce livre

Les icônes suivantes sont placées dans la marge pour attirer votre attention sur un contenu particulier que vous lirez ou pas.

Cette icône attire votre attention sur une discussion pointue dont vous pouvez parfaitement vous passer.

Voici une icône intéressante qui permet de réaliser plus facilement certaines opérations.

Cette icône communique une information qu'il est conseillé de mémoriser pour gagner en productivité.

Voici une alerte dont il est vivement recommandé de prendre connaissance sous peine de courir à la catastrophe.

Cette icône communique une astuce sur l'utilisation d'Excel avec un écran tactile.

Et maintenant ?

Si vous n'avez jamais travaillé dans une feuille de calcul, je vous suggère de lire le Chapitre 1 afin d'apprécier les possibilités globales d'Excel. Ensuite, lorsqu'un besoin se fera sentir comme « Comment copier une formule ? », ou « Comment imprimer une section spécifique de ma feuille de calcul ? », consultez la table des matières ou l'index afin de trouver l'information appropriée.

Partie 1

Partir du bon pied avec Excel 2019

Dans cette partie

Découvrir le Ruban et l'interface utilisateur d'Excel.

•

Se familiariser avec les principaux onglets et boutons de commande.

•

Personnaliser la barre d'outils Accès rapide.

•

Lancer (et quitter) Excel 2019.

•

Obtenir une assistance avec l'onglet Aide et la fonction Dites-nous.

•

Utiliser les principaux boutons et commandes
qui gèrent la saisie des données.

•

Récupérer un classeur égaré quand les choses tournent mal.

DANS CE CHAPITRE

Sélectionner des commandes à partir du Ruban.

Personnaliser la barre d'outils Accès rapide.

Les méthodes pour lancer Excel 2019.

Surfer dans un classeur et une feuille de calcul.

Exécuter des actions grâce à la fonction Dites-nous.

Chapitre 1
Excel 2019 pour son utilisateur

Comme dans les versions précédentes du programme, l'interface utilisateur a été débarrassée de ses menus déroulants, volets et barres d'outils. Tous ces éléments sont remplacés par un bandeau unique placé dans la partie supérieure de la feuille de calcul, appelé Ruban. Les commandes sont réparties dans des groupes logiques les rendant ainsi facilement et rapidement accessibles.

Ajoutez à ce Ruban un onglet Fichier et la barre d'outils Accès rapide, auxquels se joignent quelques volets de tâches (Presse-papiers, Images Clipart et Rechercher) et vous disposez de la version d'Excel la plus facile à utiliser jamais commercialisée. Elle vous offre les moyens les plus commodes de faire des calculs sur vos données, de produire de très beaux rapports financiers aussi bien que d'organiser vos données et d'en faire des graphiques, autrement dit de faire toutes ces choses merveilleuses pour lesquelles vous utilisez Excel.

Mieux encore, l'interface utilisateur d'Excel 2019 contient toutes sortes d'éléments graphiques qui accélèrent le travail dans les feuilles de calcul et en facilitent la gestion. L'Aperçu instantané permet d'obtenir une prévisualisation de la mise en forme d'une feuille de calcul. Ainsi, avant d'appliquer une pareille modification, il est possible d'obtenir un aperçu du contenu d'une cellule dans une police de caractères particulière. Idem pour la mise en forme d'un tableau, ou l'application d'un graphique. Cet Aperçu instantané s'étend désormais aux nouvelles commandes de Graphiques recommandés, de Tableaux croisés dynamiques recommandés, d'Analyse rapide, ceci afin de prévisualiser le format de vos données avant de l'appliquer.

Excel 2019 prend également en charge l'affichage Mise en page qui montre les règles et les marges, ainsi que des en-têtes et des pieds de page pour chaque feuille de calcul. Vous disposez également d'un curseur Zoom en bas à droite de l'interface pour effectuer des zooms avant et arrière sur les données de vos classeurs. Enfin, Excel 2019 met à votre disposition un grand nombre de galeries qui facilitent la mise en forme des feuilles de calcul et des graphiques grâce, notamment, à la fonction d'Aperçu instantané.

L'interface utilisateur et son Ruban

Lorsque vous ouvrez Excel, un écran de démarrage représenté à la Figure 1.1 apparaît. Choisissez Nouveau classeur pour ouvrir un classeur vierge ou optez pour un des autres modèles proposés. Si aucun ne fait votre bonheur, n'hésitez pas à surfer sur le Net pour en trouver d'autres. Quand vous aurez exploité le programme pendant un certain temps, vous trouverez, dans le volet gauche, la liste des classeurs que vous aurez récemment utilisés, au cas où vous souhaiteriez les ouvrir de nouveau.

Si vous optez pour Nouveau classeur, le programme vous ouvre un nouveau classeur (qu'il baptise *Classeur1* et qu'il dote d'une feuille de calcul : *Feuil1*) (Figure 1.2).

Cette fenêtre se compose des éléments suivants :

» **L'onglet Fichier**, qui ouvre la fenêtre, dont le volet de gauche, appelé Backstage (les coulisses… comme au théâtre !) contient toutes les commandes relatives au fichier, notamment Enregistrer, Ouvrir (sélectionné par défaut), Imprimer, Partager, Exporter, Publier et Fermer, ainsi qu'un bouton Options qui permet de modifier les paramètres par défaut d'Excel. Vous y découvrirez également le bouton Compte qui donne accès à des informations concernant l'utilisateur du programme. Une nouvelle rubrique Votre avis permet de communiquer vos impressions à Microsoft sous la forme d'un message ou plus simplement d'un smiley. Pour quitter cette vue Backstage, appuyez sur la touche Echap de votre clavier. Vous revenez alors à la feuille de calcul.

Figure 1.1 L'écran de démarrage d'Excel 2019 permet de créer un nouveau classeur vierge, d'utiliser un modèle, comme base, ou de rouvrir un classeur récemment utilisé.

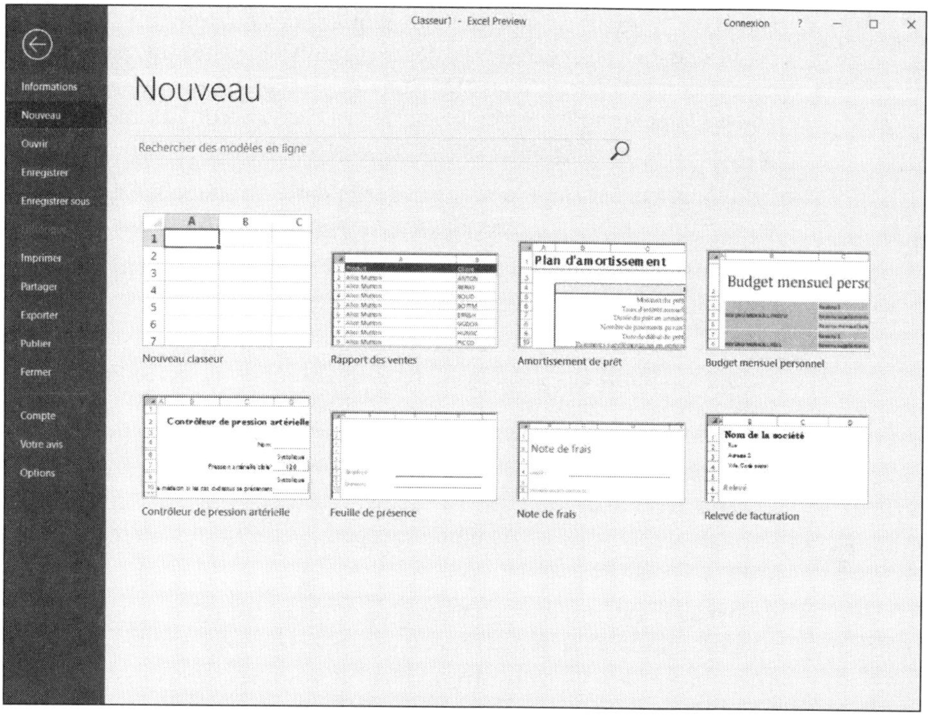

Figure 1.2 Voilà où vous débarquez après avoir choisi Nouveau classeur dans l'écran de démarrage.

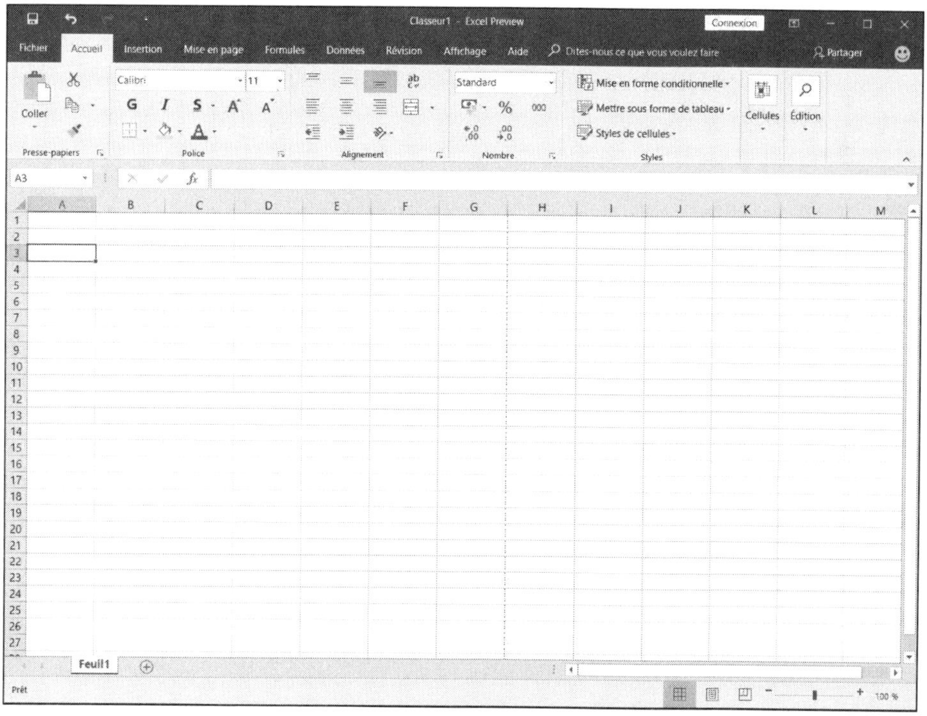

- **La barre d'outils Accès rapide**, qui contient des boutons sur lesquels vous pouvez cliquer pour accomplir des tâches d'usage courant, par exemple enregistrer votre travail ou bien annuler ou répéter une modification. Vous pouvez la personnaliser en choisissant les boutons de commande qu'elle doit ou non afficher.
- **Le Ruban**, qui contient la majeure partie des commandes d'Excel, réparties dans un certain nombre d'onglets et de groupes allant d'Accueil à Affichage.
- **La barre de formule**, qui affiche l'adresse de la cellule sélectionnée ainsi que son contenu.
- **La zone de feuille de calcul**, qui contient toutes les cellules de la feuille de calcul en cours, identifiées par des en-têtes de colonnes au moyen de lettres sur le bord supérieur et par des en-têtes de lignes utilisant des nombres sur le bord gauche, avec des onglets permettant de sélectionner une autre feuille de calcul du classeur, une barre de défilement horizontale sur le bord inférieur pour se déplacer vers la droite et vers la gauche dans la feuille de calcul, et une barre de défilement verticale sur le bord droit pour se déplacer vers le haut et vers le bas dans la feuille de calcul.
- **La barre d'état**, qui indique dans quel mode se trouve le programme et quelles touches spéciales sont activées, vous permet de sélectionner une autre feuille de calcul et de faire un zoom avant ou arrière sur la feuille de calcul affichée.

Que se passe-t-il en coulisses ?

L'onglet Fichier est situé à gauche de l'onglet Accueil du Ruban, juste sous la barre Accès rapide.

Cliquer sur Fichier donne accès à la vue Backstage. Si vous y validez l'option Informations, vous obtiendrez des données sur l'état du classeur Excel actuellement ouvert et actif (Figure 1.3).

La fenêtre Informations est divisée en deux parties. Celle de gauche contient de grands boutons servant à modifier les autorisations du classeur et à restreindre sa diffusion. Celle de droite distille des informations sur les propriétés du document, dont certaines, comme Titres, Mots-clés, ou encore Catégorie. Si vous ne pouvez pas modifier l'Auteur originel, vous pouvez en revanche en ajouter un en cliquant sur Ajouter un auteur. Si vous travaillez avec un écran de taille modeste, cliquez sur le lien Afficher toutes les propriétés pour accéder à d'autres rubriques.

Sous l'option Informations se trouvent les commandes Nouveau, Enregistrer, Enregistrer sous, Historique, Imprimer, Partager, Exporter, Publier, et Fermer, commandes classiques de gestion des fichiers. En avant-dernière position, un bouton Compte vous donne accès, à droite, au volet du même nom. Vous y trouverez des informations sur l'utilisateur, la connexion et le compte Microsoft Office. Comme indiqué plus haut dans ce chapitre, le bouton Votre avis vous permet de dire à Microsoft ce que vous pensez de la nouvelle version d'Excel. Enfin, le bouton Options donne accès aux réglages des paramètres d'Excel 2019.

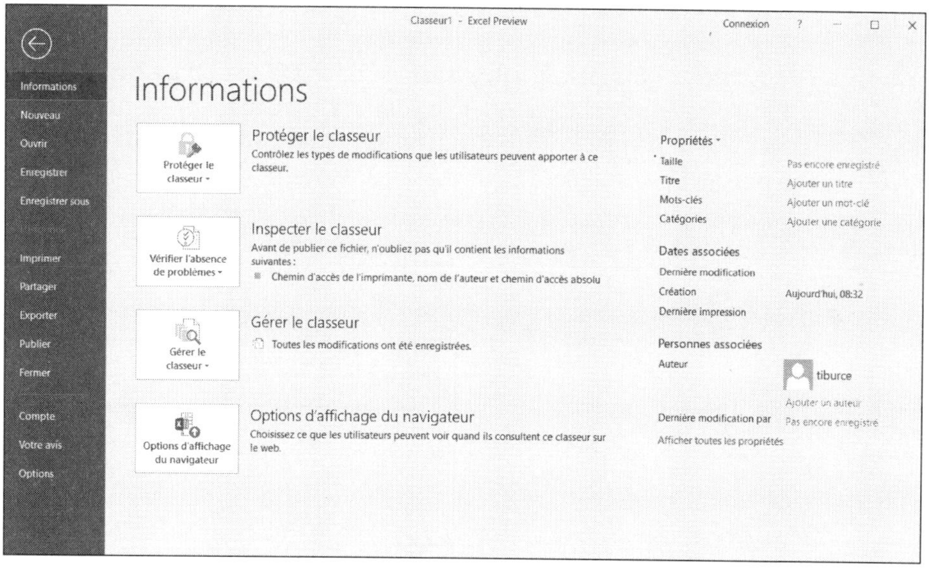

Figure 1.3 Les commandes disponibles en coulisses à gauche ; les informations à droite.

Cliquez sur Ouvrir pour ouvrir un classeur que vous avez déjà créé. Excel vous affiche à droite la liste des classeurs récents ; il vous suffit de cliquer, dans la liste, sur le nom du classeur auquel vous voulez accéder.

Pour fermer la vue Backstage et revenir à l'affichage normal de la feuille de calcul, cliquez sur la flèche gauche située en haut à gauche du volet ou appuyez tout simplement sur la touche Échap de votre clavier.

Utiliser le Ruban d'Excel

Le Ruban (Figure 1.4) rend directement accessibles, dans des onglets, les commandes les plus utilisées.

Le Ruban est constitué des éléments suivants :

» **Des onglets**, qui présentent les commandes par catégories.

» **Des groupes**, qui regroupent les commandes relatives à une tâche particulière.

» **Des boutons de commande** qui, dans chaque groupe, vous permettent d'accomplir une action ou d'ouvrir une galerie dans laquelle vous pourrez cliquer sur la miniature de votre choix. Notez que, dans certains onglets, ces boutons sont regroupés en minibarres d'outils.

» **Des déclencheurs de boîte de dialogue** qui, ancrés dans l'angle inférieur droit de certains groupes, vous permettent d'ouvrir une boîte de dialogue qui propose des options supplémentaires.

Pour afficher une plus grande surface de votre feuille de calcul dans la fenêtre d'Excel, vous pouvez masquer le Ruban de manière à ce que seuls les onglets apparaissent. Pour ce faire, il suffit de cliquer sur le bouton Options d'affichage du Ruban situé au-dessus de l'onglet Partager. Un menu local apparaît avec trois commandes d'affichage : Masquer automatiquement le ruban, Afficher les onglets, Afficher les onglets et les commandes.

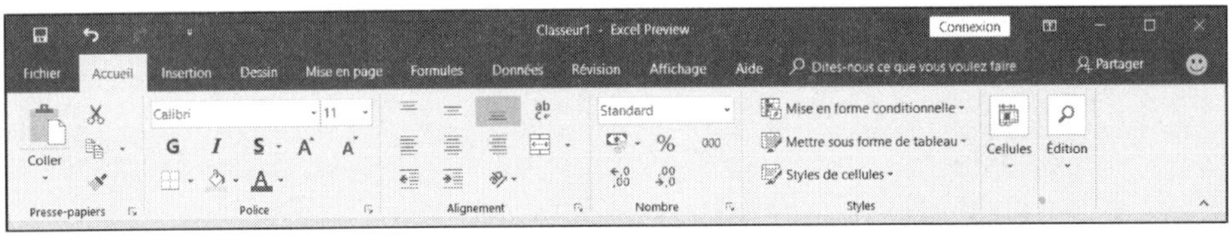

Figure 1.4
Le Ruban d'Excel se compose d'une série d'onglets contenant des boutons de commande répartis dans différents groupes.

Lorsque vous masquez automatiquement le Ruban, il suffit de placer le pointeur de la souris tout en haut de votre écran pour faire apparaître une barre verte horizontale très claire. Cliquez dessus pour afficher les onglets et les commandes. Vous pouvez également double-cliquer sur les trois petits points situés dans la partie supérieure droite de l'interface. Pour réafficher le Ruban, cliquez de nouveau sur le bouton Options d'affichage du ruban, et choisissez Afficher les onglets et les commandes.

Pour réduire rapidement le Ruban, faites un clic-droit dans un espace vide d'un des groupes de commandes. Dans le menu contextuel qui apparaît, exécutez la commande Réduire le ruban. Seuls les onglets sont alors visibles. Accédez aux commandes en cliquant sur le nom de l'onglet. Pour réafficher le Ruban, il suffit alors de double-cliquer sur le nom d'un onglet.

Les onglets du Ruban

La première fois que vous lancez Excel, son Ruban contient les onglets suivants, de la gauche vers la droite :

» **Accueil**, qui contient les boutons de commande normalement utilisés pour créer, mettre en forme et modifier une feuille de calcul, répartis dans les groupes Presse-papiers, Police, Alignement, Nombre, Style, Cellules et Édition.

» **Insertion**, qui contient les boutons de commande normalement utilisés pour ajouter divers éléments (dessins, tableaux, graphiques, graphiques sparklines, liens hypertextes, en-têtes et pieds de pages), répartis dans les groupes Formes, Tableaux, Illustrations, Graphiques, Graphiques sparklines, Diagrammes, Liens, Texte, et Symboles.

» **Dessin** contient des commandes qui permettent de dessiner sur vos documents. Cet onglet se compose des groupes Outils, Stylets, et Convertir.

Vous ne voyez pas l'onglet Dessin ? Il suffit de l'ajouter à votre Ruban. Pour cela, cliquez sur Fichier/Options. Dans la boîte de dialogue Options Excel, cliquez sur la rubrique Personnaliser le ruban du volet gauche. Dans la section Onglets principaux du volet droit, cochez la case Dessin. L'onglet correspondant sera ajouté au Ruban d'Excel.

» **Mise en page**, qui contient les boutons de commande normalement utilisés pour préparer une feuille de calcul pour l'impression ou réorganiser les dessins sur une feuille de calcul, répartis dans les groupes Thèmes, Mise en page, Mise à l'échelle et Options de la feuille de calcul et Organiser.

» **Formules**, qui contient les boutons de commande normalement utilisés pour ajouter des formules et des fonctions dans une feuille de calcul ou pour rechercher des erreurs dans une formule, répartis dans les groupes Bibliothèque de fonctions, Noms définis, Vérification des formules et Calcul.

» **Données**, qui contient les boutons de commande normalement utilisés pour importer, émettre des requêtes, mettre en évidence ou faire un sous-total des données d'une feuille de calcul. Il se compose des groupes Récupérer et transformer des données, Requêtes et connexions, Trier et filtrer, Outils de données, Prévisions, et Plan.

L'onglet Données s'enrichit du groupe Analyse lorsque vous activez un complément tel qu'Analysis ToolPak.

» **Révision**, qui contient les boutons de commande normalement utilisés pour vérifier, protéger et effectuer le suivi des modifications d'une feuille de calcul, répartis dans les groupes Vérification, Accessibilité, Aperçus, Langue, Commentaires, Protéger, et Entrée manuscrite.

Le bouton Masquer les entrées manuscrites du groupe Entrée manuscrite est présent sur les appareils tactiles qui exécutent Excel 2019, et sur les ordinateurs équipés d'une tablette graphique.

» **Affichage**, qui contient les boutons de commande normalement utilisés pour modifier l'affichage de la feuille de calcul, répartis dans les groupes Modes d'affichage, Afficher, Zoom, et Fenêtre.

» **Aide** contient des boutons de commande qui permettent de solliciter un support, d'afficher l'aide en ligne de Microsoft, d'envoyer un commentaire, mais aussi d'accéder à une formation en ligne.

» **Partager** est placé un peu à l'écart des autres onglets. Lorsque vous cliquez dessus, vous affichez un panneau Partager qui permet d'ajouter un emplacement de stockage distant (cloud) afin de collaborer avec d'autres utilisateurs en y enregistrant vos classeurs.

En plus de ces onglets standard, Excel dispose de l'onglet supplémentaire optionnel Développeur, que vous pouvez ajouter au Ruban si vous travaillez avec des macros et des fichiers XML.

Bien que ces onglets standard soient ceux que vous voyez toujours sur le Ruban lorsqu'il est affiché dans Excel, ils ne sont pas tout ce qui peut apparaître dans cette zone. Excel peut également y afficher des outils contextuels lorsque vous travaillez sur un objet que vous avez sélectionné dans la feuille de calcul, par exemple, une image insérée ou un graphique, ou un tableau que vous avez créé. Les noms des outils contextuels pour l'objet sélectionné apparaissent juste au-dessus de l'onglet ou des onglets associés à ces outils.

Par exemple, la Figure 1.5 montre une feuille de calcul dans laquelle on a cliqué sur le graphique afin de le sélectionner. Cette sélection fait apparaître l'onglet Outils de graphique à droite de l'onglet Affichage. Il se compose de deux onglets supplémentaires : Création (sélectionné par défaut) et Format. Notez également que les boutons de commande de l'onglet Création sont répartis dans les groupes Type, Données, Disposition du graphique, et Emplacement.

Figure 1.5

Lorsque vous sélectionnez certains objets dans la feuille de calcul, Excel ajoute au Ruban des outils contextuels avec leurs propres onglets, groupes et boutons.

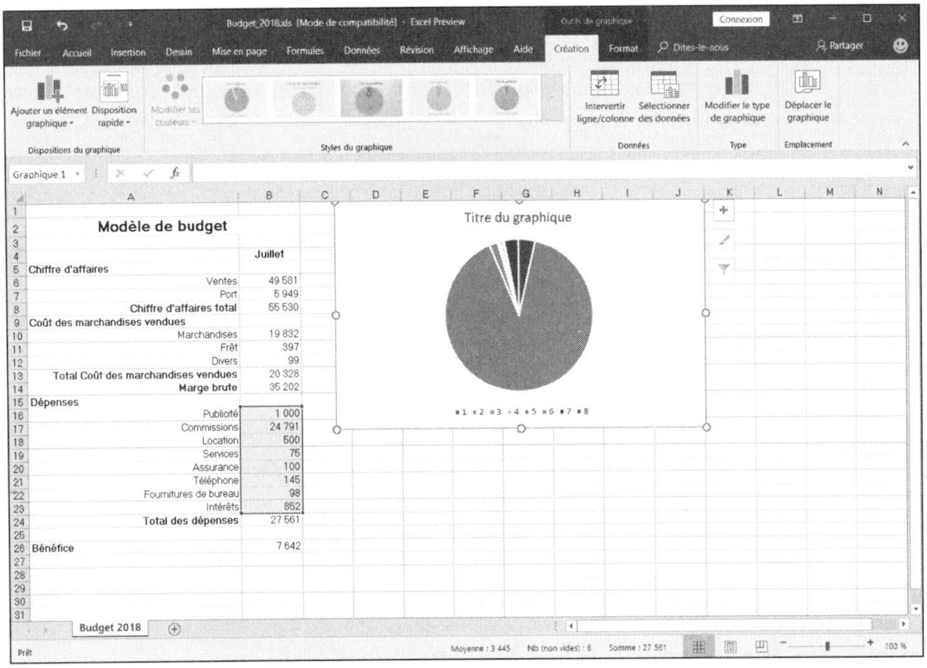

Lorsque vous désélectionnez l'objet en cliquant sur la feuille à l'extérieur de celui-ci, l'outil contextuel disparaît immédiatement du Ruban, qui ne laisse plus apparaître que les onglets habituels.

Sélectionner des commandes via le clavier et la souris

Excel 2019 est capable de tourner sur une foule de dispositifs distincts. C'est en vous fondant sur le type de matériel que vous exploitez, mais aussi sur les périphériques qui lui sont connectés que vous choisirez la méthode la plus efficace d'invoquer des commandes du Ruban.

Par exemple, lorsque j'utilise Excel 2019 sur ma Surface Book 2 en mode bureau, j'active des commandes du Ruban sensiblement de la même manière que lorsque j'utilise Excel sur un ordinateur de bureau équipé d'un clavier et d'une souris, ou que sur un ordinateur portable équipé d'une dalle tactile.

En revanche, lorsque j'utilise Excel 2019 sur ma Surface Book 2 en mode tablette, j'active les onglets et les commandes du bout de mon index ou avec un stylet.

Si vous disposez d'un clavier et d'une souris, la méthode la plus simple pour sélectionner une commande du Ruban consiste à cliquer sur l'onglet où elle se trouve, puis sur le bouton qui la représente dans son groupe. Ainsi, pour introduire, dans votre feuille de calcul, une image en ligne, cliquez sur l'onglet Insertion, puis sur le bouton Illustrations et, enfin, sur Images, ce qui vous garantira l'accès à la boîte de dialogue Insérer des images.

Si vous êtes un as du clavier, voici une autre méthode pour sélectionner facilement des commandes du Ruban : appuyer sur la touche Alt, la relâcher, puis appuyer sur la lettre qui correspond à celle affichée sur l'onglet que vous voulez sélectionner. Lorsque vous enfoncez la touche Alt et la relâchez aussitôt, Excel affiche les touches de raccourci pour tous les onglets du Ruban. Lorsque vous appuyez alors sur la touche de raccourci d'un onglet, celui-ci apparaît, avec toutes les touches de raccourci des boutons de commande qu'il contient.

Sélectionner des commandes tactilement

Pour utiliser Excel tactilement, vous devez activer son Mode tactile. Dans ce mode, Excel espace davantage les boutons de commande pour en faciliter l'utilisation tactile ou avec un stylet. (Cela est particulièrement problématique avec les boutons de commande du groupe Police de l'onglet Accueil qui permettent d'appliquer certains attributs aux entrées de cellule, comme mettre le texte en gras, en italique, ou bien encore le souligner. Ces petits boutons sont si proches les uns des autres en Mode souris qu'il serait quasiment impossible de toucher le bouton voulu en Mode tactile.)

Pour activer le Mode tactile, ouvrez le menu local de la barre d'outils Accès rapide, et cliquez activez Mode tactile/souris. Un bouton s'ajoute à la barre d'outils Accès rapide. Grâce à son menu local, ce bouton permet de basculer facilement d'un mode à l'autre.

Mettons-nous bien d'accord

Avant d'aller plus loin, permettez-nous de spécifier quelques termes incontournables. Quand nous disons *cliquer*, cela signifie enfoncer une fois le bouton principal de la souris (en général, le gauche, à moins que vous n'ayez modifié ce paramètre) ou toucher une fois l'écran avec votre doigt (ou votre stylet) si vous travaillez sur un dispositif tactile. *Double-cliquer*, c'est enfoncer deux fois consécutivement le bouton principal de la souris ou toucher rapidement deux fois l'écran. Opérer un *clic-droit*, c'est enfoncer le bouton secondaire (le droit si vous avez gardé les réglages prédéfinis) ou toucher l'objet et maintenir le contact jusqu'à ce qu'un menu contextuel s'affiche. Si vous utilisez un stylet Microsoft avec votre Surface, vous devez maintenir enfoncé le bord du stylet tout en tapotant l'objet avec la pointe. Enfin, quand nous parlons de *cliquer-glisser* pour réaliser une sélection de cellules, cela veut dire cliquer sur la première, maintenir enfoncé tout en déplaçant la souris jusqu'à la dernière, puis relâcher. Sur un écran tactile, vous devez tapoter sur la cellule pour faire apparaître les poignées de sélection, c'est-à-dire les deux cercles affichés en haut à gauche et en bas à droite de la cellule active. Ensuite, avec votre doigt ou un stylet, faites glisser l'un de ces cercles (ou *poignées* si vous préférez) pour sélectionner un groupe de cellules.

Personnaliser la barre d'outils Accès rapide

Lorsque vous lancez Excel 2019 pour la première fois, la barre d'outils Accès rapide ne contient que les trois (voire quatre) boutons suivants :

- **Enregistrer**, pour enregistrer toutes les modifications apportées au classeur ouvert, avec le même nom de fichier, le même format de fichier et le même emplacement.
- **Annuler**, pour annuler la dernière modification que vous avez effectuée.
- **Répéter**, pour répéter la dernière modification que vous avez effectuée.
- **Personnaliser la barre d'outils Accès rapide** qui permet d'y ajouter ou de supprimer des boutons de commande.

Cette barre est tout à fait personnalisable, Excel vous donnant la possibilité d'y ajouter facilement non seulement n'importe quel bouton du Ruban, mais aussi toutes les commandes que vous voulez, même les plus obscures qui n'apparaissent dans aucun des onglets du Ruban.

Par défaut, la barre d'outils Accès rapide apparaît au-dessus des onglets du Ruban, juste à droite de l'icône Excel, qui sert à redimensionner le programme ou le quitter. Pour afficher la barre d'outils sous le Ruban, juste au-dessus de la barre de formule, cliquez sur le bouton Personnaliser la barre d'outils Accès rapide (le bouton contenant un triangle pointant vers le bas, à l'extrémité droite de la barre d'outils Accès rapide) puis, dans le menu local qui apparaît, optez pour Afficher en dessous du Ruban. Vous trouverez cet emplacement plus pratique pour ajouter des boutons à la barre d'outils Accès rapide, lorsqu'ils commenceront à recouvrir le nom du classeur ouvert, qui apparaît à la droite de celle-ci.

Le menu Personnaliser la barre d'outils Accès rapide

Le bouton Personnaliser la barre d'outils Accès rapide vous garantit l'accès à un menu regroupant les commandes suivantes :

- **Nouveau**, pour créer un nouveau classeur.
- **Ouvrir**, pour afficher la boîte de dialogue Ouvrir permettant d'ouvrir un classeur existant.
- **Enregistrer**, pour sauvegarder les modifications apportées au classeur courant.
- **Envoyer par courrier**, pour accéder à la messagerie.
- **Impression rapide**, pour envoyer la feuille de calcul courante à l'imprimante par défaut.
- **Aperçu et impression**, pour ouvrir les paramètres d'impression dans la vue Backstage, avec un aperçu de la feuille de calcul courante dans la partie droite.
- **Orthographe**, pour effectuer une vérification orthographique de la feuille de calcul courante.
- **Annuler**, pour annuler la dernière modification de la feuille de calcul.
- **Rétablir**, pour réappliquer la modification qui venait d'être annulée.
- **Ordre croissant**, pour trier la sélection de cellules ou la colonne dans le sens alphabétique de A à Z, les chiffres du moins élevé au plus élevé, ou la date de la plus ancienne à la plus récente.
- **Ordre décroissant**, pour trier la sélection de cellules ou la colonne dans le sens alphabétique de Z à A, les chiffres du plus élevé au moins élevé, ou la date de la plus récente à la plus ancienne.
- **Mode tactile/souris**, pour basculer en mode tactile, qui accorde davantage d'espace aux boutons des onglets du Ruban, afin d'en faciliter l'activation avec le doigt ou le stylet.
- **Autres commandes**, ouvre la boîte de dialogue Options Excel depuis laquelle vous pouvez ajouter ou retirer des commandes à la barre d'outils Accès rapide.

» **Afficher en dessous du ruban**, déplace la barre d'outils Accès rapide sous le Ruban d'Excel.

Par défaut, seules les commandes Enregistrer, Annuler et Répéter sont cochées et il vous suffit de cocher toutes celles que vous voulez pour en faire apparaître le bouton dans la barre d'outils Accès rapide. Inversement, si vous cliquez dans ce menu sur une commande déjà cochée, la coche disparaît et son bouton disparaît de la barre d'outils.

Ajouter des boutons du Ruban

Pour ajouter un bouton de commande du Ruban à la barre d'outils Accès rapide, faites un clic-droit sur le bouton en question ou restez appuyé dessus en mode tactile. Dans le menu contextuel qui apparaît, sélectionnez l'option Ajouter à la barre d'outils Accès rapide. Excel ajoute aussitôt ce bouton à l'extrémité droite de la barre d'outils Accès rapide, juste avant le bouton de personnalisation de cette barre.

Si vous voulez placer à un autre endroit dans la barre d'outils Accès rapide le bouton que vous venez d'y ajouter, par exemple pour le regrouper avec d'autres boutons, cliquez sur le bouton Personnaliser la barre d'outils Accès rapide, puis sélectionnez Autres commandes dans le menu qui apparaît.

La boîte de dialogue Options Excel s'affiche, avec son onglet barre d'outils Accès rapide (Figure 1.6). Vous y voyez, dans la liste de droite, tous les boutons qui ont déjà été ajoutés à la barre, l'ordre dans lequel ils y apparaissent de gauche à droite correspondant à l'ordre dans lequel ils apparaissent du haut vers le bas dans cette liste.

Pour repositionner un bouton dans la barre d'outils, cliquez dessus pour le sélectionner dans la liste de droite de cette fenêtre, puis cliquez sur la flèche pointant vers le haut (Monter) ou la flèche pointant vers le bas (Descendre) à droite de cette liste pour le déplacer vers le haut ou vers le bas dans la liste, jusqu'à l'emplacement désiré.

Vous pouvez ajouter des séparateurs dans la barre d'outils pour regrouper des boutons sur la base de leur fonction. Pour cela, cliquez sur <Séparateur> en haut de la liste de gauche dans la boîte de dialogue Options Excel, cliquez sur le bouton Ajouter pour faire apparaître un <Séparateur> dans la liste de droite, puis utilisez la flèche pointant vers le haut ou la flèche pointant vers le bas à droite de la liste de droite pour le positionner à l'endroit voulu.

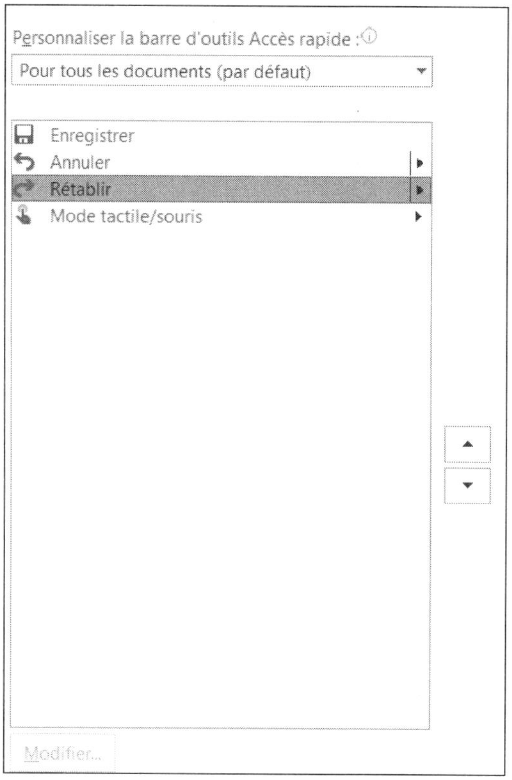

Figure 1.6
C'est ici qu'Excel vous permet de personnaliser la barre d'outils Accès rapide.

Pour supprimer un bouton de la barre d'outils Accès rapide, faites un clic-droit sur son icône directement dans cette barre. Dans le menu contextuel qui apparaît, choisissez Supprimer de la barre d'outils Accès rapide.

Ajouter d'autres commandes

La section Barre d'outils Accès rapide de la boîte de dialogue Options Excel permet également d'ajouter à la barre d'outils Accès rapide toutes les commandes d'Excel qui ne se trouvent pas dans le Ruban.

1. Dans le menu local Choisir les commandes dans les catégories suivantes, sélectionnez le type de la commande que vous voulez ajouter à la barre d'outils Accès rapide.

   Parmi ces catégories de commandes, figurent notamment celles déjà présentes dans la barre d'outils, mais aussi quantité d'autres. Pour afficher la liste complète de toutes les commandes d'Excel, cliquez sur le bouton à droite du menu Commandes courantes en haut de la liste et sélectionnez Toutes les commandes.

2. Dans la liste des commandes située à gauche, cliquez sur celle que vous voulez ajouter à la barre d'outils Accès rapide.

3. Cliquez sur le bouton Ajouter pour transférer la commande sélectionnée dans la liste de droite.

4. Si vous voulez repositionner le bouton que vous venez d'ajouter, cliquez sur la flèche pointant vers le haut (à droite de la liste de droite), jusqu'à ce qu'il soit à l'emplacement voulu.

5. Cliquez sur OK pour fermer la boîte de dialogue Options Excel.

Si vous avez créé des macros (Chapitre 12) que vous utilisez fréquemment et que vous voulez pouvoir lancer directement à partir de la barre d'outils Accès rapide, cliquez sur Macros dans la première section du menu local Choisir les commandes dans les catégories suivantes, puis sélectionnez le nom de la macro à ajouter et cliquez sur le bouton Ajouter.

S'amuser avec la barre de formule

La barre de formule affiche l'adresse et le contenu de la cellule sélectionnée. L'adresse d'une cellule est définie par la lettre (ou les lettres) de la colonne dans laquelle elle se trouve, suivie immédiatement par le numéro de sa ligne. Ainsi, la cellule A1 est la toute première cellule de la feuille de calcul, occupant son angle supérieur gauche, à l'intersection de la première ligne et de la première colonne. La cellule XFD1048576, qui est la toute dernière, occupe l'intersection de la colonne XFD et de la ligne 1 048 576, dernière colonne et dernière ligne de toutes les feuilles de calcul Excel. Le contenu de la cellule sélectionnée dépend du type des données que vous y avez entrées : du texte ou des nombres si vous n'avez entré qu'un en-tête ou une valeur particulière, une formule si vous avez entré une formule.

La barre de formule se compose de trois parties, de gauche à droite :

» **La zone de nom :** c'est la partie qui affiche l'adresse de la cellule sélectionnée.

» **Les boutons de la barre de formule :** juste après la zone de nom, c'est la zone qui se présente comme un petit ruban bleu commençant par un demi-cercle (que l'on peut déplacer vers la droite ou vers le haut). Elle contient à son extrémité droite le bouton Insérer une fonction (*fx*), auquel viennent s'ajouter les boutons Entrer et Annuler lorsque vous commencez à modifier le contenu de la cellule.

» **Le contenu de la cellule :** juste après la zone des boutons apparaît sur fond blanc le contenu de la cellule, occupant tout le reste de la barre de formule, ce qui permet d'afficher un contenu aussi long que nécessaire.

L'importance de la zone du contenu de la cellule dans la barre de formule est qu'elle vous montre toujours le contenu réel de la cellule, même lorsque la feuille de calcul elle-même ne le fait pas. Par exemple, lorsque la cellule contient une formule, Excel affiche dans cette cellule le résultat du calcul correspondant, mais c'est la zone du contenu de la cellule dans la barre de formule qui affiche la formule (laquelle est le véritable contenu de la cellule) et c'est là que vous pouvez modifier cette formule à tout moment. Pour la même raison, lorsque la zone du contenu de la cellule est vide, vous savez que la cellule ne contient rien.

Que faire dans la zone de la feuille de calcul ?

C'est là que la majeure partie des choses se passent, car c'est là que sont affichées les cellules qui sont des zones de saisie de vos données. Ainsi, vous appliquerez vos mises en forme aux cellules et toutes sortes de modifications.

N'oubliez pas que pour entrer ou modifier des données dans une cellule, celle-ci doit être sélectionnée. La sélection d'une cellule est identifiée par :

» Le curseur de cellule : c'est la bordure noire épaisse qui entoure la cellule sélectionnée.

» L'adresse de la cellule sélectionnée apparaît dans la zone de nom de la barre de formule.

» L'en-tête de la colonne et l'en-tête de la ligne de la cellule sélectionnée apparaissent en orange, ce qui les met en évidence, par contraste avec les autres.

Naviguer dans la feuille de calcul

Une feuille de calcul Excel contient bien trop de lignes et de colonnes pour que toutes soient affichées en même temps, quelles que soient la taille et la définition de votre écran (ne perdons pas de vue qu'il y a au total 17 179 869 184 cellules dans une feuille de calcul). Excel offre donc de nombreux moyens de déplacer le curseur de cellule dans la feuille de calcul pour atteindre celle que vous voulez modifier :

» Cliquer sur la cellule voulue avec votre souris ou touchez cette cellule avec votre doigt (pour autant qu'elle se trouve dans la zone de la feuille de calcul affichée à l'écran).

» Cliquer dans la zone de nom de la barre de formule, y entrer directement l'adresse de la cellule voulue et appuyer sur la touche Entrée.

» Appuyer sur F5 pour faire apparaître la boîte de dialogue Atteindre, entrer l'adresse de la cellule voulue dans le champ Référence, puis cliquer sur OK.

» Utiliser les touches de curseur selon les indications du Tableau 1.1 pour déplacer le curseur de cellule jusqu'à la cellule voulue.

» Utiliser les barres de défilement horizontale et verticale, respectivement sur le bord inférieur et le bord droit de la fenêtre, pour faire apparaître à l'écran la zone de la feuille de calcul qui contient la cellule voulue, puis cliquer sur celle-ci pour la sélectionner.

Raccourcis clavier pour déplacer le curseur de cellule

Excel offre de nombreux raccourcis clavier pour déplacer le curseur de cellule vers une cellule quelconque. Au fur et à mesure que le curseur de cellule se déplace, la zone de la feuille de calcul qui apparaît à l'écran se déplace en conséquence, de sorte que celui-ci apparaisse toujours à l'affichage. Le Tableau 1.1 rassemble tous ces raccourcis clavier en indiquant les déplacements du curseur de cellule qu'ils produisent. Ces raccourcis clavier utilisent les quatre touches de curseur (←, →, ↑ et ↓) et les touches Page suivante (PgSuiv), Page précédente (PgPréc), Début et Fin ainsi que la touche Ctrl.

Note : Pour les raccourcis clavier qui utilisent les touches de curseur, vous devez utiliser le bloc des touches de curseur sur votre clavier ou bien vous assurer que le verrouillage numérique n'est pas activé si vous utilisez le pavé numérique de votre clavier.

Les raccourcis clavier qui combinent la touche Ctrl et la touche Fin avec une touche de curseur apparaissant dans le Tableau 1.1 sont parmi les plus utiles pour se déplacer rapidement dans un grand tableau de cellules ou pour se déplacer d'un tableau à un autre dans une partie de la feuille de calcul qui contient de nombreux blocs de cellules.

Lorsque vous utilisez la touche Ctrl avec une touche de curseur pour vous déplacer d'un bord à un autre dans un tableau ou d'un tableau à un autre dans une feuille de calcul, vous devez maintenir enfoncée la touche Ctrl tout en appuyant sur la touche de curseur concernée (ce qui est indiqué par le signe + dans la définition du raccourci, comme dans Ctrl + →).

Tableau 1.1 Raccourcis clavier pour déplacer le curseur de cellule.

Raccourci	Le curseur se déplace jusqu'à
→ ou Tab	Cellule voisine de droite.
← ou Maj + Tab	Cellule voisine de gauche.
↑	Cellule voisine du dessus.
↓	Cellule voisine du dessous.
Début	Cellule de la colonne A de la même ligne.
Ctrl + Début	Première cellule (A1) de la feuille de calcul.
Ctrl + Fin ou Fin, Début	Cellule se trouvant à l'intersection de la dernière colonne non vide et de la dernière ligne non vide de la feuille de calcul (autrement dit, la dernière cellule de ce que l'on appelle la zone active de la feuille de calcul).
PgPréc	Cellule se trouvant un écran plus haut dans la même colonne.
PgSuiv	Cellule se trouvant un écran plus bas dans la même colonne.
Alt + PgSuiv	Cellule se trouvant sur la même ligne, mais sur la page suivante.
Alt + PgPréc	Cellule se trouvant sur la même ligne, mais dans la page précédente.
Ctrl + → ou Fin, →	Première cellule non vide vers la droite dans la même ligne et précédée ou suivie par une cellule vide. Si aucune cellule non vide n'est trouvée, le curseur va jusqu'à la dernière cellule de la ligne.
Ctrl + ← ou Fin, ←	Première cellule non vide vers la gauche dans la même ligne et précédée ou suivie par une cellule vide. Si aucune cellule non vide n'est trouvée, le curseur va jusqu'à la première cellule de la ligne.
Ctrl + ↑ ou Fin, ↑	Première cellule non vide vers le haut dans la même colonne et précédée ou suivie par une cellule vide. Si aucune cellule non vide n'est trouvée, le curseur va jusqu'à la première cellule de la colonne.
Ctrl + ↓ ou Fin, ↓	Première cellule non vide vers le bas dans la même colonne et précédée ou suivie par une cellule vide. Si aucune cellule non vide n'est trouvée, le curseur va jusqu'à la dernière cellule de la colonne.
Ctrl + PgSuiv	Dernière cellule non vide dans la feuille de calcul suivante du même classeur.
Ctrl + PgPréc	Dernière cellule non vide dans la feuille de calcul précédente du même classeur.

Lorsque vous utilisez la touche Fin avec une touche de curseur, vous devez appuyer sur la touche Fin et la relâcher *avant* d'appuyer sur la touche de curseur (ce qui est indiqué par la virgule dans la définition du raccourci, comme dans

Fin, →). Lorsque vous appuyez sur la touche Fin et la relâchez, l'indicateur Mode Fin apparaît dans la barre d'état. Excel vous signale ainsi qu'il attend que vous appuyiez sur une des quatre touches de curseur.

Comme vous pouvez maintenir enfoncée la touche Ctrl tout en appuyant sur la touche de curseur dont vous avez besoin, la méthode « Ctrl + touche de curseur » est plus fluide pour naviguer dans des blocs de cellule que la méthode « Fin + touche de curseur ».

Vous pouvez utiliser la touche Verr Maj (Verrouillage Majuscule) pour « verrouiller » la position du curseur de cellule dans la feuille de calcul, de manière à faire défiler à l'écran la feuille de calcul avec des touches comme PgSuiv et PgPréc sans changer la position du curseur de cellule (autrement dit, de manière à ce que ces touches se comportent comme les barres de défilement).

Après avoir activé le Verrouillage Majuscule, lorsque vous faites défiler la feuille de calcul avec le clavier, Excel ne sélectionne pas une nouvelle cellule dans la zone affichée. La cellule sélectionnée reste la même, même si elle n'est plus visible à l'affichage. Pour « déverrouiller » le curseur de cellule en utilisant le clavier pour faire défiler la feuille de calcul, vous devez désactiver le Verrouillage Majuscule (soit en appuyant à nouveau sur la touche Verr Maj, soit en appuyant sur la touche Maj, selon le paramétrage de Windows).

Astuces pour les écrans tactiles

Si vous travaillez avec Excel 2019 sur un appareil dépourvu de clavier et de souris, vous devez activer le clavier virtuel et l'utiliser pour entrer vos données.

Pour ouvrir ce clavier, tapotez le bouton représentant un clavier situé en bas à droite de votre écran. Le clavier virtuel s'affiche alors en bas d'Excel.

Excel supporte le clavier virtuel flottant, ainsi que différents types de disposition de touches et de langues. Ces réglages s'effectuent dans les paramètres du clavier virtuel auxquels vous accédez généralement *via* une icône affichée en haut à gauche dudit clavier. Vous disposez des options suivantes :

» **Clavier standard** revient au clavier par défaut lorsque vous avez préalablement choisi un autre dispositif de clavier ?

» **Clavier divisé** propose deux claviers séparés comme si le clavier standard avait été coupé en deux parties égales. La partie gauche contient les touches azerty et suivantes, et la partie droite les touches yuiopé et suivantes.

» **Clavier mobile** est une représentation de petite taille du clavier standard et qui, *de facto*, libère de l'espace sur l'écran.

- **Entrée manuscrite** affiche un espace pour écrire manuellement au doigt ou au stylet. Pour que le texte s'affiche dans Excel, vous devez toucher la touche Entrée.
- **Clavier étendu** affiche une version plus complète du clavier virtuel standard avec les touches Ctrl, Alt, AltGr, Verr. Maj, *etc.*
- **Clavier ancré** fixe le clavier, quel qu'il soit en bas de l'écran.
- **Clavier flottant** transforme le clavier actuel en un équivalent flottant.
- **Langue** est identifié par l'icône de la lettre A qui ouvre les paramètres Clavier de Windows. Vous pouvez y ajouter et y supprimer des langues, et choisir celle qui sera utilisée par défaut.

Lorsque le clavier est ancré en bas de l'écran, la partie supérieure permet d'agir dans Excel. Le clavier standard se contente d'afficher les lettres, la barre d'espace, et quelques symboles de ponctuation (apostrophes, point, virgule, et pourcentage).

Si vous avez activé la fonction de reconnaissance vocale de Windows, vous pouvez dicter vos données en tapotant l'icône du micro située à droite du bouton d'accès aux paramètres du clavier virtuel. Une fois votre saisie vocale terminée, quittez le clavier virtuel en touchant son bouton de fermeture en haut à droite. Excel remplit alors tout votre écran.

Astuces pour les barres de défilement

Pour comprendre comment fonctionne le défilement dans Excel, représentez-vous cette énorme feuille de calcul comme un rouleau de papier enroulé sur une bobine à chaque extrémité. Pour faire apparaître une partie du rouleau qui se trouve cachée sur sa bobine du côté droit, vous rembobinez la bobine de gauche, jusqu'à ce que la partie voulue apparaisse sous vos yeux. Et pour faire apparaître une partie du rouleau qui se trouve cachée sur sa bobine du côté gauche, vous rembobinez la bobine de droite, jusqu'à ce que la partie voulue apparaisse sous vos yeux. C'est le même principe vers le haut et vers le bas.

Vous pouvez utiliser la barre de défilement horizontale qui se trouve sur le bord inférieur de la feuille de calcul pour faire défiler vos colonnes vers la droite ou vers la gauche et la barre de défilement verticale qui se trouve sur le bord droit de la feuille de calcul pour faire défiler vos lignes vers le haut ou vers le bas. Pour faire défiler d'une colonne ou d'une ligne à la fois dans une direction, cliquez sur la flèche de défilement appropriée à l'une ou l'autre extrémité de la barre de défilement correspondante.

N'oubliez pas que vous pouvez redimensionner la barre de défilement horizontale pour la rendre plus longue ou plus courte en faisant glisser le bouton qui apparaît à son extrémité gauche. Gardez à l'esprit que l'espace restant à gauche de la barre de défilement horizontale permet de loger les onglets des feuilles de calcul que contient le classeur.

Pour faire défiler très rapidement les lignes et colonnes de votre feuille de calcul, maintenez enfoncée la touche Maj et faites glisser le pointeur de la souris dans la direction appropriée dans la barre de défilement correspondante, jusqu'à ce que la ligne ou la colonne que vous voulez voir apparaisse à l'écran. Lorsque vous maintenez enfoncée la touche Maj, le bouton de défilement devient très petit dès que vous maintenez enfoncé le bouton de la souris après avoir placé le pointeur dessus. En même temps, une info-bulle apparaît, indiquant le numéro de la première ligne ou la lettre de la première colonne affichée.

Si vous disposez d'une souris à molette, vous pouvez l'utiliser pour faire défiler directement. Placez simplement le pointeur de cellule en forme de croix approximativement au centre de la feuille de calcul et maintenez enfoncée la molette de la souris. Le pointeur prend la forme d'une flèche à quatre pointes. Faites alors simplement glisser votre souris dans la direction appropriée (vers la gauche ou vers la droite pour faire défiler les colonnes, vers le haut ou vers le bas pour faire défiler les lignes), jusqu'à ce que la zone voulue de la feuille de calcul apparaisse à l'écran.

Sur un périphérique tactile, vous pouvez également faire défiler les différentes parties d'une feuille de calcul par un simple effleurement du bout du doigt comme si vous feuilletiez un livre. Pour faire défiler les colonnes, faites glisser votre doigt horizontalement. Pour faire défiler les lignes, faites glisser votre doigt verticalement. Ainsi, vous effectuez des défilements de haut en bas et de bas en haut, de droite à gauche et de gauche à droite.

Gérer les feuilles du classeur

Chaque nouveau classeur que vous créez dans Excel 2019 contient une seule feuille de calcul vierge. Celle-ci comporte 16 384 colonnes et 1 048 576 lignes (ce qui représente la bagatelle de 51 539 607 552 cellules vierges). Mais si vous avez besoin de feuilles supplémentaires dans votre classeur, il vous suffit de cliquer sur le bouton Nouvelle feuille, juste après les onglets des feuilles de calcul existantes, comme le montre la Figure 1.7.

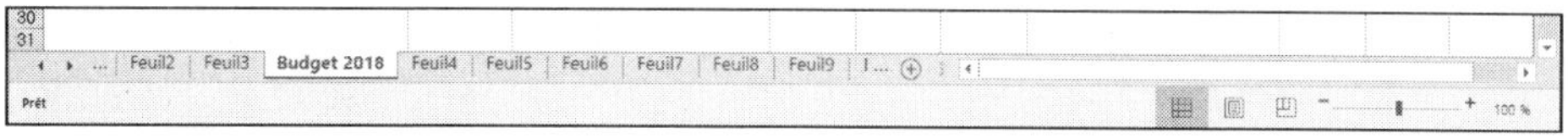

Figure 1.7 Outils pour la gestion des feuilles.

Une raison d'ajouter des feuilles dans un classeur

Vous vous demandez peut-être pourquoi on pourrait avoir besoin de plusieurs feuilles de calcul dans un classeur, compte tenu du nombre énorme de cellules que la feuille unique proposée par défaut peut contenir. La réponse est que ça dépend tout simplement de la manière dont vous choisissez d'organiser vos données. Vous trouverez souvent plus pratique de les répartir sur plusieurs feuilles (sachant que vous pouvez passer facilement de l'une à l'autre) que de les disséminer sur une grande surface d'une même feuille en vous obligeant à en faire défiler le contenu pour accéder à vos données. Par exemple, si vous faites des budgets pour plusieurs services d'une entreprise, il est plus pratique de disposer d'une feuille pour chaque service. Il vous sera aussi plus facile de cette façon d'imprimer chaque feuille séparément. Enfin, vous pourrez aussi créer une feuille de résumé, consolidant les données des autres.

Dans le coin inférieur gauche de la fenêtre, les boutons de défilement vous permettent de passer d'une feuille à une autre (la précédente ou la suivante) ; ils sont suivis par les onglets des feuilles qui existent déjà dans le classeur, puis par le bouton qui permet d'ajouter une nouvelle feuille. Pour activer une feuille, c'est-à-dire pour la faire apparaître à l'affichage et pouvoir y travailler, il vous suffit de la sélectionner en cliquant sur son onglet. Excel met en évidence la feuille active en présentant son nom en vert et en gras dans l'onglet correspondant.

N'oubliez pas que les raccourcis clavier Ctrl + PgSuiv et Ctrl + PgPréc vous permettent de passer respectivement à la feuille suivante et à la feuille précédente dans votre classeur.

Si votre classeur contient trop de feuilles de calcul pour que tous leurs onglets puissent être affichés en même temps en bas de la fenêtre, utilisez les boutons de défilement situés à gauche des onglets pour les faire défiler et faire apparaître ceux dont vous avez besoin, de manière à ce que vous puissiez alors cliquer sur celui que vous voulez activer.

Pour activer la première feuille d'un classeur, enfoncez la touche Ctrl et cliquez sur le bouton Feuille précédente. Pour afficher la dernière, opérez *via* Ctrl + bouton Feuille suivante.

Pour activer une feuille quelconque, vous pouvez aussi afficher la boîte de dialogue Activer qui répertorie toutes les feuilles de classeur de la première à la dernière : faites un clic-droit sur les boutons de défilement, puis sélectionnez, dans la liste, la feuille à afficher, et le tour est joué!

N'oubliez pas que, sur dispositif tactile, c'est un toucher maintenu qui remplace le clic-droit. Touchez donc les boutons de défilement avec votre doigt ou avec un stylet jusqu'à ce qu'un cercle apparaisse. Interrompez alors le contact; le menu contextuel s'affiche aussitôt.

Découvrir la barre d'état

La barre d'état occupe tout le bord inférieur de la fenêtre d'Excel et comporte les zones suivantes :

» **L'indicateur Mode Cellule** indique l'état du programme Excel (Prêt, Entrer, et ainsi de suite), ainsi que toutes les touches spéciales du clavier qui sont activées (Verr Maj, Verr Num et Défilement).

» **Les indicateurs Moyenne, Nombre et Somme** affichent la moyenne et la somme de tous les contenus numériques de l'ensemble des cellules sélectionnées, ainsi que le nombre de ces dernières.

» **Le Sélecteur d'affichage** vous permet de choisir entre trois modes d'affichage pour votre feuille de calcul : Normal (c'est l'affichage par défaut qui ne montre que les cellules avec les en-têtes de lignes et de colonnes); Mise en page (qui affiche les règles, les marges et les sauts de page); et Aperçu des sauts de page (qui vous permet de mettre au point la mise en page du document). Pour en savoir plus à ce sujet, reportez-vous au Chapitre 5.

» **Le Curseur de zoom** permet de zoomer en avant ou en arrière dans votre feuille de calcul, en le tirant vers la droite ou vers la gauche.

L'indicateur Verr. Num. (qui n'est pas affiché dans la configuration par défaut) signale que vous pouvez utiliser le pavé numérique de votre clavier pour entrer des valeurs numériques dans la feuille de calcul.

Démarrer et quitter Excel

Excel 2019 ne fonctionne que sous Windows 10. Par conséquent, si vous utilisez Windows 7 ou 8, vous devrez préalablement passer à Windows 10 pour pouvoir utiliser Excel 2019 en particulier, et toute la suite Office 2019 en général.

Lancer Excel via Cortana de Windows 10

Malgré le retour du bouton Démarrer dans Windows 10, la technique la plus simple et la plus rapide pour exécuter un programme consiste à passer par Cortana, l'assistant vocal de Windows. Sachez que vous pouvez très bien réaliser cette opération à la souris ou du bout des doigts sans être obligé de faire la conversation à Windows. Voici comment procéder :

1. Cliquez ou touchez le champ Taper ici pour rechercher situé à droite du bouton Démarrer.

   Cortana entre en action en vous proposant de converser avec elle. N'en faites rien et passez à l'Étape 2.

2. Tapez Excel.

3. Dans la liste des propositions, Excel étant affiché et sélectionné (Figure 1.8), appuyez sur la touche Entrée du clavier.

Figure 1.8 Lancer Excel depuis Cortana de Windows 10.

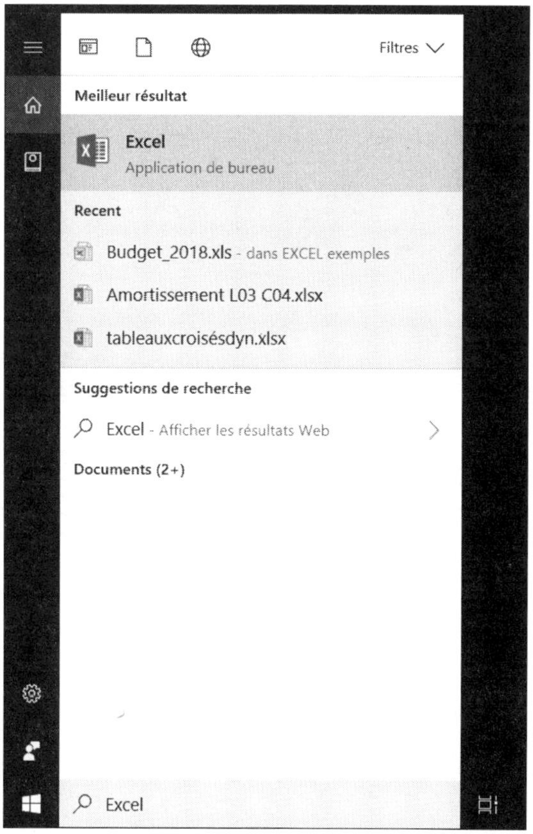

Une autre technique consiste à cliquer sur le bouton Démarrer puis sur une lettre du menu Démarrer, par exemple A. Le menu Démarrer affiche alors un alphabet. Cliquez (ou touchez) la lettre E, puis cliquez sur Excel, comme sur la Figure 1.9.

Figure 1.9 Lancer Excel depuis le menu Démarrer de Windows 10.

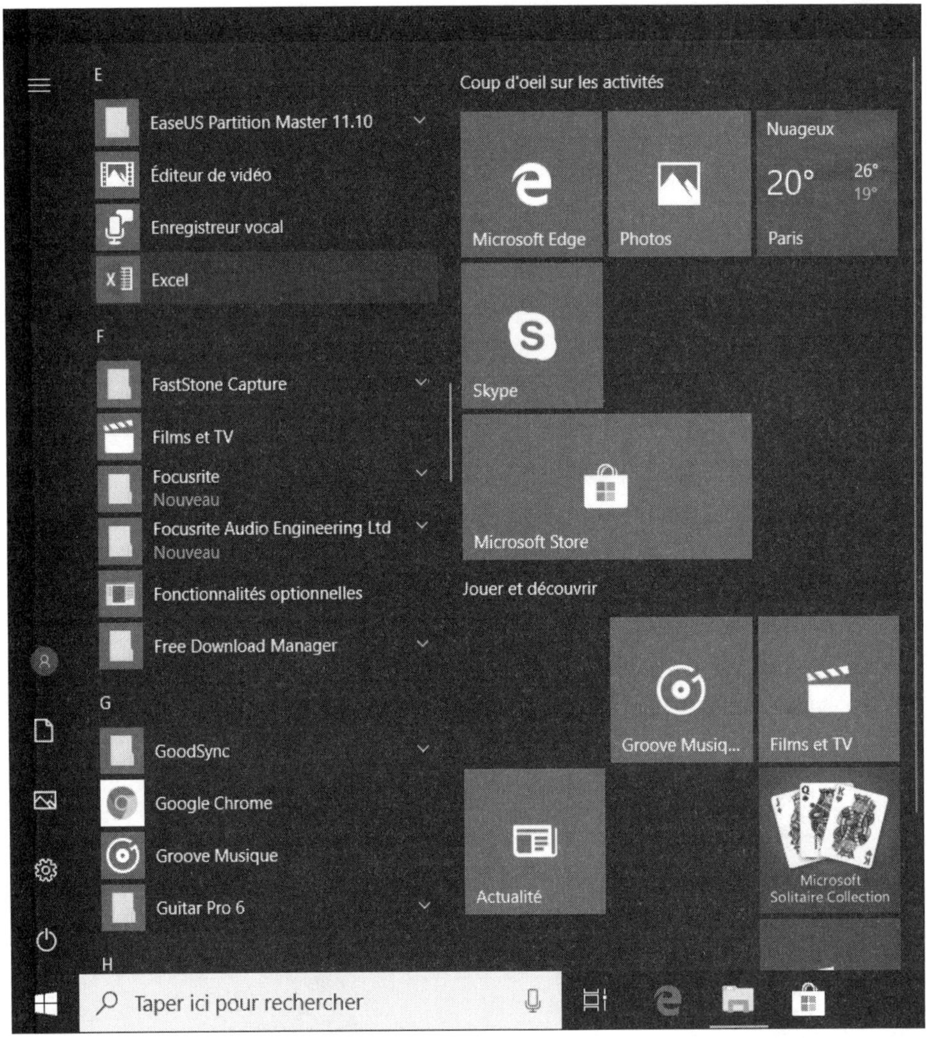

Vous pouvez également afficher le contenu du menu Démarrer et taper **ex** pour basculer instantanément en mode de recherche, comme si vous aviez utilisé le champ Rechercher sur le Web et dans Windows.

Ajouter Excel au menu Démarrer de Windows 10

Si vous utilisez fréquemment Excel, il sera sans doute pratique de le faire apparaître dans le menu Démarrer de Windows. La marche à suivre :

1. Cliquez sur le bouton Démarrer, puis sur Toutes les applications.
2. Faites défiler le contenu de la liste des programmes pour localiser l'icône Excel 2019.
3. Faites un clic-droit sur cette icône et, dans le menu contextuel qui apparaît, exécutez la commande Épingler à l'écran de démarrage, comme l'illustre la Figure 1.10.

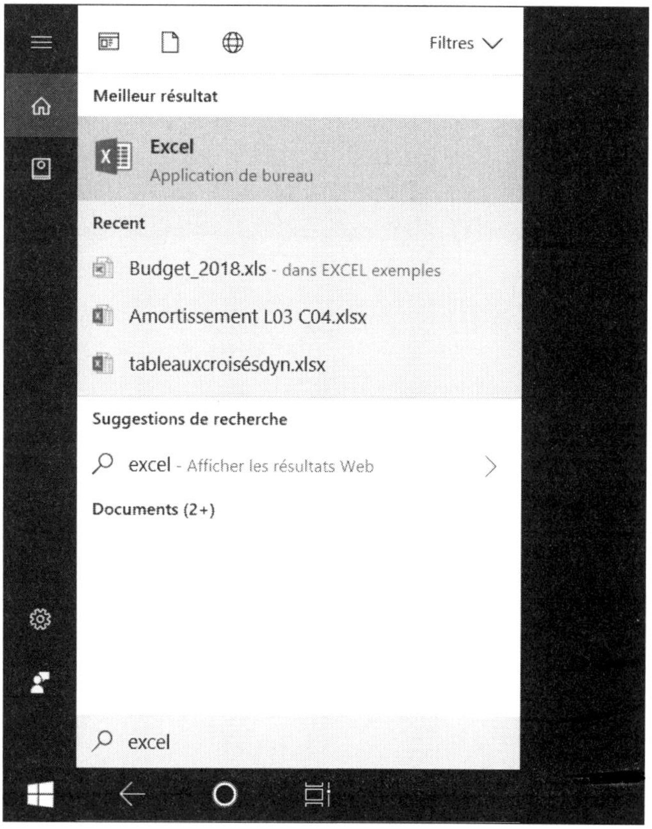

Figure 1.10 Pour qu'Excel figure en permanence dans l'écran Démarrer de Windows 10.

La vignette d'Excel est alors ajoutée aux vignettes de la partie droite du menu Démarrer, comme le montre la Figure 1.11. Bien entendu, vous pouvez la repositionner comme cela est expliqué dans l'excellent ouvrage *Windows 10 pour les nuls*.

Figure 1.11 La vignette d'Excel apparaît dans la partie droite du menu Démarrer de Windows 10.

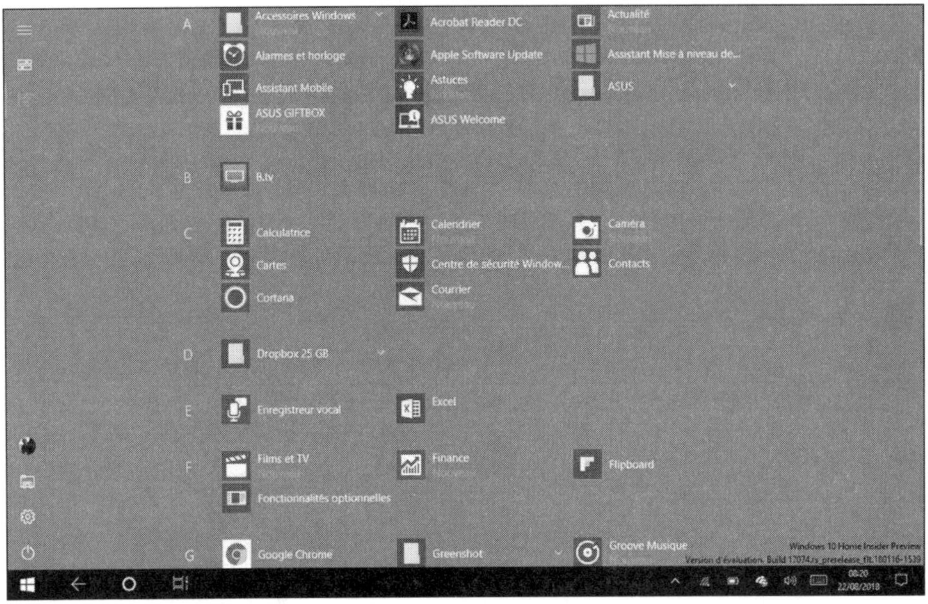

Ajouter Excel à la barre des tâches de Windows 10

Bien qu'à son installation la vignette du programme Excel apparaisse sur la barre des tâches de Windows 10, voici comment l'y ajouter si, pour une raison ou pour une autre, elle n'y figurait pas.

Il suffit pour cela de faire glisser depuis la section Toutes les applications de Windows 10 jusque sur la barre des tâches l'icône d'Excel que vous avez épinglée dans le menu Démarrer ou déposée sur le Bureau (voir les sections précédentes).

Vous pouvez également effectuer un clic-droit sur la vignette et exécuter la commande Épingler à la barre des tâches.

L'icône d'Excel reste en permanence dans la barre des tâches. Cliquez dessus pour lancer le programme.

Quitter Excel

Une fois votre travail terminé, vous êtes prêt à quitter Excel ; vous disposez pour cela de plusieurs méthodes :

- **Appuyez sur Alt + F4 depuis votre clavier physique ou virtuel.**
- **Cliquez sur ou touchez le bouton Fermer (X) dans le coin supérieur droit de la fenêtre d'Excel.**

Si vous essayez de quitter Excel après avoir travaillé dans un classeur, mais sans avoir enregistré vos dernières modifications, le programme émet une alerte sonore et affiche une boîte d'alerte vous demandant si vous voulez enregistrer vos modifications. Pour les enregistrer avant de quitter Excel, cliquez sur le bouton Oui (pour en savoir plus sur l'enregistrement de vos documents, reportez-vous au Chapitre 2). Si vous ne voulez pas enregistrer vos dernières modifications, cliquez sur le bouton Non.

DANS CE CHAPITRE

Créer un classeur.

Entrer des données dans une feuille de calcul.

Créer des formules simples.

Corriger des entrées erronées.

Utiliser la fonction de correction automatique.

Compléter des séries de données.

Entrer et modifier des formules qui utilisent des fonctions intégrées.

Faire le total de lignes ou de colonnes avec le bouton Somme automatique.

Enregistrer votre travail.

Chapitre 2

Créer une feuille de calcul

Maintenant que vous savez démarrer Excel 2019, le moment est venu de passer à l'action sans que cela tourne au cauchemar. Vous découvrirez dans ce chapitre comment entrer toutes sortes d'informations dans toutes ces petites cellules vierges décrites dans le chapitre précédent. Après avoir appris à entrer des données brutes dans la feuille de calcul, vous aborderez ce qui est sans doute la plus importante des leçons : l'enregistrement de toutes ces informations sur le disque afin que vous n'ayez plus à ressaisir tout ça !

La saisie des données

Quand vous lancez Excel 2019, un écran ressemblant à celui de la Figure 2.1 vous est proposé. Il est divisé en deux volets : à gauche, la liste des classeurs que vous avez manipulés récemment et la commande Ouvrir d'autres classeurs ; à droite, les différents modèles qui peuvent vous servir de base.

Figure 2.1 L'écran de démarrage d'Excel 2019, tel qu'il vous est présenté à la mise en service du programme.

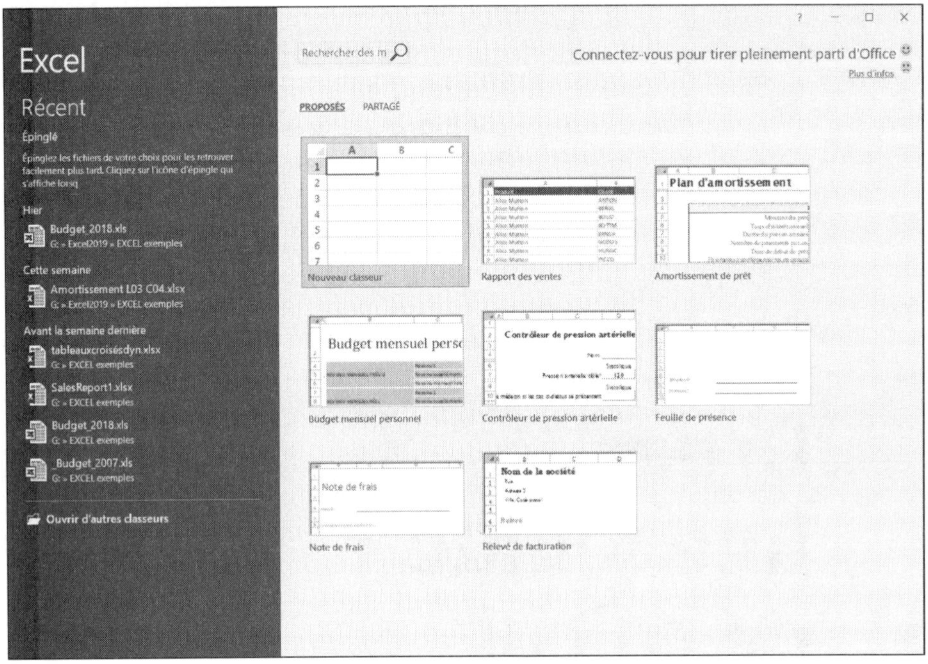

Ces modèles s'avèrent très pratiques puisqu'ils comportent déjà des données échantillons et des formatages que vous n'avez qu'à adapter avant de sauvegarder le contenu sous le nom qui vous convient.

La première option du volet droit est Nouveau classeur, qui vous ouvre un classeur résolument vierge. Vous trouvez ensuite les modèles proprement dits, répartis en catégories (budget, liste, inventaire…). Si vous n'y trouvez pas votre bonheur, il vous reste la possibilité d'exploiter le champ Rechercher modèles en ligne avec, pour compléter la fonction, la possibilité de sélectionner, sous le champ, un type de modèle.

Si vous choisissez un modèle (c'est-à-dire n'importe quelle option à part Nouveau classeur et Voir la démo), Excel vous soumet instantanément une version agrandie du modèle en question avec un descriptif succinct. Cliquez sur Créer pour télécharger le modèle. Pour y renoncer, cliquez dans la case de fermeture en haut à droite ou enfoncez la touche Échap.

Vous préférez créer votre propre feuille de calcul? Optez alors pour Nouveau classeur. Excel s'exécute en vous soumettant un classeur vide nommé Classeur1, constitué d'une seule feuille, baptisée Feuil1. Vous pouvez alors commencer la saisie des données et des formules.

Dans la pratique

Avant de positionner le pointeur de cellule là où la saisie (ou entrée) doit avoir lieu, Excel doit être en mode Prêt ; ce mode est affiché en toutes lettres dans la barre d'état. Mais, dès que vous commencez à saisir des données, Excel passe en mode Entrer (ce mot remplace le mot Prêt, dans la barre d'état). Si le mode Prêt n'est pas actif, appuyez sur la touche Échap.

Dès lors que vous commencez à saisir en mode Entrer, les caractères que vous tapez apparaissent à la fois dans la cellule de la feuille de calcul et dans la barre de formule située au-dessus de la zone des cellules. Tout ce que vous tapez dans une cellule a un effet dans la barre de formule, à commencer par l'apparition des boutons Annuler, Entrer et Insérer une fonction, entre la Zone Nom et la barre de formule.

Au fur et à mesure que vous saisissez des données, Excel les affiche à la fois dans la barre de formule et dans la cellule active de la feuille de calcul, comme l'illustre la Figure 2.2. Le point d'insertion n'est toutefois présent qu'après les caractères affichés dans la cellule.

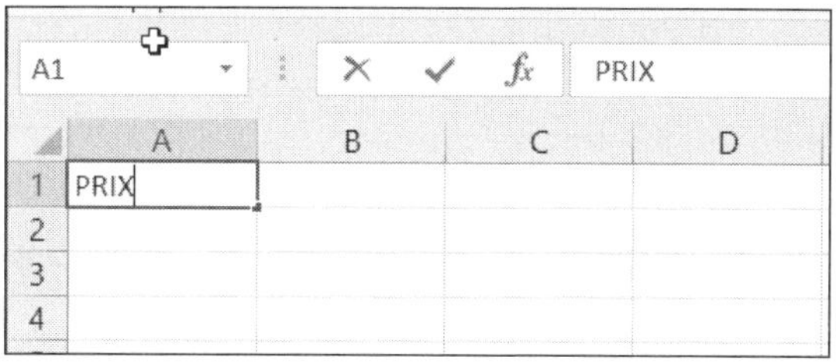

Figure 2.2
Ce que vous tapez apparaît à la fois dans la cellule active et dans la barre de formule.

Les caractères saisis doivent rester dans la cellule. Pour ce faire, le logiciel doit quitter le mode Entrer et revenir au mode Prêt afin que vous puissiez déplacer le pointeur vers une autre cellule et y entrer éventuellement d'autres données.

Pour terminer la saisie et par là même passer du mode Entrer au mode Prêt, vous pouvez, au choix, cliquer sur le bouton Entrer (dans la barre de formule), appuyer sur la touche Entrée de votre clavier. Il est aussi possible d'appuyer sur la touche Tab ou Maj + Tab.

Si vous clôturez la saisie *via* une touche quelconque (Entrée, Tabulation, Majuscule + Tabulation), non seulement vous validez cette saisie mais, par la même occasion, vous déplacez la sélection vers une cellule voisine.

Bien que chacune de ces manipulations serve à valider la saisie des données dans une cellule, ce qui s'ensuit diffère quelque peu :

» **Si vous cliquez sur le bouton Entrer, dans la barre de formule, la saisie est validée mais le pointeur de cellule reste en place.**

» **Si vous appuyez sur la touche Entrée, la saisie est validée mais le pointeur se place sur la cellule située juste en dessous.**

» **Si vous appuyez sur la touche Tab, la saisie est validée, après quoi le pointeur se déplace vers la cellule immédiatement à droite (ce qui équivaut à appuyer sur la touche Flèche droite). L'appui sur Maj + Tab déplace le pointeur vers la cellule immédiatement à gauche (équivalent de la touche Flèche gauche).**

Quelle que soit la méthode que vous adoptez pour effectuer une saisie, Excel désactive la barre de formule dès que la frappe est validée en faisant disparaître les boutons Annuler et Entrer. Les données continuent d'être présentes dans la feuille de calcul, à quelques exceptions près que nous évoquerons plus loin dans ce chapitre. Chaque fois que vous sélectionnerez cette cellule, les données seront de nouveau affichées dans la barre de formule.

Si, pendant la saisie – et aussi longtemps qu'elle n'a pas été validée –, vous vous rendez compte d'une erreur, vous pouvez purger et désactiver la barre de formule en cliquant sur le bouton Annuler (celui avec un X) ou en appuyant sur la touche Échap. Mais si vous ne repérez cette erreur qu'après la validation, vous devrez revenir à cette cellule pour la corriger ou supprimer l'entrée (nous verrons ces opérations dans le Chapitre 4) et refaire la saisie.

Tous les types sont les bienvenus

Pendant que vous entrez joyeusement des données dans le tableur, Excel analyse constamment à votre insu le type de ces données et les classe selon les trois types qu'il connaît : du *texte,* une *valeur* ou une *formule.*

Si Excel découvre qu'il s'agit d'une formule, le logiciel la calcule aussitôt, puis affiche le résultat dans la cellule de la feuille de calcul (la formule elle-même reste cependant visible dans la barre de formule). Si la saisie n'a rien d'une formule, Excel détermine s'il s'agit d'un texte ou d'une valeur.

Il effectue cette distinction pour savoir comment aligner ces données dans la feuille de calcul. Les textes sont calés à gauche des cellules tandis que les valeurs sont calées à droite. De plus, comme la plupart des formules se nourrissent de valeurs, en différenciant les textes des valeurs, Excel sait quelles sont les données qui seront admises par une formule et lesquelles ne le seront pas. Disons sans trop nous y attarder qu'il est facile de faire tourner une formule en bourrique en lui donnant à mouliner du texte là où elle attend des valeurs.

Les signes révélateurs d'un texte

Un *texte* n'est rien d'autre qu'une saisie qu'Excel ne reconnaît ni comme formule ni comme valeur. Autant dire que, en ce qui concerne les types de données, il s'agit carrément d'une catégorie fourre-tout. En pratique, la plupart des entrées de texte (appelées aussi *intitulés*) sont des combinaisons de lettres et de ponctuations, ou de lettres et de chiffres. Les textes servent principalement à créer des titres, des en-têtes ou des annotations.

Il est facile de savoir si une saisie a produit un texte, car ce type de données est automatiquement aligné contre le bord gauche de la cellule. Si le texte est plus long que la cellule, il déborde sur la ou les cellules à droite, aussi longtemps que celles-ci sont vides (Figure 2.3).

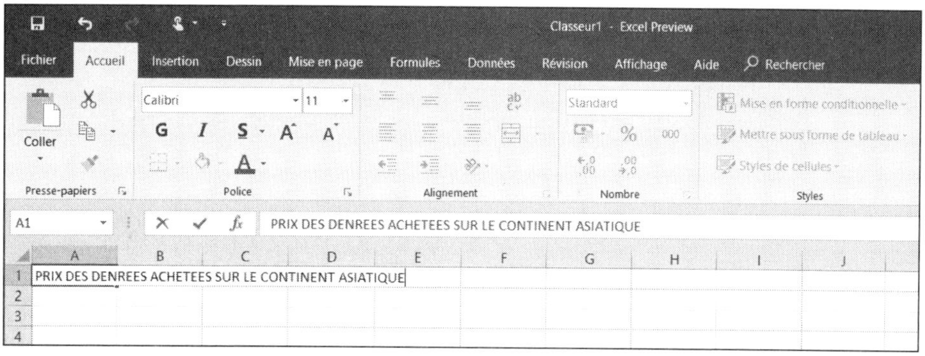

Figure 2.3 Un texte long déborde à droite de la cellule, sur ses voisines vides.

Si par la suite vous entrez une information dans une cellule sur laquelle du texte a débordé, Excel tronque le texte. Ne vous inquiétez pas, Excel n'a pas du tout coupé le texte, il a simplement évité de l'afficher pour libérer de la place pour les nouvelles données. Pour récupérer la partie masquée du texte, vous devrez élargir la colonne qui le contient (nous verrons comment dans le Chapitre 3).

Comment Excel évalue-t-il les valeurs ?

Les *valeurs* sont les blocs de construction de la plupart des formules que vous élaborerez dans Excel. Il en existe deux sortes : les chiffres qui représentent des quantités (14 unités en stock ou 140 000 euros...) et les chiffres qui représentent une date (le 19 décembre 2017) ou une heure (13:30).

Vous pouvez savoir si Excel a accepté une entrée comme valeur en observant comment il l'a alignée ; une valeur est toujours calée à droite. Si elle est trop grande pour tenir dans la cellule, Excel la convertit automatiquement en *notation scientifique*. Par exemple, la valeur 6E + 08 indique que 6 est suivi par 8 zéros, soit une valeur de 600 millions. Pour obtenir l'affichage d'un nombre scientifique en notation décimale, plus conventionnelle, il suffit d'élargir la cellule (nous verrons comment dans le Chapitre 3).

S'assurer que c'est le bon chiffre

Quand vous créez une nouvelle feuille de calcul, vous passez sans doute beaucoup de temps à entrer des nombres qui représentent toutes sortes de quantités, de l'argent que vous avez gagné (ou perdu) à la part du budget professionnel que vous accordez à la machine à café et aux croissants (ah bon, vous n'avez pas le droit de déduire les croissants ?)

Pour entrer une valeur numérique représentant une quantité positive, comme vos revenus de l'année écoulée, vous sélectionnez une cellule, tapez un nombre (par exemple **459600**), puis validez cette saisie avec la touche Entrée ou en cliquant sur le bouton Entrer, et ainsi de suite. Pour entrer une valeur numérique négative, comme les dépenses de café et de croissants, vous tapez d'abord sur la touche - (moins) avant de taper le nombre, **-1750** par exemple (ce qui n'est finalement pas beaucoup comparé à ce que vous avez gagné), après quoi vous validez cette entrée.

Pour Excel, le texte ne compte pas

Faites le test suivant : entrez 10 dans une cellule, puis entrez un texte quelconque dans la cellule du dessous comme les lettres NB ; sélectionnez ensuite ces deux cellules et consultez les infos dans la zone des indicateurs de la barre d'état : MOYENNE indique 2, SOMME indique 10 et NB indique 2 : les deux cellules sélectionnées produisent la somme de 10, prouvant bien que le texte n'est pas pris en considération.

Si vous avez l'habitude de la comptabilité, vous pouvez placer les chiffres négatifs, comme vos dépenses, entre parenthèses. Vous taperez alors **(1750)**. Remarquez qu'en procédant ainsi Excel convertit automatiquement les parenthèses en signe moins : vous tapez **(1750)** mais Excel affiche -1750 (ne vous inquiétez pas pour vos chères parenthèses, vous verrez au Chapitre 3 comment les récupérer).

Pour des valeurs monétaires comme l'euro, vous pouvez ajouter le symbole monétaire € et séparer les milliers. Dès que vous tapez une valeur suivie d'un signe monétaire, Excel met automatiquement cette valeur en forme.

Pour entrer des valeurs décimales, vous utilisez la virgule (ou le point décimal du pavé numérique, qui est automatiquement converti en virgule par Excel). Au besoin, Excel ajoute automatiquement un zéro avant la virgule ; par exemple, si vous tapez **,34** dans une cellule, elle devient automatiquement 0,34 au moment de la validation. De même, les zéros superflus sont éliminés : taper **12,50** donne 12,5 (mais il est bien sûr possible de forcer la mise en forme pour faire apparaître ces zéros décimaux).

Pour obtenir l'équivalence décimale d'une valeur exprimée sous la forme d'une fraction, il suffit de taper cette valeur fractionnaire. Par exemple, si vous ignorez que 2,1875 est la représentation décimale de 2 et 3/16, tapez simplement **2 3/16** en veillant à placer une espace entre 2 et 3/16. Après avoir validé cette saisie, rien n'a changé dans la cellule, mais dans la barre de formule vous lisez le résultat : 2,1875. Comme vous le découvrirez dans le Chapitre 3, il s'agit là d'une petite astuce qu'utilise Excel pour afficher l'équivalent de 2 3/16 dans la barre de formule.

Si vous entrez des fractions simples comme 3/4 ou 5/8, vous devez les faire précéder d'un zéro suivi d'une espace ; par exemple : 0 3/4 ou 0 5/8. Autrement, Excel penserait que vous saisissez des dates qu'il traduirait respectivement par 03-avr et 05-août.

Quand vous entrez dans une cellule une valeur numérique qui représente un pourcentage, vous avez le choix entre :

» Diviser le nombre par 100 et entrer son équivalent décimal (en décalant la virgule de deux chiffres vers la gauche, comme vous l'avez appris à l'école). Vous taperez par exemple **,12** pour 12 %.

» Entrer le nombre suivi du signe de pourcentage : 12 %.

Quelle que soit la méthode choisie, Excel stocke la valeur décimale dans la cellule (0,12 dans notre exemple). Si vous utilisez le signe de pourcentage, Excel applique la mise en forme correspondante, c'est-à-dire 12 %.

Fixer les décimales

Si vous devez entrer une série de chiffres qui doivent comporter un même nombre de décimales, activez la fonction Décimale fixe d'Excel. Elle s'avère vraiment commode lorsque vous devez saisir des centaines de valeurs financières ou comptables avec deux décimales pour les centimes.

Procédez comme suit pour spécifier le nombre de décimales à afficher pour les nombres que vous entrez :

1. **Cliquez sur Fichier/Options, ou appuyez sur Alt + FV, puis cliquez sur la rubrique Options avancées dans la boîte de dialogue Options Excel.**
2. **Dans la section Options d'édition, cochez la case Décimale fixe.**

   Par défaut, Excel affiche deux chiffres après la virgule. Pour modifier ce paramètre, passez à l'Étape 3. Si vous voulez le conserver, passez à l'Étape 4.
3. **(Facultatif) Sélectionnez ou tapez une nouvelle valeur dans le champ Place ou utilisez les boutons fléchés pour l'augmenter ou la réduire.**

   Par exemple, si vous voulez afficher trois décimales, fixer la valeur de Place à 3 donnera : 00,000.
4. **Cliquez sur OK ou appuyez sur Entrée.**

   Excel affiche la mention Décimale fixe dans la barre d'état pour bien indiquer que la fonction Décimale fixe est active.

Après avoir fixé les décimales, Excel ajoute automatiquement la virgule décimale à toutes les valeurs numériques que vous serez amené à entrer. Tout ce que vous avez à faire est de taper des chiffres et de les valider. Par exemple, pour entrer 100,99 dans une cellule lorsque la place de la décimale fixe est 2, vous taperez **10099** sans jamais taper la virgule. Dès que vous validez ces chiffres, Excel fait apparaître 100,99 dans la cellule.

Taper comme avec la bonne vieille calculatrice

Vous pouvez obtenir plus encore de la fonction Décimale fixe en sélectionnant la plage de cellules dans laquelle vous voulez entrer des chiffres et en appuyant ensuite sur la touche Verr Num afin de procéder aux saisies à partir du pavé numérique, comme avec une calculatrice.

En procédant ainsi, tout ce que vous avez à faire pour entrer des plages de données dans les cellules est de les taper et d'appuyer sur la touche Entrée du pavé numérique. Excel insère la virgule au bon endroit, puis décale le pointeur vers la prochaine cellule. Mieux, lorsque vous avez tapé la dernière valeur d'une colonne, appuyer sur Entrée déplace automatiquement le pointeur en haut de la prochaine colonne de la sélection.

Regardez les Figures 2.4 et 2.5 pour voir en quoi la méthode de la calculatrice peut vous être utile. Dans la Figure 2.4, la fonction Décimale fixe est active, avec 2 places décimales et la plage de cellules allant de B2 à D6 a été sélectionnée avant de saisir la première entrée en B2. Vous remarquez aussi que trois entrées ont été faites dans les cellules B3 à B5 et une quatrième, 9,88, est en cours de saisie dans la cellule B6. Pour procéder à cette entrée en mode Décimale fixe, il suffit de taper **988** à partir du pavé numérique.

Dans la Figure 2.5, observez ce qui se passe juste après avoir appuyé sur Entrée (la touche habituelle ou celle du pavé numérique). Excel a non seulement placé la virgule dans la valeur de la cellule B6, mais il a aussi déplacé le pointeur vers la cellule C2, en haut de la colonne suivante.

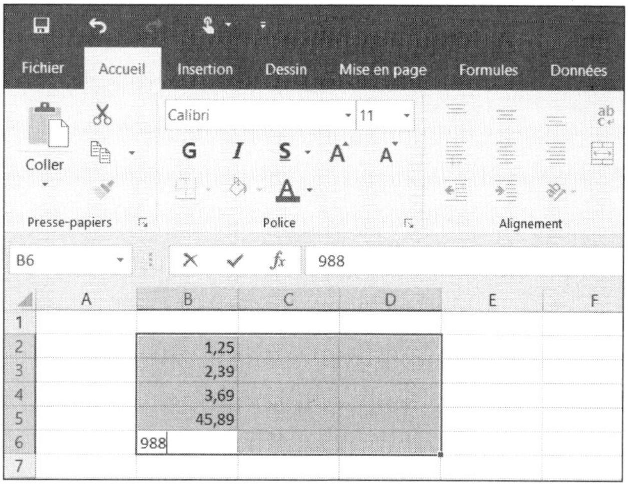

Figure 2.4
Pour entrer la valeur 9,88 dans la cellule B6, tapez 988 et appuyez sur la touche Entrée.

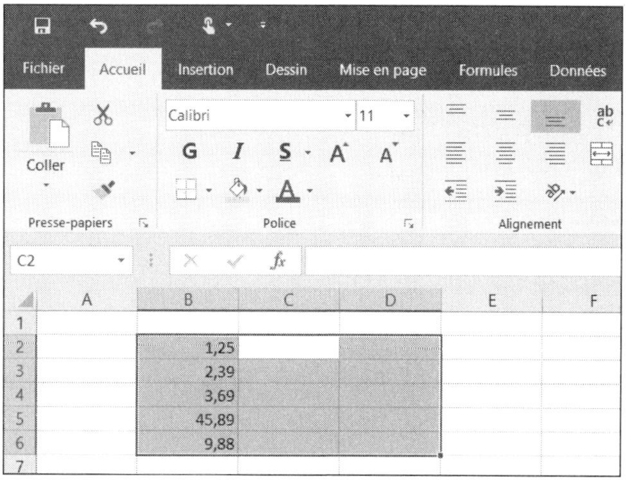

Figure 2.5
Après activation de la touche pour valider la valeur introduite dans la cellule B6. Le pointeur passe ensuite automatiquement à la cellule C2.

La saisie des dates et des heures

De prime abord, il peut sembler assez curieux que dans une feuille de calcul les dates et les heures soient considérées comme des valeurs plutôt que comme du texte. La raison en est simple : les dates et les heures peuvent être utilisées dans des formules, ce qui ne serait pas envisageable si elles étaient du texte. Il est par exemple possible d'entrer deux dates, puis d'élaborer une formule qui soustraie la plus récente de la plus ancienne et retourne le nombre de jours qui les sépare.

Excel détermine si la valeur que vous venez d'entrer est une date ou une heure, ou bien du texte, selon le format utilisé. Si celui-ci correspond à un des formats de date ou d'heure d'Excel, le logiciel considère ces valeurs comme une date ou comme une heure. En revanche, si le format n'est pas reconnu, l'entrée est considérée comme du texte.

Excel reconnaît les formats d'heure suivants :

» 3 AM ou PM

» 3 A ou P (pour AM et PM)

» 3:21

» 3:21:04 AM ou PM

» 15:21

» 15:21:04

(Les initiales AM et PM, utilisées dans les pays anglophones, sont respectivement celles des termes latins *ante meridiem,* « avant midi » et *post meridiem,* « après midi ». Elles sont utilisées pour différencier les heures dans un système horaire basé sur 12 heures.)

Excel reconnaît les formats de date suivants :

» 6 novembre 2013 ou 6 novembre 13

» 6/11/13 ou 6-11-13

» 6-nov-13, 6/nov/13 ou 6nov13

» 6/13, 6-nov, 6/nov ou 6nov

» 06nov ou 06-nov

Le jeu de la datation

Les dates sont stockées sous la forme d'une série de chiffres qui indiquent en réalité le nombre de jours écoulés depuis une date de référence ; les heures, quant à elles, sont des fractions décimales indiquant le temps qui s'est écoulé sur une période de 24 heures. Excel gère deux systèmes de dates : le système 1900 utilisé par Excel sous Windows, où le 1 janvier 1900 est considéré comme la date de départ (numéro de série 1), et le système 1904 utilisé par Excel sur Mac, où le 2 janvier 1904 est la date de départ.

Si, sous Windows, vous récupérez un classeur qui a été créé sur Mac et dont les dates semblent quelque peu corrompues, vous pouvez très facilement corriger ce problème. Accédez aux Options avancées des Options Excel *via* Fichier/Options (ou *via* Alt +FV). Faites défiler le contenu de la partie droite des Options avancées jusqu'à la rubrique Lors du calcul de ce classeur. Là, cochez la case Utiliser le calendrier depuis 1904. Validez par un clic sur OK.

Les dates au XXIe siècle

Contrairement à ce que vous pourriez penser, l'entrée dans le XXIe siècle n'empêche pas de ne saisir que les deux derniers chiffres d'un millésime. Par exemple, pour entrer la date du 6 janvier 2015 dans une feuille de calcul, vous pouvez taper 6/1/15. Ou encore 15/2/25 pour entrer la date du 15 février 2025.

Vous pouvez vous contenter d'entrer uniquement les deux derniers chiffres pour les années inférieures à 2029. Pour les décennies suivantes, les 4 chiffres sont requis. En effet, ce système de datation sur deux chiffres ne fonctionne que pour les trois premières décennies du nouveau siècle, y compris la dernière année du siècle échu, c'est-à-dire de 2000 à 2029. Dès 2030, vous devrez entrer la date sur quatre chiffres.

Cela signifie aussi que, pour saisir les dates des trois premières décennies du XXe siècle, de 1900 à 1929, vous devez taper les quatre chiffres de l'année. Par exemple, pour entrer le 21 juillet 1925, vous saisirez **21/7/1925** dans la cellule. Autrement, si vous vous contentez de taper 25, Excel considérera qu'il s'agit de l'année 2025 et non de 1925 !

Excel affiche toujours les quatre chiffres d'une date dans une cellule ou dans la barre de formule, même si vous n'en avez tapé que deux. Autrement dit, si vous tapez **6/11/18** dans une cellule, Excel affichera néanmoins **06/11/2018** dans la cellule et dans la barre de formule.

Vous saurez ainsi toujours si une date appartient au XXe siècle ou au XXIe siècle, même si vous n'arrivez pas à retenir les dates qui peuvent être entrées sur deux chiffres et celles qui doivent l'être sur quatre (vous apprendrez dans le Chapitre 3 comment formater les dates pour n'afficher que les deux derniers chiffres dans une feuille de calcul).

Pour en savoir plus sur les opérations arithmétiques simples à base de dates et d'heures, reportez-vous au Chapitre 3.

Concocter ces fabuleuses formules !

Les formules sont les véritables chevaux de bataille d'Excel. Pour peu qu'une formule ait été correctement élaborée, elle renverra le résultat recherché dès sa validation. Par la suite, elle réagira en temps réel à toutes les modifications apportées aux cellules dont elle dépend.

Vous indiquez à Excel que vous tapez une formule – et non du texte ou une valeur – en commençant la saisie par le signe = (égal). Il précède toutes les formules, même les plus élémentaires comme SOMME ou MOYENNE (reportez-vous à la section « Placer une fonction dans une formule avec l'Assistant Fonction », plus loin dans ce chapitre, pour en savoir plus sur l'utilisation des fonctions d'Excel). D'autres formules simples se basent sur une série de valeurs ou de références de cellules contenant des valeurs. Ces dernières sont séparées par un ou plusieurs des opérateurs mathématiques suivants :

- + Addition
- - Soustraction
- * Multiplication
- / Division
- ^ Puissance

Par exemple, pour créer dans la cellule C2 une formule qui multiplie la valeur contenue dans la cellule B2, vous taperez la formule suivante : **=A2*B2**.

Procédez comme suit pour entrer cette formule :

1. **Sélectionnez la cellule C2.**

2. **Tapez l'intégralité de la formule : =A2*B2.**

❸ Appuyez sur la touche Entrée.

Ou :

❶ Sélectionnez la cellule C2.

❷ Tapez le signe = (égal).

❸ Sélectionnez la cellule A2 en cliquant dedans ou en utilisant les touches fléchées.

Cette action place la cellule de référence A2 dans la formule, comme le montre la Figure 2.6.

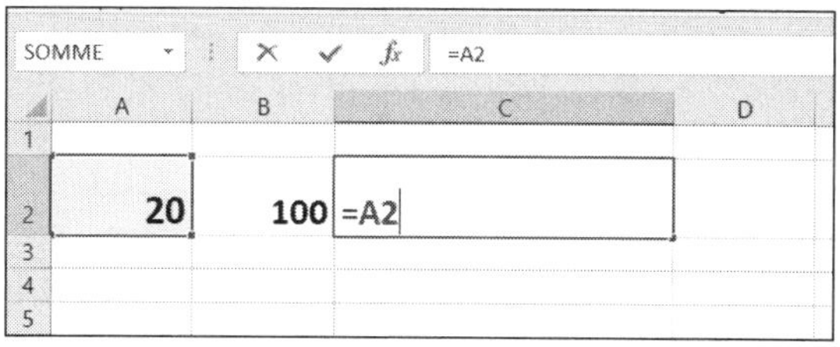

Figure 2.6 Pour commencer à créer la formule, tapez le signe =, puis sélectionnez la cellule A2.

❹ Tapez * (sur la plupart des claviers, ce caractère se trouve à proximité de la touche Entrée).

L'astérisque est le signe de multiplication. Il se substitue au signe « × » appris à l'école.

❺ Sélectionnez la cellule B2 avec la souris ou au clavier.

Cette action insère le contenu de la cellule B2 dans la formule, comme le montre la Figure 2.7.

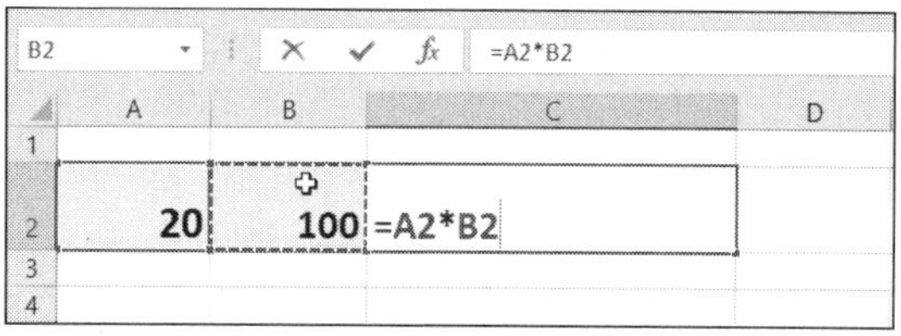

Figure 2.7 Pour entrer la seconde partie de la formule, tapez *, puis sélectionnez la cellule B2.

❻ Cliquez sur le bouton Entrer pour terminer la formule tout en laissant le pointeur sur la cellule C2.

Excel affiche le résultat du calcul dans la cellule C2 ; la formule apparaît dans la barre de formule (voir Figure 2.8).

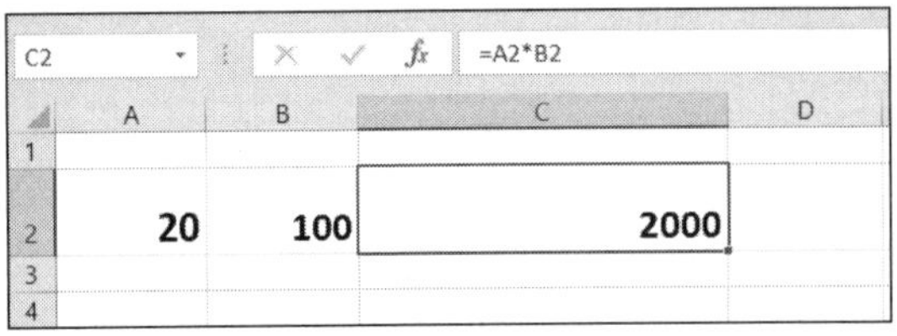

Figure 2.8 Cliquez sur le bouton Entrer. Excel affiche le résultat dans la cellule C2 ; la formule apparaît dans la barre de formule.

Après avoir validé la formule =A2*B2 dans la cellule C2, Excel affiche le résultat selon les valeurs actuellement contenues dans les cellules A2 et B2. La grande force du tableur réside dans la possibilité de recalculer immédiatement et automatiquement la formule dès qu'une des cellules dépendant d'une formule est modifiée.

Nous en arrivons à la partie intéressante : après avoir créé une formule qui, comme celle de notre exemple, se réfère à des valeurs contenues dans certaines cellules (et non à des valeurs appartenant à la formule), tout changement apporté à ces valeurs entraîne le recalcul de la formule puis l'affichage du résultat dans la feuille de calcul. Dans l'exemple de la Figure 2.8, si vous remplacez la valeur de la cellule B2 par 50 au lieu de 100, Excel recalcule la formule et affiche le nouveau résultat dans la cellule C2, soit 1000.

Pour l'avoir, il suffit de pointer

Cette méthode de sélection des cellules à utiliser dans une formule, différente de la frappe de leurs références au clavier, est appelée *pointage*. Sur la plupart des matériels sur lesquels s'exécute Excel 2019, le pointage est non seulement plus rapide que la saisie des références, mais aussi plus sûr, car il élimine tout risque de faute de frappe. Or, la moindre erreur dans la lettre d'une colonne ou le numéro d'une ligne peut avoir des conséquences désastreuses.

Sur un appareil équipé d'un petit écran tactile comme c'est le cas sur une tablette de faible dimension ou sur un smartphone, activer le bon élément de l'interface peut s'avérer être un pensum. Par exemple, la définition des cellules d'une formule peut devenir fastidieuse au point que vous risquez d'en perdre votre sang-froid. Pour cette raison, je conseille de taper les formules plutôt que d'essayer de pointer sur les cellules de référence de la formule. En effet, lorsque vous tapez la première lettre dans la cellule de référence contenant la formule, Excel affiche automatiquement une liste de fonctions prédéfinies (ou intégrées si vous préférez) dont le nom commence par la lettre en question. Rassurez-vous, car cette liste disparaît dès que vous saisissez une seconde lettre (par exemple la seconde lettre identifiant une colonne de la feuille de calcul), ou lorsque vous entrez le chiffre d'une ligne. Donc, vérifiez toujours que la référence de la cellule que vous tapez dans la formule est correcte. Sinon, gare aux erreurs de calcul.

La priorité des opérations

De nombreuses formules que vous créerez effectueront plus d'une opération mathématique. Excel les exécute de la gauche vers la droite selon un ordre hiérarchique strict, qui est en fait l'ordre naturel des opérations arithmétiques. La multiplication et la division sont prioritaires sur l'addition et la soustraction et, de ce fait, effectuées en premier, même si ces opérations ne figurent pas en tête dans la formule (lors d'une lecture de gauche à droite).

Étudions la série d'opérations de cette formule :

```
=A2+B2*C2
```

Si la cellule A2 contient le nombre 5, la cellule B2 le nombre 10 et la cellule C2 le nombre 2, Excel évalue la formule de la manière suivante :

```
=5+10*2
```

Dans cette formule, Excel commence par multiplier 10 par 2, ce qui donne 20, puis il ajoute 5, ce qui donne 25.

Si vous tenez à ce qu'Excel effectue l'addition entre les valeurs des cellules A2 et B2 avant de procéder à la multiplication du résultat par la valeur de la cellule C2, vous devez mettre l'addition entre parenthèses, comme suit :

```
=(A2+ B2)*C2
```

La parenthèse indique à Excel que cette opération doit être effectuée avant la multiplication. Dans ce cas de figure où A2 contient 5, B2 contient 10 et C2 contient 2, Excel commence par additionner 5 et 10, ce qui donne 15, après quoi il multiplie ce résultat par 2 pour produire le résultat final 30.

Dans des formules plus alambiquées, vous devrez jongler avec beaucoup plus de parenthèses, en les imbriquant parfois, comme les célèbres poupées russes, pour imposer l'ordre dans lequel les calculs doivent être exécutés. Lorsque des parenthèses sont imbriquées, Excel commence par calculer celle qui est le plus à l'intérieur. Voyons par exemple la formule :

```
=(A4+(B4-C4))*D4
```

Excel soustrait d'abord la valeur de la cellule C4 de celle de la cellule B4, puis il ajoute la différence à la valeur de la cellule A4 et multiplie enfin le résultat par la valeur de D4.

Sans les deux paires de parenthèses imbriquées, livré à lui-même, Excel aurait d'abord multiplié la valeur de la cellule C4 par celle de la cellule D4, puis il aurait ajouté la valeur de la cellule A4 à celle de la cellule B4 avant d'effectuer la soustraction.

Ne vous inquiétez pas trop du risque d'oublier une parenthèse lorsque vous en utilisez plusieurs dans une formule. S'il en manque une, Excel affiche une boîte d'alerte et propose de corriger la formule afin d'apparier les parenthèses. Si vous êtes d'accord avec cette correction, cliquez simplement sur le bouton Oui. Quoi qu'il en soit, veillez toujours à utiliser des parenthèses et non des crochets [ ] ou des accolades { }, ce qu'Excel n'apprécie pas du tout (les accolades étant réservées aux calculs matriciels).

Les erreurs de formule

Dans certaines circonstances, la formule la mieux écrite peut faire des siennes une fois qu'elle a été validée. Vous constatez que quelque chose ne fonctionne pas lorsque, au lieu de voir apparaître le résultat attendu, la cellule affiche un étrange message en majuscules précédé d'un dièse (#) et terminé par un point d'exclamation (!) ou, dans un cas bien particulier, par un point d'interrogation (?). Cette bizarrerie est appelée, dans le jargon des tableurs, *valeur d'erreur*. Elle est censée vous avertir qu'un élément – que ce soit dans la formule elle-même ou dans une cellule à laquelle elle se réfère – empêche Excel de procéder au calcul.

Quand une de vos formules renvoie une valeur d'erreur, un signal d'alerte (un point d'exclamation dans un losange) apparaît à gauche de la cellule lorsque le pointeur de cellule est situé sur celle-ci. Dans l'angle supérieur gauche de la cellule figure un petit triangle vert. Lorsque vous placez le pointeur de la souris sur ce signal d'alerte, Excel affiche une description sommaire de l'erreur de formule, ainsi qu'un bouton de liste déroulante. Lorsque vous cliquez dessus, un menu contextuel doté de plusieurs options apparaît. Pour obtenir de l'aide en ligne sur cette erreur de formule, notamment des suggestions pour la corriger, cliquez sur l'option Aide sur cette erreur, comme à la Figure 2.9.

Figure 2.9 Pour obtenir des explications sur cette erreur.

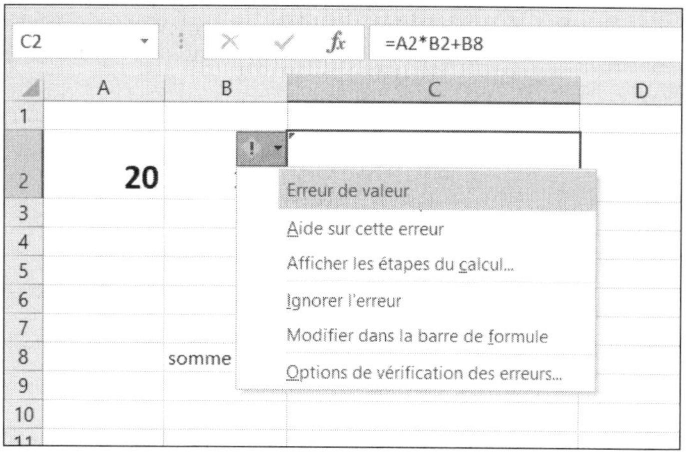

Tableau 2.1 Les valeurs d'erreur susceptibles d'entacher des formules.

Ce qu'affiche la cellule	Cause probable
#DIV/0!	Se produit lorsqu'un élément de la formule doit être divisé par le contenu d'une cellule dont la valeur est 0 ou, ce qui est le plus souvent le cas, lorsque cette cellule est vide. En mathématiques, la division par zéro est une aberration.
#NOM?	Se produit lorsque la formule se réfère à un *nom de plage* (reportez-vous au Chapitre 6 pour en savoir plus à ce sujet) qui n'existe pas dans le classeur. Ce type d'erreur apparaît lorsque vous faites une faute de frappe en tapant le nom ou lorsque du texte utilisé dans une formule n'est pas placé entre guillemets, ce qui laisse croire à Excel qu'il s'agit d'un nom de plage.
#NUL!	Se produit le plus souvent lorsque vous insérez une espace, au lieu du point-virgule utilisé pour séparer les références de cellules utilisées comme arguments pour les fonctions.
#NOMBRE!	Se produit lorsqu'Excel rencontre dans la formule un problème avec un nombre, comme un type d'argument erroné dans une fonction ou un calcul qui produit un nombre trop grand ou trop petit pour être représenté dans la feuille de calcul.
#REF!	Se produit lorsqu'Excel rencontre une référence de cellule non valide. C'est le cas lorsque vous supprimez une cellule utilisée par une formule ou, dans certains cas, quand vous collez des cellules par-dessus celle à laquelle se réfère la formule.
#VALEUR!	Se produit lorsque vous utilisez le mauvais type d'argument ou d'opérateur dans une fonction, ou lors de l'appel à une opération mathématique qui se réfère à des cellules contenant du texte.

Le pire avec les valeurs d'erreur est qu'elles peuvent se répercuter dans d'autres formules de la feuille de calcul. Si une formule retourne une valeur d'erreur dans une cellule et qu'une autre formule d'une autre cellule s'y réfère, cette deuxième formule retourne à son tour la même erreur, qui risque d'être reprise ailleurs et ainsi de suite.

Lorsqu'une valeur d'erreur apparaît dans une cellule, vous devez découvrir son origine, puis modifier la formule. Le Tableau 2.1 recense quelques-unes des valeurs d'erreur que vous risquez de rencontrer et indique les causes les plus communes.

Corriger les entrées erronées

Nous visons tous la perfection, mais comme bien peu d'entre nous peuvent s'en prévaloir – en ce qui concerne Excel bien sûr –, nous finissons tous par nous planter plus ou moins. Quand il s'agit d'entrer de grandes quantités de données, la faute de frappe n'attend qu'un moment d'inattention pour s'immiscer dans le travail. Mais, dans notre quête de la feuille parfaite, nous ne sommes pas sans armes. Voici quelques recommandations. La première est de configurer Excel pour qu'il rectifie automatiquement certaines fautes de frappe grâce à la fonction de correction automatique. La seconde est de corriger manuellement les petites erreurs, soit au moment de la saisie, soit après validation.

La correction automatique

La correction automatique est une aubaine pour tous ceux d'entre nous qui ont tendance à répéter toujours les mêmes erreurs. Grâce à cette fonction, vous pouvez signaler vos fautes de frappe favorites à Excel et obtenir de lui qu'il les corrige aussitôt.

La première fois que vous installez Excel, la correction automatique est d'ores et déjà configurée pour corriger les deux premières lettres majuscules des textes que vous entrez (il met automatiquement la deuxième lettre en minuscule). Il met une majuscule aux noms des jours, ou remplace fort judicieusement un texte erroné par un autre, corrigé.

Vous pouvez à tout moment ajouter vos propres termes à la liste de mots à corriger. Ces textes de remplacement peuvent être de deux types : ceux qui corrigent des fautes de frappe que vous ne pouvez pas vous empêcher de faire et des abréviations ou des acronymes que vous devez tout le temps taper en entier.

Pour déclarer un texte de remplacement :

1. Cliquez sur Fichier/Options, puis sur la rubrique Vérification dans la boîte de dialogue Options Excel, puis sur le bouton Options de correction automatique.

   Excel ouvre la boîte de dialogue Correction automatique que montre la Figure 2.10.

2. Dans l'onglet Correction automatique de la boîte de dialogue qui apparaît, entrez le texte ou l'abréviation dans le champ Remplacer.

3. Entrez la correction ou la forme complète correspondant à l'abréviation dans le champ Par.

4. Cliquez sur le bouton Ajouter ou appuyez sur la touche Entrée afin d'insérer la correction dans la liste.

5. Cliquez sur OK pour fermer la boîte de dialogue Correction automatique.

Figure 2.10

Pour accélérer des saisies compliquées, placez une abréviation du terme ou un diminutif dans le champ Remplacer et le texte complet dans le champ Par.

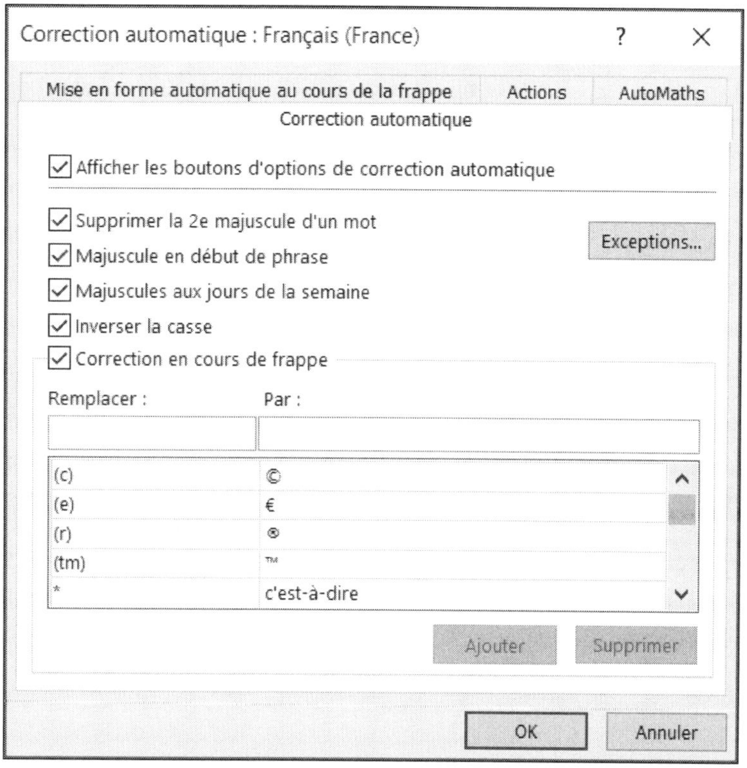

Les règles de modification d'une cellule

En dépit de la correction automatique, des erreurs peuvent néanmoins se produire. Leur correction varie selon que vous les avez repérées au cours de la saisie ou après validation.

- Si vous avez repéré l'erreur avant d'avoir validé l'entrée, vous pouvez la corriger en appuyant sur la touche Retour Arrière jusqu'à ce que vous ayez supprimé tous les caractères erronés de la cellule. Il ne vous reste plus ensuite qu'à retaper le reste de l'entrée.
- Si vous n'avez découvert l'erreur qu'après coup, vous avez le choix entre le remplacement de toute l'entrée ou la seule correction de l'erreur.
- Si le contenu de la cellule est facile à retaper, vous choisirez sans doute de le remplacer. Pour ce faire, positionnez le pointeur sur cette cellule, tapez la nouvelle entrée, puis validez-la en cliquant sur le bouton Entrer ou en appuyant sur la touche Entrée ou sur une flèche de direction.
- Si l'erreur est facile à corriger mais que l'entrée est longue, vous aurez sans doute intérêt à modifier le contenu de la cellule plutôt que tout retaper. Pour éditer l'entrée, double-cliquez dedans ou appuyez sur la touche de fonction F2.
- L'une et l'autre de ces actions activent la barre de formule qui affiche de nouveau les boutons Entrer et Annuler, tandis que le point d'insertion réapparaît dans la cellule. Notez que, quand vous double-cliquez, le point d'insertion apparaît là où vous avez cliqué ; si vous appuyez sur F2, il apparaît après le dernier caractère de l'entrée.
- Remarquez aussi que, dans la barre d'état, l'indicateur de mode se met sur Modifier. Dans ce mode, vous pouvez utiliser la souris ou les touches fléchées pour déplacer le point d'insertion jusqu'à l'endroit à corriger.

Le Tableau 2.2 contient les touches du clavier que vous pouvez utiliser pour positionner le point d'insertion dans une entrée de cellule et supprimer les caractères indésirables. Pour insérer de nouveaux caractères au point d'insertion, il suffit de les taper. Pour supprimer des caractères au fur et à mesure que vous tapez les nouveaux, appuyez une seule fois sur la touche Insert pour passer du mode d'insertion normal au mode de remplacement, dans lequel les caractères tapés écrasent ceux qu'ils rencontrent. Pour revenir au mode d'insertion normal, appuyez de nouveau sur Insert. Lorsque les corrections auront été faites, vous devrez appuyer sur Entrée afin qu'Excel valide les modifications et les prenne en compte.

Quand Excel est en mode Modifier, vous devez entrer le contenu d'une cellule modifiée en cliquant sur le bouton Entrer ou en appuyant sur Entrée. Vous ne pouvez utiliser les touches fléchées pour terminer l'entrée que si Excel est en mode Entrer. En mode Modifier, les touches fléchées déplacent le point d'insertion dans la cellule, mais pas du tout le pointeur vers d'autres cellules.

Tableau 2.2 Les touches de modification du contenu d'une cellule.

Touche	Action
Suppr	Supprime le caractère à droite du point d'insertion.
Retour Arrière	Supprime le caractère à gauche du point d'insertion.
→	Décale le point d'insertion d'un caractère vers la droite.
←	Décale le point d'insertion d'un caractère vers la gauche.
↑	Si le point d'insertion est à la fin de l'entrée, il est déplacé à la position qu'il occupait précédemment.
Fin ou ↓	Place le point d'insertion après le dernier caractère de l'entrée.
Origine	Place le point d'insertion avant le premier caractère de l'entrée.
Ctrl + →	Place le point d'insertion devant le prochain mot de l'entrée.
Ctrl + ←	Place le point d'insertion devant le mot précédent de l'entrée.
Inser	Fait passer du mode Insertion au mode Écrasement et inversement.

Se débarrasser des corvées de saisie

Avant de conclure la question de la saisie des données, nous estimons devoir vous présenter quelques moyens qui pourront vraiment vous aider à alléger la corvée que représente bien souvent la saisie des données. Il s'agit de la saisie semi-automatique, de la recopie automatique, du remplissage instantané, mais aussi de la manière d'entrer des données dans un groupe de cellules préalablement sélectionné et de répéter la même entrée un certain nombre de fois dans un ensemble de cellules.

La saisie semi-automatique

La fonction de saisie semi-automatique d'Excel ne fera pas tout à votre place, mais elle vous aidera néanmoins à saisir vos données. Dans le but louable de vous décharger des tâches les plus ingrates, les programmeurs de Microsoft ont mis au point une intéressante fonction qui facilite vos saisies.

La *saisie semi-automatique* est une sorte de mémoire qui anticipe la frappe selon ce que vous avez commencé à taper. Elle n'entre en jeu que quand vous tapez du texte, mais pas avec les chiffres ou les formules. Lorsque vous entrez du texte, la saisie semi-automatique recherche si, ailleurs dans la colonne, du texte commençant par les mêmes lettres existe déjà. Si c'est le cas, elle complète aussitôt votre saisie, vous évitant ainsi d'avoir à taper le reste.

Supposons par exemple que nous ayons tapé **Centre culinaire Pigeon vole** dans la cellule A3, puis que le pointeur ait été déplacé vers la cellule A4. Dès activation de la touche C – en majuscule ou en minuscule, cela n'a pas d'importance –, la saisie semi-automatique ajoute aussitôt le restant, soit *_entre culinaire Pigeon vole* juste après le C.

La saisie semi-automatique est parfaite si les cellules A3 et A4 doivent contenir les mêmes entrées. Mais supposons que les entrées commencent par les mêmes lettres, mais qu'elles diffèrent ensuite. La saisie semi-automatique fonctionnera aussi longtemps que les lettres seront identiques – le mot *Centre* en l'occurrence – ; il suffit de continuer à taper. Dès que le texte diffère, comme dans *Centre Jack & Jill*, la saisie semi-automatique cesse dès la frappe du J, car elle n'a plus rien à vous proposer.

La recopie automatique

Bon nombre des feuilles de calcul exigent la saisie de séries de chiffres ou de dates qui se suivent. Vous devrez par exemple entrer les douze mois de l'année dans un classeur, ou numéroter des cellules de 1 à 100.

La fonction de recopie d'Excel, également appelée *recopie incrémentée*, facilite considérablement ces tâches répétitives. Tout ce que vous avez à faire est de taper la première valeur d'une série. Le plus souvent, la recopie automatique se fera un plaisir de remplir les cellules voisines en tirant une poignée de recopie vers la droite pour incrémenter sur une ligne, ou vers le bas pour incrémenter dans une colonne.

La poignée de recopie, qui a la forme d'une croix noire, n'apparaît que quand vous placez le pointeur de la souris sur le coin inférieur droit d'une cellule, ou de la dernière cellule si une plage a été sélectionnée. Gardez à l'esprit que, en faisant glisser une sélection de cellules avec le pointeur de souris en forme d'épaisse croix blanche, Excel se contente d'étendre la sélection aux cellules par-dessus lesquelles vous avez tiré le pointeur (voir Chapitre 3). Si vous faites glisser la sélection avec le pointeur en forme de flèche, Excel déplace la sélection (voir Chapitre 4).

Sur un périphérique tactile, les poignées s'affichent dès que vous touchez une cellule. Des cercles vides témoignent de la sélection de la cellule. Lorsque l'option Remplissage apparaît (notamment dans une barre d'outils flottante), activez-la en la touchant. Les cercles se transformeront en carré plein. Tirez une des poignées pour remplir automatiquement les cellules vides. Simple et efficace.

Quand vous créez une série avec la poignée de recopie, vous ne pouvez tirer que dans une seule direction à la fois. Il vous est par exemple possible de remplir les cellules situées à droite ou à gauche sur la même ligne que la cellule initiale contenant les données à recopier, ou vers le haut ou le bas de la même colonne. Mais il est exclu d'opérer dans deux directions, par exemple vers la droite, puis vers le bas en tirant la poignée en diagonale.

Lorsque vous actionnez la souris, le logiciel vous tient informé des données qu'il entre dans la dernière cellule de la plage sélectionnée en affichant son contenu à proximité du pointeur, dans une sorte d'info-bulle. Dès que vous relâchez le bouton de la souris après avoir étendu la recopie, Excel crée une série de données dans toutes les cellules que vous avez sélectionnées ou recopie simplement la valeur initiale sans la modifier. À droite de la dernière entrée qu'il vient d'effectuer, Excel affiche un bouton contextuel qui déroule un menu proposant plusieurs options. Elles servent à outrepasser l'option de recopie par défaut par laquelle Excel recopie la valeur de départ dans une plage de cellules et à activer à la place la recopie incrémentée.

Les Figures 2.11 et 2.12 montrent comment utiliser la fonction de recopie automatique pour entrer des mois de l'année sur une ligne, en commençant par janvier dans la cellule B2 et en finissant par juin en G2. Pour ce faire, tapez simplement **Janvier** dans la cellule B2, amenez le pointeur de la souris sur la poignée de recopie située sur le coin inférieur droit de la cellule, puis tirez-la jusque sur la cellule M2, comme le montre la Figure 2.10. Lorsque vous relâchez le bouton de la souris, Excel remplit les cellules avec les différents mois, de février à mai, comme l'illustre la Figure 2.12. Remarquez que les mois ainsi créés restent sélectionnés, ce qui vous laisse une possibilité de modifier la série ; si vous étiez allé trop loin, tirer la poignée de recopie vers la gauche aurait limité la recopie à celle voulue. Ou encore, si vous n'étiez pas allé assez loin, tirer la poignée aurait ajouté des mois.

Figure 2.11

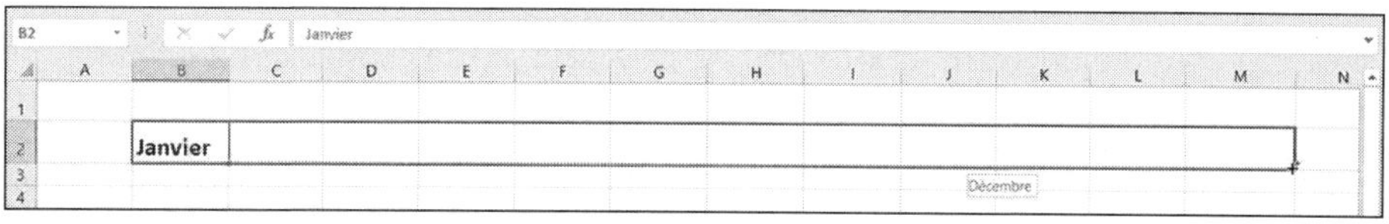

Pour obtenir une série de mois, tapez Janvier dans une cellule, puis tirez la poignée de recopie pour créer automatiquement les autres mois.

Figure 2.12

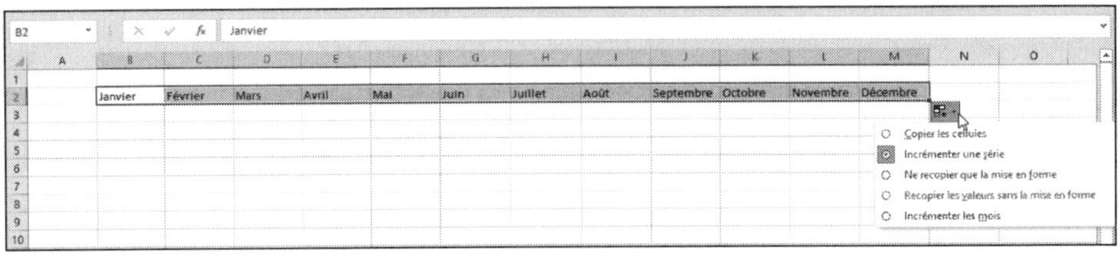

Au moment où vous relâchez le bouton de la souris, Excel remplit les cellules avec les différents mois. Un bouton contextuel affiche un menu permettant de sélectionner un type de recopie.

Vous pouvez aussi utiliser les options du menu contextuel de la recopie automatique, ouvert en cliquant sur le bouton qui apparaît à proximité de la poignée de recopie et choisir un autre type de recopie que celui proposé par défaut. Pour qu'Excel recopie le mot « janvier » dans chaque cellule, choisissez l'option Copier les cellules, comme à la Figure 2.13. Pour ne recopier que le format de la cellule d'origine (le gras ou l'italique par exemple, ainsi que les couleurs, les bordures, *etc.*), sélectionnez l'option Ne recopier que la mise en forme. Pour recopier les mois sans recopier la mise en forme de la cellule B2, choisissez l'option Recopier les valeurs sans la mise en forme.

Figure 2.13

Pour dupliquer le contenu de la cellule par recopie.

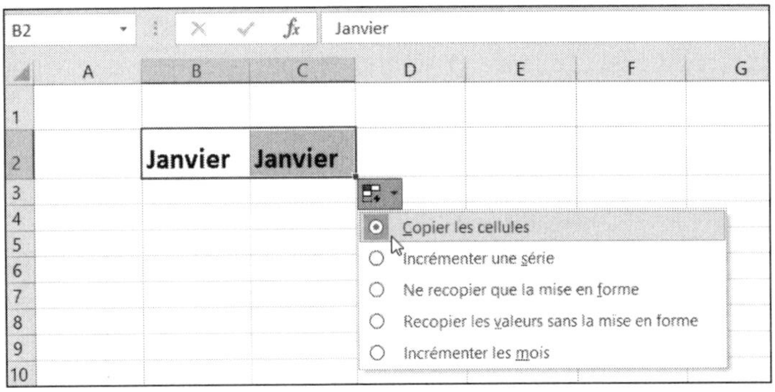

Le Tableau 2.3, dans la section suivante, indique les valeurs initiales susceptibles d'être utilisées pour une recopie automatique et les résultats qu'elle produit.

Travailler avec des séries échelonnées

La recopie automatique utilise la valeur initiale sélectionnée (date, heure, jour, année...) pour produire une série. Toutes les séries énumérées dans le Tableau 2.3 varient de 1 (un jour, un mois, une unité...). Il est toutefois possible de faire en sorte que la recopie automatique s'effectue selon une autre valeur en entrant deux valeurs de départ dans des cellules voisines, qui quantifient la modification d'une valeur à une autre. Ces deux valeurs constitueront la sélection initiale que vous étendrez avec la poignée de recopie.

Par exemple, pour démarrer une série le lundi et entrer un jour sur deux dans une ligne, vous taperez **Samedi** dans une cellule et **Lundi** dans la cellule suivante. Après avoir sélectionné ces deux cellules, tirez la poignée de recopie vers la droite aussi loin que nécessaire. Lorsque vous relâchez le bouton de la souris, Excel remplit les cellules avec la série Mercredi, Vendredi, Dimanche, Mardi, et ainsi de suite.

Tableau 2.3 Séries susceptibles d'être créées avec la recopie automatique.

Entrée initiale	Série produite par la recopie automatique
Juillet	Août, Septembre, Octobre...
Juil	Août, Sept, Oct, Nov...
Mardi	Mercredi, Jeudi, Vendredi...
Mar	Mer, Jeu, Ven, Sam...
01/04/2002	02/04/2002, 03/04/2002, 04/04/2002...
Janv-00	Févr-00, Mars-00, Avr-00...
15-Févr	16-Févr, 17-Févr, 18-Févr...
10:00 PM	11:00 PM, 12:00 PM, 1:00 AM
8:01	9:01, 10:01, 11:01, 12:01...
1er trim	2e trim, 3e trim, 4e trim...
Tr1	Tr2, Tr3, Tr4, Tr5, Tr6...
T3	T4, T1, T2, T3, T4, T1...
Produit 1	Produit 2, Produit 3, Produit 4...
1er produit	2e produit, 3e produit...

Copier avec la recopie automatique

Vous pouvez utiliser la recopie automatique pour copier un texte sur une plage de cellules, mais sans incrémentation. Pour ce faire, maintenez la touche Ctrl enfoncée tout en cliquant et en tirant la poignée de recopie. Un petit signe « + » apparaît près de la poignée, indiquant qu'une *copie* est en cours, et non une copie incrémentée. Vous pouvez vérifier que l'entrée dupliquée ne change pas en observant l'info-bulle dont le contenu reste identique à celui de la cellule d'origine. Si vous voulez néanmoins incrémenter la recopie, il suffit de cliquer sur le bouton contextuel et de choisir, dans le menu, l'option Incrémenter une série ; les éléments copiés sont aussitôt transformés en série d'éléments numérotés ou successifs.

Alors que maintenir la touche Ctrl enfoncée pendant la recopie automatique empêche l'incrémentation du texte, il en va tout autrement avec les valeurs numériques ! Supposons que vous avez entré le nombre **17** dans une cellule et tiré la poignée de recopie pour remplir les cellules voisines. Dans ce cas, Excel recopie le nombre 17 dans chacune des cellules. Mais si la touche Ctrl est enfoncée, la recopie est incrémentée et donne 18, 19, 20, et ainsi de suite. Si vous avez oublié ce détail et créé une série de nombres incrémentés, alors que vous vouliez simplement recopier le nombre à l'identique dans les cellules, corrigez la manipulation en cliquant sur le bouton contextuel et choisissez l'option Copier les cellules.

Créer une liste personnalisée

En plus de pouvoir varier l'incrémentation d'une série de recopies automatiques, vous pouvez créer vos propres séries. Par exemple, vous vendez des CD de musique classique des compositeurs suivants :

- Chostakovitch
- Gretchaninov
- Rachmaninov
- Rimski-Korsakov
- Rostropovitch
- Tchaïkovski
- Tcherepnine

Au lieu d'avoir à taper sans cesse le nom de chacun de ces artistes chaque fois que vous devez les lister dans une feuille de calcul, vous pouvez en faire une liste personnalisée. Il vous suffira ensuite de taper Chostakovitch dans la première cellule, puis de tirer sur la poignée de recopie pour placer automatiquement tous les autres noms dans les cellules sélectionnées.

Procédez comme suit pour créer une liste personnalisée :

1. **Cliquez sur Fichier/Options, puis sur la rubrique Options avancées.**

2. **Dans la section Général (faites défiler le volet droit pour y accéder), cliquez sur le bouton Modifier les listes personnalisées. La boîte de dialogue Listes personnalisées apparaît (Figure 2.14).**

   Si vous avez déjà tapé une liste personnalisée dans une plage de cellules, passez à l'Étape 2. Sinon, allez directement à l'Étape 5.

Figure 2.14 Création d'une liste personnalisée à partir de plages de cellules existantes.

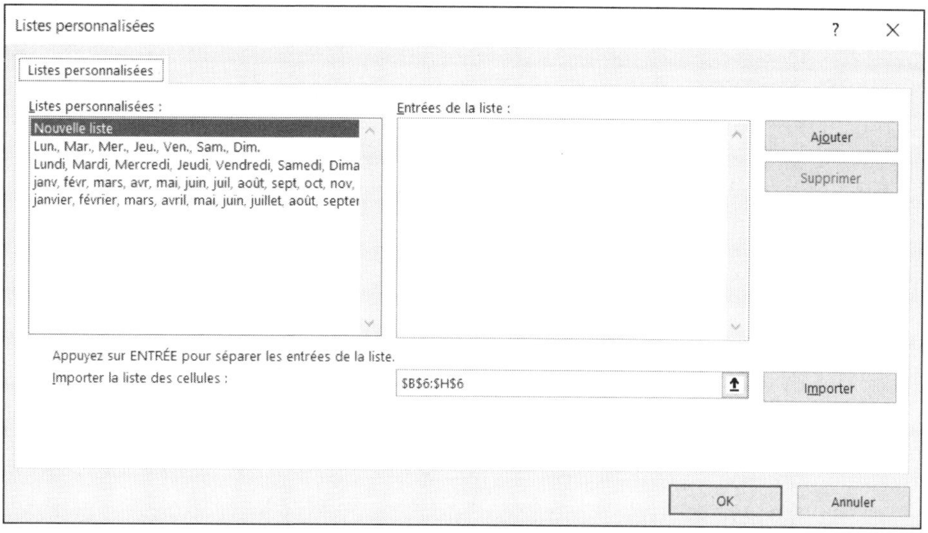

❸ Cliquez dans le champ de texte Importer la liste des cellules, puis sélectionnez, dans la feuille de calcul, la plage de cellules concernées (voyez à ce propos le Chapitre 3).

Dès que vous entamez le mouvement, Excel réduit au minimum la boîte de dialogue Options afin qu'elle ne vous gêne pas. Il en rétablit l'affichage classique dès que vous terminez votre sélection.

❹ Cliquez sur le bouton Importer pour copier le contenu des cellules dans la fenêtre Entrées de la liste.

Passez à l'Étape 6.

❺ Cliquez dans la fenêtre Entrées de la liste. Tapez ensuite chaque entrée dans l'ordre qui vous convient; n'oubliez pas de taper sur la touche Entrée après chaque saisie.

Après avoir tapé tous les intitulés dans la fenêtre Entrées de la liste, vous pouvez passer à l'étape suivante.

❻ Cliquez sur le bouton Ajouter afin de transférer les éléments dans la liste Listes personnalisées.

Créez éventuellement d'autres listes personnalisées en procédant comme nous venons de l'indiquer.

❼ Cliquez sur OK pour fermer la boîte de dialogue Listes pers. et revenir à la boîte de dialogue Options Excel.

❽ Cliquez sur OK ou appuyez sur Entrée pour fermer la boîte de dialogue Options Excel et revenir à la feuille de calcul courante du classeur actif.

Après avoir ajouté une liste personnalisée dans Excel, il vous suffira simplement de taper la première entrée dans une cellule, puis de tirer la poignée de recopie dans une direction pour que les autres éléments de la liste apparaissent dans la plage de cellules.

Si vous n'avez pas l'intention de taper la première ligne, utilisez la fonction de saisie semi-automatique décrite précédemment dans ce chapitre ; créez une entrée sous la forme d'un sigle ou d'un acronyme qui affichera automatiquement le nom complet comme *albb* pour *À la bonne bouffe.*

Vive le remplissage instantané !

Le mode d'autocomplétion d'Excel 2019, le remplissage instantané, est une fonctionnalité qui vous permet de recopier sans effort une partie de donnée d'un endroit vers un autre, le tout sans avoir à créer ou à copier des formules complexes.

Prenons un exemple pour illustrer cette spectaculaire commande. Imaginons une série de noms et de prénoms réunis dans la colonne A d'un tableau. Le but : obtenir, dans la colonne B, les prénoms et, dans la colonne C, les noms.

Voici comment exploiter à cette fin le remplissage instantané :

1. **Tapez Rémy en B2 et validez *via* Entrée ou Flèche vers le bas.**

   Excel déplace alors la sélection vers la cellule B3, où il vous suffit de taper la première lettre du prénom suivant pour que Remplissage instantané comprenne immédiatement votre intention.

2. **En B3, tapez A.**

   Aussitôt, la fonction complète le prénom et vous montre qu'elle est prête à en faire autant pour tous les prénoms de la liste (Figure 2.15).

3. **Confirmez *via* Entrée ou Flèche vers le bas.**

   Et le tour est joué !

Répétez l'opération pour entrer les noms dans la colonne C : tapez **Potiez** en C2, puis tapez **D** en C3 et concluez par Entrée.

Forcément, dans notre exemple, nous n'avons traité que sept entrées. Mais le travail n'aurait pas été plus lourd si nous avions eu à en traiter des centaines. Une fonction que vous aurez plaisir à exploiter tant elle vous fera gagner du temps.

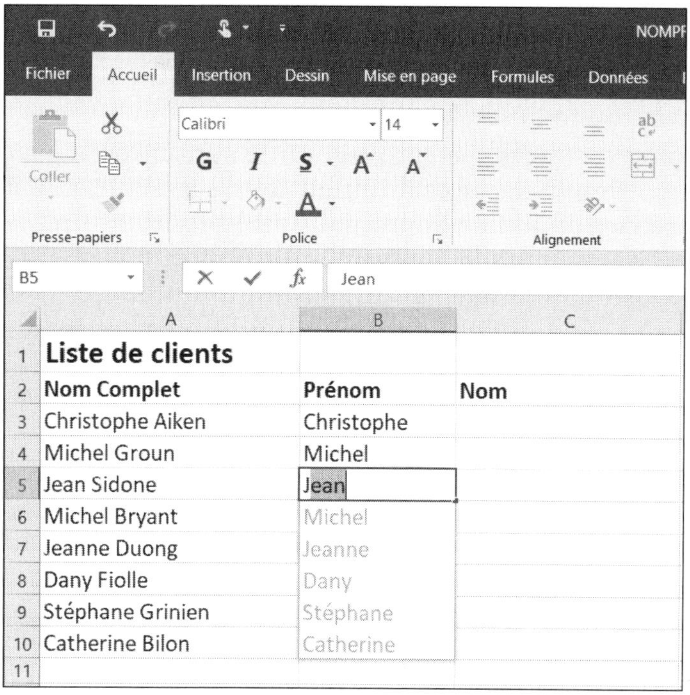

Figure 2.15 Le remplissage instantané en action.

Seul impératif : les données à traiter doivent être présentées de la même manière avec un séparateur identique (espace, virgule, tiret...). Dernière remarque : la fonction est capable de ventiler autre chose que des données texte, comme, par exemple, des références de pièces détachées (style AJ-1234 ou RW-8007).

Insérer des symboles et des caractères spéciaux

Avec Excel, l'insertion de caractères spéciaux est très facile (symboles de devises, marque déposée, copyright, *etc.*). Pour insérer un symbole ou un caractère spécial, cliquez dans le Ruban sur Insertion/Symboles/Symbole, dans le groupe Symboles, pour ouvrir la boîte de dialogue Caractères spéciaux.

Cette boîte de dialogue contient deux onglets : Symboles et Caractères spéciaux. Pour insérer un signe mathématique ou le symbole d'une devise, sous l'onglet Symboles, localisez-le dans la liste, cliquez dessus, puis sur le bouton Insérer. (À la place, vous pouvez également double-cliquer dessus.) Pour insérer des caractères de langue étrangère ou des lettres accentuées appartenant à d'autres jeux de caractères, déroulez la liste Sous-ensemble, puis cliquez sur un nom de sous-ensemble. Ensuite, vous n'avez plus qu'à trouver, dans la zone de liste, le caractère souhaité, puis à cliquer dessus. L'insertion des symboles monétaires ou des signes mathématiques utilisés très souvent (tels que le symbole de l'euro et les signes + ou -) est un jeu d'enfant : ils figurent, toujours sous l'onglet Symboles, dans la section Caractères spéciaux récemment utilisés.

Pour insérer des caractères spéciaux, tels que le symbole de la marque déposée, une marque de paragraphe ou des points de suspension, cliquez sur l'onglet Caractères spéciaux de la boîte de dialogue du même nom. Repérez le caractère dans la liste, cliquez dessus, puis cliquez sur le bouton Insérer (l'insertion par double-clic fonctionne également).

Une fois vos travaux d'insertion achevés, fermez la boîte de dialogue Caractères spéciaux en cliquant sur le bouton Fermer situé dans le coin supérieur droit.

Les entrées de la plage

Si vous devez saisir un tableau de données dans un nouveau classeur, vous vous simplifierez le travail – et votre existence – en sélectionnant d'abord toutes les cellules vides qui devront contenir ces données avant même de procéder à leur entrée. Pour cela, placez le pointeur dans la première cellule de ce qui sera le tableau, puis sélectionnez toutes les cellules dans les colonnes et les lignes voisines (reportez-vous au Chapitre 3 pour apprendre à sélectionner des plages de cellules). Enfin, commencez à entrer la première donnée.

Quand vous sélectionnez une *plage* de cellules avant de commencer à entrer des informations, Excel restreint la saisie des données à cette plage de la façon suivante :

» Le logiciel avance automatiquement le pointeur de cellule à la prochaine cellule de la plage lorsque vous cliquez sur le bouton Entrer ou appuyez sur la touche Entrée pour valider une saisie.

» Dans une plage contenant plusieurs lignes et colonnes, Excel fait descendre le pointeur de cellule dans la colonne afin que vous puissiez procéder aux entrées ; lorsqu'il atteint la dernière cellule dans la partie sélectionnée de la colonne, Excel place le pointeur tout en haut de la prochaine colonne à droite. Si le tableau n'occupe qu'une ligne, le pointeur est décalé de gauche à droite.

» Lorsque vous finissez d'entrer des informations dans la dernière cellule de la plage sélectionnée, Excel positionne le pointeur de cellule sur la première cellule du tableau de données qui vient d'être terminé. Pour désélectionner la plage de cellules, cliquez sur une des cellules de la feuille de calcul, hors du tableau ou à l'intérieur, ou appuyez sur une touche fléchée.

Veillez à ne pas appuyer sur une touche fléchée pour valider la saisie dans une des cellules de la plage sélectionnée, au lieu de cliquer sur le bouton Entrer ou d'appuyer sur la touche Entrée. L'appui sur une touche fléchée désélectionne en effet la plage au moment où Excel déplace le pointeur de cellule. Utilisez une de ces méthodes pour déplacer le pointeur de cellule sans désélectionner la plage :

- **Appuyez sur Entrée pour passer à la cellule inférieure puis, le moment venu, passer à la prochaine colonne. Appuyez sur Maj + Entrée pour reculer à la cellule précédente.**
- **Appuyez sur la touche Tab pour passer à la prochaine cellule de la colonne de droite et descendre ensuite dans la colonne. Appuyez sur Maj + Tab pour revenir à la cellule précédente.**
- **Appuyez sur Ctrl + . (point du pavé numérique) pour aller d'un coin de la plage à un autre.**

La saisie expresse

Quand une même entrée (texte, valeur ou formule) doit apparaître dans plusieurs cellules d'un classeur, vous économiserez beaucoup de temps et d'énergie en la plaçant dans toutes ces cellules en une seule opération. Sélectionnez d'abord la plage de cellules qui doit contenir l'information (comme nous le verrons dans le Chapitre 3, Excel permet de sélectionner plusieurs cellules à la fois), procédez à la saisie, puis validez avec les touches Ctrl + Entrée pour répartir la saisie dans toutes les plages sélectionnées.

Pour que cette opération réussisse, vous devez maintenir la touche Ctrl enfoncée au moment où vous appuyez sur Entrée afin qu'Excel puisse répartir la saisie dans toutes les cellules sélectionnées. Si vous oubliez d'appuyer sur Ctrl, Excel ne place les données que dans la première cellule de la plage. Sur le clavier virtuel, touchez Ctrl, puis Entrée.

Vous pouvez aussi accélérer la saisie des données dans une liste comportant des formules en vous assurant que la case Étendre les formules et formats de plage de données est cochée dans la section Options d'édition de la rubrique Options avancées de la boîte de dialogue Options Excel (pour la faire apparaître, cliquez sur Fichiers/Options). Lorsque cette case est cochée, Excel met automatiquement en forme les nouvelles données que vous tapez dans la dernière colonne d'une liste en fonction de la mise en forme existant dans les colonnes déjà remplies et copie les formules présentes dans ces colonnes. Notez cependant que pour utiliser cette nouvelle fonctionnalité, vous devez d'abord manuellement entrer les formules et configurer la mise en forme dans au moins trois colonnes avant la nouvelle colonne.

Améliorer les formules

Précédemment dans ce chapitre, vous avez appris dans la section « Concocter ces fabuleuses formules ! » à créer des formules qui exécutent un certain nombre d'opérations mathématiques simples telles que l'addition, la soustraction, la multiplication et la division. Au lieu de créer des formules complexes à partir de zéro et/ou d'une combinaison plus ou moins compliquée de ces opérations, vous pouvez demander à une fonction d'Excel de se charger de cette tâche.

Une *fonction* est une formule prédéfinie qui exécute un certain type de calcul. Tout ce que vous avez à faire est de fournir les valeurs que cette fonction utilisera pour déterminer le résultat. En jargon de tableur, ces valeurs sont appelées *arguments de la fonction.* À l'instar des fonctions simples, vous pouvez entrer les arguments de la plupart des fonctions soit sous une forme numérique, comme **22** ou **-4,56**, soit, comme c'est souvent le cas, sous la forme d'une référence de cellule (**B10**) ou d'une plage de cellules (**C3:F3**).

Comme pour les formules que vous créez vous-même, chaque fonction doit commencer par le signe = (égal), afin qu'Excel sache que vous allez taper une fonction ou une formule et non du texte. Juste après le signe égal, vous entrez le nom de la fonction (en majuscules ou en minuscules) suivi des arguments indispensables pour que les calculs puissent être effectués. Tous les arguments d'une fonction sont toujours entre parenthèses.

Après avoir tapé le signe égal et commencé à taper les premières lettres du nom de la fonction que vous voulez utiliser, une liste déroulante apparaît juste en dessous de la cellule, vous proposant toutes les fonctions dont le nom commence par les lettres que vous venez de taper. Identifiez le nom de la fonction que vous voulez dans cette liste, double-cliquez dessus et Excel achève de l'entrer pour vous dans la cellule et dans la barre de formule, suivi de la parenthèse ouvrante (**(**) qui précède les arguments de la fonction.

Excel affiche alors, juste en dessous de la cellule, une info-bulle vous indiquant les arguments attendus par la fonction et vous pouvez spécifier la cellule ou la plage de cellules que vous voulez utiliser comme premiers arguments, soit en la pointant avec la souris, soit en tapant ses références. Dans le cas d'une fonction à plusieurs arguments, vous pouvez cliquer sur les cellules successives ou parcourir la plage de cellules avec la souris (en maintenant enfoncé son bouton gauche), ou bien vous pouvez taper manuellement les arguments successifs, sans oublier de les séparer par un point-virgule (**;**).

Après avoir entré le dernier argument, tapez la parenthèse fermante ()) pour indiquer la fin de la liste des arguments. L'info-bulle contenant le nom de la fonction et la liste de ses arguments nécessaires disparaît. Cliquez ensuite sur le bouton Entrer ou appuyez sur Entrée ou sur une touche fléchée pour valider la fonction et obtenir d'Excel qu'il calcule le résultat.

Placer une fonction dans une formule avec l'Assistant Fonction

Bien qu'il soit possible d'entrer une fonction en la tapant directement dans une cellule, Excel met à votre disposition, dans la barre de formule, un bouton Insérer une Fonction, fort utile pour choisir n'importe laquelle des fonctions intégrées d'Excel. Quand vous cliquez sur ce bouton (après avoir sélectionné la cellule dans laquelle vous voulez insérer la fonction), Excel ouvre la boîte de dialogue Insérer une fonction (voir Figure 2.16) dans laquelle vous pouvez choisir une des fonctions prédéfinies. Après en avoir sélectionné une, Excel ouvre la boîte de dialogue Arguments de la fonction dans laquelle vous spécifiez les différents paramètres à utiliser. Le gros intérêt de cette boîte de dialogue se révèle lorsque vous rencontrez une fonction qui ne vous est pas familière ou est vraiment très complexe (certaines sont plutôt ardues). Vous obtiendrez une aide extrêmement détaillée sur les arguments requis en cliquant sur le lien hypertexte **Aide sur cette fonction**, dans le coin inférieur gauche de la boîte de dialogue.

Figure 2.16 Sélectionnez dans cette boîte de dialogue la fonction à utiliser dans une cellule.

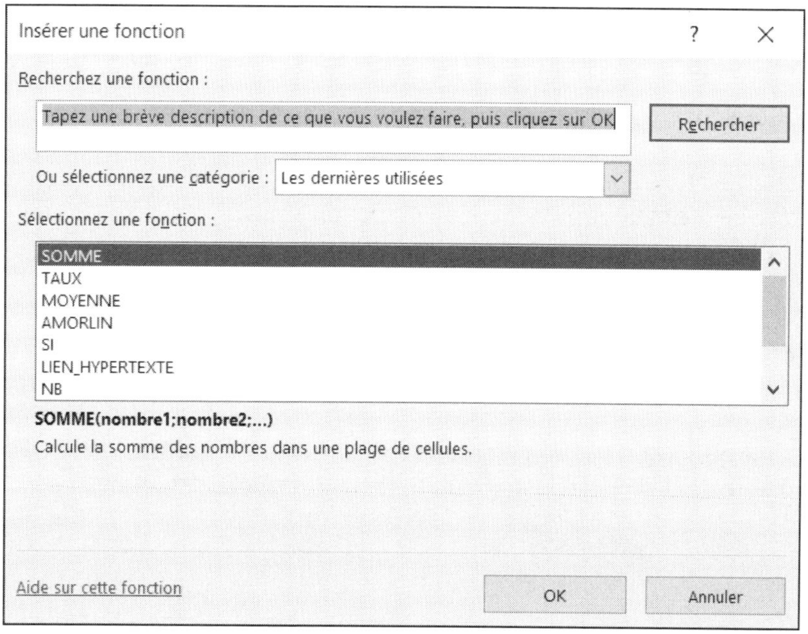

La boîte de dialogue Insérer une fonction contient trois sections : Recherchez une fonction, Ou sélectionnez une catégorie et Sélectionnez une fonction. Lorsque vous ouvrez la boîte de dialogue, Excel sélectionne automatiquement, dans la liste déroulante des catégories de fonctions, la catégorie Les dernières utilisées. Ces fonctions communément utilisées sont listées dans la fenêtre Sélectionner une fonction.

Si la fonction que vous recherchez ne figure pas parmi les plus récemment utilisées, vous devrez la rechercher dans la catégorie appropriée en déroulant la liste Ou sélectionnez une catégorie. Si vous n'avez aucune idée de la catégorie, tapez une description de ce que vous voulez en faire dans la fenêtre Recherchez une fonction, puis cliquez sur le bouton OK qui se trouve juste à droite ou appuyez sur la touche Entrée. Par exemple, pour localiser la fonction qui totalise des valeurs, il suffit d'entrer le mot **total** dans la fenêtre Recherchez une fonction et de cliquer sur OK. Excel affiche ensuite une liste de fonctions effectuant des totaux. Vous pouvez les examiner chacune en cliquant tour à tour dessus. Quand vous sélectionnez une fonction dans cette liste, la boîte de dialogue Insérer une fonction en présente, en bas, tous les arguments suivis d'une description de ce qu'elle fait.

Après avoir localisé et sélectionné la fonction à utiliser, cliquez sur le bouton OK (tout en bas, à gauche d'Annuler) pour insérer la fonction dans la cellule courante et ouvrir la boîte de dialogue Arguments de la fonction. Elle affiche tous les arguments requis ainsi que ceux qui sont facultatifs. Supposons que vous choisissiez, dans la fenêtre Sélectionnez une fonction, la fonction SOMME (qui est sans aucun doute la plus utilisée), puis que vous cliquiez sur OK. Excel insère aussitôt dans la cellule courante :

```
=SOMME()
```

Cette fonction apparaît aussi dans la barre de formule, après le signe égal. La boîte de dialogue Arguments de la fonction s'ouvre, affichant les arguments de SOMME, comme le montre la Figure 2.17.

Comme vous pouvez le lire dans la boîte de dialogue Arguments de la fonction visible Figure 2.17, vous pouvez sélectionner jusqu'à 255 arguments pour cette fonction. Ce qui n'est cependant pas évident – il y a sûrement un truc, non? –, c'est que chacun de ces arguments ne se trouve pas forcément dans une seule et même cellule. En fait, la plupart du temps, un seul argument recouvrira un grand nombre de chiffres (sélection multiple) que vous désirez totaliser.

Figure 2.17

Spécifiez, dans la boîte de dialogue Arguments de la fonction, les arguments à utiliser par la fonction sélectionnée.

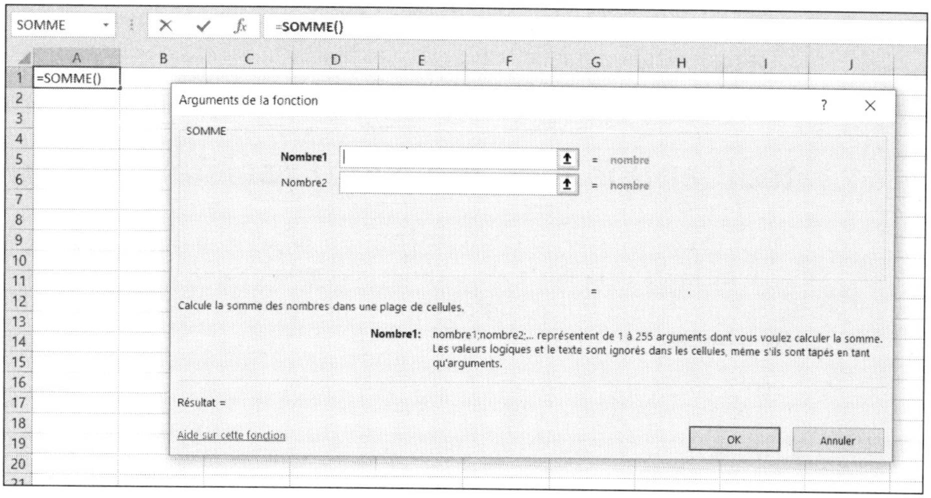

Pour sélectionner le premier argument de la boîte de dialogue, cliquez dans une cellule (ou sélectionnez une plage de cellules) en laissant le point d'insertion dans la zone de texte Nombre1 de la boîte de dialogue Arguments de la fonction. Excel affiche l'adresse de cellule (ou l'adresse de la plage) dans le champ Nombre1, tout en indiquant, en bas à droite de la zone SOMME, le total calculé. Cette même somme apparaît aussi en bas de la boîte de dialogue, en regard de la mention Résultat =.

Rappelez-vous qu'en sélectionnant des cellules, vous pouvez réduire la taille de cette boîte de dialogue afin qu'elle n'affiche que la ligne Nombre1 ; pour ce faire, cliquez sur le bouton Minimiser, à droite de la zone de texte Nombre1. Après avoir sélectionné les cellules à utiliser comme premier argument, vous pouvez de nouveau déployer la boîte de dialogue en cliquant sur le même bouton à droite du champ Nombre1. Au lieu de minimiser la boîte de dialogue, vous pouvez aussi la mettre momentanément de côté en cliquant dedans et en la faisant glisser ailleurs.

Si vous calculez sur plus d'une cellule ou groupe de cellules d'un classeur, appuyez sur la touche Tab ou cliquez dans la zone de texte Nombre2 pour y placer le point d'insertion (Excel réagit à cette action en ouvrant aussitôt une zone de texte Nombre3). Indiquez dans le champ Nombre2 la deuxième cellule ou plage de cellules à ajouter au premier argument. Après avoir cliqué dans une cellule ou défini une plage, Excel affiche l'adresse de la ou des cellules ainsi que les valeurs des cellules à droite de la zone de texte. Les différents boutons de minimisation permettent de réduire la boîte de dialogue en n'affichant que la ligne (Nombre1, Nombre2…) à utiliser.

Après avoir sélectionné les cellules à totaliser, cliquez sur OK pour quitter la boîte de dialogue Arguments de la fonction et placer la fonction SOMME dans la cellule courante.

Modifier une fonction avec l'Assistant Fonction

Vous pouvez utiliser le bouton Insérer une fonction pour modifier une fonction directement dans la barre de formule. Sélectionnez la cellule contenant la formule, puis cliquez sur le bouton Insérer une fonction (celui avec un *fx*, à gauche de la barre de formule).

Sitôt après avoir cliqué sur le bouton Insérer une fonction, Excel ouvre la boîte de dialogue Arguments de la fonction. Pour éditer et modifier les arguments de la fonction, sélectionnez les références de cellule dans la zone de texte appropriée (Nombre1, Nombre2, Nombre3...), puis effectuez les modifications que vous jugez utiles pour telle ou telle cellule ou plage. Rappelez-vous qu'Excel ajoute automatiquement à l'argument courant toute cellule ou plage que vous sélectionnez dans la feuille de calcul. Pour remplacer l'argument courant, vous devez le mettre en surbrillance et éliminer les adresses de cellules en appuyant sur la touche Suppr avant de sélectionner la nouvelle cellule ou plage à utiliser comme argument. Rappelez-vous qu'il vous est à tout moment possible de réduire la boîte de dialogue ou de la déplacer si elle occulte des cellules.

Après avoir modifié la fonction, appuyez sur la touche Entrée ou cliquez sur le bouton OK afin de fermer la boîte de dialogue Arguments de la fonction et de mettre la formule à jour dans le classeur.

La somme automatique : l'essayer, c'est l'adopter

Nous nous en voudrions de clôturer cette intéressante discussion sur la saisie des fonctions sans mentionner le bouton Somme présent dans le groupe Édition de l'onglet Accueil du Ruban. C'est le bouton qui porte la lettre grecque sigma (Σ). Ce petit outil vaut son pesant d'or. Outre qu'il est capable de déterminer la somme, la moyenne, le compte, les valeurs maximale et minimale d'une liste, il sait également sélectionner une plage de cellules dans la colonne courante ou dans la ligne, l'utiliser comme argument et entrer automatiquement le résultat du calcul en tant qu'argument dans une fonction. Neuf fois sur dix, Excel sélectionne correctement la plage de cellules à utiliser ; dans le dixième cas, vous pouvez facilement corriger la sélection en tirant le pointeur de cellule par-dessus la plage à calculer.

Cliquez simplement sur le bouton Somme dans l'onglet Accueil du Ruban chaque fois que vous voulez insérer la fonction Somme dans la cellule sélectionnée. Remarquez qu'en sélectionnant l'option Autres fonctions, Excel ouvre la boîte de dialogue Insérer une fonction, comme si vous aviez cliqué sur le bouton *fx*, dans la barre de formule.

Observez dans la Figure 2.18 comment l'outil Somme automatique est utilisé pour calculer le total du vendeur Rémy Potiez à la ligne 2 : placez le pointeur dans la cellule E2, où le total du premier trimestre devrait être calculé, puis cliquez sur le bouton Somme. Excel insère dans la barre de formule la fonction SOMME avec le signe égal et tout le reste, entoure les cellules B2, C2 et D2 avec un rectangle de sélection (un liseré en pointillé animé) et utilise la plage de cellules B2:D2 comme argument de la fonction SOMME. Il ne vous reste plus qu'à valider cette formule en cliquant sur le bouton Entrer dans la barre de formule (ou en appuyant sur la touche Entrée).

Le total apparaît dans la cellule E3 tandis que la fonction suivante est affichée dans la barre de formule :

```
=SOMME(B2:D2)
```

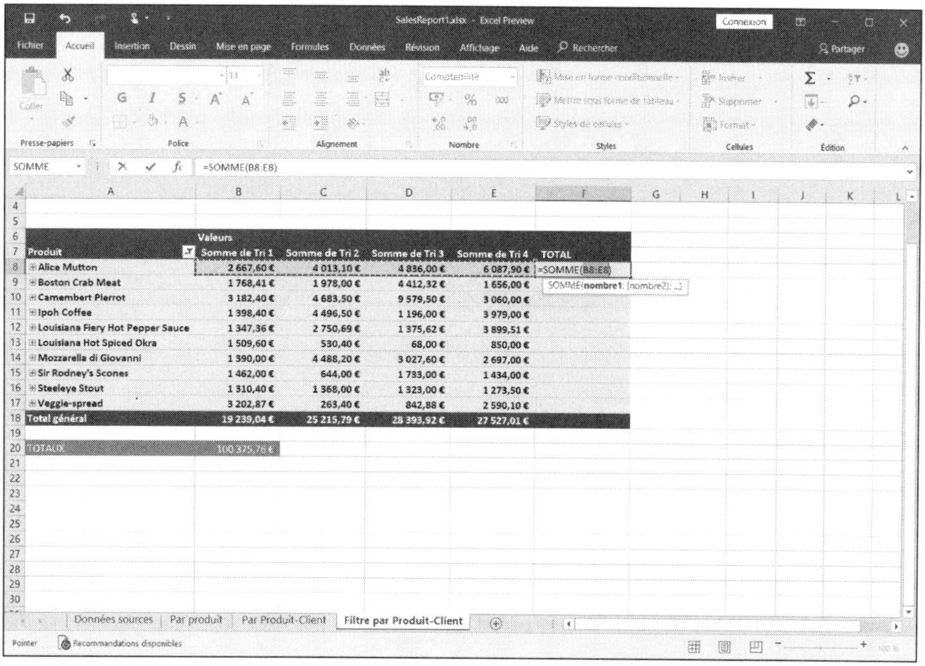

Figure 2.18 Pour obtenir le total trimestriel du premier vendeur, sélectionnez la cellule E2, puis cliquez sur le bouton Somme automatique.

Après avoir entré la fonction qui totalise les ventes du premier vendeur, vous pouvez copier cette formule pour totaliser les ventes trimestrielles de tous les autres vendeurs en tirant vers le bas la poignée de recopie (c'est la petite croix noire qui apparaît quand vous approchez le pointeur de la souris du coin inférieur droit de la cellule), comme le montre la Figure 2.19, jusqu'à ce que la plage de cellules E3:E5 soit en surbrillance.

Figure 2.19 Le total du premier trimestre a été calculé avec l'outil Somme automatique.

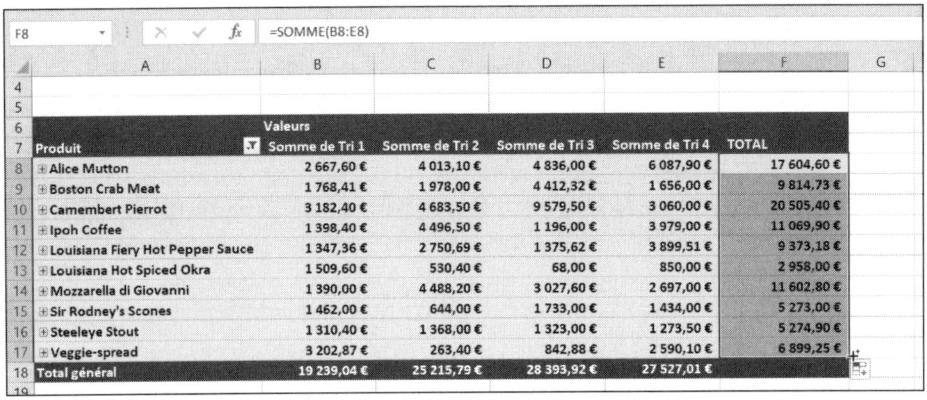

Regardez la Figure 2.20 pour voir comment utiliser l'outil Somme automatique pour totaliser, dans la colonne B, les résultats du mois de janvier. Vous devez placer le pointeur de cellule en B6, là où le total doit apparaître. Cliquez ensuite sur l'outil Somme automatique ; Excel place un rectangle de sélection autour des cellules B2 à B8 et entre correctement la plage B3:B6 comme argument de la fonction SOMME.

Figure 2.20 Sélectionnez la cellule B6, cliquez sur l'outil Somme automatique et appuyez sur Entrée pour obtenir le total des ventes de la colonne B pour tous les vendeurs.

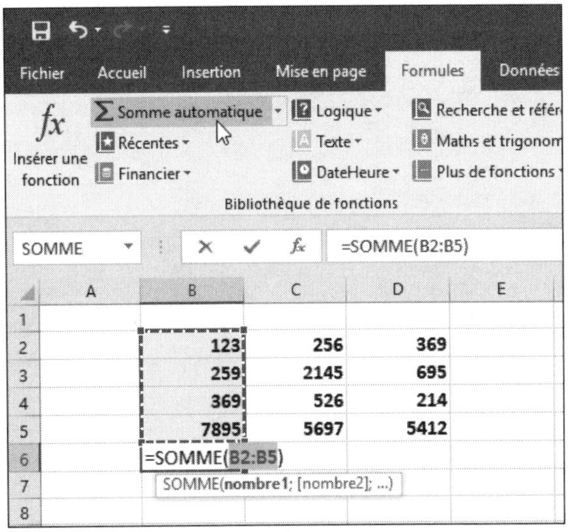

La Figure 2.21 montre la feuille de calcul après avoir inséré la fonction SOMME dans la cellule B6 et utilisé la fonction de recopie automatique pour reporter la formule vers la droite, dans les cellules C6 et D6. Pour utiliser la recopie automatique, tirez sur la poignée située dans le coin inférieur droit de la cellule et tirez-la jusqu'à la cellule E9 ; relâchez ensuite le bouton de la souris.

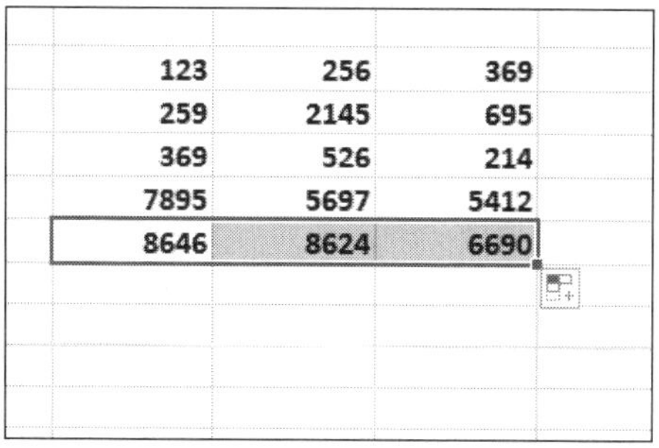

Figure 2.21 La feuille de calcul après avoir recopié la fonction SOMME à l'aide de la poignée de recopie.

L'outil Totaux de la fonction Analyse rapide

Que ceux qui trouvent fastidieux d'utiliser la somme automatique, puis de recopier cette fonction Somme *via* la poignée de recopie sachent qu'Excel 2019 a pensé à eux. Sa fonction Analyse rapide et son outil Totaux va les enchanter ! Cette fonction, en effet, est capable de prendre une foule d'actions en charge, comme le formatage conditionnel (Chapitre 3), les graphiques (Chapitre 10) ou encore les tableaux croisés dynamiques (Chapitre 9). Sans compter que l'outil est aussi capable de calculer des sommes de valeurs présentées en colonnes ou en lignes dans vos feuilles de calcul.

Son usage est simple : sélectionnez des cellules (Chapitre 3), puis cliquez sur l'outil Analyse rapide qui s'affiche spontanément dans l'angle inférieur droit de la plage sélectionnée ; une palette apparaît alors directement sous l'outil, qui vous propose une série d'options, allant de Mise en forme à Graphiques sparklines.

Pour ajouter des totaux à une plage de cellules sélectionnées, cliquez tout simplement sur le bouton Totaux, puis positionnez votre pointeur sur la fonction Somme pour obtenir une prévisualisation du résultat (en bas si vous optez pour la première fonction Somme, à droite si vous lui préférez la seconde). Voyez à ce propos la Figure 2.22. Ça vous convient ? Cliquez !

Si, pour une raison ou pour une autre, vous avez du mal à accéder à la palette d'outils de l'Analyse rapide, opérez un clic-droit sur votre sélection de cellules et choisissez Analyse rapide dans le menu contextuel.

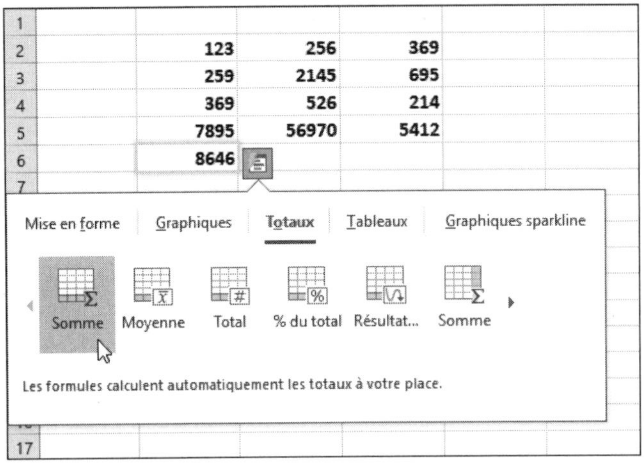

Figure 2.22 Utilisez l'outil Totaux de la fonction Analyse rapide pour ajouter des totaux dans vos feuilles de calcul.

Stocker les données en lieu sûr

Une règle d'or : enregistrez vos données à intervalles réguliers. Cela vous évitera de devoir tout recommencer si un problème survient.

Pour faciliter les sauvegardes, la barre d'outils Accès rapide d'Excel 2019 contient un bouton Enregistrer, reconnaissable à son icône en forme de disquette 3»1/4. Vous n'avez même pas à cliquer sur l'onglet Fichier pour sélectionner la commande Enregistrer. Encore plus rapide, le raccourci clavier Ctrl + S finit par devenir une seconde nature. N'hésitez pas à l'utiliser, vous n'en abuserez jamais.

Lorsque vous cliquez sur le bouton Enregistrer ou sélectionnez Fichier/Enregistrer pour la première fois avec un nouveau classeur, Excel vous propose la fenêtre Enregistrer sous (Figure 2.23). Par défaut, le programme sélectionne, comme lieu de stockage, le dossier Documents de votre OneDrive.

Pour préférer entreposer le classeur localement (c'est-à-dire sur le disque dur de votre ordinateur ou sur un disque virtuel de votre réseau local), cliquez sur l'option Ce PC, placé sous OneDrive.

Dans ce cas, le volet droit vous propose la liste du dossier actif, c'est-à-dire le dossier où est actuellement sauvegardé le classeur, des dossiers récents vers lesquels vous avez récemment sauvegardé des classeurs ainsi que vos disques locaux, votre Bureau et le dossier local Documents.

Si aucune de ces propositions ne vous agrée, cliquez sur Parcourir pour ouvrir la boîte de dialogue Enregistrer sous, où vous pourrez vous exprimer.

Une fois la destination sélectionnée dans cette boîte de dialogue, il vous faut encore y baptiser votre classeur (lui donner un nom plus évocateur que le nom générique Classeur1, Classeur2... attribué provisoirement par Excel) en agissant dans la zone d'édition Nom de fichier, puis lui attribuer un format de fichier *via* le menu local Type.

Une fois ces réglages terminés, cliquez sur Enregistrer ou enfoncez la touche Entrée. Excel procède à la sauvegarde, dans laquelle il inclut toutes les informations de toutes les feuilles de classeur (y compris la position de la cellule active).

Par la suite, vous ne reviendrez à cette fenêtre Enregistrer sous que lorsque vous souhaiterez rebaptiser le classeur ou en enregistrer un exemplaire dans un autre dossier. Vous choisirez alors Fichier/Enregistrer sous plutôt que d'activer le bouton Enregistrer de la barre Accès rapide ou son équivalent clavier, Ctrl + S.

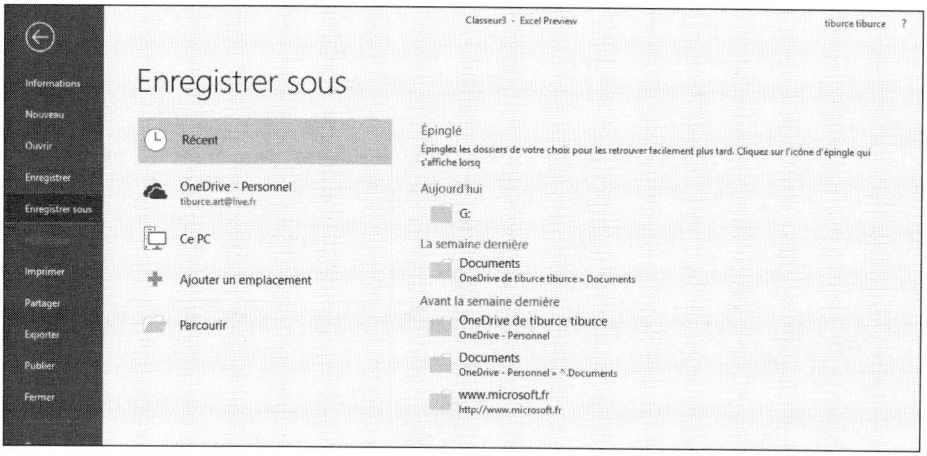

Figure 2.23 La fenêtre Enregistrer sous vous est proposée lorsque vous invoquez la commande Enregistrer depuis un nouveau classeur.

C'est quoi, ce OneDrive ?

Le nuage (ou le *cloud*), ça vous dit sûrement quelque chose, mais si ça reste relativement nébuleux. OneDrive est le nom qu'a donné Microsoft à l'espace qu'elle réserve, dans le nuage, à ses utilisateurs Windows Live. L'avantage, si vous sauvegardez vos données à cet endroit, c'est qu'elles seront ensuite accessibles depuis n'importe quel poste de travail exploitant Excel 2019 et disposant d'une connexion Internet.

Ainsi, si vous enregistrez sur OneDrive un classeur que vous avez créé au bureau, vous pourrez ensuite le modifier depuis le portable qui se trouve à votre domicile, voire depuis une tablette ou un smartphone au café du coin.

Changer l'emplacement d'enregistrement par défaut

Chaque fois que vous ouvrez la boîte de dialogue Enregistrer sous pour enregistrer le fichier d'un classeur, elle s'ouvre automatiquement sur le dossier spécifié comme Emplacement d'enregistrement par défaut dans l'onglet Enregistrement de la boîte de dialogue Options Excel (Fichier/Options/Enregistrement).

Tant que vous n'avez pas spécifié autre chose, ce dossier par défaut est le dossier Documents associé à votre nom d'utilisateur. Ainsi, par exemple, le chemin d'accès au dossier par défaut dans lequel Excel 2019 enregistre automatiquement mes nouveaux classeurs sur mon ordinateur est :

```
C:\Utilisateurs\Greg\Documents
```

Le dossier Documents n'est pas forcément l'emplacement qui vous convient le mieux pour enregistrer vos nouveaux classeurs. Pour spécifier un autre emplacement d'enregistrement par défaut sur votre ordinateur, suivez ces étapes :

1. **Cliquez sur Fichier/Options/Enregistrement afin d'ouvrir l'onglet Enregistrement de la boîte de dialogue Options Excel.**

   Le chemin d'accès au dossier d'enregistrement par défaut apparaît dans le champ Emplacement d'enregistrement par défaut.

2. **Dans le champ Dossier local par défaut, sélectionnez le chemin d'accès ou une partie de celui-ci.**

   Ce que vous saisirez remplacera ce qui est sélectionné dans ce champ. Si vous ne voulez remplacer qu'une partie de ce chemin d'accès, ne sélectionnez que la partie à remplacer. Et si vous avez simplement besoin d'ajouter quelque chose, placez simplement le curseur à la fin du chemin existant.

3. **Modifiez ou remplacez le chemin d'accès pour faire apparaître à sa place celui du dossier que vous voulez spécifier comme emplacement d'enregistrement par défaut.**

4. **Cliquez sur OK pour fermer la boîte de dialogue Options Excel.**

Les différences entre les formats XLSX et XLS

Excel 2019 utilise le format de fichier basé sur XML (que Microsoft appelle officiellement le format Microsoft Office Open XML) apparu dans Excel 2007, vanté comme plus efficace pour enregistrer des données, produisant donc de plus petits fichiers et offrant une meilleure intégration avec les sources de données externes (en particulier s'il s'agit de sources Web utilisant le format XML). Ce format de fichier reposant sur XML porte l'extension de fichier .xlsx – c'est le format par défaut dans lequel Excel enregistre les nouveaux classeurs que vous créez.

Le seul inconvénient de ce nouveau format est que les versions antérieures d'Excel ne sont pas capables de l'ouvrir. Cela signifie que, si vous travaillez avec des gens qui ont besoin d'ouvrir vos classeurs, mais ne sont pas encore passés à Excel 2019, vous devez les enregistrer dans le format de fichier utilisé par les versions 97 à 2003 portant l'extension de fichier .xls. Pour cela, lorsque vous enregistrez pour la première fois un nouveau classeur, ouvrez la liste déroulante Type de fichier dans la boîte de dialogue Enregistrer sous et sélectionnez dans cette liste Classeur Excel 97-2003 (*.xls).

Excel 2019 dispose également d'un format binaire, appelé Binary ou BIFF12, portant l'extension .xlsb. Vous pouvez choisir ce format si vous avez des feuilles de calcul vraiment énormes qui doivent être compatibles avec les anciennes versions d'Excel (sélectionnez Classeur Excel binaire (*.xlsb) dans la liste Type de fichier de la boîte de dialogue Enregistrer sous).

Partie 2
Éditer sans pleurer

Dans cette partie

Sélectionner et formater les données.

•

Régler la largeur des colonnes et la hauteur des lignes.

•

Réorganiser les données.

•

Supprimer des données.

•

Exploiter les commandes Couper, Copier et Coller.

•

Prévisualiser avant d'imprimer.

•

Imprimer tout ou partie d'une feuille.

DANS CE CHAPITRE

Sélectionner les cellules à mettre en forme.

•

Mettre en forme un tableau de données avec le bouton Mettre sous forme de tableau.

•

Appliquer des formats de nombres à des cellules contenant des valeurs.

•

Régler la largeur des colonnes et la hauteur des lignes d'une feuille de calcul.

•

Masquer des colonnes et des lignes.

•

Mettre en forme une plage de cellules en utilisant l'onglet Accueil du Ruban.

Chapitre 3

Tout pour la beauté

Sachez dès à présent qu'entrer des données dans une cellule et les mettre en forme sont deux choses très différentes. C'est pourquoi, quand vous entrez de nouvelles données dans une cellule, elles adoptent la mise en forme qui a été définie pour cette cellule. Ce qui vous permet de mettre en forme des cellules vides dans lesquelles vous entrerez ultérieurement des données qui seront à ce moment automatiquement mises en forme.

Choisir un groupe de cellules sélectionnées

Une *sélection de cellules* (ou *plage de cellules*) est un ensemble de cellules contiguës susceptibles d'être mises en forme ou modifiées. La petite sélection de cellule, dans une feuille de calcul, se limite à une seule cellule : la cellule dite *active*. Une seule cellule entourée par le curseur de cellule est une sélection d'une cellule. La sélection de cellules la plus vaste comprend toutes les cellules de la feuille de calcul. La plupart des sélections que vous aurez à effectuer se situent dans un moyen terme ; elles concerneront quelques cellules adjacentes disposées en colonne(s) et/ou en rangée(s).

Excel met en évidence une sélection de cellules dans la feuille de calcul en mettant en surbrillance les cellules sélectionnées, à l'exception de la cellule active qui conserve sa couleur normale. La Figure 3.1 montre diverses sélections de cellules de différentes tailles et formes.

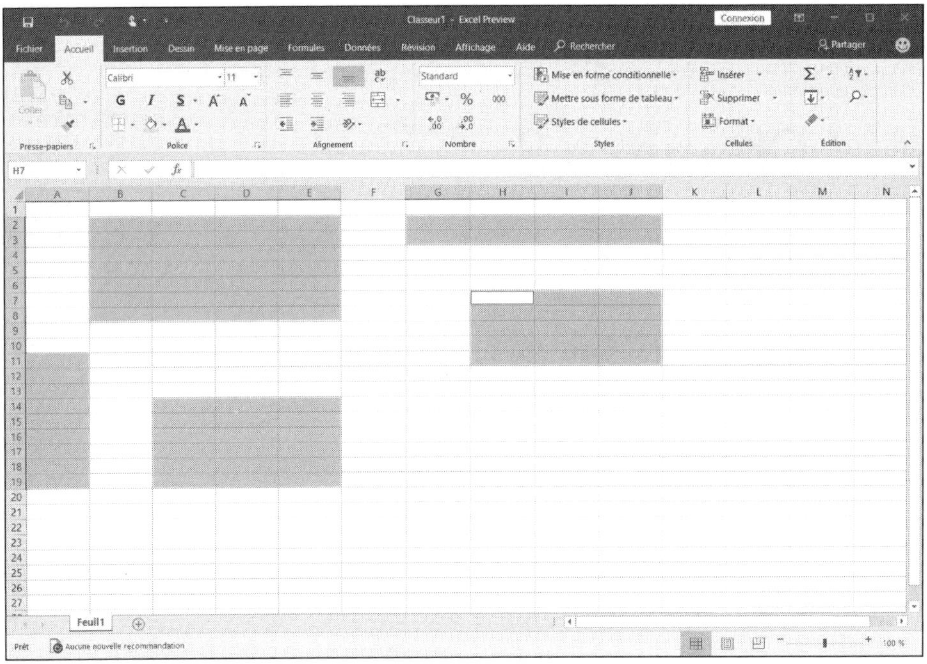

Figure 3.1 Différentes sélections de diverses tailles et formes.

Les sélections par pointer-cliquer

La souris est l'outil naturel pour sélectionner des plages de cellules : amenez le pointeur de souris (l'épaisse croix blanche) au-dessus de la première cellule, cliquez, puis, bouton de la souris enfoncé, tirez dans la direction où vous désirez étendre la sélection.

» Pour étendre la sélection de cellules vers les colonnes à droite, tirez la souris vers la droite, ce qui met les cellules concernées en surbrillance.

» Pour étendre la sélection vers le bas, tirez vers le bas.

» Pour étendre la sélection à la fois vers le bas et vers la droite, tirez la souris en diagonale vers la cellule située dans le coin inférieur droit de la plage que vous définissez.

Les sélections avec la touche Majuscule

Pour accélérer la sélection des cellules, vous pouvez utiliser la bonne vieille méthode Maj + clic, qui s'effectue de la façon suivante :

1. **Cliquez sur la première cellule de la sélection.**

   La cellule est sélectionnée.

2. **Déplacez le pointeur de la souris vers la dernière cellule de la sélection.**

   Elle est au coin opposé de la première cellule. Ne cliquez pas encore.

3. **La touche Maj enfoncée, cliquez dans la dernière cellule.**

   Lors de ce second clic, Excel sélectionne dans les lignes et dans les colonnes toutes les cellules situées entre la première et la dernière cellule.

Avec la souris, la touche Maj agit comme *touche d'extension* entre le premier objet sélectionné et le second (reportez-vous à la section « Étendre une sélection », plus loin dans ce chapitre). L'utilisation de la touche Maj permet de sélectionner la première et la dernière cellule, ainsi que toutes les cellules qui se trouvent entre elles, ou de sélectionner tous les noms de documents dans la liste d'une boîte de dialogue.

Les sélections de cellules non adjacentes

Pour sélectionner des cellules ou des plages non adjacentes, sélectionnez une cellule ou une plage de cellules. Ensuite, touche Ctrl enfoncée, sélectionnez la deuxième cellule ou plage de cellules. Aussi longtemps que la touche Ctrl est enfoncée, Excel ne désélectionne aucune cellule pendant que vous en sélectionnez d'autres.

La touche Ctrl fonctionne avec la souris en tant que *touche d'addition* d'objets (reportez-vous à la section « Les sélections de cellules non adjacentes au clavier », plus loin dans ce chapitre). La touche Ctrl permet d'ajouter des cellules à une sélection ou de sélectionner des noms épars dans la liste d'une boîte de dialogue, sans risque de désélection intempestive.

Les sélections de grande envergure

Vous pouvez sélectionner toutes les cellules d'une ligne ou d'une colonne, voire toutes les cellules d'une feuille de calcul, en appliquant les techniques suivantes :

» **Pour sélectionner toutes les cellules d'une colonne, cliquez dans la lettre qui l'identifie, en haut de la feuille de calcul.**

» Pour sélectionner toutes les lignes d'une colonne, cliquez dans son numéro, à gauche de la feuille de calcul.

» Pour sélectionner plusieurs lignes ou colonnes à la fois, faites glisser le pointeur de la souris sur les en-têtes de lignes ou de colonnes.

» Pour sélectionner des lignes et/ou des colonnes qui ne sont pas contiguës, maintenez la touche Ctrl enfoncée tout en cliquant et/ou en tirant dans les en-têtes des lignes et des colonnes à placer dans la sélection.

Pour sélectionner la totalité des cellules d'une feuille de calcul, appuyez sur Ctrl + A ou cliquez sur le bouton de sélection globale. Il se trouve au point de rencontre des en-têtes de lignes et de colonnes, dans le coin supérieur gauche de la feuille de calcul.

Sélectionner des données d'un tableau avec la sélection automatique

Excel propose une méthode de sélection extrêmement rapide, appelée « sélection automatique », pour sélectionner toutes les cellules d'un tableau d'un seul tenant. Procédez comme suit pour utiliser la sélection automatique :

1. Cliquez dans la première cellule du tableau afin de la sélectionner.

   Cette cellule se trouve en haut à gauche du tableau.

2. Maintenez la touche Maj enfoncée tout en double-cliquant, avec le pointeur en forme de flèche, sur le bord droit ou inférieur de la cellule (Figure 3.2).

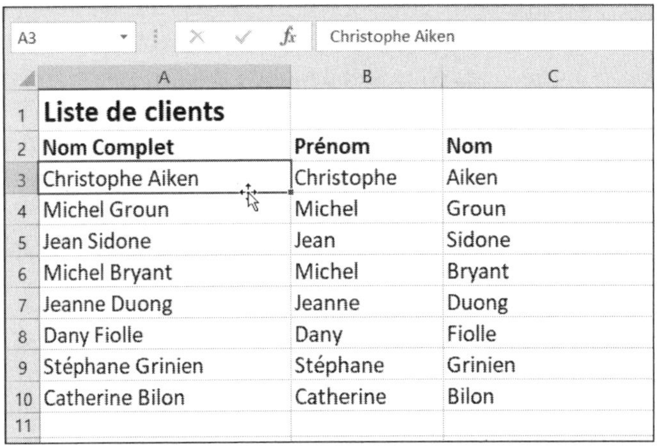

Figure 3.2 Placez le pointeur de la souris sur le bord droit ou inférieur de la première cellule du tableau.

Double-cliquer sur le *bas* de la cellule, touche Maj enfoncée, étend automatiquement la sélection jusqu'à la dernière cellule en bas de la première colonne, comme le montre la Figure 3.3. Si vous double-cliquez ensuite sur le bord *droit* de la cellule, la sélection est étendue jusqu'à la dernière colonne à droite de la ligne courante.

❸ *a.* Si vous avez d'abord sélectionné une colonne, double-cliquez sur le bord droit de la sélection, touche Maj enfoncée (voir Figure 3.3).

Vous sélectionnez ainsi les autres colonnes du tableau, comme l'illustre la Figure 3.4.

Figure 3.3 En double-cliquant sur le bord inférieur de la première cellule, touche Maj enfoncée, vous avez étendu la sélection vers le bas.

	A	B	
1	**Liste de clients**		
2	**Nom Complet**	**Prénom**	**Nom**
3	Christophe Aiken	Christophe	Aiken
4	Michel Groun	Michel	Groun
5	Jean Sidone	Jean	Sidone
6	Michel Bryant	Michel	Bryant
7	Jeanne Duong	Jeanne	Duong
8	Dany Fiolle	Dany	Fiolle
9	Stéphane Grinien	Stéphane	Grinien
10	Catherine Bilon	Catherine	Bilon
11			
12			
13			

Figure 3.4 En double-cliquant sur le bord droit de la sélection, touche Maj enfoncée, la sélection s'étend vers les colonnes de droite du tableau.

	A	B	C
1	**Liste de clients**		
2	**Nom Complet**	**Prénom**	**Nom**
3	Christophe Aiken	Christophe	Aiken
4	Michel Groun	Michel	Groun
5	Jean Sidone	Jean	Sidone
6	Michel Bryant	Michel	Bryant
7	Jeanne Duong	Jeanne	Duong
8	Dany Fiolle	Dany	Fiolle
9	Stéphane Grinien	Stéphane	Grinien
10	Catherine Bilon	Catherine	Bilon
11			
12			

b. Si vous avez d'abord sélectionné une ligne, double-cliquez sur le bord inférieur de la sélection, touche Maj enfoncée.

Vous sélectionnez ainsi toutes les lignes restantes du tableau.

Les sélections au clavier

Si vous n'aimez pas travailler à la souris, vous pouvez sélectionner des cellules au clavier. À l'instar de la méthode Maj + clic, les techniques de sélection au clavier utilisent les touches fléchées conjointement avec la touche Maj. Les touches de déplacement du curseur de cellule ont été mentionnées au Chapitre 1.

Commencez par placer le curseur dans la première cellule de la sélection puis, touche Maj enfoncée, appuyez sur les touches fléchées appropriées (←, →, ↑, ↓ ou PgPréc et PgSuiv). Ce faisant, Excel ancre la sélection à la cellule courante puis l'étend dans la direction choisie, mettant les cellules sélectionnées en surbrillance au fur et à mesure que vous appuyez sur les touches fléchées.

En sélectionnant de la sorte, vous pouvez modifier l'étendue de la plage de cellules aussi longtemps que vous n'avez pas relâché la touche Maj. Dès qu'elle est relâchée, toute action sur une touche fléchée désélectionne aussitôt la plage, réduisant la sélection à la cellule indiquée par le curseur de cellule.

Étendre une sélection

Si maintenir la touche Maj enfoncée tout en déplaçant le curseur vous semble peu commode, vous pouvez mettre Excel en mode Extension en appuyant brièvement sur la touche de fonction F8 avant d'appuyer sur une touche fléchée. Excel affiche alors l'indicateur Étendre la sélection dans la barre d'état. Quand vous appuyez sur les touches fléchées alors que ce mode est actif, Excel sélectionne les cellules comme si la touche Maj était enfoncée.

Après avoir mis les cellules désirées en surbrillance, appuyez de nouveau sur F8 pour désactiver le mode Extension. L'indicateur Étendre la sélection disparaît de la barre d'état et vous pouvez de nouveau utiliser les touches fléchées pour déplacer le curseur sans sélectionner des cellules.

La sélection automatique au clavier

L'équivalent au clavier de la sélection automatique avec la souris que nous venons de voir (section « Sélectionner des données d'un tableau avec la sélection automatique », plus haut dans ce chapitre) combine l'utilisation de la touche F8 ou de la touche Maj avec Ctrl + touche fléchée ou Fin + touche fléchée, pour faire passer le curseur de cellule d'un bloc à un autre, tout en sélectionnant toutes les cellules qui se trouvent sur son chemin.

Procédez comme suit pour sélectionner la totalité d'un tableau de données avec la sélection automatique au clavier :

1. Placez le curseur de cellule dans la première cellule.

   Elle se trouve en haut à gauche du tableau.

2. Appuyez une seule fois sur F8 (ou maintenez la touche Maj enfoncée) puis sur les touches Ctrl + Flèche droite (ou Fin + Flèche droite) pour étendre la sélection aux colonnes de droite.

3. Ensuite, appuyez sur Ctrl + Flèche bas (ou Fin + Flèche bas) pour étendre la sélection aux lignes d'en bas.

Les sélections de cellules non adjacentes au clavier

La sélection de plusieurs plages est un peu plus compliquée au clavier qu'avec la souris, car vous devez passer de l'ancrage du curseur de cellule au déplacement du curseur pour sélectionner la plage, puis à la libération du curseur afin de pouvoir le positionner au début d'une autre plage. Pour libérer le curseur de cellule afin de le positionner ailleurs, appuyez sur Maj + F8. Vous passez ainsi en mode Ajouter à la sélection, qui permet de passer à une autre plage sans sélectionner d'autres cellules. Quand ce mode est actif, l'indicateur Ajouter à la sélection est affiché dans la barre d'état, montrant ainsi que le curseur de cellule est libre.

Appliquez ces étapes générales pour sélectionner plusieurs plages de cellules au clavier :

1. Placez le curseur dans la première cellule de la première plage à sélectionner.

2. Appuyez sur F8 pour enclencher le mode Étendre la sélection.

   Utilisez les touches fléchées pour sélectionner la première plage de cellules (au lieu d'appuyer sur F8, vous pouvez aussi maintenir enfoncée la touche Maj).

3. Appuyez sur Maj + F8 pour passer en mode Ajouter à la sélection.

   L'indicateur Ajouter à la sélection apparaît dans la barre d'état.

4. Amenez le curseur de cellule à la première plage non adjacente que vous désirez sélectionner.

5. Appuyez de nouveau sur F8 pour revenir au mode Étendre la sélection, puis déplacez le curseur de cellule afin de sélectionner une nouvelle plage.

6. Si d'autres plages non adjacentes doivent être définies, répétez les Étapes 3, 4 et 5 jusqu'à ce que vous ayez sélectionné toutes les plages à utiliser.

La sélection de cellules avec Atteindre

Pour éviter la fastidieuse sélection d'une très vaste plage de cellules au clavier, utilisez la fonction Atteindre :

1. Placez le curseur de cellule dans la première cellule de la plage, puis appuyez sur F8 pour ancrer le curseur de cellule et enclencher le mode Étendre la sélection.

2. Appuyez sur la touche F5 ou sur Ctrl + T pour ouvrir la boîte de dialogue Atteindre. Dans le champ Référence de cette boîte de dialogue, entrez l'adresse de la dernière cellule de la plage à sélectionner (celle du coin opposé à la première cellule) et cliquez sur OK ou appuyez sur Entrée.

Comme Excel est en mode Étendre la sélection lorsque vous utilisez Atteindre pour aller à une autre cellule, il ne se contente pas d'envoyer le curseur de cellule à l'adresse spécifiée, mais sélectionne aussi toutes les cellules intermédiaires. Après avoir sélectionné une plage de cellules avec Atteindre, n'oubliez pas d'appuyer de nouveau sur F8 pour sortir du mode Étendre la sélection et empêcher Excel de continuer à sélectionner d'autres cellules dès que vous allez déplacer le curseur de cellule.

La galerie des styles de tableaux

Voici maintenant une technique de mise en forme qui ne nécessite aucune sélection préalable de cellules. En fait, l'outil Mettre sous forme de tableau est si automatique qu'il suffit pour l'utiliser que le curseur de cellule se trouve n'importe où dans le tableau à mettre en forme avant de cliquer sur le bouton Mettre sous forme de tableau dans le groupe Style de l'onglet Accueil du Ruban. Lorsque vous cliquez sur ce bouton, la galerie des styles de tableaux apparaît, les styles s'affichant sous forme de miniatures, celles-ci étant réparties en trois sections : Clair, Moyen et Foncé.

Aussitôt que vous cliquez sur la miniature correspondant au style de votre choix, Excel fait apparaître la boîte de dialogue Mettre sous forme de tableau (Figure 3.5), vous proposant la plage de cellules à laquelle il doit appliquer le style concerné (en marquant le périmètre correspondant dans la feuille de calcul).

Cette boîte de dialogue contient un champ intitulé « Où se trouvent les données de votre tableau ? » dans lequel apparaît la plage que vous propose Excel, automatiquement identifiée par lui (et marquée par un contour clignotant dans la feuille de calcul) à partir de la cellule que vous aviez initialement sélectionnée. Elle contient également une case Mon tableau comporte des en-têtes, que vous pouvez cocher pour indiquer à Excel que la première ligne de la plage spécifiée est une ligne d'en-têtes, qui sera donc mise en forme comme telle selon le style sélectionné.

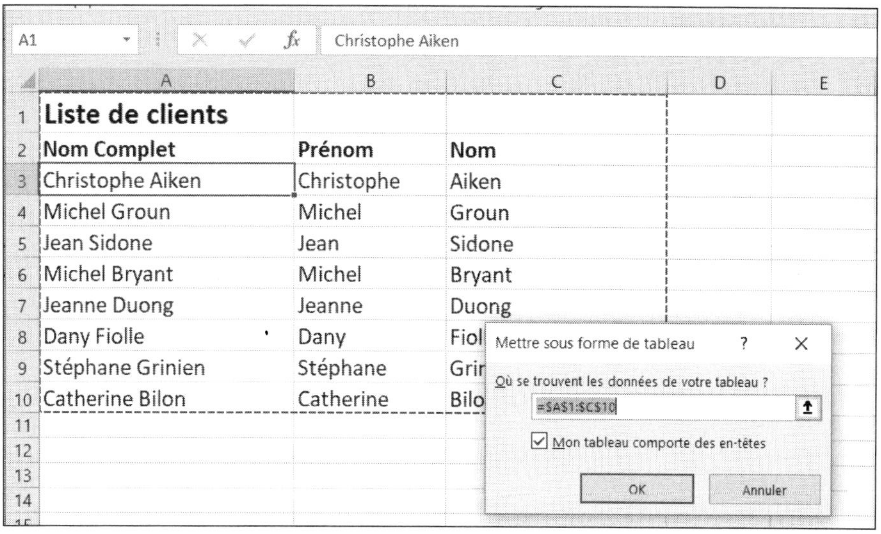

Figure 3.5 Excel indique l'étendue de cellules à laquelle appliquer le style que vous venez de sélectionner dans la galerie des styles de tableaux.

Si Excel n'a pas identifié correctement la plage de cellules à mettre en forme, il suffit de la sélectionner directement dans la feuille de calcul en faisant glisser dessus le pointeur de la souris. La plage correspondante est automatiquement mise à jour dans la boîte de dialogue Mettre sous forme de tableau (qui est par la même occasion devenue Créer un tableau). N'oubliez pas de cocher (ou de décocher) la case Mon tableau comporte des en-têtes si la première ligne de la plage sélectionnée est une ligne d'en-têtes que vous voulez mettre en forme comme telle (ce qui comporte un bouton de tri et de filtrage pour chaque en-tête de colonne).

La galerie des styles de tableaux est inactive si vous avez sélectionné une plage de cellules non adjacentes (elle apparaît lorsque vous cliquez sur le bouton Mettre sous forme de tableau, mais il ne se passe rien lorsque vous cliquez sur une miniature).

Lorsque vous cliquez sur OK dans la boîte de dialogue Mettre sous forme de tableau, Excel applique à la plage de cellules spécifiée la mise en forme que vous avez sélectionnée dans la galerie. Les Outils de table apparaissent dans un onglet

Création, à l'extrémité du Ruban ; le tableau est sélectionné et l'outil Analyse rapide se manifeste dans son angle inférieur droit (Figure 3.6).

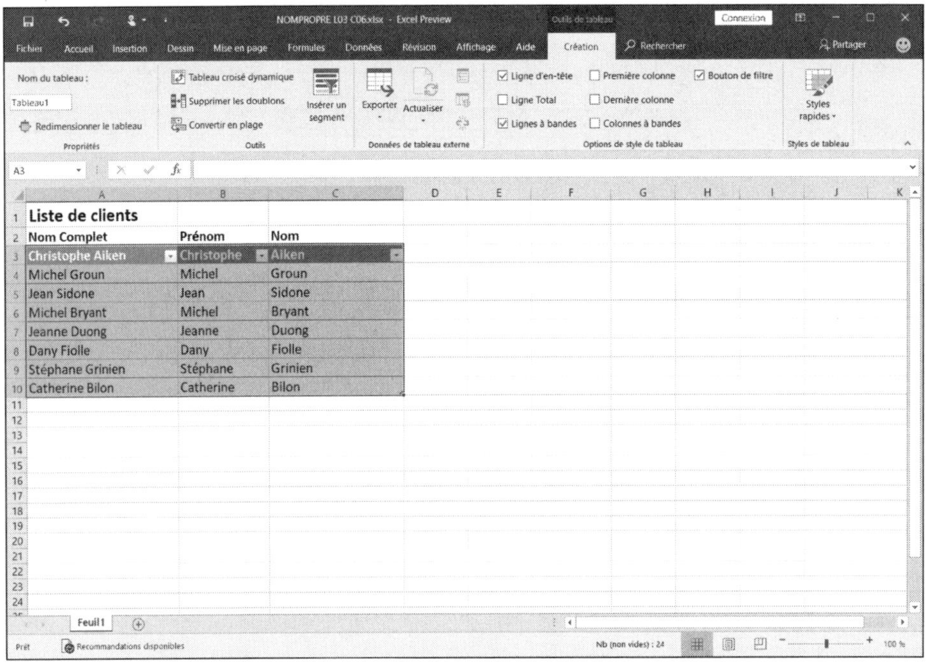

Figure 3.6 Après avoir appliqué le style de tableau à la galerie, l'onglet Création apparaît sous Outils de table.

L'onglet Création contient une palette de Styles rapides permettant de visualiser instantanément l'effet d'une mise en forme sur votre tableau avant même de la lui appliquer. Cliquez sur le bouton Styles rapides (à l'extrémité droite de l'onglet Création) et déplacez simplement le pointeur de la souris au-dessus des miniatures de la palette. Le tableau prend instantanément la mise en forme de la miniature que survole le pointeur. Si nécessaire, faites défiler la feuille de calcul de manière à ce que la palette ne masque pas votre tableau.

En plus de vous permettre de sélectionner facilement une nouvelle mise en forme pour votre tableau, l'onglet Création contient un groupe Options de styles de table, vous proposant un certain nombre de cases à cocher pour personnaliser encore plus la mise en forme que vous avez choisie :

» **Ligne d'en-têtes :** pour activer et désactiver la mise en forme de la ligne d'en-têtes du tableau, comportant notamment pour chaque en-tête un bouton donnant accès à un menu de tri et de filtrage.

- **Ligne Total :** quand cette option est activée, Excel ajoute au bas du tableau une ligne supplémentaire faisant le total de chaque colonne. Lorsque vous cliquez sur une cellule de cette ligne des totaux, un bouton apparaît à droite de celle-ci, vous donnant accès à un menu dans lequel vous pouvez choisir une autre fonction que la somme (Moyenne, Max, Min, Écart type…) à appliquer aux valeurs de la colonne correspondante.
- **Lignes à bandes :** Excel affiche une mise en forme différente pour les lignes paires et impaires du tableau.
- **Première colonne :** quand cette option est activée, Excel affiche une mise en forme spéciale pour la première colonne du tableau.
- **Dernière colonne :** quand cette option est activée, Excel affiche une mise en forme spéciale pour la dernière colonne du tableau.
- **Colonnes à bandes :** Excel affiche une mise en forme différente pour les colonnes paires et impaires du tableau.
- **Bouton de filtre :** affiche un bouton d'ouverture d'un menu local à droite des en-têtes de ligne lorsque l'option Ligne d'en-tête est active. Le menu local de chaque colonne permet d'en filtrer le contenu.

Mettre des cellules en forme avec l'onglet Accueil

Certains tableaux nécessitent une mise en forme plus légère que celles proposées par la galerie des styles de tableaux. Vous pouvez par exemple vouloir simplement mettre en gras les en-têtes de colonnes et souligner la ligne des totaux en bas du tableau (en appliquant simplement une bordure inférieure à cette ligne).

Les boutons de mise en forme qui apparaissent dans les groupes Police, Alignement et Nombre de l'onglet Accueil vous permettent de réaliser de telles mises en forme. Le Tableau 3.1 décrit l'utilisation de chacun d'eux.

Pensez à exploiter les info-bulles qui s'affichent lorsque vous positionnez votre pointeur sur un de ces outils. Ces phylactères ne se contentent pas de vous expliquer à quoi sert la commande ; ils vous renseignent aussi sur les équivalents claviers qui vous permettront de travailler plus rapidement et plus efficacement.

Tableau 3.1 Les boutons de commande de mise en forme dans les groupes Police, Alignement et Nombre de l'onglet Accueil.

Bouton	Fonction
Police	
Police	Affiche un menu déroulant permettant de sélectionner une nouvelle police pour la cellule sélectionnée.
Taille de police	Affiche une liste déroulante de tailles de police parmi lesquelles vous pouvez choisir celle que vous voulez appliquer aux cellules sélectionnées. Vous pouvez aussi entrer manuellement la taille voulue dans ce champ.
Augmenter la taille de police	Applique à toute la sélection (de caractères ou de cellules) la plus petite taille de la police de la sélection augmentée d'un point.
Réduire la taille de police	Applique à toute la sélection (de caractères ou de cellules) la plus petite taille de la police de la sélection diminuée d'un point.
Gras	Met en gras les caractères ou les cellules sélectionnées.
Italique	Met en italique les caractères ou les cellules sélectionnées.
Souligner	Souligne les caractères ou les cellules sélectionnées.
Bordures	Affiche le menu Bordures, qui vous donne le choix entre toutes les possibilités de bordures.
Couleur de remplissage	Affiche une palette dans laquelle vous pouvez sélectionner une couleur de remplissage pour les cellules sélectionnées.
Couleur de police	Affiche une palette dans laquelle vous pouvez sélectionner une couleur de police pour la sélection (de caractères ou de cellules).
Alignement	
Aligner à gauche	Aligne sur le bord gauche de la cellule le contenu de toutes les cellules sélectionnées.
Centrer	Centre horizontalement dans la cellule le contenu de toutes les cellules sélectionnées.
Aligner à droite	Aligne sur le bord droit de la cellule le contenu de toutes les cellules sélectionnées.
Diminuer le retrait	Réduit d'une tabulation pour toutes les cellules sélectionnées l'espace entre le bord gauche de la cellule et son contenu.
Augmenter le retrait	Augmente d'une tabulation pour toutes les cellules sélectionnées l'espace entre le bord gauche de la cellule et son contenu.
Aligner en haut	Aligne sur le bord supérieur de la cellule le contenu de toutes les cellules sélectionnées.
Aligner au centre	Centre verticalement dans la cellule le contenu de toutes les cellules sélectionnées.
Aligner en bas	Aligne sur le bord inférieur de la cellule le contenu de toutes les cellules sélectionnées.

Bouton	Fonction
***Alignement** (suite)*	
Orientation	Affiche un menu permettant de sélectionner différentes orientations angulaires du contenu des cellules sélectionnées.
Renvoyer à la ligne automatiquement	Renvoie automatiquement à la ligne dans les cellules sélectionnées le texte qui est trop long pour tenir dans la largeur de la colonne, sur autant de lignes que nécessaire.
Fusionner et centrer	Fusionne les cellules sélectionnées pour en faire une seule cellule, en ne retenant que le contenu de la première cellule de la sélection qui est centrée horizontalement. Ce bouton permet également d'afficher un menu (en cliquant sur le triangle pointant vers le bas qui l'accompagne) vous permettant de choisir entre plusieurs manières de fusionner des cellules, ou d'annuler la fusion pour revenir à la disposition initiale.
Nombre	
Format de nombre	Affiche le format de nombre appliqué à la cellule active de la sélection. Cliquez sur le triangle pointant vers le bas pour afficher un menu pour sélectionner parmi tous les formats de nombre d'Excel celui que vous voulez appliquer aux cellules sélectionnées (vous pouvez aussi afficher la boîte de dialogue Format de cellule en sélectionnant Autres dans ce menu).
Format Nombre Comptabilité	Applique aux cellules sélectionnées le format Monétaire, qui comporte le séparateur de milliers, l'affichage de deux chiffres après la virgule et le symbole de l'euro (€). La boîte de dialogue Format de cellule vous permet de personnaliser ces paramètres.
Style de pourcentage	Applique aux cellules sélectionnées le format Pourcentage, qui multiplie par 100 la valeur entrée dans la cellule et y ajoute le symbole %, sans afficher de décimales.
Séparateur de milliers	Affiche le contenu des cellules sélectionnées en utilisant le séparateur de milliers.
Ajouter une décimale	Affiche le contenu des cellules sélectionnées avec un chiffre de plus après la virgule.
Réduire les décimales	Affiche le contenu des cellules sélectionnées avec un chiffre de moins après la virgule.

Mettre en forme des cellules à la source avec la minibarre d'outils

L'application d'une mise en forme à une sélection de cellules est même encore plus facile dans Excel 2016 grâce à une petite barre d'outils qu'on appelle plus familièrement, mais très sérieusement, la *minibarre.*

Pour afficher la minibarre, sélectionnez les cellules à mettre en forme (si vous sélectionnez des caractères dans une cellule, vous aurez une minibarre plus petite, ne contenant que les outils de mise en forme de caractères) et opérez un clic-droit sur cette sélection. Le menu contextuel et la minibarre apparaissent à droite (Figure 3.7). Dès que vous sélectionnez un des outils de cette minibarre, le menu disparaît.

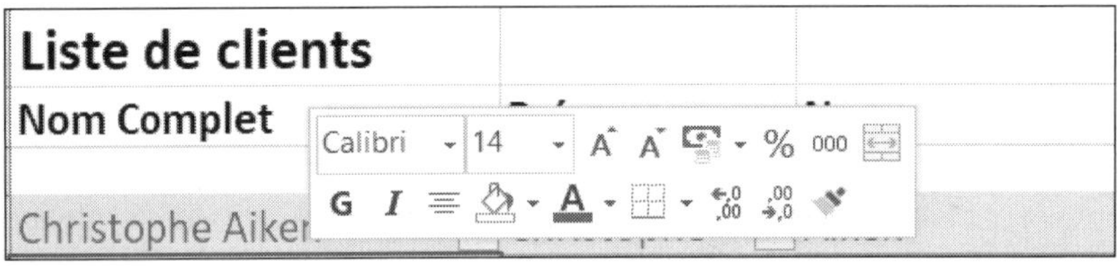

Figure 3.7 Boutons de la minibarre pour modifier la mise en forme des cellules sélectionnées.

Comme vous le voyez dans cette figure, la minibarre contient la plupart des boutons du groupe Police de l'onglet Accueil (à l'exception du bouton Souligné). Vous y trouvez aussi le bouton Fusionner et centrer du groupe Alignement (voyez la section « Modifier l'alignement », plus loin dans ce chapitre) et les boutons Monétaire, Pourcentage, Séparateur de milliers, Ajouter une décimale et Réduire les décimales du groupe Nombre (voyez la section « Comprendre les formats de nombre », plus loin dans ce chapitre). Cliquez simplement sur ces boutons pour appliquer les mises en forme correspondantes aux cellules sélectionnées.

La minibarre contient également le bouton Reproduire la mise en forme du groupe Presse-papiers de l'onglet Accueil, ce qui vous permet de copier facilement la mise en forme de la cellule active pour l'appliquer à d'autres cellules.

La boîte de dialogue Format de cellule

Bien que les boutons des groupes Police, Alignement et Nombre de l'onglet Accueil vous donnent un accès immédiat aux commandes de mise en forme les plus utilisées, ils sont loin de représenter toutes les commandes de mise en forme d'Excel.

Pour accéder à toutes les commandes de mise en forme dont dispose Excel, vous devez ouvrir la boîte de dialogue Format de cellule en suivant une des trois procédures que voici :

» **En cliquant sur l'option Autres formats numériques, tout en bas du menu déroulant associé au bouton Format de nombre du groupe Nombre de l'onglet Accueil.**

» En cliquant sur le bouton de lancement de boîte de dialogue dans le coin inférieur droit du même groupe Nombre.

» En appuyant sur Ctrl + Maj + 1 (le 1 du clavier principal, pas celui du pavé numérique).

La boîte de dialogue Format de cellule contient six onglets : Nombre, Alignement, Police, Bordure, Remplissage et Protection. Nous allons, de ce pas, vous montrer comment les utiliser, à l'exception de l'onglet Protection dont nous parlerons au Chapitre 6.

Le raccourci clavier qui ouvre la boîte de dialogue Format de cellule, Ctrl + Maj + 1 (le 1 du clavier principal, pas celui du pavé numérique), est bien utile à mémoriser.

Comprendre les formats de nombre

Ainsi que nous l'avons expliqué au Chapitre 2, la saisie des valeurs dans la feuille de calcul définit le type de la mise en forme. Voici quelques exemples :

» Lorsque vous saisissez au clavier un chiffre suivi d'un symbole monétaire reconnu par Windows (par défaut : l'euro et le dollar), Excel applique le format Monétaire.

» Si vous entrez une valeur représentant un pourcentage sous la forme d'un entier suivi du signe %, Excel applique automatiquement le format Pourcentage.

» Si vous entrez une date (les dates sont aussi des valeurs) en respectant un des formats intégrés, comme 11/06/02 ou 11-juin-02, le logiciel affecte un format de nombre Date et lui attribue une valeur interne spéciale qui est la représentation de cette date.

Bien qu'il soit possible de mettre les valeurs en forme de cette manière au cours de la saisie, ce qui est nécessaire pour les dates, vous n'êtes pas obligé de procéder de la sorte. Vous pouvez à tout moment affecter un format de nombre à un groupe de valeurs avant ou après les avoir entrées. À vrai dire, formater les nombres après les avoir saisis est souvent le moyen le plus efficace, car la procédure s'effectue en deux étapes seulement :

1. Sélection des valeurs nécessitant une mise en forme.

2. Sélection du format de nombre à appliquer, soit en utilisant les boutons de mise en forme de l'onglet Accueil, soit en utilisant l'onglet Nombre de la boîte de dialogue Format de cellule.

Même si vous êtes vraiment très doué pour la frappe et préférez entrer directement les valeurs sous leur forme définitive, vous devrez néanmoins recourir aux formats de nombre pour faire en sorte que les valeurs calculées par les formules correspondent à d'autres valeurs que vous aurez entrées ; en effet Excel applique un format de nombre Standard – celui que la boîte de dialogue Format de cellule définit comme « n'ayant pas de format de nombre spécifique » – à toutes les cellules qu'il calcule, ainsi qu'à toutes les entrées qui ne correspondent pas à un de ses formats de nombre. Le plus gros problème du format de nombre Standard est qu'il a la désagréable habitude de supprimer tous les zéros qui précèdent un nombre et aussi ceux qui suivent les décimales, d'où l'impossibilité de les aligner parfaitement dans les colonnes, selon la virgule décimale.

Ce triste comportement est visible sur la Figure 3.8, qui représente un tableau de résultats commerciaux sans qu'aucune valeur n'ait été mise en forme. Remarquez comme les chiffres se calent maladroitement contre le bord droit selon le nombre de décimales, sans aucun alignement sur la virgule décimale. Cette mauvaise présentation est causée par le format de nombre Standard d'Excel. Le seul moyen d'y remédier est de choisir un format de nombre plus rationnel.

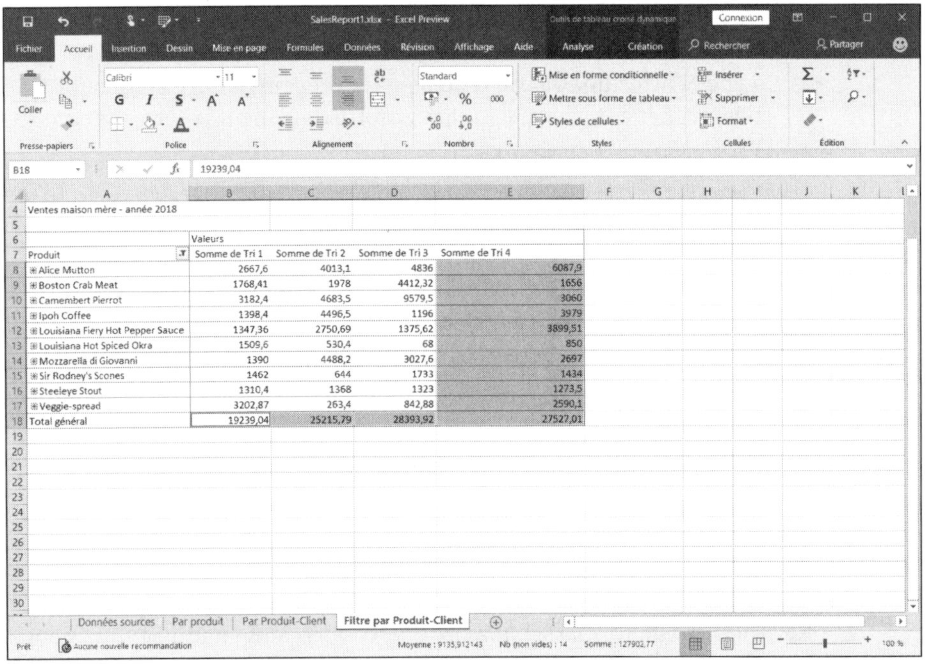

Figure 3.8

Les nombres comportant des décimales ne s'alignent pas correctement lorsque le format de nombre Standard est utilisé.

Appliquer un style Monétaire

Du fait de la nature financière de la plupart des feuilles de calcul, vous serez sans doute amené à utiliser le format Monétaire plus souvent qu'un autre. C'est une mise en forme très facile à appliquer, puisqu'il vous suffit pour cela de cliquer sur le bouton Monétaire dans l'onglet Accueil du Ruban.

N'oubliez pas que le format Monétaire ajoute le symbole de l'euro (€), affiche la valeur avec deux décimales et utilise le séparateur de milliers. De plus, si vous saisissez une valeur entre parenthèses, elle sera considérée comme négative et affichée avec un signe moins (-).

Comme le montre la Figure 3.9, seules les cellules qui ont été sélectionnées (plage E2:E5) ont reçu le format Monétaire. Il a été appliqué en cliquant sur le bouton Monétaire du groupe Nombre de l'onglet Accueil (son icône montre un billet de banque et des pièces).

Figure 3.9

Les totaux ont été présentés en euro en cliquant sur le bouton Monétaire de l'onglet Accueil.

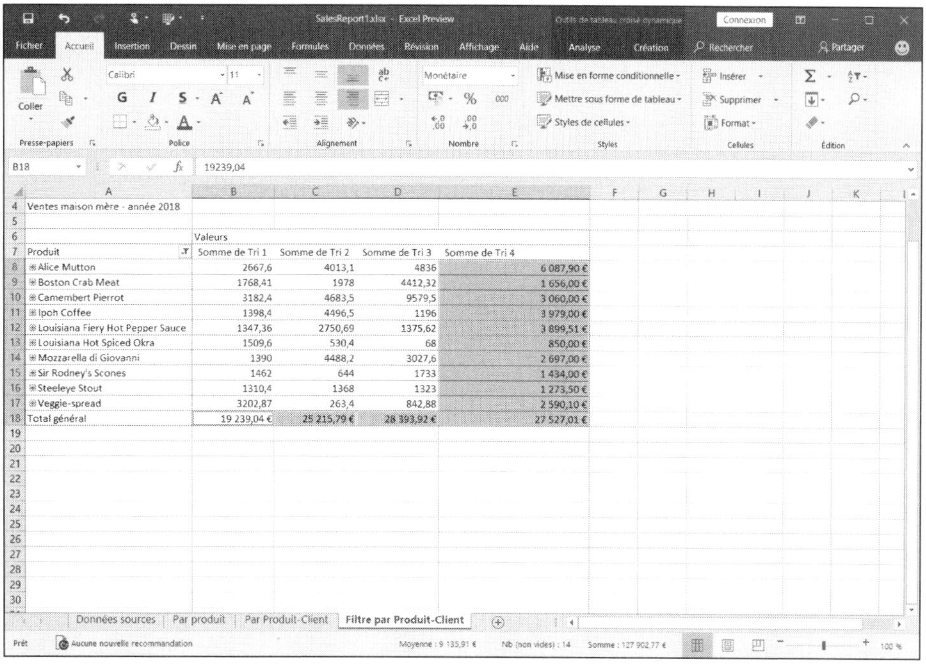

Bien qu'il soit possible de mettre toutes les valeurs du tableau en format Monétaire, il en résulterait une surabondance de signes euro. Nous ne l'avons donc fait apparaître que dans les totaux.

Présenter les cellules avec le style Séparateur de milliers

Le format Séparateur de milliers est une excellente alternative au format Monétaire, car, comme ce dernier, il permet de séparer les milliers, les millions, les milliards, *etc.*

Ce format règle aussi le nombre de décimales et la représentation des nombres négatifs, mais il n'affiche aucun symbole monétaire. Observez, à la Figure 3.10 comment le bouton d'activation du format Séparateur de milliers, présent dans l'onglet Accueil du Ruban, a affiché les nombres sélectionnés.

Le format Séparateur de milliers convient très bien pour des résultats commerciaux comme ceux de la Figure 3.10. C'est ce format que nous avons appliqué aux cellules contenant les ventes mensuelles. Pour cela, nous avons sélectionné les cellules de la plage B2:D5 et cliqué sur le bouton Séparateur de milliers (000) dans le groupe Nombre de l'onglet Accueil.

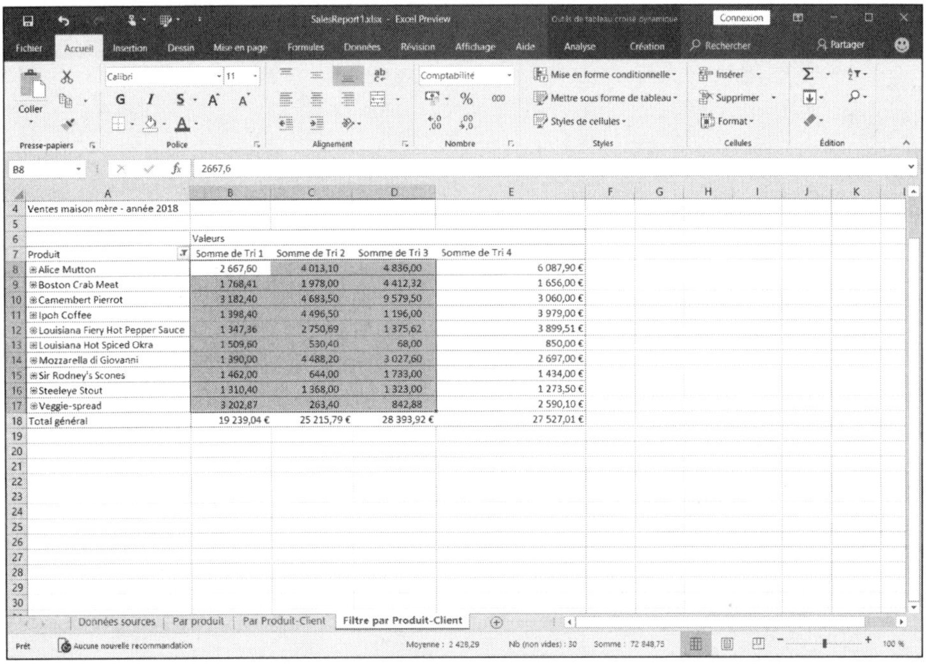

Figure 3.10 Les chiffres des ventes viennent d'être mis en forme avec le bouton Séparateur de milliers.

Remarquez, Figure 3.10 comment le format Séparateur de milliers gère les décimales ; les chiffres sont désormais parfaitement alignés sur la virgule décimale et surtout par rapport à la virgule qui se trouve dans les totaux mis en forme avec le format Monétaire. Ils ont même été légèrement décalés vers la gauche pour parfaire l'alignement.

Le format Pourcentage

De nombreuses feuilles de calcul contiennent des pourcentages (taux d'intérêt, de croissance, d'inflation, *etc.*). Pour entrer un pourcentage dans une cellule, commencez par cliquer dessus pour la sélectionner, cliquez sur le bouton Style de pourcentage dans le groupe Nombre de l'onglet Accueil, entrez directement le pourcentage voulu s'il est supérieur à 1 (par exemple, entrez **12** pour 12 %) et appuyez sur Entrée. Si vous avez entré par exemple **12** ou **54**, vous voyez apparaître 12 % ou 54 % dans la cellule. Pour entrer un pourcentage inférieur à 1 %, vous devez entrer la valeur numérique correspondante (par exemple, .005 pour 0,5 %). Dans ce cas, vous verrez apparaître 1 % dans la cellule, car le format Pourcentage n'affiche que les valeurs entières. Ce qui n'empêche pas, naturellement, de voir apparaître, dans la barre de formule, la valeur exacte que vous avez entrée, sous forme de pourcentage (dans l'exemple précédent, 0,5 %).

En revanche, si vous appliquez le format Pourcentage à une cellule après y avoir entré une valeur, celle-ci est multipliée par 100 pour être convertie en pourcentage (si vous appliquez le format Pourcentage à une cellule qui contient la valeur 12, vous voyez apparaître 1200 % dans la cellule).

Pour entrer une série de pourcentages dans une feuille de calcul, le plus commode est donc d'utiliser la première méthode : sélectionner la plage de cellules, cliquer sur le bouton Style de pourcentage pour lui appliquer le format Pourcentage et entrer directement les pourcentages.

La Figure 3.11 montre la situation inverse où des valeurs calculées par une formule ont été converties en pourcentage par l'application aux cellules correspondantes du format pourcentage. C'est ce que vous pouvez voir dans la ligne 7 de cette feuille de calcul, qui montre le ratio, calculé par une formule, du total des ventes par mois par rapport au total des ventes du trimestre (cellule E6). Donc, ces valeurs ont été converties en pourcentage par application aux cellules correspondantes du format Pourcentage après y avoir entré les formules.

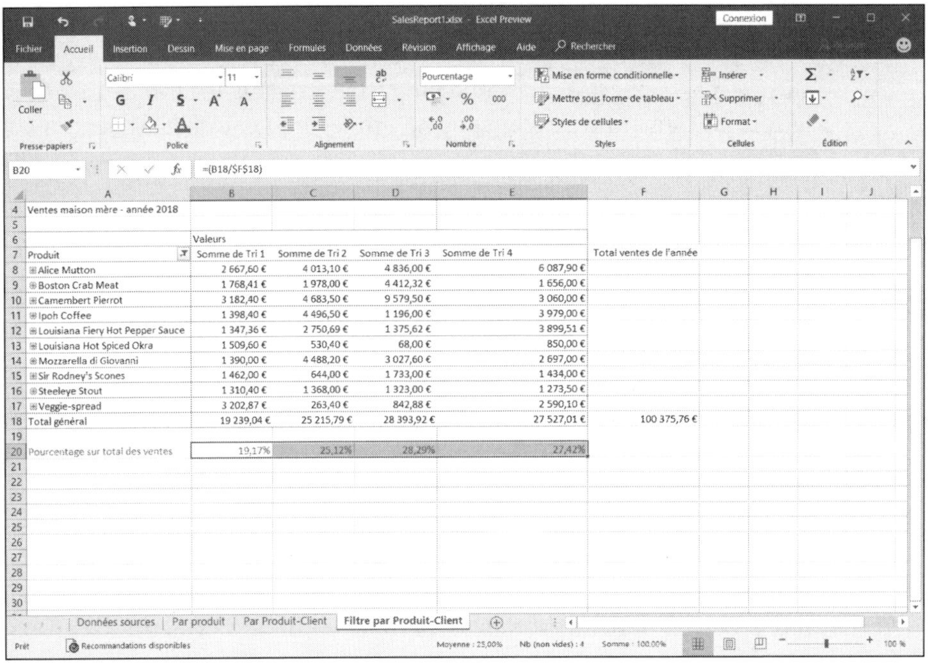

Figure 3.11 Les pourcentages ont été mis en forme avec le format Pourcentage.

Définir les décimales

Il est possible d'augmenter et de réduire le nombre des décimales d'un nombre ayant reçu un format Monétaire, Séparateur de milliers ou Pourcentage en cliquant tout simplement sur les boutons Ajouter une décimale et Réduire les décimales. Ces deux commandes se trouvent dans le groupe Nombre de l'onglet Accueil.

Chaque fois que vous cliquez sur le bouton Ajouter une décimale (celui avec une flèche pointée vers la gauche), Excel place une autre décimale après la virgule.

Les valeurs qui se cachent sous une mise en forme

Ne vous laissez pas induire en erreur par les formats qui enjolivent la présentation des cellules d'une feuille de calcul. Comme le ferait tout bon illusionniste, un format peut changer l'apparence d'une valeur comme par magie, mais en réalité le chiffre brut que vous avez entré reste immuable. Supposons qu'une formule retourne la valeur suivante :

```
25,6456
```

Supposons maintenant que vous mettiez en forme la cellule qui contient ce chiffre avec l'outil Monétaire. La valeur est affichée sous la forme :

```
25,65 €
```

Ce changement peut vous inciter à penser qu'Excel a arrondi la deuxième décimale à la valeur supérieure. En réalité, le logiciel n'a arrondi que l'*affichage* de la valeur; la cellule contient toujours la valeur 25,6456. Si vous utilisez le contenu de cette cellule dans une formule, rappelez-vous qu'Excel utilise toujours la valeur véritable pour ses calculs, celle qui est stockée dans la mémoire et non celle qui apparaît à l'écran sous une forme ou sous une autre.

Comment ferez-vous pour que la valeur mise en forme soit la même que la valeur utilisée pour le calcul? Excel peut satisfaire à votre demande en une seule étape. Sachez qu'il s'agit d'une opération irréversible. Il est en effet possible d'utiliser pour le calcul les valeurs affichées, mais avec une mise en forme particulière, en cochant une seule case. Mais vous ne pourrez pas revenir aux valeurs précédentes en la désactivant.

Puisque vous insistez pour connaître ce truc, voici comment il faut procéder :

1. **Assurez-vous que toutes les cellules de la feuille de calcul ont été mises en forme avec le nombre de décimales que vous désirez.**

   Cette étape doit être accomplie avant de convertir l'affichage de la précision des valeurs dans la feuille de calcul.

2. **Cliquez sur Fichier/Options/Options avancées.**

3. **Dans la section Lors du calcul de ce classeur, cochez la case Définir le calcul avec la précision au format affiché.**

   Excel affiche une boîte d'alerte vous disant La précision pour ces données sera définitivement perdue.

4. **Cliquez sur OK ou appuyez sur Entrée pour confirmer.**

Dates et heures dans les calculs

Au Chapitre 2, nous avons indiqué qu'il était très simple de créer des formules qui calculent le temps écoulé entre deux dates ou deux heures. Le hic est qu'Excel affiche automatiquement le résultat du calcul au format date ou heure. Par exemple, si vous entrez 15-8-04 dans la cellule B4, 15/4/04 dans la cellule C4 et, dans la cellule E4, la formule suivante permettant de trouver le nombre de jours écoulés entre les deux dates :

```
=B4-C4
```

Excel renvoie le résultat de 122 déguisé en 01/05/1900 dans la cellule E4. Pour remettre en forme ce résultat, vous devez affecter le format Nombre à la cellule E4 (ouvrez le menu du bouton Format de nombre dans le groupe Nombre de l'onglet Accueil et sélectionnez Nombre). La valeur 122 remplace alors 01/05/1900, indiquant que 122 jours se sont écoulés entre les deux dates.

Il en va de même avec les formules calculant le temps écoulé entre deux heures. Vous devez modifier le format de la cellule abritant le résultat. Prenons un exemple : vous saisissez 8:00 AM dans la cellule C8, 4:00 PM dans la cellule D8 et, dans la cellule E8, la formule suivante permettant de calculer le nombre d'heures écoulées entre ces deux instants :

```
=D8-C8
```

Il vous faut là aussi transformer au format Standard le résultat de la cellule E8, qui apparaît automatiquement sous la forme 8:00 AM. Une fois converti, le résultat est de 0,333333333 à la place de 8:00 AM, soit sa fraction sur une période de 24 heures. Pour obtenir le nombre d'heures correspondant, il suffit de multiplier 0,333333333 par 24, ce qui donne 8.

Un coup d'œil sur les différents formats de nombre

Excel prend en charge d'autres formats que Monétaire, Séparateur de milliers et Pourcentage. Pour les utiliser, sélectionnez la cellule ou la plage à mettre en forme, puis cliquez dedans avec le bouton droit de la souris. Dans le menu contextuel qui apparaît, sélectionnez l'option Format de cellule (ou appuyez sur Ctrl + Maj + 1 [le 1 du clavier principal]). Dans les deux cas, la boîte de dialogue Format de cellule apparaît.

Dans la boîte de dialogue Format de cellule, cliquez sur l'onglet Nombre puis sélectionnez le format désiré dans la liste Catégorie. Certains, comme Date, Heure, Fraction et Spécial, proposent un choix encore plus étendu de formats. D'autres, comme Nombre et Monétaire, possèdent leur propre boîte permettant de paramétrer la mise en forme. Chaque fois que vous sélectionnez un format, Excel affiche dans la zone Exemple la présentation de la première cellule de la plage sélectionnée. Si cet aperçu vous convient, cliquez sur OK ou appuyez sur Entrée pour appliquer la mise en forme choisie aux cellules sélectionnées.

La catégorie Spécial de la boîte de dialogue Format de cellule, onglet Nombre, contient des mises en forme très particulières. Les formats que voici vous intéresseront certainement :

» **Sécurité sociale :** divise automatiquement les treize chiffres du numéro INSEE mentionnant le sexe, l'année de naissance, le mois, le lieu ainsi que les deux codes à trois chiffres. Exemple : 1 68 05 75 123 456.

» **Code postal :** conserve les zéros qui précèdent un nombre (important pour entrer des codes postaux comme 04120 ou 07000).

» **Numéro de téléphone :** sépare les dix chiffres des numéros de téléphone français deux par deux, en plaçant une espace entre chaque groupe (exemple : 01 40 21 46 20). D'autres options mettent en forme les numéros de téléphone belges, canadiens, luxembourgeois, marocains et suisses.

Ces mises en forme spéciales sont extrêmement commodes lorsqu'il s'agit de créer des bases de données avec Excel, qui exigent souvent la saisie d'un grand nombre de codes postaux, de numéros de téléphone ou de numéros INSEE (reportez-vous au Chapitre 11 pour apprendre à créer des bases de données).

Régler les colonnes

Si Excel 2016 ne se charge pas lui-même de régler la largeur des colonnes, vous n'aurez aucune difficulté à le faire par vous-même. Le moyen le plus simple de les ajuster consiste à appliquer la largeur la plus appropriée grâce à la commande Ajustement automatique. Elle demande à Excel de réduire ou d'augmenter la largeur des colonnes selon le contenu le plus long qui s'y trouve.

Procédez comme suit pour appliquer un ajustement automatique aux colonnes :

1. Placez le pointeur de la souris sur la bordure grise de droite de l'en-tête de la colonne, tout en haut de la feuille de calcul.

   Le pointeur de la souris se transforme en double flèche pointant vers la gauche et vers la droite.

2. Double-cliquez.

   Excel ajuste automatiquement la largeur de la colonne selon la donnée la plus longue qui s'y trouve.

L'ajustement automatique peut être appliqué à plusieurs colonnes à la fois. Il suffit de sélectionner toutes les colonnes à régler (si elles sont adjacentes, cliquez et tirez dans leur en-tête ; sinon, touche Ctrl enfoncée, cliquez dans les différents en-têtes). Après avoir sélectionné les colonnes, double-cliquez sur n'importe quelle bordure de droite d'un en-tête.

L'ajustement automatique ne produit pas toujours le résultat escompté : un titre très long qui déborde sur les autres cellules, à droite, est exagérément élargi.

Si l'ajustement automatique ne vous convient pas, au lieu de double-cliquer, tirez la bordure de droite de l'en-tête jusqu'à ce que vous ayez obtenu la largeur désirée. Cette méthode manuelle est parfaite pour régler plusieurs colonnes à la fois. La largeur de celle que vous ajustez sera répercutée sur toutes celles qui sont sélectionnées.

Vous pouvez aussi fixer la largeur des colonnes à partir du menu affiché par le bouton Format du groupe Cellules de l'onglet Accueil. La section de ce menu concernant la largeur de colonne contient les trois options suivantes :

» **Largeur de colonne :** fait apparaître la boîte de dialogue Largeur de colonne, dans laquelle vous pouvez spécifier le nombre de caractères à afficher dans la colonne. Cliquez sur OK après avoir entré la valeur voulue.

» **Ajuster la largeur de colonne :** ajuste automatiquement la largeur de la colonne ou des colonnes de la sélection pour que le contenu le plus long y tienne en entier.

» **Largeur par défaut :** fait apparaître la boîte de dialogue Largeur standard, dans laquelle vous pouvez spécifier la largeur standard des colonnes, en nombre de caractères. Cliquez sur OK après avoir entré la valeur voulue.

Ajuster les lignes

Le réglage de la hauteur des lignes est comparable à celui de la largeur des colonnes, à ce détail près que vous serez moins souvent amené à ajuster des lignes que des colonnes. Excel modifie en effet automatiquement la hauteur de ligne selon les entrées, notamment lors d'un changement de taille de police ou d'un retour à la ligne à l'intérieur d'une cellule. Ces cas seront évoqués dans la section « Modifier l'alignement », plus loin dans ce chapitre. La plupart des modifications de hauteur de ligne sont effectuées pour augmenter l'espace réservé au titre d'un tableau sans ajouter des lignes vides (nous y reviendrons dans la section « De haut en bas », plus loin dans ce chapitre).

Pour augmenter la hauteur d'une ligne, tirez le bas de l'en-tête de ligne jusqu'à ce que vous ayez obtenu la hauteur désirée, puis relâchez le bouton de la souris. Pour réduire la hauteur d'une ligne, inversez la manipulation en faisant remonter le bas de l'en-tête. Pour appliquer un ajustement automatique, double-cliquez sur la bordure inférieure de l'en-tête.

Comme pour les colonnes, vous pouvez aussi ajuster la hauteur des lignes sélectionnées en utilisant ce même menu du bouton Format du groupe Cellules de l'onglet Accueil :

» **Hauteur de ligne :** fait apparaître la boîte de dialogue Hauteur de ligne, dans laquelle vous pouvez spécifier la hauteur de ligne (en points). Cliquez sur OK après avoir entré la valeur voulue.

» **Ajuster la hauteur de ligne :** ajuste automatiquement la hauteur de la ligne ou des lignes de la sélection pour que le contenu le plus long y soit entièrement affiché.

On la voit, on ne la voit plus !

Un détail amusant concernant les lignes et les colonnes : il est possible de les réduire à tel point qu'elles semblent avoir disparu de la feuille de calcul ! Ce comportement est très pratique pour masquer des données. Supposons qu'une feuille de calcul contienne la liste des employés et leur salaire ; vous avez besoin de ces chiffres pour calculer un budget, mais vous ne tenez pas à ce que ces données sensibles apparaissent dans le rapport imprimé. Au lieu de perdre du temps à déplacer la colonne des salaires hors de la zone à imprimer, il suffit de masquer la colonne au moment de l'impression.

Masquer et afficher des colonnes

Bien qu'il soit possible de masquer des lignes et des colonnes manuellement, Excel propose une méthode autrement plus rapide et efficace, par l'option Masquer & afficher du menu du bouton Format du groupe Cellules de l'onglet Accueil. Supposons que vous deviez masquer la colonne B d'une feuille de calcul parce qu'elle contient des informations sensibles ou sans rapport avec le sujet. Pour masquer cette colonne, suivez ces étapes :

1. **Cliquez sur une cellule quelconque de la colonne B pour la sélectionner.**

2. **Cliquez sur le bouton Format du groupe Cellules de l'onglet Accueil pour faire apparaître son menu.**

❸ **Dans ce menu, sélectionnez Masquer & afficher/Masquer les colonnes.**

La colonne *s'évanouit* ! Toutes les informations de la colonne B disparaissent de la feuille de calcul. Remarquez notamment la succession des lettres des en-têtes de colonnes : A, C, D, E... Il manque la lettre B.

Vous obtiendriez le même résultat en cliquant dans l'en-tête de la colonne avec le bouton droit de la souris et en choisissant, dans le menu contextuel, l'option Masquer.

Supposons maintenant que vous ayez imprimé la feuille de calcul et qu'il vous faut modifier une des entrées de la colonne B. Procédez comme suit pour réafficher la colonne :

❶ **Placez le pointeur de la souris sur l'en-tête de la colonne A, puis tirez-le vers la droite pour sélectionner les colonnes A et C.**

En tirant de A à C, vous incluez la colonne B dans la sélection. Ne cliquez surtout pas sur A *et* C, touche Ctrl enfoncée, car vous omettriez la colonne B.

❷ **Cliquez sur le bouton Format du groupe Cellules de l'onglet Accueil pour faire apparaître son menu.**

❸ **Dans ce menu, sélectionnez Masquer & afficher/Afficher les colonnes.**

Excel fait réapparaître la colonne B ; les trois colonnes A, B et C sont sélectionnées. Pour les désélectionner, cliquez sur n'importe quelle cellule de la feuille de calcul.

Il est aussi possible de réafficher la colonne B en sélectionnant les colonnes A à C, en cliquant sur l'une d'elles avec le bouton droit de la souris et en choisissant la commande Afficher dans le menu contextuel.

Masquer et afficher des lignes

La procédure est exactement la même pour masquer et afficher des lignes que pour masquer et afficher des colonnes, à la seule différence qu'après avoir sélectionné les lignes voulues, il suffit de sélectionner Masquer & afficher/Masquer les lignes (au lieu de Masquer les colonnes) et Masquer & afficher/Afficher les lignes (au lieu de Afficher des colonnes) dans le menu affiché par le bouton Format de l'onglet Accueil.

N'oubliez pas que vous pouvez aussi cliquer du bouton droit sur la ligne ou les lignes sélectionnées pour sélectionner Masquer ou Afficher dans le menu contextuel qui apparaît.

Du côté de la police

Quand vous ouvrez une nouvelle feuille de calcul, Excel assigne une même police à la même taille à toutes les entrées auxquelles vous procédez. Le programme utilise la police Calibri de 11 points (en typographie, le corps d'une police, c'est-à-dire sa taille, est exprimé en points). Bien que cette police convienne parfaitement pour la saisie, vous serez tenté d'en choisir d'autres pour agrémenter les titres et les en-têtes de vos tableaux.

Si vous ne tenez pas à conserver la police standard utilisée par Excel, vous pouvez en spécifier une autre dans l'onglet Général de la boîte de dialogue Options Excel (Fichier/Options). Dans la section Lors de la création de classeurs, sélectionnez la police que vous voulez utiliser par défaut en la choisissant dans la liste déroulante Toujours utiliser cette police. Sélectionnez également si nécessaire la taille que vous voulez utiliser par défaut dans la liste déroulante Taille de la police (vous pouvez aussi l'entrer manuellement).

La plupart des choix concernant la police peuvent être effectués directement depuis le groupe Police de l'onglet Accueil, ce qui évite d'avoir à afficher la boîte de dialogue Format de cellule.

- **Pour appliquer une nouvelle police à une cellule ou à une plage, cliquez sur le bouton fléché du champ Police, dans le groupe Police de l'onglet Accueil. Sélectionnez ensuite le nom de la police à utiliser. Remarquez qu'Excel affiche le nom de chaque police avec sa typographie réelle, ce qui facilite le choix.**
- **Pour modifier la taille de la police, cliquez sur le bouton fléché du champ Taille de police, dans le groupe Police de l'onglet Accueil et sélectionnez une nouvelle taille dans la liste.**

Vous pouvez aussi appliquer du **gras**, de l'*italique*, un soulignement ou ~~barrer~~ des données. Le groupe Police de l'onglet Accueil contient les boutons permettant d'appliquer ou de supprimer les trois premiers styles ; remarquez que ces boutons reçoivent un fond orange (au lieu du bleu habituel) chaque fois que vous sélectionnez une cellule dont le contenu a reçu l'attribut correspondant. Lorsque vous cliquez sur un de ces boutons afin de supprimer le style dans la cellule sélectionnée, il reçoit à nouveau le fond bleu qui indique que la cellule sélectionnée n'a plus l'attribut correspondant.

Vous procéderez probablement à la plupart des modifications de police à partir de l'onglet Accueil du Ruban, mais il vous sera parfois plus commode de les faire sous l'onglet Police de la boîte de dialogue Format de cellule.

L'onglet Police de la boîte de dialogue Format de cellule réunit tous les paramètres de police, y compris les styles (gras, italique...), les effets (barré, exposant et indice) et les couleurs. Si vous devez effectuer plusieurs modifications de police dans une sélection, travailler avec cet onglet Police sera beaucoup plus rapide et rationnel. La boîte de dialogue contient d'ailleurs une fenêtre d'aperçu qui montre l'effet – à l'écran du moins – des différents paramètres.

Pour changer la couleur de police dans des cellules sélectionnées, cliquez sur le triangle pointant vers le bas du bouton Couleur de police dans le groupe Police de l'onglet Accueil et sélectionnez la couleur que vous voulez appliquer au texte des cellules dans la palette qui apparaît. N'oubliez pas que, selon le principe des Styles rapides, il vous suffit de placer le pointeur sur une couleur dans la palette pour voir le texte des cellules sélectionnées prendre la couleur correspondante. Pour appliquer effectivement la couleur choisie, cliquez dessus.

Modifier l'alignement

Lorsque vous commencez à saisir des entrées, leur alignement dans les cellules dépend de leur type. Tous les textes sont alignés à gauche et toutes les valeurs à droite. Vous pouvez cependant modifier cette disposition à votre guise.

Le groupe Alignement de l'onglet Accueil contient trois outils d'alignement : Aligné à gauche, Au centre et Aligné à droite. Ils disposent le contenu de la cellule ou d'une plage exactement comme vous le désirez. À droite de ces boutons d'alignement, se trouve le bouton Fusionner et centrer.

Ce bouton mérite d'être connu, car il sert à centrer instantanément un titre sur toute la largeur d'un tableau. La Figure 3.12 montre comment l'utiliser. Dans cette figure, le titre « ENTREPRISES DEFERCO S.A. - VENTES 2015 » (ancré en A1) déborde, comme il est assez long, sur la cellule de droite (soit B1). Pour centrer ce titre au-dessus du tableau, qui s'étend des colonnes A à E, sélectionnez la plage de cellules A1:E1 puis, dans le groupe Alignement de l'onglet Accueil, cliquez sur le bouton Fusionner et centrer.

Observez le résultat : dans la ligne 1, les cellules des colonnes A à E ont été fusionnées en une seule cellule et le titre a été parfaitement centré dans cette « supercellule » qui s'étend d'un côté à l'autre du tableau.

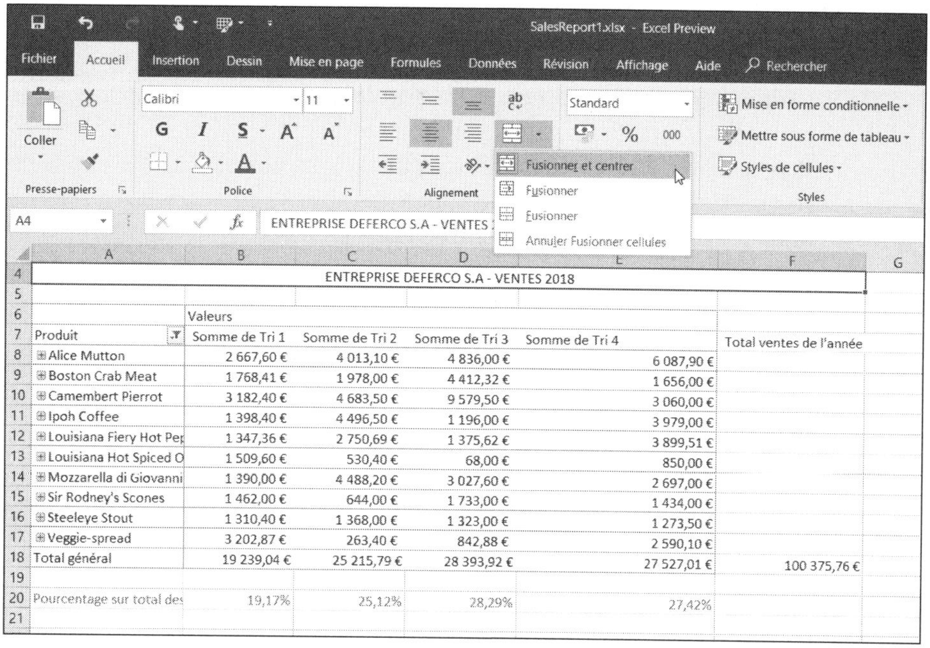

Figure 3.12

La feuille de calcul après le centrage du titre sur les colonnes A à E.

Si vous devez de nouveau scinder une cellule fusionnée en cellules distinctes, sélectionnez-la, puis cliquez tout simplement à nouveau sur le bouton Fusionner et centrer dans le groupe Alignement de l'onglet Accueil.

Les retraits

Excel permet de mettre des entrées en retrait dans les cellules. Pour ce faire, cliquez sur le bouton Augmenter le retrait, dans le groupe Alignement de l'onglet Accueil. Ce bouton est reconnaissable à l'icône montrant une flèche repoussant quelques lignes vers la droite. Chaque fois que vous cliquez dessus, Excel met les entrées de la sélection courante en retrait d'un caractère (en police standard). Si vous voulez savoir ce que c'est qu'une police standard et comment la modifier, reportez-vous à la section « Du côté de la police », plus haut dans ce chapitre.

Un retrait peut être supprimé en cliquant sur le bouton Réduire le retrait ; il se trouve immédiatement à gauche du bouton Augmenter le retrait. Vous pouvez aussi modifier le nombre de caractères du décalage effectué avec le bouton Augmenter le retrait ; pour ce faire, ouvrez la boîte de dialogue Format de cellule (Ctrl + Maj + 1 [le 1 du clavier principal, pas celui du pavé numérique]), sélectionnez l'onglet Alignement, puis entrez une valeur dans le champ Retrait, soit en la tapant, soit en actionnant le bouton rotatif.

De haut en bas

L'alignement à gauche, centré ou à droite concerne le positionnement de l'entrée par rapport aux bords gauche et droit de la cellule, c'est-à-dire horizontalement. Vous pouvez aussi aligner le texte par rapport aux bords haut et bas de la cellule, soit verticalement. Par défaut, toutes les entrées sont placées en bas de la cellule, mais il est possible de les centrer verticalement ou de les placer contre le bord supérieur des cellules.

Pour modifier l'alignement vertical dans une plage de cellules sélectionnées, ouvrez la boîte de dialogue Format de cellule (Ctrl + Maj + 1 [le 1 du clavier principal, pas celui du pavé numérique]), puis cliquez sur l'onglet Alignement ; enfin, sélectionnez Haut, Centré, Bas, Justifié ou Distribué dans la liste déroulante Vertical.

La Figure 3.13 montre, dans la feuille des ventes de la société Deferco, le titre du tableau après qu'il a été centré verticalement (ce texte avait été centré horizontalement sur plusieurs colonnes avec la commande Fusionner et centrer ; la hauteur de la ligne 1, qui est par défaut de 15 points, a été augmentée à 36 points).

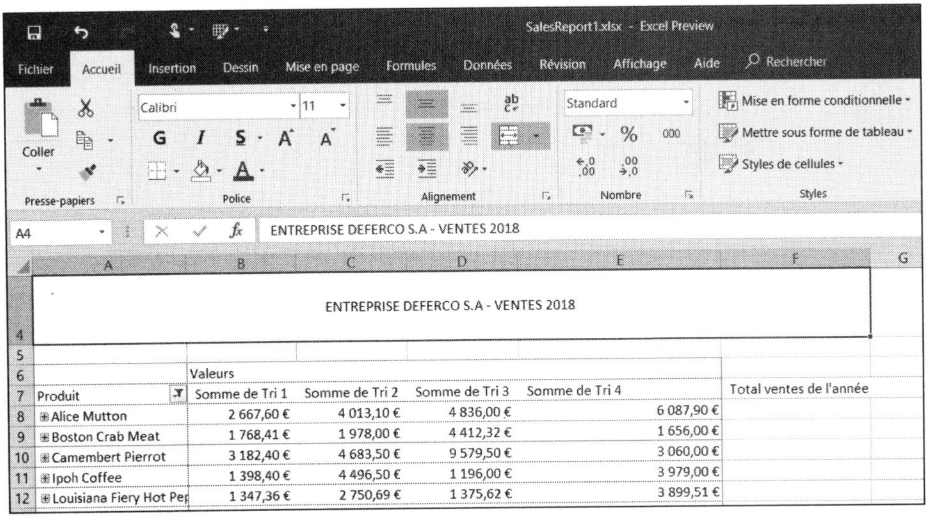

Figure 3.13 La feuille de calcul après le centrage vertical du titre du tableau.

Gérer le renvoi à la ligne

Dans les tableaux, le placement des titres dans les colonnes a toujours posé un problème ; il fallait souvent les abréger pour éviter d'avoir à élargir les colonnes pour les faire tenir dedans. Dans Excel, ce problème peut être évité grâce à la fonction de renvoi à la ligne. La Figure 3.14 montre une nouvelle feuille de calcul dans laquelle les produits et la société qui les commercialise viennent d'être encodés sans formatage.

Figure 3.14
Avant l'action.

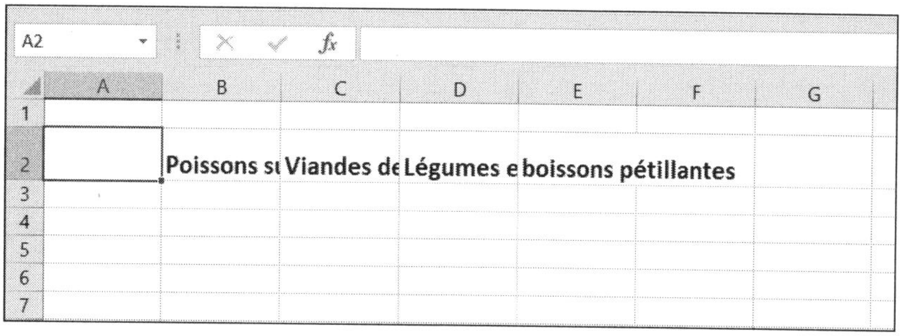

La Figure 3.15, pour sa part, propose les mêmes titres, mais après validation du renvoi à la ligne automatique. De fait, dans cet exemple, les titres ont été mis en forme avec l'option Renvoyer à la ligne automatiquement, afin qu'ils tiennent chacun dans leur cellule.

Figure 3.15
Après activation de l'option de renvoi automatique.

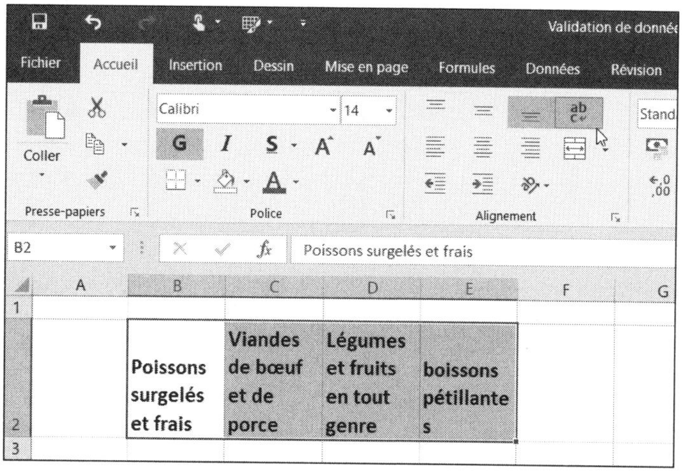

Pour obtenir la présentation de cette Figure 3.15, sélectionnez les cellules contenant les titres (de A1 à C1), puis cliquez sur le bouton Renvoyer à la ligne automatiquement dans le groupe Alignement de l'onglet Accueil.

Le renvoi à la ligne empêche les textes longs de déborder sur les cellules voisines. Pour recevoir les lignes supplémentaires, le logiciel augmente automatiquement la hauteur de ligne.

Quand vous sélectionnez l'option Renvoyer à la ligne automatiquement, Excel continue à utiliser les alignements verticaux et horizontaux que vous avez spécifiés pour la cellule. Notez que vous pouvez utiliser n'importe quelle option d'alignement de l'onglet Alignement de la boîte de dialogue Format de cellule : Gauche (avec ou sans retrait), Centré, Droit (avec ou sans retrait), Justifié ou Centré sur plusieurs colonnes. Vous ne pouvez toutefois pas utiliser l'option Recopié. Présente dans la liste déroulante Horizontal, l'option Recopié sert à répéter une entrée sur toute la largeur de la cellule.

Pour obtenir un renvoi à la ligne justifié sur les bords gauche et droit de la cellule, sélectionnez l'option Justifié dans la liste déroulante Horizontal de l'onglet Alignement de la boîte de dialogue Format de cellule.

Un long texte peut être séparé en plusieurs lignes en y plaçant le point d'insertion, dans la cellule ou dans la barre de formule, et en appuyant sur les touches Alt + Entrée. Excel agrandit la ligne contenue dans la cellule, ainsi que la barre de formule, puis commence une nouvelle ligne. Dès que vous appuyez sur Entrée pour valider la saisie ou la modification, Excel effectue automatiquement le renvoi à la ligne selon la largeur de la colonne et l'emplacement du point d'insertion.

Incliner les données

Au lieu de définir un renvoi à la ligne pour les textes saisis dans les cellules, vous préférerez peut-être modifier leur orientation en les inclinant dans un sens ou dans un autre. Dans la Figure 3.16, le changement de direction des titres a donné un effet plus intéressant qu'un simple renvoi à la ligne.

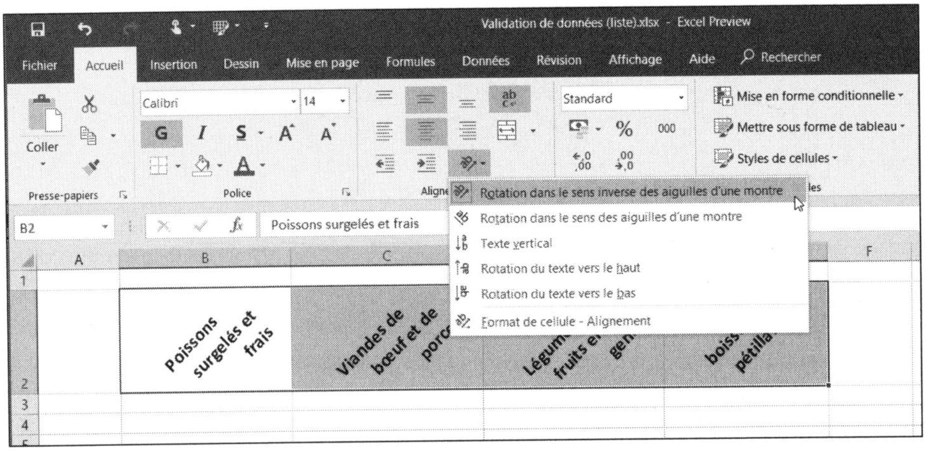

Figure 3.16 Les titres ont été inclinés à 90 ° dans le sens inverse des aiguilles d'une montre.

Cet exemple montre une rotation à 90° vers le haut (dans le sens inverse des aiguilles d'une montre). Remarquez que cette opération a entraîné un ajustement de la largeur des colonnes.

Pour faire pivoter le contenu des cellules, sélectionnez d'abord la plage A1:C1, puis cliquez sur le triangle pointant vers le bas du bouton Orientation (dans le groupe Alignement de l'onglet Accueil). Dans le menu qui apparaît, sélectionnez Rotation du texte vers le haut.

La Figure 3.17 montre maintenant les mêmes titres orientés à 45°. Pour obtenir ce résultat, sélectionnez cette fois Rotation dans le sens inverse des aiguilles d'une montre dans ce même menu du bouton Orientation (après avoir sélectionné la même plage A1:C1, naturellement).

Figure 3.17

Les titres ont été inclinés à 45° vers le haut.

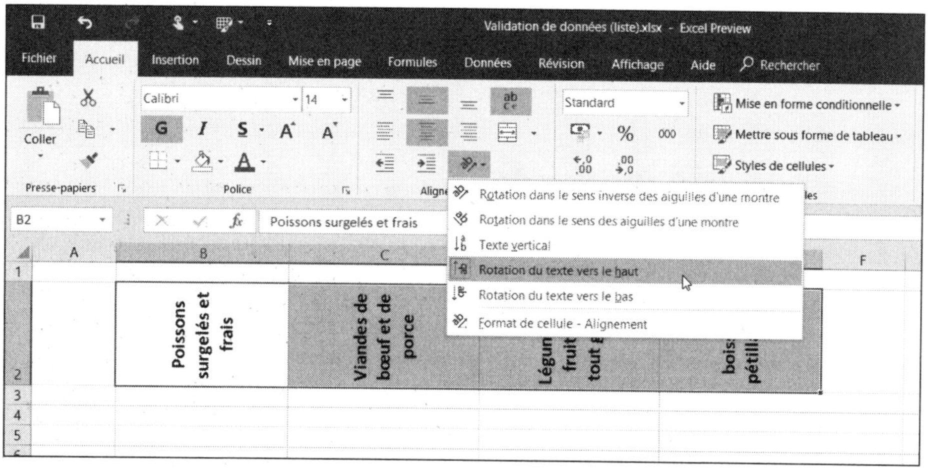

Un texte peut être incliné à d'autres valeurs que 45 ou 90 degrés. Après avoir sélectionné le texte à faire pivoter, sélectionnez Format de cellule – Alignement dans le menu du bouton Orientation du groupe Alignement de l'onglet Accueil pour ouvrir la boîte de dialogue Format de cellule avec l'onglet Alignement au premier plan, et utilisez la section Orientation de cet onglet pour spécifier l'angle voulu.

Pour cela, cliquez à l'endroit voulu dans le demi-cercle ou entrez directement l'angle voulu en degrés dans le champ qui se trouve en dessous.

Vous pouvez définir n'importe quelle inclinaison, de 90° vers le haut à 90° vers le bas, soit en tapant la valeur exacte dans le champ Degrés, soit en actionnant l'aiguille du cadran.

Pour placer le texte verticalement de telle manière que les lettres soient empilées les unes sur les autres, cliquez sur le rectangle montrant le mot « Texte » ainsi disposé, à gauche du cadran.

Ajuster

Pour éviter qu'Excel élargisse les colonnes pour y faire tenir les entrées (pour afficher l'intégralité d'un tableau de données à l'écran ou l'imprimer sur une seule feuille), utilisez la commande Ajuster.

Cliquez sur l'onglet Alignement de la boîte de dialogue Format de cellule (Ctrl + Maj + 1 [le 1 du clavier principal, pas celui du pavé numérique]) et cochez la case Ajuster. Excel réduit la taille de la police dans les cellules sélectionnées, ce qui lui évite d'avoir à modifier la largeur des colonnes. Sachez cependant que vous risquez de vous retrouver avec des textes illisibles. Notez aussi qu'il est impossible d'appliquer simultanément les options Renvoyer à la ligne automatiquement et Ajuster ; la sélection de l'une désélectionne aussitôt l'autre.

Boîtes à bordures

Le quadrillage que vous apercevez dans une feuille de calcul sert simplement à mieux visualiser les lignes et les colonnes dans lesquelles vous travaillez. Vous pouvez choisir de l'imprimer avec vos données ou non (en cochant la case Imprimer du groupe Options de la feuille de calcul dans l'onglet Mise en page du Ruban).

Vous pouvez mettre en évidence certaines parties de la feuille de calcul ou d'un tableau à l'aide de bordures ou en appliquant un effet d'ombrage aux cellules. Ne confondez pas les *bordures* que vous définissez vous-même avec le *quadrillage* correspondant aux lignes et aux colonnes de la feuille de calcul. Les bordures sont toujours imprimées, indépendamment du fait que vous décidiez ou non d'imprimer le quadrillage.

Pour mieux voir les bordures que vous ajoutez à des cellules, supprimez l'affichage du quadrillage. Pour cela, ôtez la coche de la case Afficher de la section Quadrillage du groupe Options de la feuille de calcul dans l'onglet Mise en page du Ruban.

Pour ajouter des bordures à une sélection de cellules, cliquez sur le triangle pointant vers le bas du bouton Toutes les bordures du groupe Police de l'onglet Accueil et sélectionnez, dans le menu qui apparaît (Figure 3.18), le type de bordures que vous voulez appliquer à votre sélection.

Rappelez-vous ces préceptes lorsque vous définissez des bordures :

» Pour que les bordures ne soient tracées qu'autour de la sélection, sélectionnez Bordures extérieures ou Bordure épaisse en encadré dans le menu du bouton Toutes les bordures.

» Pour que les bordures apparaissent autour de chacune des cellules de la plage sélectionnée, choisissez Toutes les bordures dans ce menu.

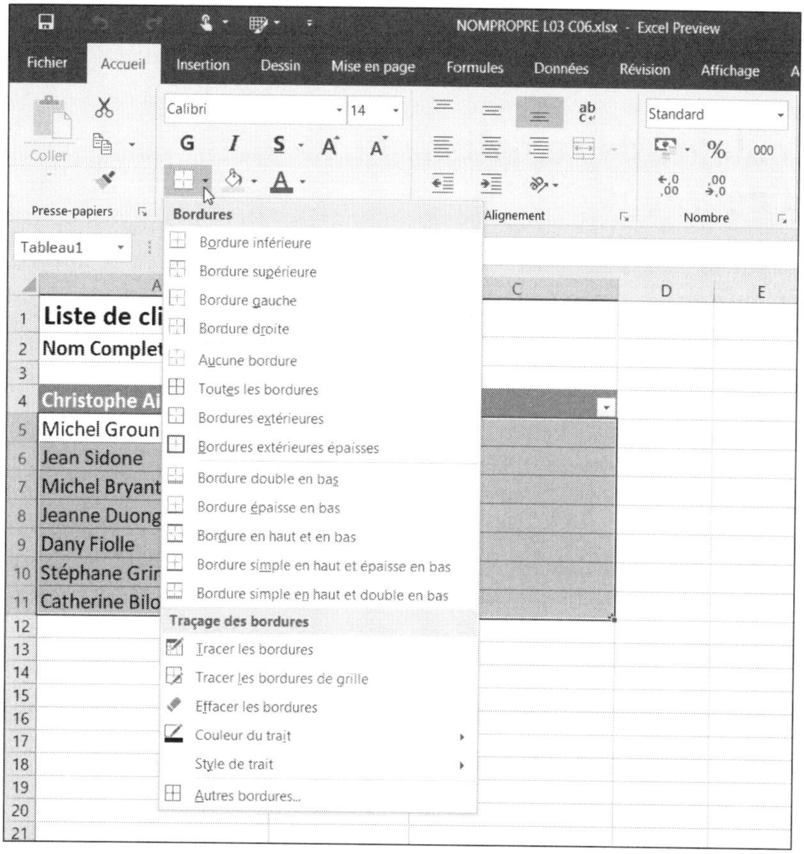

Figure 3.18 Dans le menu du bouton Toutes les bordures, sélectionnez le type de bordures à appliquer à la sélection.

Pour changer le type de trait, l'épaisseur ou la couleur de la bordure que vous appliquez à une sélection de cellules, vous devez ouvrir la boîte de dialogue Format de cellule et cliquer sur son onglet Bordure (sélectionnez Autres bordures dans le menu du bouton Toutes les bordures ou appuyez sur Ctrl + Maj + 1 [le 1 du clavier principal, pas celui du pavé numérique]) et cliquez sur l'onglet Bordure dans la boîte de dialogue Format de cellule qui apparaît).

Pour changer le type de trait, sélectionnez celui qui vous convient dans la section Ligne de cet onglet. Pour changer la couleur, cliquez sur le bouton Couleur dans cette section Ligne et sélectionnez la couleur qui vous convient dans la palette qui apparaît. Pour définir les contours de la bordure, utilisez les boutons de la section Présélection et de la section Bordure (qui vous montre aussi le résultat de ce que vous sélectionnez). Pour appliquer à la sélection ce que vous venez de choisir, cliquez sur OK.

Pour vous débarrasser d'une bordure, vous devez sélectionner les cellules correspondantes et choisir Aucune bordure dans le menu du bouton Toutes les bordures du groupe Police de l'onglet Accueil.

Couleurs de remplissage, motifs et dégradés

Vous pouvez aussi mettre en évidence des zones de votre feuille de calcul en appliquant une couleur de remplissage, un motif ou un dégradé aux cellules correspondantes.

Si vous avez une imprimante en noir et blanc, vous allez restreindre vos choix à des nuances de gris légères dans la palette de couleurs, sinon le contenu des cellules sera pratiquement illisible une fois imprimé.

Pour appliquer une nouvelle couleur de remplissage à une sélection de cellules, vous pouvez cliquer sur le triangle pointant vers le bas du bouton Couleur de remplissage du groupe Police de l'onglet Accueil et sélectionner la couleur voulue dans la palette qui apparaît. Selon le principe des Styles rapides, cette palette vous permet de voir l'effet sur les cellules sélectionnées lorsque vous placez simplement le pointeur de la souris sur une couleur avant de la sélectionner.

Pour appliquer un nouveau motif à une sélection de cellules, vous devez ouvrir la boîte de dialogue Format de cellule (Ctrl + Maj + 1 [le 1 du clavier principal, pas celui du pavé numérique]) et cliquer sur l'onglet Remplissage. Dans cet onglet, cliquez sur le bouton Motif pour faire apparaître la palette des motifs et faites-y votre sélection. Pour appliquer une couleur au motif sélectionné, cliquez sur le bouton Couleur (juste au-dessus du bouton Motif) et sélectionnez la couleur voulue dans la palette qui apparaît. Pour appliquer aux cellules sélectionnées le motif ainsi défini, cliquez sur OK.

Si vous voulez ajouter un dégradé de couleurs dans une direction ou une autre aux cellules sélectionnées, cliquez sur le bouton Motifs et textures dans l'onglet

Remplissage de la boîte de dialogue Format de cellule. La nouvelle boîte de dialogue qui apparaît contient un seul onglet Dégradé, contenant plusieurs options pour définir ce dégradé.

Après avoir spécifié la première et la deuxième couleur et l'orientation du dégradé, vérifiez que le résultat vous convient dans l'exemple affiché dans le coin inférieur droit de cette boîte de dialogue et cliquez sur OK pour revenir à la boîte de dialogue Format de cellule. Le dégradé que vous venez de définir y apparaît maintenant dans la section Exemple. Pour voir le résultat sur votre sélection, il vous faut maintenant l'appliquer en cliquant sur le bouton OK.

Faites-le avec style

Les styles intégrés d'Excel 2016 vous permettent de formater vos tableaux en un tournemain. Vous les trouverez sous le bouton Styles de cellules du groupe Style de l'onglet Accueil du Ruban (Figure 3.19).

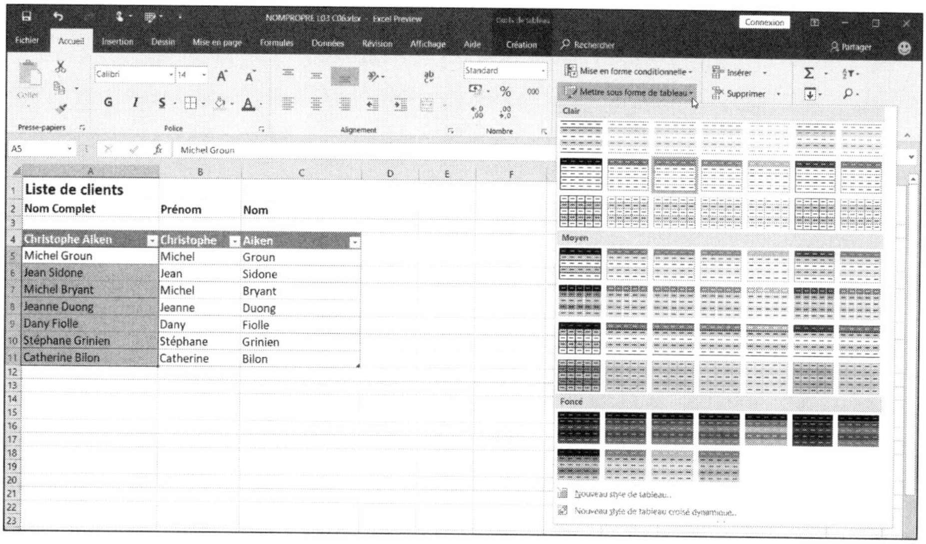

Figure 3.19 Les styles prédéfinis d'Excel 2016.

L'usage est simple : opérez une sélection de cellules, puis accédez à cette liste de styles prêts à l'emploi et faites votre choix.

Créer un style personnel

Lancez-vous : attribuez, à une sélection, tous les formatages souhaités (police, taille, couleur, gras, italique, souligné, remplissage, motif, bordures, orientation...) ; cliquez ensuite sur Styles de cellules, puis sur Nouveau style de cellule. Dans la boîte Style qu'Excel vous ouvre suite à cette action, remplacez le nom générique Style 1 par un nom plus évocateur, puis cliquez sur OK.

Excel ajoute alors un exemplaire de votre nouveau style à une section, qu'il baptise Personnalisé et ajoute dans la fenêtre Styles de cellules. C'est ici que vous sélectionnez ce style lorsque vous souhaiterez l'appliquer à une sélection.

Les styles que vous ajoutez ainsi à un classeur n'y sont définitivement associés qu'après la prochaine sauvegarde. N'oubliez pas d'activer le bouton Enregistrer de la barre d'outils Accès rapide ou d'invoquer son équivalent clavier, Ctrl + S.

Copier des styles personnels d'un classeur dans un autre

Excel vous permet de copier, dans un classeur, des styles personnels définis dans un autre. Voici comment vous y prendre :

1. Ouvrez le classeur cible.

   Il peut s'agir d'un classeur vierge ou d'un classeur existant.

2. Ouvrez le classeur source.

   Reportez-vous à la section précédente pour savoir comment créer des styles personnels.

3. Réactivez le classeur cible.

   Cliquez sur son icône depuis la barre des tâches de Windows ou utilisez la combinaison Alt + Tab pour naviguer parmi les éléments ouverts et pouvoir sélectionner celui qui vous intéresse.

4. Activez le bouton Styles de cellules du groupe Style de l'onglet Accueil, puis, dans la fenêtre correspondante, validez, tout en bas, l'option Fusionner des styles.

   Excel ouvre la boîte de dialogue Fusionner des styles.

5. Sélectionnez, dans la liste, le classeur source, puis confirmez par OK.

Dès que vous licenciez la fenêtre, Excel ajoute les styles du classeur source à la rubrique Personnalisé de la fenêtre des styles du classeur actif. N'oubliez pas de sauvegarder pour que ces styles restent où vous venez de les mettre.

Vous simplifier la vie avec l'outil Reproduire la mise en forme

Imaginez que vous avez attribué à une cellule tous les formatages dont vous aviez envie et puis vous vous rendez compte que vous auriez dû traiter de la même façon d'autres cellules de la feuille.

Certes, vous pouvez créer un style personnel comme la section précédente vous a appris à le faire. Mais il y a une autre façon d'agir.

Inutile, en effet, de créer un style ou, au pire, de répéter toute la démarche puisqu'Excel 2016 vous propose un outil qui, baptisé fort à propos Reproduire la mise en forme, vous permet de reporter sur une sélection de cellules tous les formatages appliqués à une cellule source.

Dans la pratique :

1. **Appliquez à une cellule source toutes les mises en forme souhaitées (police, alignement, bordure, couleur...).**

2. **Sélectionnez cette cellule, puis cliquez sur l'outil Reproduire la mise en forme que vous trouverez dans le groupe Presse-papiers de l'onglet Accueil.**

   Le pointeur se transforme en un signe + accompagné, à droite, d'un petit pinceau. La cellule sélectionnée, pour sa part, est mise en évidence par un pourtour qui clignote.

3. **Avec ce pointeur particulier, sélectionnez les cellules auxquelles vous souhaitez appliquer le formatage de la cellule source.**

   Dès que vous relâchez le bouton de la souris, Excel applique aux cellules cibles tous les attributs de mise en forme de la cellule source.

Si votre intention est de reporter la mise en forme sur plusieurs groupes de cellules, verrouillez l'outil en cliquant deux fois dessus depuis l'onglet Accueil. Après sélection de la cellule source, désignez successivement les différents groupes de cellules cibles. Quand vous aurez terminé, vous désactiverez l'outil en recliquant dessus depuis son onglet.

Pensez à exploiter cet outil si vous voulez réaffecter à une sélection le formatage de base : il vous suffit de choisir, comme cellule source, une cellule de la feuille que vous n'avez pas formatée.

Mise en forme conditionnelle

Voilà qui est intéressant ! La mise en forme conditionnelle vous permet d'affecter un formatage à une sélection en fonction de son contenu, tout l'intérêt étant que, si les valeurs changent, le formatage change aussi spontanément, sans que vous ayez à intervenir.

Dès que vous invoquez la commande Mise en forme conditionnelle (groupe Style – onglet Accueil), un menu local vous propose les options suivantes :

» **Règles de mise en surbrillance des cellules :** donne accès à un sous-menu qui vous permet de mettre en surbrillance les cellules qui contiennent certaines valeurs, textes ou dates, qui comportent des valeurs supérieures ou inférieures à une valeur donnée ou qui sont comprises dans une fourchette donnée de valeurs. Ce sous-menu vous permet en outre de traiter les cellules qui comportent un texte donné (comme Oui, Non ou Peut-être dans une liste) ou une date donnée (comme une échéance).

» **Règles des valeurs plus/moins élevées :** déroule aussi un sous-menu qui permet de formater différemment, dans la sélection, les valeurs les plus élevées ou les plus basses, les pourcentages et les valeurs supérieures ou inférieures à la moyenne.

» **Barres de données :** vous propose une palette comportant différentes couleurs de remplissage en uni ou en dégradé que vous pouvez appliquer à la sélection pour symboliser l'importance des valeurs les unes par rapport aux autres.

» **Nuances de couleurs :** vous soumet également une palette proposant jusqu'à trois couleurs de remplissage que vous pouvez appliquer à la sélection pour symboliser l'importance des valeurs les unes par rapport aux autres.

» **Jeux d'icônes :** vous déroule une série de palettes d'icônes que vous pouvez appliquer à la sélection pour symboliser l'importance des valeurs les unes par rapport aux autres.

» **Nouvelle règle :** donne accès à la boîte de dialogue Nouvelle règle de mise en forme où vous pouvez définir une règle personnalisée.

» **Effacer les règles :** vous permet d'effacer les règles de mise en forme conditionnelle soit de la sélection soit de la feuille entière (voire du tableau ou du tableau croisé dynamique).

» **Gérer les règles :** donne accès à la boîte de dialogue Gestionnaire des règles de mise en forme conditionnelle dans laquelle vous pouvez modifier ou supprimer des règles ainsi qu'en changer l'ordre de préséance en les faisant glisser vers le bas ou vers le haut dans la zone impartie.

Formater avec l'outil Analyse rapide

Voilà un moyen bien pratique de faire du formatage conditionnel, d'autant que cette nouvelle fonction d'Excel 2016 vous permet de prévisualiser l'effet de votre choix avant de l'appliquer à la sélection.

Pour exploiter cette fonction, sélectionnez les données de votre tableau que vous souhaitez mettre en forme, puis activez l'outil Analyse rapide (en bas à droite de la sélection). Par défaut, c'est son option Mise en forme qui est activée; il vous suffit donc de désigner la commande à appliquer pour apprécier immédiatement l'effet de cette commande sur la plage en surbrillance (Figure 3.20).

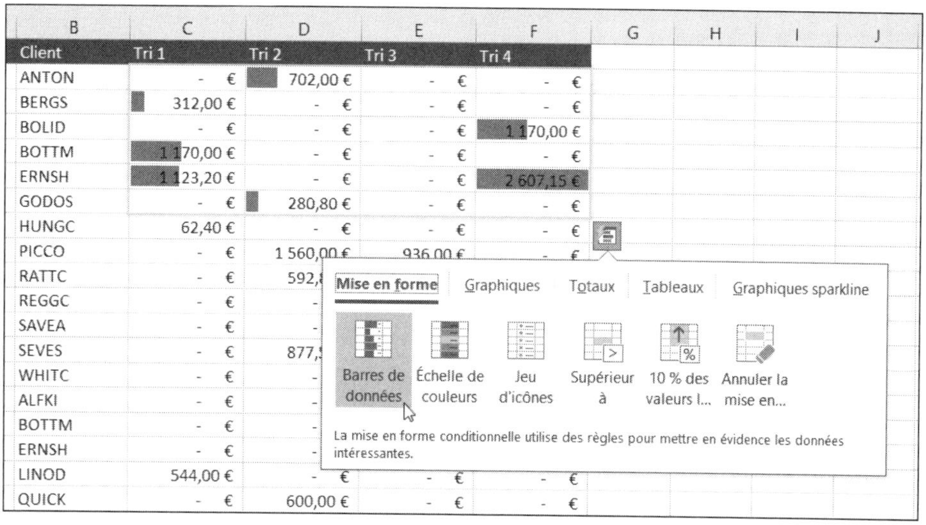

Figure 3.20
L'option Barres de données et son effet sur la feuille en arrière-plan.

Si vous cliquez sur Supérieur à, Excel vous adresse la boîte de dialogue du même nom dans laquelle vous pouvez définir le seuil (à gauche) et la couleur de remplissage (à droite).

Les autres options de formatage conditionnel ne provoquent l'apparition d'aucune fenêtre, Excel se bornant, dans ces cas, à appliquer la première option (par défaut) du formatage sélectionné.

DANS CE CHAPITRE

- Ouvrir un classeur en vue de le modifier.
- Annuler vos erreurs.
- Déplacer et copier par glisser-déposer.
- Copier des formules.
- Déplacer et copier par Couper, Copier et Coller.
- Supprimer des entrées dans des cellules.
- Supprimer et insérer des lignes et des colonnes.

Chapitre 4
Procéder à des modifications

Dans ce chapitre, vous découvrirez comment appliquer ces modifications en toute sérénité dans un classeur. La copie et le déplacement des données ainsi que l'insertion et la suppression des lignes et des colonnes sont des tâches faciles à maîtriser. Ce qui est un peu plus ardu à comprendre, c'est l'effet de ces actions sur la feuille de calcul. Mais ne vous en faites pas ! Si un changement compromet votre travail, vous pourrez toujours recourir à la fonction d'annulation pour revenir en arrière et vous retrouver en terrain plus familier.

Ne pas refuser le changement

Avant de commettre l'irréparable – c'est-à-dire d'effectuer des modifications… –, vous devez, bien sûr, ouvrir Excel. Pour ouvrir un classeur, vous avez le choix entre cliquer sur Fichier/Ouvrir, appuyer sur Alt + FV ou utiliser les raccourcis clavier des versions précédentes d'Excel, soit Ctrl + O ou Ctrl + F12.

Quand vous utilisez la combinaison de touches Ctrl + F12, contrairement aux autres méthodes, Excel 2019 court-circuite la Backstage et son contenu Ouvrir pour vous proposer directement la boîte de dialogue du même nom. C'est super à condition que le classeur auquel vous voulez accéder se trouve dans le dossier actuellement ouvert (il s'agit, par défaut, du dossier Documents du dossier Bibliothèques de votre disque dur, à moins que vous n'ayez ouvert des fichiers stockés dans un autre dossier ou sur un autre disque pendant votre séance de travail).

Si vous venez tout juste de mettre Excel en service et n'avez donc encore ouvert aucun classeur, vous pouvez sélectionner celui que vous voulez ouvrir dans la liste Récent du volet gauche. Pensez à exploiter le lien Ouvrir d'autres classeurs si celui que vous cherchez ne figure pas dans la liste qui vous est soumise.

L'écran Ouvrir du Backstage

Dans l'écran Ouvrir tel qu'il se présente lorsque vous y accédez pour la première fois (Figure 4.1), c'est l'option Classeurs (utilisation récente) qui est validée dans le volet gauche. Si celui que vous cherchez à ouvrir n'est pas répertorié dans le volet droit, désignez, à gauche, un autre emplacement :

» **OneDrive :** pour ouvrir un classeur que vous avez sauvegardé dans un dossier de votre Windows Live OneDrive. (Pour en savoir plus à ce sujet ou pour ouvrir un compte, rendez-vous sur le site https://onedrive.live.com/about/fr-fr/.) Dès que vous validez cette option, le volet droit recense les dossiers de votre OneDrive auxquels vous avez récemment accédé. Cliquez sur OneDrive – Personnel pour afficher la boîte de dialogue Ouvrir qui donne accès à tous les dossiers de votre OneDrive.

» **Ce PC :** pour accéder aux classeurs que vous avez stockés sur votre disque dur ou sur un disque réseau auquel vous avez accès. Validez cette option pour répertorier, à droite, tous les classeurs qui se trouvent à cet endroit et que vous avez exploités récemment. Vous pourrez aussi désigner le Bureau (Windows 10) et le dossier Documents. Enfin, cliquez sur Document en haut du volet droit, comme dans le cas précédent, pour accéder, *via* la boîte de dialogue Ouvrir, à d'autres dossiers de ce disque et aux autres disques durs de votre ordinateur.

» **Ajouter un emplacement :** pour ajouter un site SharePoint ou un emplacement à partir duquel votre compte OneDrive vous autorise à ouvrir des fichiers. La validation de cette option provoque, à droite, l'affichage de deux sous-options : Office 365 SharePoint et OneDrive. Choisissez la première pour vous connecter à un site SharePoint pour lequel vous possédez un identifiant et un mot de passe qui vous permettent d'ajouter les dossiers correspondants à la fenêtre Ouvrir sous l'option Ordinateur. Préférez OneDrive pour vous connecter à votre compte Windows Live (pour lequel vous possédez à la fois un identifiant et une clé d'accès) afin d'ajouter votre espace dans le nuage à la fenêtre Ouvrir, sous l'option SkyDrive.

» **Parcourir :** affiche la boîte de dialogue Ouvrir dans laquelle vous sélectionnerez le classeur à modifier qui est stocké dans un dossier local, c'est-à-dire de votre disque dur, du réseau, ou sur un disque dur distant.

Figure 4.1
Valider l'option OneDrive de la fenêtre Ouvrir pour ouvrir un classeur en ligne.

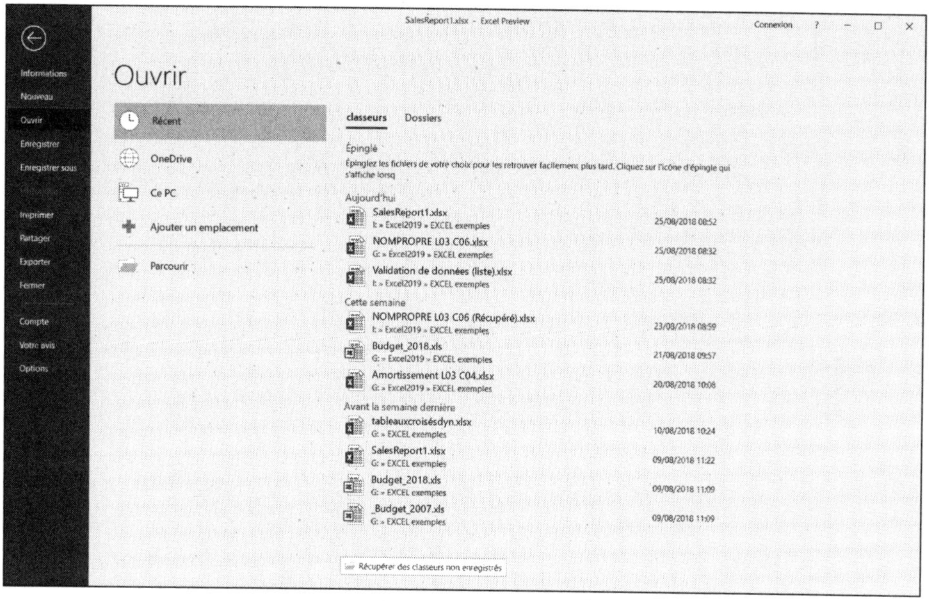

La boîte de dialogue Ouvrir

Une fois que vous avez sélectionné un dossier et un disque dans la fenêtre Ouvrir d'Excel 2019 ou invoqué l'équivalent clavier Ctrl + F12 dont il a été question plus haut, vous échouez dans une boîte de dialogue semblable à celle de la Figure 4.2. Comme vous le voyez, elle est divisée en deux volets : à gauche le volet Navigation depuis lequel vous pouvez décider d'ouvrir un nouveau classeur et, à droite, le volet principal qui vous propose les icônes de tous les sous-dossiers du dossier courant ainsi que tous les documents qu'Excel est en mesure d'ouvrir.

Le dossier qui est affiché lorsque la boîte de dialogue Ouvrir apparaît est soit celui qui est spécifié comme Emplacement d'enregistrement par défaut dans l'onglet Enregistrement de la boîte de dialogue Options Excel, soit le dernier que vous avez ouvert pendant la séance de travail en cours, soit celui auquel vous avez accédé *via* la fenêtre Ouvrir.

Pour ouvrir un classeur qui se trouve dans un autre dossier, cliquez sur le lien correspondant dans la section Accès rapide du volet de navigation, ou cliquez sur le triangle pointant vers le bas à droite de Ce PC puis parcourez vos disques durs et autres dossiers dans la liste qui apparaît.

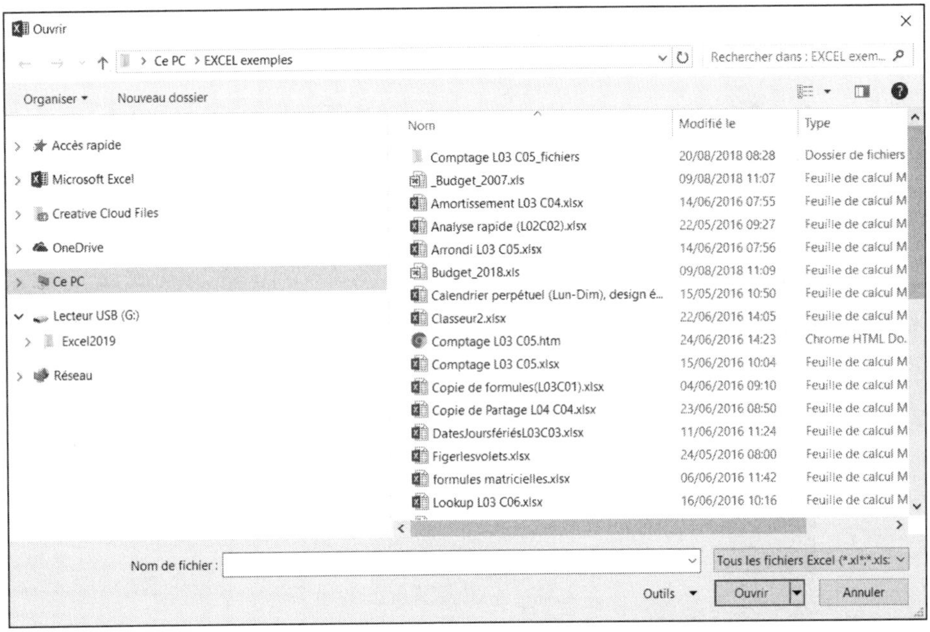

Figure 4.2 Utiliser la boîte de dialogue Ouvrir pour naviguer jusqu'au classeur à ouvrir.

Si vous ouvrez un nouveau dossier pour lequel aucun fichier n'apparaît dans le volet de droite (alors que vous savez qu'il n'est pas vide), cela signifie simplement qu'il ne contient aucun fichier d'un type qu'Excel est capable d'ouvrir directement (classeurs, modèles et macros). Pour afficher tous les fichiers du dossier, qu'Excel puisse ou non les ouvrir directement (c'est-à-dire sans aucune conversion), cliquez sur le bouton indiquant les types de fichiers affichés et sélectionnez Tous les fichiers dans la liste déroulante qui apparaît.

Lorsque l'icône du classeur que vous voulez ouvrir apparaît dans la boîte de dialogue Ouvrir, vous pouvez ouvrir ce classeur en cliquant sur son icône puis en cliquant sur le bouton Ouvrir, ou tout simplement en double-cliquant sur son icône.

Modifier le nombre de fichiers récents

Excel 2019 tient à jour la liste des 50 derniers fichiers que vous avez ouverts dans la liste Classeurs (utilisation récente) du volet droit de la fenêtre Ouvrir quand l'option Classeurs (utilisation récente) est validée à gauche. Vous pouvez contrôler le nombre de fichiers de cette liste :

❶ Choisissez Fichier/Options/Options avancées pour accéder à la boîte de dialogue Options Excel.

❷ Faites défiler jusqu'à visualiser la rubrique Afficher.

❸ Modifiez, comme bon vous semble, la valeur de la case Afficher ce nombre de classeurs récents ou utilisez aux mêmes fins les flèches de défilement placées à droite de la case d'édition.

❹ Cliquez sur OK ou enfoncez la touche Entrée pour fermer la fenêtre des options d'Excel.

Entrez **0** si vous ne souhaitez pas qu'Excel vous propose cette liste.

Validez l'option Accéder rapidement à ce nombre de classeurs récents pour qu'Excel affiche les quatre classeurs les plus récents sous la forme de commandes du menu Fichier en mode Backstage. En agissant de la sorte, vous pourrez accéder à ces fichiers en validant la commande correspondante, même lorsque la fenêtre Ouvrir ne sera pas affichée. N'hésitez pas à adapter le nombre de classeurs ainsi traités en vous exprimant dans la case d'édition correspondante.

Ouvrir plusieurs classeurs

Si vous avez l'intention de travailler sur plusieurs classeurs, ouvrez-les directement : depuis la boîte de dialogue Ouvrir, sélectionnez, dans la liste, les classeurs que vous voulez ouvrir, puis cliquez sur Ouvrir ou validez *via* la touche Entrée.

Pour réaliser cette sélection, si les classeurs concernés sont contigus, cliquez sur le nom du premier d'entre eux, puis enfoncez la touche Maj et maintenez-la dans cette position tandis que vous cliquez sur le dernier à sélectionner. En revanche, si les classeurs à sélectionner ne sont pas contigus, utilisez la touche Ctrl : cliquez sur le premier classeur à marquer, enfoncez la touche Ctrl et maintenez-la enfoncée, puis cliquez successivement sur les autres classeurs à inclure dans la sélection.

Une fois de retour dans l'interface classique du programme, vous pourrez passer d'un classeur ouvert à un autre en cliquant sur son nom depuis la barre des tâches ou en utilisant la combinaison Alt + Tab pour afficher les vignettes des éléments ouverts et faire votre choix. (Le Chapitre 7 vous explique plus en détail comment travailler avec plusieurs classeurs simultanément.)

Rechercher des classeurs

Le seul problème que vous puissiez rencontrer quand vous tentez de charger un fichier *via* la boîte de dialogue Ouvrir est de savoir où se trouve ce fichier. Tout est parfait aussi longtemps que le nom du fichier apparaît parmi ceux listés dans la fenêtre de la boîte de dialogue ; mais que faire si le fichier est invisible et semble se cacher dans les mystérieuses profondeurs de l'arborescence des dossiers ?

Vous vous tournerez alors vers le champ Rechercher dans que vous trouverez dans l'angle supérieur droit de la boîte de dialogue Ouvrir.

Entrez-y des caractères qui se trouvent dans le nom du classeur ou dans le classeur lui-même.

Au fur et à mesure que Windows trouve des fichiers correspondant à vos critères de recherche, les noms de ceux-ci (classeurs Excel, mais aussi modèles et macros) apparaissent dans la boîte de dialogue Ouvrir. Dès que le classeur que vous recherchez apparaît, vous pouvez l'ouvrir en double-cliquant sur son icône, ou en cliquant dessus puis sur le bouton Ouvrir.

Les options d'ouverture des fichiers

Le menu local Ouvrir donne accès à des options d'ouverture des classeurs :

» **Ouvrir en lecture seule :** cette commande ouvre des fichiers que vous ne pourrez que consulter, donc pas modifier. Pour faire de ce fichier un fichier standard, vous devez exécuter la commande Enregistrer sous (Fichier/Enregistrer sous). Donnez un autre nom et/ou un nouvel emplacement de stockage. (Reportez-vous au Chapitre 2.)

» **Ouvrir une copie :** cette commande ouvre une copie du fichier. Ainsi le fichier d'origine restera intact.

» **Ouvrir dans un navigateur :** cette commande ouvre, dans votre navigateur Web, les classeurs que vous avez sauvegardés sous la forme d'un page Web, comme cela est expliqué au Chapitre 12. Cette commande n'est évidemment disponible que si vous essayez d'ouvrir un classeur enregistré en tant que page Web.

» **Ouvrir en mode protégé :** cette commande ouvre le classeur en mode protégé empêchant l'utilisateur de lui apporter des modifications. Pour pouvoir modifier ce fichier, il doit cliquer sur le bouton Activer la modification.

» **Ouvrir et réparer :** cette commande tente de réparer un fichier corrompu avant de l'ouvrir dans Excel. Lorsque vous sélectionnez cette option, une boîte de dialogue apparaît. Elle propose de réparer le fichier ou bien d'en extraire les données qui seront insérées dans un nouveau classeur. Vous le sauvegarderez ensuite *via* la commande Enregistrer. Cliquez sur le bouton Réparer pour tenter de récupérer et d'ouvrir le fichier. Optez pour Extraire les données si la réparation échoue.

Encore plus sur les annulations

Avant de vous lancer dans la réalisation d'une feuille de calcul, vous devez connaître la fonction d'annulation et savoir comment elle peut rétablir la situation si jamais vous vous êtes fourvoyé. Le bouton Annuler de la barre d'outils Accès rapide est une commande à facettes multiples. Quand vous supprimez par exemple le contenu d'une cellule ou d'une plage avec la commande Effacer du même menu, l'info-bulle du bouton Annuler devient Effacer (Ctrl + Z). Si vous déplacez une entrée avec les commandes Couper et Coller, l'info-bulle du bouton Annuler devient Coller.

En dehors du bouton Annuler dans la barre d'outils Accès rapide, vous pouvez utiliser le raccourci clavier Ctrl + Z qui fait exactement la même chose.

Le bouton Annuler de la barre d'outils Accès rapide réagit à toutes les actions que vous entreprenez. Si vous vous rendez compte après coup qu'il fallait annuler – c'est-à-dire après avoir appliqué d'autres commandes entre-temps –, vous devrez déployer le menu déroulant qui lui est associé (en cliquant sur le triangle pointant vers le bas qui l'accompagne), pour y sélectionner l'action à annuler. Cette action, ainsi que toutes celles qui ont suivi (et qui apparaissent au-dessus dans le menu), sont annulées.

Rétablir et Répéter

Après avoir appliqué la commande Annuler, Excel rend la commande Rétablir (ou Répéter selon la commande que vous avez appliquée juste avant) accessible. Si vous supprimez une entrée en appuyant sur la touche Suppr et cliquez ensuite sur le bouton Annuler dans la barre d'outils Accès rapide (ou appuyez sur Ctrl + Z, ce qui revient au même), l'info-bulle suivante apparaît en dessous du bouton Rétablir lorsque vous placez dessus le pointeur de la souris :

Rétablir Effacer   Ctrl + Y

Quand vous appliquez la commande Rétablir, Excel refait ce que vous venez d'annuler. Autrement dit, Excel revient en arrière d'une action, comme si elle n'avait pas été exécutée.

Que faire s'il est impossible d'annuler ?

C'est souvent quand vous estimez qu'il serait prudent de rétablir le classeur le plus important que vous vous apercevez avec horreur que la commande Annuler ne fonctionne pas tout le temps. Bien qu'il soit néanmoins possible d'annuler la dernière suppression de cellule erronée, un déplacement ou une recopie inconséquente, vous ne pourrez pas revenir sur un enregistrement de fichier. D'où l'intérêt de la commande Enregistrer sous, qui permet de conserver un exemplaire du classeur tel qu'il était au moment de l'ouverture ou du dernier enregistrement.

Excel ne signale malheureusement jamais qu'il est sur le point d'entreprendre une action sur laquelle il ne pourra pas revenir, ou alors trop tard. Après avoir commis l'irréparable, vous placez le pointeur de la souris sur le bouton Annuler en croyant pouvoir annuler ce que vous venez de faire et vous lisez : « Impossible d'annuler » (d'ailleurs, le bouton Annuler apparaît en grisé dans la barre d'outils Accès rapide pour indiquer que cette commande n'est pas accessible).

La seule exception à cette règle est quand le logiciel vous prévient (et vous avez intérêt à en tenir compte). Lorsque vous choisissez une commande qui peut normalement être annulée, sauf dans les circonstances présentes, à cause d'un manque de mémoire vive, par exemple, ou parce que l'annulation affecterait trop profondément la feuille de calcul, Excel le sait et affiche une boîte d'alerte qui signale le manque de mémoire et demande s'il faut quand même exécuter la commande. Si vous cliquez sur le bouton Oui, sachez que la commande sera appliquée sans aucune chance de revenir en arrière ; si vous découvrez par la suite que la ligne supprimée contient une formule essentielle, dont vous ne connaissez plus la teneur, vous ne pourrez pas recourir à la commande Annuler pour rattraper votre bourde. Dans ce cas, la seule chance de vous en tirer est de fermer le fichier (Fichier/Fermer), mais SANS enregistrer vos modifications.

Le bon vieux glisser-déposer

Une des premières techniques de modification que vous vous devez de connaître est le *glisser-déposer*. Comme le suggère son nom, il s'agit d'une manipulation effectuée à la souris et qui consiste à choisir une cellule ou une plage sélectionnée et à faire glisser cette sélection ailleurs dans la feuille de calcul. Bien que le glisser-déposer serve essentiellement à déplacer des entrées simples, vous pouvez l'utiliser pour déplacer des plages entières.

Procédez comme suit pour déplacer une cellule ou une plage de cellules :

❶ Sélectionnez une cellule ou une plage de cellules.

❷ Placez le pointeur de souris sur un bord de la ou des cellules sélectionnées.

La transformation du pointeur en flèche à quatre pointes indique que vous pouvez commencer à faire glisser la cellule ou la plage.

❸ Maintenez le bouton gauche de la souris enfoncé, et faites glisser la cellule ou la plage sélectionnée jusqu'à sa destination.

Pendant le déplacement, vous faites en réalité glisser le contour des cellules, ce qui vous permet d'avoir une idée de l'emplacement qu'elles occuperont. C'est uniquement au moment où vous relâchez le bouton de la souris que le déplacement du contenu des cellules se produit effectivement.

Faites glisser le contour jusqu'à sa destination exacte (l'info-bulle qui accompagne le pointeur indique la plage de cellules de destination).

❹ Relâchez le bouton de la souris.

Les données figurant dans la ou les cellules apparaissent aussitôt à leur nouvel emplacement.

Les Figures 4.3 et 4.4 montrent un déplacement de cellules.

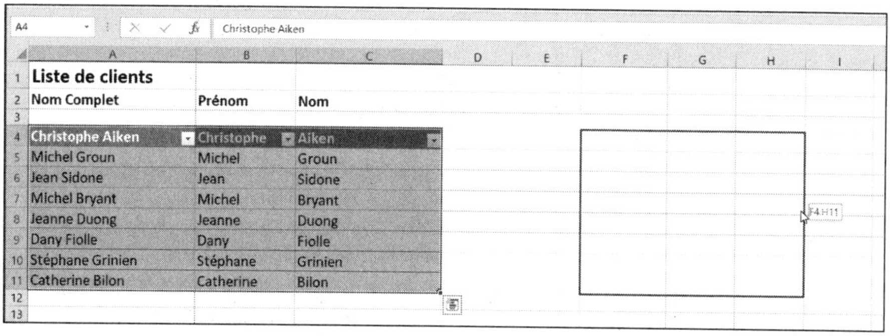

Figure 4.3 Une plage sélectionnée est en cours de déplacement.

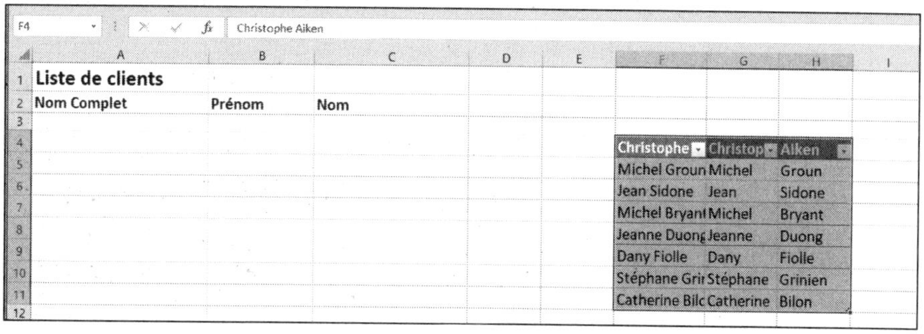

Figure 4.4 La plage sélectionnée vient d'être déposée à son nouvel emplacement.

La copie par glisser-déposer

Comment copier une ligne de cellules au lieu de simplement les déplacer? Supposons que vous deviez commencer, dans la feuille de calcul, un nouveau tableau dans les lignes situées plus bas. Il vous faudra copier la ligne de cellules contenant les titres mis en forme en procédant ainsi :

1. **Sélectionnez la ligne de cellules.**
2. **La touche Ctrl enfoncée, amenez le pointeur de la souris au bord de la sélection.**

   Le pointeur se transforme en flèche blanche accompagnée, en haut à droite, d'un petit signe plus (+). Il indique que le glisser-déposer effectuera une copie et non un déplacement.
3. **Tirez la sélection par sa bordure, jusqu'à l'emplacement où elle doit être copiée, puis relâchez le bouton de la souris.**

   Pendant que vous faites glisser la sélection, une info-bulle indique les références de la plage que survole le pointeur.

Si, lors d'un glisser-déposer pour déplacer ou copier des cellules, vous positionnez le contour de la sélection de telle manière qu'il chevauche des cellules contenant des données, Excel affiche une boîte d'alerte avec la question suivante : « Voulez-vous remplacer le contenu des cellules de destination? ».

Pour éviter le remplacement des données existantes et renoncer au glisser-déposer, cliquez sur le bouton Annuler. Mais si vous avez l'intention de remplacer les données existantes par les nouvelles, cliquez sur OK.

Insérer par glisser-déposer

À l'instar des redoutables Klingons de *Star Trek*, les feuilles de calcul d'Excel ne font jamais de prisonniers. Dès que vous amenez une entrée sur une cellule occupée, cette entrée supplante sans vergogne celle qui s'y trouvait.

Pour insérer la ligne en cours de déplacement parmi d'autres lignes qui contiennent des données sans supprimer les données existantes, maintenez la touche Maj enfoncée pendant le glisser-déposer. Si vous copiez, vous devrez faire preuve de dextérité en maintenant à la fois les touches Ctrl et Maj enfoncées.

Lorsque la touche Maj est enfoncée, le contour de la sélection que vous aviez manipulée jusqu'à présent est remplacé par une barre d'insertion qui se déplace entre les lignes et/ou les colonnes. Elle matérialise l'emplacement où se fera l'insertion si, à ce moment, vous relâchez le bouton de la souris. Dans ce cas, Excel insère une ligne ou une colonne et déplace les cellules existantes vers des cellules vides.

J'ai pourtant maintenu la touche Maj enfoncée comme vous l'aviez dit...

L'insertion par glisser-déposer est une des fonctions les plus délicates à réussir. Parfois, vous faites exactement ce qu'il faut et vous voyez néanmoins apparaître la boîte d'alerte qui vous prévient qu'Excel s'apprête à remplacer des données existantes au lieu de les décaler. Si cela se produit, cliquez sur le bouton Annuler.

Il est fort heureusement possible d'insérer des données avec les commandes Couper et Coller (reportez-vous à la section « Faire de la place avec la commande Insérer », plus loin dans ce chapitre), sans avoir à se soucier du comportement de la barre d'insertion.

La recopie automatique des formules

La copie par glisser-déposer, en maintenant la touche Ctrl enfoncée, est utile lorsqu'il faut recopier une série de cellules adjacentes ailleurs dans la feuille de calcul. Mais très souvent vous aurez à ne recopier qu'une seule formule dans plusieurs cellules voisines qui doivent exécuter le même type de calcul, comme totaliser des chiffres dans des colonnes. Ce type de copie de formule, très courant, ne peut pas être fait par un glisser-déposer. Il faut recourir à la recopie automatique, décrite dans le Chapitre 2, ou aux commandes Copier et Coller (reportez-vous à la section « Le couper-coller numérique », plus loin dans ce chapitre).

Pensez à exploiter la commande Totaux de l'outil Analyse rapide. Vous pouvez en effet l'utiliser pour calculer une somme sous une série de valeurs en colonne ou à droite d'une série de valeurs en ligne. Dans la pratique, sélectionnez la plage à traiter, cliquez sur l'outil Analyse rapide, puis sur Totaux ; ensuite, choisissez le bouton Somme placé au début de la palette pour totaliser les colonnes dans une nouvelle ligne dans le bas du tableau et/ou le bouton Somme placé à la fin de la palette pour totaliser les lignes dans une nouvelle colonne à la droite du tableau.

Revenons à la recopie automatique pour copier une formule dans une plage de cellules. La Figure 4.5 montre une feuille de calcul avec une formule calculant la somme de la colonne B.

La Figure 4.6 montre la feuille de calcul après avoir fait glisser la poignée de recopie sur la plage de cellules C18:E18 à partir de la cellule B18 (qui contient la formule à copier).

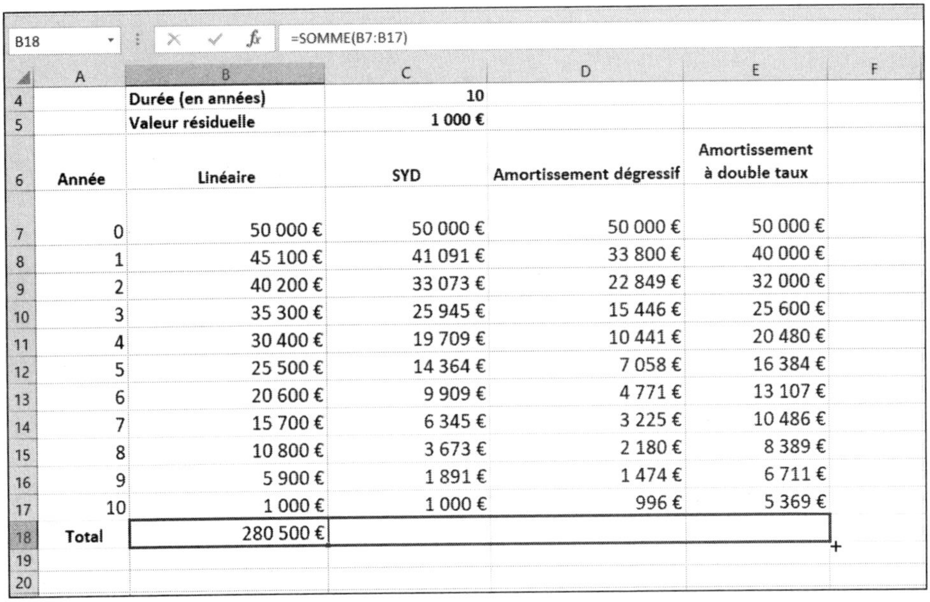

B18 =SOMME(B7:B17)

	A	B	C	D	E	F
4		Durée (en années)	10			
5		Valeur résiduelle	1 000 €			
6	Année	Linéaire	SYD	Amortissement dégressif	Amortissement à double taux	
7	0	50 000 €	50 000 €	50 000 €	50 000 €	
8	1	45 100 €	41 091 €	33 800 €	40 000 €	
9	2	40 200 €	33 073 €	22 849 €	32 000 €	
10	3	35 300 €	25 945 €	15 446 €	25 600 €	
11	4	30 400 €	19 709 €	10 441 €	20 480 €	
12	5	25 500 €	14 364 €	7 058 €	16 384 €	
13	6	20 600 €	9 909 €	4 771 €	13 107 €	
14	7	15 700 €	6 345 €	3 225 €	10 486 €	
15	8	10 800 €	3 673 €	2 180 €	8 389 €	
16	9	5 900 €	1 891 €	1 474 €	6 711 €	
17	10	1 000 €	1 000 €	996 €	5 369 €	
18	Total	280 500 €				
19						
20						

Figure 4.5 Copie d'une formule dans une même ligne grâce à la recopie automatique.

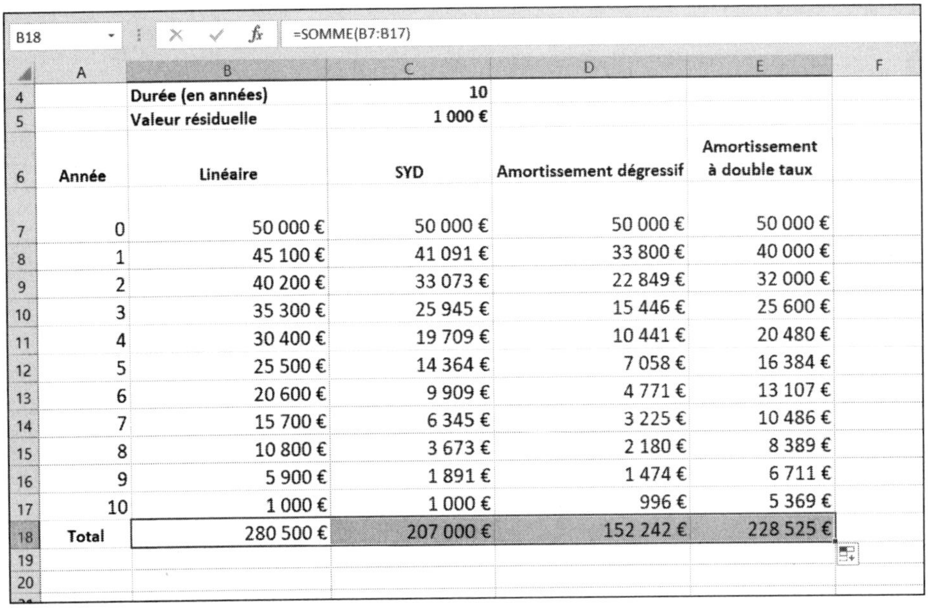

B18 =SOMME(B7:B17)

	A	B	C	D	E	F
4		Durée (en années)	10			
5		Valeur résiduelle	1 000 €			
6	Année	Linéaire	SYD	Amortissement dégressif	Amortissement à double taux	
7	0	50 000 €	50 000 €	50 000 €	50 000 €	
8	1	45 100 €	41 091 €	33 800 €	40 000 €	
9	2	40 200 €	33 073 €	22 849 €	32 000 €	
10	3	35 300 €	25 945 €	15 446 €	25 600 €	
11	4	30 400 €	19 709 €	10 441 €	20 480 €	
12	5	25 500 €	14 364 €	7 058 €	16 384 €	
13	6	20 600 €	9 909 €	4 771 €	13 107 €	
14	7	15 700 €	6 345 €	3 225 €	10 486 €	
15	8	10 800 €	3 673 €	2 180 €	8 389 €	
16	9	5 900 €	1 891 €	1 474 €	6 711 €	
17	10	1 000 €	1 000 €	996 €	5 369 €	
18	Total	280 500 €	207 000 €	152 242 €	228 525 €	
19						
20						

Figure 4.6 La feuille de calcul après la recopie de la formule totalisant les mois.

Absolument relatif et inversement

Référez-vous à la Figure 4.6 pour voir la feuille de calcul après la recopie de la formule d'une cellule dans la plage B18:E18. La cellule B18 est active. Remarquez comment Excel gère la recopie des formules. La formule d'origine, dans la cellule B18, est :

```
=SOMME(B7:B17)
```

Lorsque cette formule est recopiée dans la cellule voisine, C18, Excel la modifie légèrement à cet emplacement :

```
=SOMME(C7:C17)
```

Excel a en effet rectifié la référence de colonne, qui est passée de B à C, car la recopie s'est faite de la gauche vers la droite.

Quand vous copiez une formule dans une plage qui s'étend vers le bas sur plusieurs lignes, Excel modifie les numéros de lignes en conséquence, au lieu des lettres de colonnes, selon l'emplacement de chaque recopie. Si la cellule E4 de la feuille de calcul contient la formule suivante :

```
=SOMME(B4:D4)
```

Quand vous recopiez cette formule vers le bas, dans la cellule E5, Excel la modifie de la manière suivante :

```
=SOMME(B5:D5)
```

Excel ajuste la référence de ligne afin qu'elle corresponde à la nouvelle position dans la ligne 5. Comme cette modification de la formule a été effectuée selon la direction de la recopie, les références de cellules sont appelées *références de cellules relatives.*

Certaines choses sont absolues

Toutes les formules que vous créez contiennent naturellement des références de cellule absolues, à moins que vous en décidiez autrement. Du fait que la plupart des recopies de cellule nécessitent une correction de leurs références, vous aurez rarement à revenir sur cet arrangement. Cependant, de temps en temps, vous serez confronté à une exception.

Une des exceptions les plus communes se produit lorsque vous désirez comparer une plage de valeurs différentes avec une seule valeur. Ce cas de figure se présente classiquement lorsque vous voulez calculer le pourcentage de plusieurs parties par rapport au total. Par exemple, dans la feuille de calcul de l'entreprise Deferco, vous rencontrez cette situation en créant et recopiant une formule qui détermine chaque pourcentage mensuel par rapport au total trimestriel de la cellule E10.

Supposons que vous vouliez entrer ces formules dans la rangée 22 de la feuille de calcul, en commençant par la cellule B22. La formule qui, dans cette cellule, calcule le pourcentage des ventes de janvier par rapport au trimestre est sans détour :

```
=B18/F18
```

Cette formule divise le total des ventes du premier trimestre, dans la cellule B18, par le total annuel de la cellule F18 (on ne saurait faire plus simple…). Mais regardez ce qui se passerait si vous tiriez la poignée de recopie d'une cellule vers la droite pour recopier la formule dans la cellule C22 :

```
=C18/G18
```

L'ajustement de la première référence de cellule, qui passe de B18 à C18, est bien celui que nous attendions. Mais l'ajustement de la deuxième partie des références de cellule, qui passe de F18 à G18, est désastreux. Non seulement vous n'obtenez pas le calcul du pourcentage des ventes du deuxième trimestre, mais vous vous retrouvez en prime avec l'horrible erreur **#DIV/0!** dans la cellule C22.

Pour éviter qu'Excel n'ajuste inconsidérément une référence de cellule lors d'une recopie, vous devez convertir la référence. De relative, elle doit devenir absolue. Pour cela, appuyez sur la touche de fonction F4 juste après avoir entré la référence de la cellule. Excel signale qu'une référence de cellule est absolue en plaçant, devant la lettre de la colonne et le numéro de la ligne, le signe dollar ($). Regardez par exemple la Figure 4.7 : la cellule B22 contient la formule correcte pour effectuer la recopie dans la plage C22:E22, soit :

```
=B18/$F$18
```

Examinez la feuille de calcul après que cette formule a été répétée dans la plage C22:E22 avec la poignée de recopie et la cellule C12 sélectionnée (Figure 4.8). Remarquez la formule suivante dans la barre de formule :

```
=C18/$F$18
```

Figure 4.7

Recopie d'une formule avec une référence de cellule absolue.

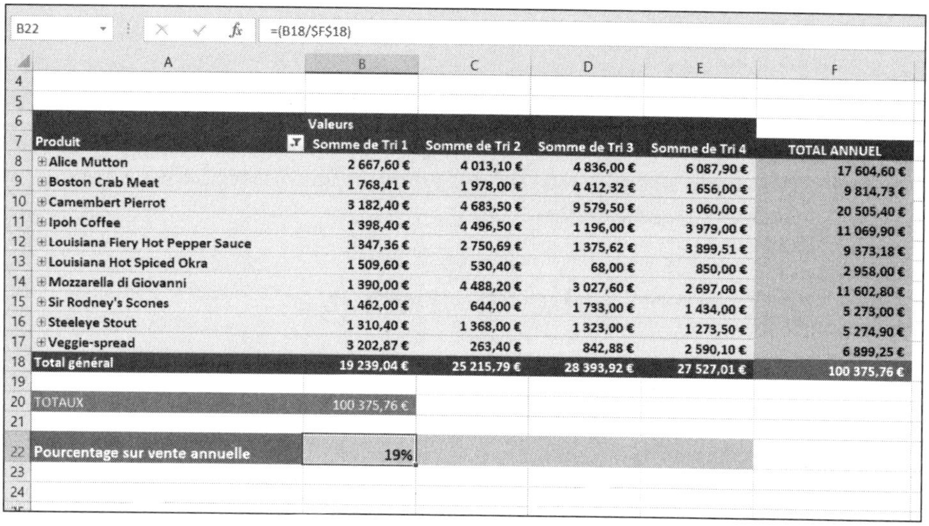

B22 =(B18/$F$18)

	A	B	C	D	E	F
4						
5						
6		Valeurs				
7	Produit	Somme de Tri 1	Somme de Tri 2	Somme de Tri 3	Somme de Tri 4	TOTAL ANNUEL
8	⊞Alice Mutton	2 667,60 €	4 013,10 €	4 836,00 €	6 087,90 €	17 604,60 €
9	⊞Boston Crab Meat	1 768,41 €	1 978,00 €	4 412,32 €	1 656,00 €	9 814,73 €
10	⊞Camembert Pierrot	3 182,40 €	4 683,50 €	9 579,50 €	3 060,00 €	20 505,40 €
11	⊞Ipoh Coffee	1 398,40 €	4 496,50 €	1 196,00 €	3 979,00 €	11 069,90 €
12	⊞Louisiana Fiery Hot Pepper Sauce	1 347,36 €	2 750,69 €	1 375,62 €	3 899,51 €	9 373,18 €
13	⊞Louisiana Hot Spiced Okra	1 509,60 €	530,40 €	68,00 €	850,00 €	2 958,00 €
14	⊞Mozzarella di Giovanni	1 390,00 €	4 488,20 €	3 027,60 €	2 697,00 €	11 602,80 €
15	⊞Sir Rodney's Scones	1 462,00 €	644,00 €	1 733,00 €	1 434,00 €	5 273,00 €
16	⊞Steeleye Stout	1 310,40 €	1 368,00 €	1 323,00 €	1 273,50 €	5 274,90 €
17	⊞Veggie-spread	3 202,87 €	263,40 €	842,88 €	2 590,10 €	6 899,25 €
18	Total général	19 239,04 €	25 215,79 €	28 393,92 €	27 527,01 €	100 375,76 €
19						
20	TOTAUX	100 375,76 €				
21						
22	Pourcentage sur vente annuelle	19%				
23						
24						

Figure 4.8

La feuille de calcul après la recopie d'une formule contenant une référence de cellule absolue.

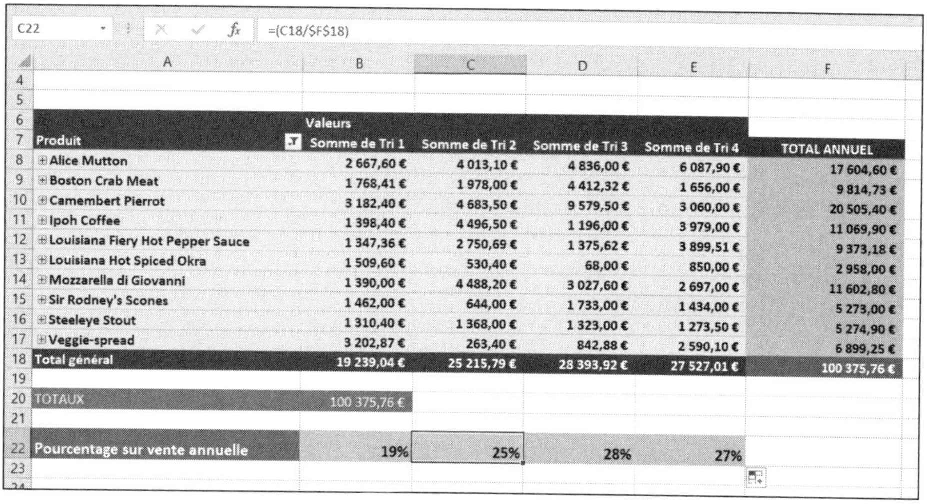

C22 =(C18/$F$18)

	A	B	C	D	E	F
4						
5						
6		Valeurs				
7	Produit	Somme de Tri 1	Somme de Tri 2	Somme de Tri 3	Somme de Tri 4	TOTAL ANNUEL
8	⊞Alice Mutton	2 667,60 €	4 013,10 €	4 836,00 €	6 087,90 €	17 604,60 €
9	⊞Boston Crab Meat	1 768,41 €	1 978,00 €	4 412,32 €	1 656,00 €	9 814,73 €
10	⊞Camembert Pierrot	3 182,40 €	4 683,50 €	9 579,50 €	3 060,00 €	20 505,40 €
11	⊞Ipoh Coffee	1 398,40 €	4 496,50 €	1 196,00 €	3 979,00 €	11 069,90 €
12	⊞Louisiana Fiery Hot Pepper Sauce	1 347,36 €	2 750,69 €	1 375,62 €	3 899,51 €	9 373,18 €
13	⊞Louisiana Hot Spiced Okra	1 509,60 €	530,40 €	68,00 €	850,00 €	2 958,00 €
14	⊞Mozzarella di Giovanni	1 390,00 €	4 488,20 €	3 027,60 €	2 697,00 €	11 602,80 €
15	⊞Sir Rodney's Scones	1 462,00 €	644,00 €	1 733,00 €	1 434,00 €	5 273,00 €
16	⊞Steeleye Stout	1 310,40 €	1 368,00 €	1 323,00 €	1 273,50 €	5 274,90 €
17	⊞Veggie-spread	3 202,87 €	263,40 €	842,88 €	2 590,10 €	6 899,25 €
18	Total général	19 239,04 €	25 215,79 €	28 393,92 €	27 527,01 €	100 375,76 €
19						
20	TOTAUX	100 375,76 €				
21						
22	Pourcentage sur vente annuelle	19%	25%	28%	27%	
23						

Parce que F18 a été modifiée en $F$18 dans la formule originale, toutes les recopies conservent cette même référence de cellule, qui est immuable.

Si vous avez commis une erreur en recopiant une formule dans laquelle une ou plusieurs références de cellules auraient dû être absolues et non relatives, modifiez la formule d'origine de la manière suivante :

1. **Double-cliquez sur la cellule contenant la formule, puis cliquez dans la barre de formule ou appuyez sur la touche de fonction F2 pour la modifier.**

2. Placez le point d'insertion dans la référence à convertir en référence absolue.

3. Appuyez sur la touche F4.

4. Lorsque la modification est terminée, cliquez sur le bouton Entrer, dans la barre de formule, puis recopiez la formule corrigée dans les cellules erronées grâce à la poignée de recopie.

Le couper-coller numérique

Au lieu d'utiliser le glisser-déposer ou la recopie automatique, vous pouvez recourir aux bonnes vieilles commandes Couper, Copier et Coller pour déplacer ou recopier des informations dans une feuille de calcul. Ces commandes utilisent le Presse-papiers comme relais pour les informations que vous avez coupées ou collées ; elles y restent en attendant d'être collées quelque part. Ce procédé permet non seulement de déplacer ou copier des données dans n'importe quelle feuille de calcul ouverte dans Excel, mais aussi dans d'autres logiciels tournant sous Windows, comme Word par exemple.

Procédez comme suit pour déplacer une cellule ou une plage avec les commandes Couper et Coller :

1. Sélectionnez les cellules à déplacer.

2. Cliquez sur le bouton Couper (les ciseaux) dans le groupe Presse-papiers de l'onglet Accueil.

   Vous pouvez aussi utiliser le raccourci clavier Ctrl + X.

   Quel que soit votre choix, Excel entoure la ou les cellules avec un *rectangle de sélection* qui se présente sous la forme d'une ligne animée en pointillé. Le message suivant apparaît dans la barre d'état :

   Sélectionnez une destination et appuyez sur ENTRÉE ou cliquez sur Coller.

3. Déplacez le curseur de cellule ou sélectionnez la cellule en haut à gauche de la nouvelle plage dans laquelle vous désirez déplacer les données.

4. Appuyez sur Entrée pour terminer le déplacement.

   Vous pouvez aussi cliquer sur le bouton Coller dans le groupe Presse-papiers de l'onglet Accueil, ou utiliser le raccourci clavier Ctrl + V.

Remarquez qu'en indiquant la plage de destination, vous n'avez pas à sélectionner un agencement de cellules vides correspondant, dans sa forme, à la sélection que vous déplacez. Du moment que vous indiquez à Excel où se trouve la cellule située en haut à gauche de la plage de destination, il saura se débrouiller pour le reste.

La copie d'une sélection de cellule(s) avec les commandes Copier et Coller s'effectue de la même manière qu'avec les commandes Couper et Coller. Après avoir sélectionné la plage à copier, vous bénéficiez même d'un plus grand choix pour le stockage des données dans le Presse-papiers. Au lieu de cliquer sur le bouton Copier dans le groupe Presse-papiers de l'onglet Accueil, ou de sélectionner Copier dans le menu contextuel de la cellule, vous pouvez utiliser le raccourci clavier Ctrl + C.

Ça colle pour vous

L'avantage de la copie des données dans le Presse-papiers avec les commandes Copier et Coller est que les informations ainsi mises de côté peuvent être collées à plusieurs reprises. Assurez-vous simplement, après avoir appuyé sur Entrée pour terminer la première opération de copie, de cliquer sur le bouton Coller dans le groupe Presse-papiers de l'onglet Accueil ou de choisir la commande Coller (dans le menu contextuel), ou d'appuyer sur Ctrl + V.

Quand vous utilisez la commande Coller, Excel copie la sélection dans la plage que vous lui avez indiquée sans supprimer le rectangle de sélection qui court autour de la sélection originale. Il indique ainsi que vous pouvez continuer à choisir d'autres plages de destination, que ce soit dans le même document ou dans un autre.

Après avoir sélectionné la première cellule de l'autre plage dans laquelle vous désirez coller la sélection, choisissez de nouveau la commande Coller. Vous pouvez continuer de la sorte en collant la sélection à volonté. Après avoir effectué la dernière copie, appuyez sur la touche Entrée au lieu de choisir la commande Coller. Si vous avez oublié d'appuyer sur Entrée et choisi Coller, éliminez le rectangle de sélection en appuyant sur la touche Échap.

Les options de collage

Juste après avoir cliqué sur le bouton Coller, dans le groupe Presse-papiers de l'onglet Accueil (ou avoir appuyé sur Ctrl + V), pour coller des données que vous avez copiées – et non coupées – dans le Presse-papiers, Excel affiche à l'extrémité de la plage collée un bouton Options de collage doté de son propre menu déroulant. Quand vous cliquez sur ce bouton ou si vous appuyez sur la touche Ctrl, une palette semblable à celle de la Figure 4.9 apparaît. Elle contient trois groupes d'options : Coller, Coller des valeurs, Autres options de collage.

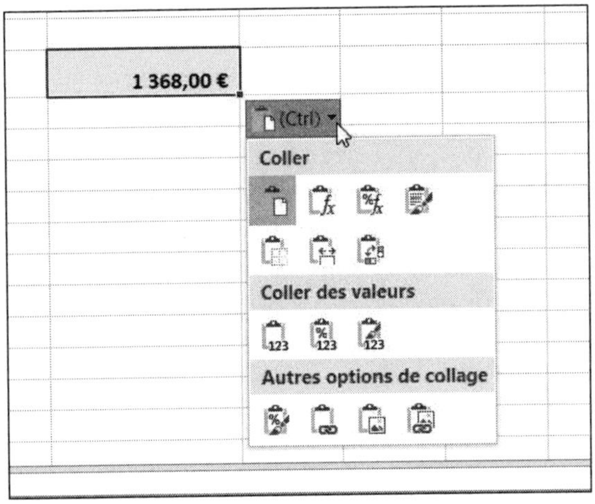

Figure 4.9 Cliquer sur le bouton des options de collage ou appuyer sur Ctrl déploie une palette donnant accès à de nombreuses options de collage.

Les options de la palette sont les suivantes :

» **Coller (E) :** colle tout dans les cellules sélectionnées (formules, mise en forme, *etc.*).

» **Formules (U) :** colle tous les textes, nombres et formules dans les cellules sélectionnées, sans la mise en forme.

» **Mise en forme des formules et nombres (O) :** colle les mises en forme de nombre affectées aux valeurs copiées, ainsi que les formules.

» **Conserver la mise en forme source (C) :** copie la mise en forme des cellules originales et la colle dans les cellules de destination (ainsi que les entrées copiées).

» **Aucune bordure (B) :** colle tout dans les cellules sélectionnées, mais sans copier de bordures.

» **Conserver les largeurs de colonnes sources (O) :** la largeur des colonnes dans la plage de destination est mise à la largeur des colonnes de la plage source lors de la copie.

» **Transposer (T) :** change l'orientation des entrées collées. Par exemple, si les données se trouvent dans une seule colonne, elles seront copiées dans une seule ligne.

» **Valeurs (V) :** ne colle que le résultat produit par chacune des formules de la plage source.

» **Valeurs avec mise en forme des nombres (A) :** ne colle que les résultats calculés de toutes formules ainsi que les mises en forme affectées aux étiquettes, valeurs et formules. Cela signifie que toutes les étiquettes et valeurs dans les cellules de destination reçoivent la même mise en forme que celles de la plage source, bien que les formules originales soient perdues et que seules les valeurs calculées (les résultats des formules) sont conservées.

» **Mise en forme des valeurs et de la source (E)** : colle les résultats calculés de toutes les formules ainsi que les mises en forme des cellules source.

» **Mise en forme (R)** : Excel ne colle que les mises en forme, pas les entrées.

» **Coller le lien (N)** : crée des liens de formule dans la plage de destination afin que toute modification effectuée dans la plage source soit immédiatement répercutée dans les cellules correspondantes, à destination.

» **Image (E)** : ne colle que les images présentes dans la sélection de cellules copiées.

» **Image liée (I)** : colle un lien vers les images, dans la sélection de cellules copiées.

Les options de la palette Options de collage sont contextuelles. Elles dépendent directement du type de cellules préalablement copiées dans le Presse-papiers Office. De plus, il est possible d'accéder à cette même palette d'options de collage en cliquant sur le menu déroulant situé juste sous le bouton Coller du Ruban au lieu de cliquer sur le bouton apparaissant en bas à droite de la plage de cellules collées dans la feuille de calcul, ou encore d'appuyer sur la touche Ctrl.

Coller à partir du volet Presse-papiers Office

Le Presse-papiers d'Office est capable de stocker de nombreux éléments coupés ou copiés provenant de tout programme fonctionnant sous Windows, pas seulement Excel. Cela signifie que vous pouvez continuer à coller des cellules du Presse-papiers vers un classeur, même si vous en avez fini avec un déplacement ou une copie, et ce si vous avez appuyé sur la touche Entrée au lieu d'utiliser la commande Coller.

Pour ouvrir le volet Presse-papiers Office, cliquez sur le bouton lanceur de boîte de dialogue, dans le coin inférieur droit du groupe Presse-papiers de l'onglet Accueil. Le volet Presse-papiers Office apparaît dans la partie gauche de la fenêtre d'Excel, comme le montre la Figure 4.10.

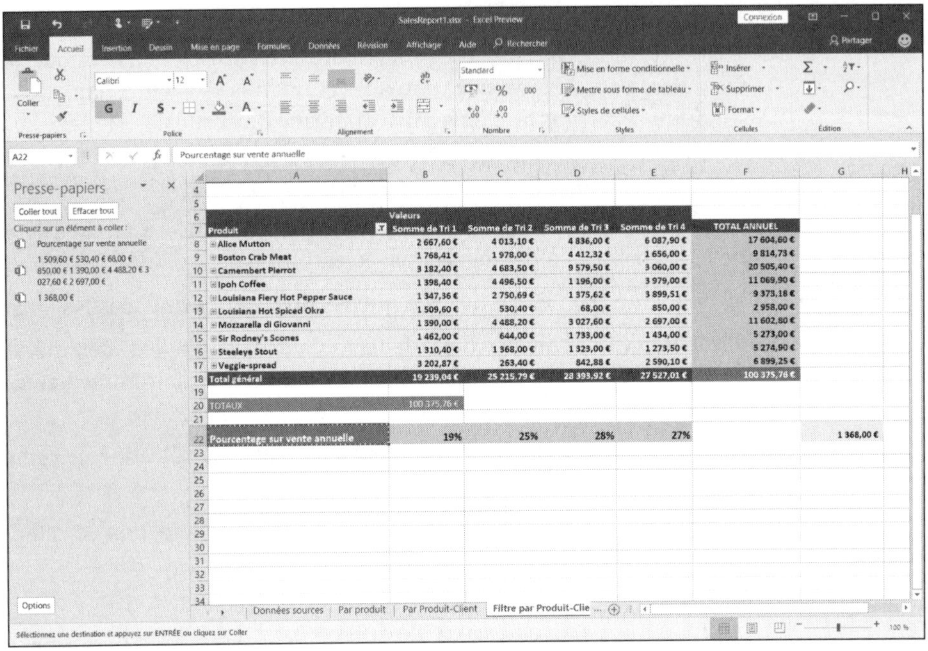

Figure 4.10 Le volet Presse-papiers Office apparaît dans la partie gauche de la fenêtre d'Excel.

Pour coller un élément du Presse-papiers dans une autre feuille de calcul que celle d'où provenaient les données, cliquez sur l'élément présent dans le volet afin de le coller à l'emplacement du curseur de cellule.

Remarquez qu'il est possible de coller tous les éléments stockés dans le Presse-papiers dans la feuille de calcul courante en cliquant sur le bouton Coller tout, en haut du volet Presse-papiers Office. Pour vider le volet de tous les éléments qui s'y trouvent, cliquez sur le bouton Effacer tout. Pour ne supprimer qu'un élément en particulier du Presse-papiers, placez le pointeur de la souris sur cet élément dans le volet Presse-papiers Office jusqu'à ce qu'un bouton de menu contextuel apparaisse. Cliquez ensuite sur ce bouton et, dans le menu, choisissez l'option Supprimer.

Pour faire apparaître automatiquement le volet Presse-papiers Office après avoir utilisé deux fois la commande Couper ou la commande Coller, sélectionnez Afficher le Presse-papiers Office automatiquement dans le menu Options du Presse-papiers. Pour faire apparaître le Presse-papiers Office lorsque vous appuyez deux fois de suite sur Ctrl + C (en pratique, maintenez enfoncée la touche Ctrl tout en appuyant deux fois de suite sur la touche C), sélectionnez dans ce même menu l'option Afficher le Presse-papiers Office lorsque Ctrl + C est utilisé deux fois. Pour fermer le Presse-papiers Office, cliquez sur son bouton de fermeture, dans son coin supérieur droit.

Qu'est-ce qu'il a de spécial, ce coller ?

Normalement, à moins que vous n'alliez farfouiller dans les options de collage décrites précédemment dans ce chapitre, Excel copie toutes les informations dans la plage de cellules sélectionnée, c'est-à-dire les valeurs, textes, formules et mises en forme. Si vous le désirez, utilisez la commande Collage spécial pour spécifier que seules les entrées doivent être copiées (sans mise en forme) ou que seule la mise en forme doit être copiée (sans les entrées).

Pour coller des éléments particuliers d'une sélection de cellules tout en ne tenant pas compte d'autres éléments, cliquez sur le triangle pointant vers le bas qui apparaît dans la partie inférieure du bouton Coller du groupe Presse-papiers de l'onglet Accueil, puis sélectionnez Collage spécial dans le menu qui s'affiche. La boîte de dialogue Collage spécial apparaît (Figure 4.11), dans laquelle vous pouvez sélectionner ce que vous voulez coller en cliquant sur le bouton radio correspondant :

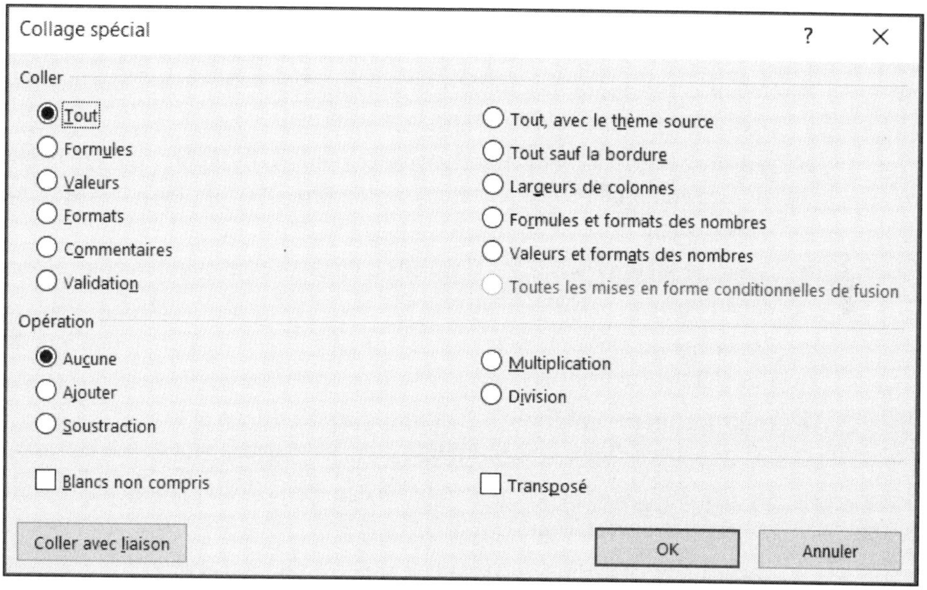

Figure 4.11 Les options de collage spécial permettent de coller sélectivement tel ou tel élément des cellules sélectionnées.

- **Tout :** Excel choisit cette option pour coller toutes les informations (notamment les formules, mises en forme…) dans la sélection de cellules.
- **Formules** : tous les textes, nombres et formules de la sélection courante sont collés, mais sans leur mise en forme.
- **Valeurs :** convertit toutes les formules de la sélection courante aux valeurs qu'elles ont calculées.

- **Formats :** ne colle que les mises en forme de la sélection de cellules courante, sans se préoccuper des entrées.
- **Commentaires :** ne colle que les notes que vous avez attachées aux cellules (des sortes de Post-it électroniques que nous étudierons dans le Chapitre 6).
- **Validation :** ne colle que les règles de validation de données dans la plage de cellules que vous avez configurée avec la commande Validation de données. Cette commande permet de définir une valeur ou une plage de valeurs autorisée pour une cellule ou un ensemble de cellules.
- **Tout, avec le thème source :** colle tout le contenu de la cellule qui a été copiée, y compris le style de cellule avec lequel celle-ci est mise en forme.
- **Tout sauf la bordure :** colle toutes les informations de la sélection, hormis les éventuelles bordures.
- **Largeurs de colonnes :** applique la largeur des colonnes des cellules copiées aux cellules de la plage de destination.
- **Formules et formats des nombres :** reproduit les formats de nombre appliqués aux nombres et aux formules.
- **Toutes les mises en forme conditionnelles de fusion :** colle les mises en forme conditionnelles dans la plage de cellules.
- **Valeurs et formats des nombres :** convertit les formats aux valeurs qu'ils ont produites et recopie les formats de nombre affectés aux valeurs copiées.
- **Aucune :** normalement, Excel active ce bouton, indiquant qu'aucune opération ne sera appliquée entre les données que vous avez coupées ou copiées dans le Presse-papiers et celles qui seront collées dans la plage de cellules.
- **Ajouter :** ajoute les données copiées dans le Presse-papiers aux entrées figurant dans les cellules de destination.
- **Soustraction :** retranche les données copiées dans le Presse-papiers de celles des cellules de destination.
- **Multiplication :** multiplie les données copiées dans le Presse-papiers avec les entrées des cellules de destination.
- **Division :** divise les données copiées dans le Presse-papiers par les entrées des cellules de destination.
- **Blancs non compris :** cochez cette case afin qu'Excel ne copie aucune cellule vide. De cette manière, une cellule vide ne pourra pas se substituer à une cellule contenant des données.
- **Transposé :** lorsque cette case est cochée, Excel change l'orientation des cellules collées. Cette option est précieuse lorsque les données d'origine sont, par exemple, disposées sur une seule ligne et que vous préférez les disposer sur une colonne.

À propos des suppressions

Une étude d'Excel ne saurait être complète sans apprendre à se débarrasser des données que contiennent les cellules. Il existe deux sortes de suppression dans une feuille de calcul :

- » **Vider une cellule :** la cellule est simplement vidée de son contenu, sans être véritablement supprimée, ce qui peut affecter la mise en place des cellules environnantes.
- » **Supprimer une cellule :** la suppression élimine tout ce qui constitue une cellule, y compris son contenu et sa mise en forme. Lorsque vous supprimez une cellule, Excel doit déplacer les cellules environnantes afin de combler le vide provoqué par la disparition.

Vider une cellule

Pour se débarrasser uniquement du contenu d'une sélection de cellules sans supprimer les cellules elles-mêmes, sélectionnez une plage et appuyez sur la touche Suppr.

Si vous voulez être plus précis, cliquez sur le bouton Effacer dans le groupe Édition de l'onglet Accueil (il représente une gomme) et sélectionnez une des commandes suivantes dans le menu qui apparaît :

- » **Effacer tout :** toutes les entrées de la sélection sont supprimées, ainsi que toutes les mises en forme et les commentaires.
- » **Effacer les formats :** seules les mises en forme sont supprimées dans la sélection.
- » **Effacer le contenu :** efface uniquement le contenu de la sélection (texte ou valeur), exactement comme la touche Suppr.
- » **Effacer les commentaires :** seuls les commentaires sont supprimés dans la sélection.
- » **Effacer les liens hypertextes :** supprime tous les liens hypertextes actifs dans la plage sélectionnée, mais conserve le texte auquel ils étaient liés.

Virez-moi toutes ces cellules

Pour supprimer une sélection de cellules au lieu de seulement les vider de leur contenu, cliquez sur le triangle pointant vers le bas du bouton Supprimer du groupe Cellules de l'onglet Accueil, et sélectionnez Supprimer les cellules dans le menu qui apparaît. La boîte de dialogue Supprimer s'affiche, vous proposant différentes possibilités pour remplacer les cellules que vous allez supprimer :

» **Décaler les cellules vers la gauche :** c'est l'option par défaut. Les cellules situées à droite de celles qui ont été supprimées sont déplacées vers la gauche pour combler le vide produit.

» **Décaler les cellules vers le haut :** les cellules situées sous celles qui ont été supprimées sont déplacées vers le haut.

» **Ligne entière :** toutes les lignes de la sélection courante sont supprimées.

» **Colonne entière :** toutes les colonnes de la sélection courante sont supprimées.

Si vous savez que vous voulez déplacer les cellules restantes vers la gauche en supprimant les cellules de la sélection, vous pouvez cliquer simplement sur le bouton Supprimer du groupe Cellules de l'onglet Accueil. L'effet est exactement le même que sélectionner la première des trois options ci-dessus dans la boîte de dialogue Supprimer.

Si vous savez à l'avance que vous voudrez supprimer des lignes ou des colonnes entières de la feuille de calcul, vous pouvez les sélectionner en cliquant dans les en-têtes, puis en opérant un clic-droit sur la sélection et en choisissant Supprimer dans le menu qui apparaît.

Pour supprimer des lignes ou des colonnes entières, il n'est pas nécessaire de sélectionner les lignes ou les colonnes elles-mêmes. Il suffit que des cellules leur appartenant soient sélectionnées. Après avoir sélectionné des cellules appartenant aux colonnes ou aux lignes à supprimer, cliquez sur le triangle pointant vers le bas du bouton Supprimer du groupe Cellules de l'onglet Accueil, et sélectionnez Supprimer des colonnes dans la feuille ou Supprimer des lignes dans la feuille dans le menu qui apparaît.

La suppression de lignes ou de colonnes entières est risquée, à moins que vous soyez certain qu'elles ne contiennent pas de valeurs à conserver. Rappelez-vous qu'en supprimant par exemple toute la ligne A, vous supprimez en réalité toutes les informations de cette ligne dans les colonnes A à XFD, alors que vous ne voyez que quelques-unes de ces colonnes. De même, si vous supprimez une colonne entière, vous supprimez toutes les informations de cette colonne contenues dans les lignes 1 à 1048576.

Faire de la place avec la commande Insérer

Pour ces cas inévitables où vous devrez glisser de nouvelles entrées dans une région déjà bien remplie de la feuille de calcul, vous aurez intérêt à insérer les nouvelles cellules plutôt que de vous lancer dans les délicats déplacements et réorganisations de plusieurs plages de cellules. Pour insérer une nouvelle ligne, sélectionnez les cellules – dont beaucoup sont d'ores et déjà occupées – près desquelles les nouvelles cellules doivent être placées, puis cliquez sur le triangle pointant vers le bas dans le bouton Insérer du groupe Cellules de l'onglet Accueil, et sélectionnez Insérer des cellules dans le menu qui apparaît. La boîte de dialogue Insertion de cellules s'affiche, vous proposant les options suivantes :

- » **Décaler les cellules vers la droite :** quand vous cliquez sur le bouton OK ou appuyez sur la touche Entrée, les cellules existantes sont décalées vers la droite afin de libérer de la place pour les cellules qui seront créées.
- » **Décaler les cellules vers le bas :** c'est l'option par défaut. Elle demande à Excel de décaler les cellules vers le bas au moment où vous cliquez sur le bouton OK ou appuyez sur la touche Entrée.
- » **Ligne entière** et **Colonne entière :** insertion de lignes ou de colonnes entières. Il est inséré autant de lignes ou de colonnes qu'il y a de lignes ou de colonnes sélectionnées au moment de cliquer sur le bouton OK ou d'appuyer sur la touche Entrée.

Si vous savez que vous voulez déplacer les cellules existantes vers la droite pour faire de la place aux nouvelles cellules insérées, vous pouvez cliquer simplement sur le bouton Insérer du groupe Cellules de l'onglet Accueil. Il en résulte exactement le même effet que de sélectionner la première des trois options ci-dessus dans la boîte de dialogue Insertion de cellules.

DANS CE CHAPITRE

Prévisualiser les pages avant l'impression.

•

Imprimer avec la barre d'outils Accès rapide.

•

Imprimer toutes les feuilles de calcul d'un classeur.

•

N'imprimer que certaines cellules d'une feuille de calcul.

•

Modifier l'orientation des pages.

•

Imprimer tout sur une seule page.

•

Modifier les marges.

•

Imprimer les formules.

Chapitre 5

Imprimer le chef-d'œuvre

Pour la plupart des gens, l'impression est la finalité d'une feuille de calcul (on est loin de la notion du « bureau sans papier » que promettait la bureautique). Toutes les saisies, mises en forme, vérifications de formules, bref, toutes les opérations que vous effectuez avec un tableur ne sont que des préparations à l'impression des informations.

Dans ce chapitre, vous découvrirez combien il est facile d'imprimer des rapports avec Excel 2019 grâce à la fenêtre Imprimer, à l'Aperçu d'impression et à l'onglet Mise en page du Ruban. Quelques règles simples vous permettront d'obtenir une présentation irréprochable des documents, dès la première fois que vous les envoyez à l'imprimante (et pas la deuxième ou la troisième).

Aperçu des pages en mode Mise en page

Le mode d'affichage Mise en page d'Excel 2019 procure une visibilité immédiate sur la mise en page d'une feuille de calcul. Pour activer ce mode d'affichage, cliquez simplement sur le bouton Mise en page dans la barre d'état (l'icône du milieu parmi les trois qui se trouvent juste à gauche de la glissière du zoom). Vous basculerez également dans ce mode en cliquant sur l'onglet Affichage du Ruban. Ensuite, dans le groupe Modes d'affichage, cliquez sur le bouton Mise en page. Lorsque vous passez en mode Mise en page, comme le montre la Figure 5.1, Excel affiche une règle horizontale et une règle verticale, respectivement au-dessus et à gauche des lettres de colonnes et des numéros de lignes. Dans la zone d'affichage de la feuille de calcul, vous voyez également apparaître les marges de la page telles qu'elles seront sur le papier, avec les en-têtes et les pieds de page si vous en avez défini, et les sauts de page, naturellement. Vous pouvez utiliser le zoom pour voir apparaître plusieurs pages à la fois sur votre écran.

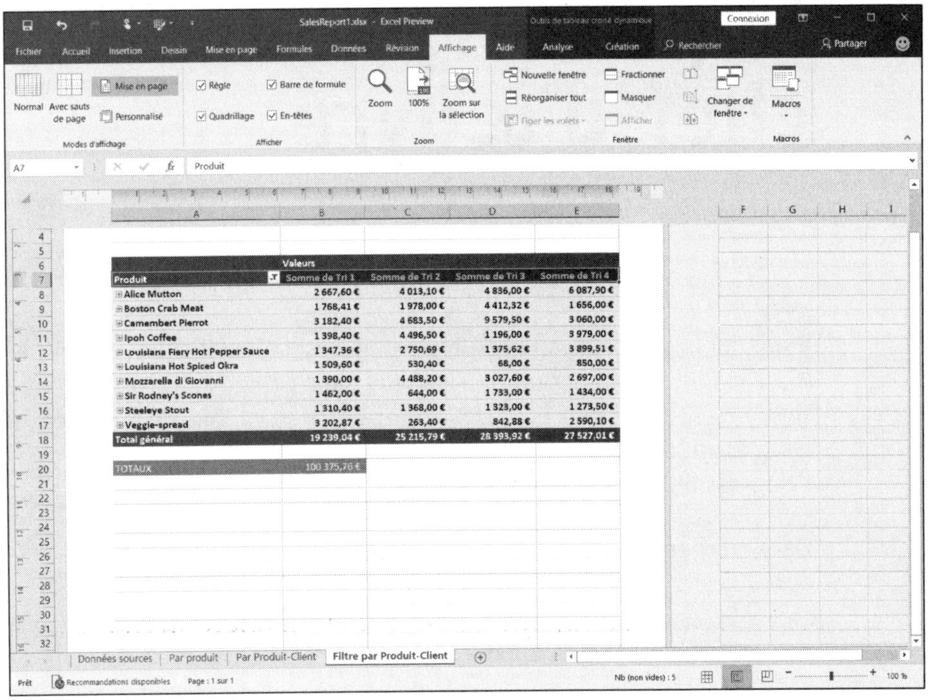

Figure 5.1 Affichage d'une feuille de calcul en mode Mise en page.

Pour voir combien de pages sont nécessaires pour imprimer votre feuille de calcul, tirez le curseur de zoom vers la gauche, dans la barre d'état, jusqu'au moment où toutes les données de la feuille apparaissent à l'écran et tiennent dans la même feuille.

Excel affiche les règles en utilisant l'unité par défaut, c'est-à-dire les centimètres. Pour changer l'unité, ouvrez la boîte de dialogue Options Excel sur l'onglet Options avancées (Fichier/Options Excel/Options avancées) et sélectionnez l'unité de votre choix dans la liste déroulante Unités de la règle de la section Afficher.

Vous êtes libre de masquer ou d'afficher les règles dans le mode Mise en page. Pour cela, ouvrez l'onglet Affichage. Ensuite, dans le groupe Afficher, cochez ou décochez la case Règle.

Imprimer en coulisses

Ne soyez pas inquiet par ce titre de section. Il fait simplement référence à l'écran Backstage d'Excel auquel vous accédez *via* l'onglet Fichier. Pour ne pas gâcher inutilement du papier, imprimez la feuille de calcul directement à partir de la fenêtre Imprimer de l'affichage Backstage en cliquant sur Fichier/Imprimer ou bien en appuyant sur Ctrl + P ou sur Ctrl + F2. Comme le révèle la Figure 5.2, la fenêtre Imprimer montre, d'un seul coup d'œil, tous les paramètres d'impression ainsi qu'un aperçu des pages.

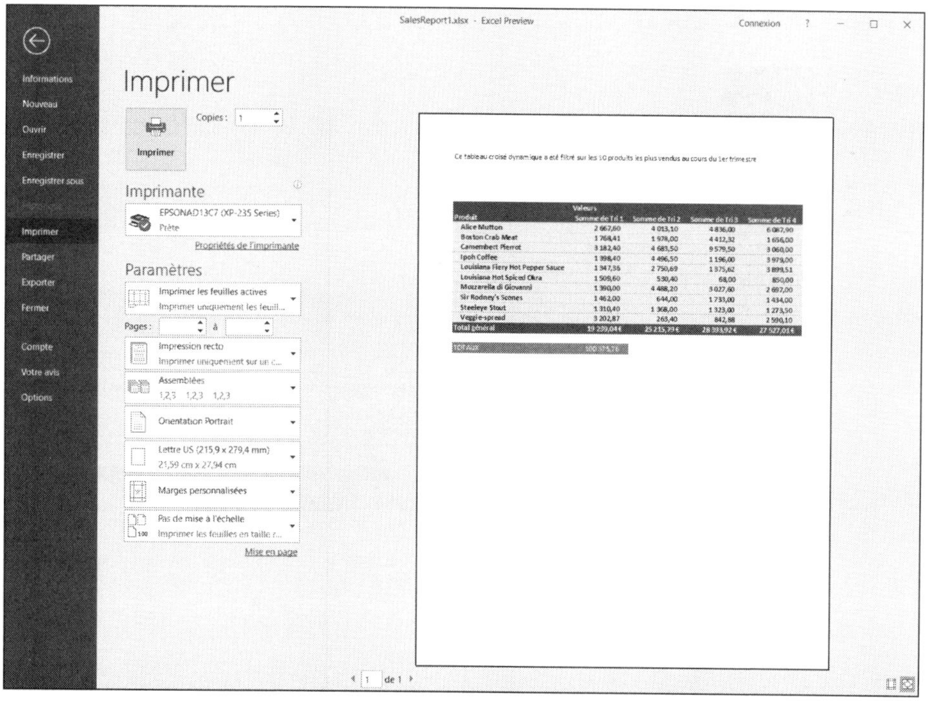

Figure 5.2 La fenêtre Imprimer regroupe les paramètres d'affichage et propose un aperçu.

Vous pouvez, si vous le souhaitez, ajouter un bouton Prévisualiser et Imprimer à la barre d'outils Accès rapide qui ouvre cette fenêtre Imprimer de l'affichage Backstage. Pour ce faire, cliquez sur le bouton de personnalisation de cette barre et choisissez, dans le menu local, l'option Aperçu et Impression ; le bouton correspondant sera ajouté en bout de barre d'Accès rapide, prêt à être sollicité.

Vous pouvez utiliser la fonction d'aperçu avant l'impression de la fenêtre Imprimer pour imprimer une feuille de calcul, une partie de feuille de calcul ou le classeur tout entier. Vous devrez gérer les sauts de page lorsque le document à imprimer ne tiendra pas sur une seule feuille de papier. L'aperçu montre exactement comment les données seront réparties sur la ou les feuilles au moment de l'impression. Au besoin, vous pouvez retourner dans la feuille de calcul afin d'y effectuer des changements à partir de l'onglet Mise en page du Ruban (ou en réglant directement la largeur des colonnes dans la feuille de calcul) avant d'envoyer le document vers l'imprimante.

Le contenu d'une page est à peine lisible dans la fenêtre Imprimer. Pour agrandir l'aperçu à la taille réelle afin de vérifier des données, cliquez sur le bouton Zoom sur la page, tout en bas à droite. La Figure 5.3 montre la première page d'une feuille de calcul zoomée de la sorte.

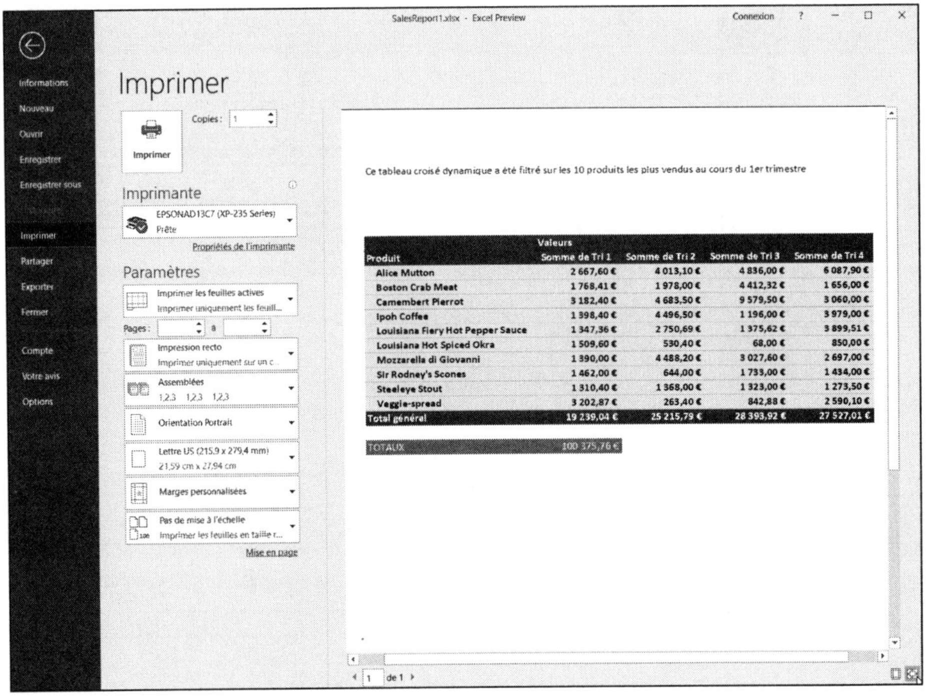

Figure 5.3 Zoom sur votre feuille de calcul.

Vous pouvez également zoomer en plaçant le pointeur de la souris dans l'aperçu. Ensuite, maintenez la touche Ctrl de votre clavier enfoncée, et tournez la molette de votre souris pour zoomer avant et arrière. Vous ne disposez que d'un seul niveau de zoom.

Après avoir agrandi l'aperçu, actionnez les barres de défilement pour accéder à ses diverses parties. Pour revenir à l'affichage de la feuille de calcul tout entière, cliquez de nouveau sur le bouton Zoom sur la page.

Le nombre de pages à imprimer est indiqué en bas à gauche de l'aperçu. Si le document compte plusieurs pages, cliquez sur les boutons fléchés de part et d'autre du compteur pour les parcourir.

Cliquez sur le bouton Afficher les marges, à gauche du bouton Zoom sur la page, pour voir comment les données occuperont la feuille de papier. Les marges sont réglables en plaçant le pointeur de la souris dessus ; lorsqu'il se transforme en poignée, cliquez et tirez pour les régler. Nous y reviendrons à la section « Soigner les marges », plus loin dans ce chapitre.

Après avoir vérifié le document, vous configurerez les paramètres suivants :

» Le bouton **Imprimer** et le champ **Copies** : cliquez dessus pour imprimer la feuille de calcul en autant d'exemplaires qu'indiqué dans le champ Copies.

» Le menu **Imprimante** : il sert à sélectionner une imprimante ou un fax. Excel affiche toujours, dans ce menu, le nom de l'imprimante par défaut définie dans Windows.

» Les menus **Paramètres** : le premier de ces menus sert à définir ce qu'il faut imprimer. Vous avez le choix entre Imprimer les feuilles actives (préalablement sélectionnées), Imprimer le classeur entier ou Imprimer la sélection. Sous le menu, vous pouvez indiquer les numéros des pages à imprimer, de la première à la dernière du lot.

Les autres menus permettent d'imprimer recto verso (si l'imprimante est capable de gérer cette fonction), d'imprimer les pages assemblées, lorsque plusieurs exemplaires sont tirés, ou non assemblées (toutes les pages 1, puis toutes les pages 2 et ainsi de suite). Le menu Orientation permet d'imprimer la page dans le sens normal, en hauteur (Portrait) ou en largeur (Paysage).

La zone d'impression

Excel comporte une fonctionnalité spéciale appelée Zone d'impression. Pour l'utiliser, commencez par sélectionner une plage de cellules dans la feuille de calcul. Ensuite, dans le Ruban, cliquez sur l'onglet Mise en page puis, dans le groupe Mise en page, cliquez sur le bouton Zone d'impression et choisissez Définir. Cela fait, Excel imprimera cette sélection chaque fois que vous imprimez la feuille de calcul, soit en cliquant sur le bouton Impression rapide, si vous l'avez ajouté à la barre d'outils Accès rapide, soit en cliquant sur Fichier/Imprimer ou en utilisant le raccourci Ctrl + P.

Après avoir défini la zone d'impression, cette plage de cellules est la seule qui puisse être imprimée, quelle que soit par ailleurs la configuration définie dans les menus Paramètres de la fenêtre Imprimer, et ce jusqu'à ce que vous choisissiez l'option Annuler dans le menu Mise en page/Zone d'impression.

Vous pouvez aussi définir et annuler une zone d'impression dans l'onglet Feuille de la boîte de dialogue Mise en page (pour ouvrir cette boîte de dialogue, cliquez sur le lanceur de boîte de dialogue du groupe Mise en page de l'onglet Mise en page, dans le coin inférieur droit de ce groupe). Pour cela, cliquez dans le champ Zone d'impression dans l'onglet Feuille de cette boîte de dialogue et sélectionnez dans la feuille de calcul la (ou les) plage(s) de cellules que vous voulez définir comme zone d'impression. N'oubliez pas que vous pouvez cliquer sur le bouton qui se trouve à l'extrémité droite de ce champ pour minimiser la boîte de dialogue Mise en page et sélectionner plus facilement les cellules voulues (cliquez à nouveau sur ce même bouton pour faire réapparaître la boîte de dialogue en entier). Pour annuler une zone d'impression, ou simplement retirer une ou plusieurs plages de cellules d'une zone impression, dans la boîte de dialogue Mise en page, sélectionnez les plages voulues dans le champ Zone d'impression et appuyez sur la touche Suppr.

Imprimer la feuille de calcul

Tant que vous utilisez les paramètres d'impression par défaut d'Excel pour imprimer votre feuille de calcul, l'impression dans Excel 2019 sera pour vous un jeu d'enfant. Pour commencer, ajoutez le bouton Impression rapide dans la barre d'outils Accès rapide : cliquez sur le triangle pointant vers le bas à l'extrémité droite de celle-ci et sélectionnez Impression rapide dans le menu qui apparaît.

Une fois que le bouton Impression rapide apparaît dans la barre d'outils Accès rapide, vous pouvez cliquer dessus pour imprimer directement la feuille de calcul affichée, y compris les images et les graphiques (mais sans les commentaires que vous avez pu ajouter aux cellules), sans passer par la boîte de dialogue Imprimer. Pour en savoir plus sur les commentaires dans les cellules, reportez-vous au

Chapitre 6. Pour en savoir plus sur les images et les graphiques, reportez-vous au Chapitre 8.

Quand vous cliquez sur le bouton Impression rapide, Excel envoie directement la tâche d'impression correspondante dans la file d'attente de l'imprimante par défaut, qui est en quelque sorte le messager qui envoie les tâches d'impression à l'imprimante. Excel affiche alors (très fugitivement, à moins que vous ayez vraiment un très gros fichier) une boîte de dialogue Impression pour vous informer de la progression de l'envoi de cette tâche d'impression à la file d'attente de l'imprimante (en affichant un message du genre *Impression de la page 2/3 « Nom du fichier » en cours sur Nom de l'imprimante*). Une fois que cette boîte de dialogue a disparu, c'est-à-dire dans la plupart des cas avant que vous ayez eu le temps de lire ce message, vous pouvez vous remettre au travail dans Excel.

Au cas où vous voudriez annuler l'impression, la boîte de dialogue Impression contient un bouton Annuler. Si vous êtes aussi rapide que Lucky Luke, cliquez sur ce bouton. Dans le cas contraire, vous devez faire comme tout le monde, c'est-à-dire ouvrir la boîte de dialogue de l'imprimante pour y annuler la tâche d'impression :

1. **Cliquez du bouton droit sur l'icône d'imprimante qui apparaît dans la Zone de notification de la barre des tâches de Windows (juste à gauche de l'affichage de l'heure) lorsqu'une tâche d'impression se trouve dans la file d'attente, et sélectionnez le nom de l'imprimante utilisée pour l'impression de votre document dans le menu qui apparaît.**

   La boîte de dialogue des tâches d'impression en cours pour cette imprimante apparaît.

2. **Cliquez du bouton droit sur l'icône de l'imprimante et, dans le menu déroulant, choisissez Ouvrir toutes les imprimantes actives.**

   Cela ouvre la boîte de dialogue de l'imprimante, avec les tâches d'impression dans la file d'attente (sous l'en-tête Nom du document).

3. **Sélectionnez la tâche d'impression à annuler.**

4. **Choisissez Document/Annuler (ou équivalent) dans le menu qui apparaît, puis cliquez sur Oui pour confirmer.**

5. **Attendez que la tâche d'impression disparaisse de la liste, puis cliquez sur le bouton de fermeture de la boîte de dialogue et revenez à Excel.**

Mettre en page la feuille de calcul

La détermination de la disposition des pages à imprimer est un peu complexe. Heureusement, les boutons de commande du groupe Mise en page de l'onglet Mise en page du Ruban donnent un contrôle presque total sur la disposition de vos pages.

Les trois groupes de boutons de l'onglet Mise en page vous permettent de définir la disposition de vos pages exactement comme vous le voulez : le groupe Mise en page, le groupe Mise à l'échelle et le groupe Options de la feuille de calcul, que nous allons décrire dans les sections qui suivent.

Pour visualiser l'effet des modifications que vous apportez aux paramètres de mise en page, cliquez sur le bouton Mise en page de la barre d'état pour afficher la feuille de calcul en mode Mise en page. Vous pourrez ainsi vous rendre compte immédiatement de l'effet produit par votre utilisation des boutons de l'onglet Mise en page.

Utiliser les boutons du groupe Mise en page

Le groupe Mise en page de l'onglet Mise en page contient des boutons importants :

» **Marges :** ce bouton permet de sélectionner une des trois configurations de marges prédéfinies, ainsi que d'ouvrir la boîte de dialogue Mise en page avec l'onglet Marges au premier plan pour définir des marges personnalisées.

» **Orientation :** ce bouton permet de basculer entre le mode Portrait et le mode Paysage pour définir les pages de documents dans la feuille de calcul.

» **Taille :** ce bouton permet de sélectionner une des tailles de papier prédéfinies, ainsi que de faire apparaître la boîte de dialogue Mise en page avec l'onglet Pages au premier plan pour spécifier une taille de papier personnalisée et d'autres paramètres de page.

» **Zone d'impression :** ce bouton permet de définir et d'annuler une zone d'impression (voyez à ce sujet l'encadré « La zone d'impression », précédemment dans ce chapitre).

» **Sauts de page :** ce bouton permet d'insérer ou de supprimer des sauts de page.

» **Arrière-plan :** ce bouton ouvre la boîte de dialogue Feuille d'arrière-plan, dans laquelle vous pouvez sélectionner le fichier graphique d'une image ou d'une photo qui sera utilisée comme arrière-plan pour toutes les feuilles de calcul du classeur (notez que ce bouton devient Supprimer l'arrière-plan lorsqu'une image d'arrière-plan a déjà été sélectionnée).

» **Imprimer les titres :** ce bouton ouvre la boîte de dialogue Mise en page avec l'onglet Feuille au premier plan, dans lequel vous pouvez définir des lignes de la feuille de calcul comme devant être imprimées en haut de chaque page, et des colonnes comme devant être imprimées à gauche de chaque page, en tant que titres pour le rapport.

Soigner les marges

Quand vous créez un nouveau classeur, Excel lui applique les paramètres de marge par défaut, c'est-à-dire les marges Normales dans le menu affiché par le bouton Marges de l'onglet Mise en page (Haut et Bas : 1,91 cm; Gauche et Droite : 1,78 cm; En-tête et Pied de page : à 0,76 cm du bord de la page).

En dehors des paramètres de marges Normales, Excel vous permet de sélectionner directement deux autres configurations de marges standard à partir du menu du bouton Marges de l'onglet Mise en page :

» **Larges** (Haut et Bas : 2,54 cm; Gauche et Droite : 2,54 cm; En-tête et Pied de page : à 1,27 cm du bord de la page).

» **Étroites** (Haut et Bas : 1,91 cm; Gauche et Droite : 0,64 cm; En-tête et Pied de page : à 0,76 cm du bord de la page).

Il vous arrivera souvent d'avoir un rapport qui occupe juste un peu plus que la surface d'une page à l'impression, de telle sorte qu'une ou deux colonnes ou un petit nombre de lignes se retrouvent sur une autre page. Avec un peu de chance, il vous suffira de sélectionner les marges standard Étroites pour que l'ensemble tienne sur une seule page.

Si ça ne suffit pas, vous pouvez essayer de définir des marges personnalisées, que ce soit dans l'onglet Marges de la boîte de dialogue Mise en page ou en faisant glisser avec la souris les repères des marges dans l'affichage Aperçu avant impression. Pour faire tenir plus de colonnes sur une page, réduisez les marges droite et gauche. Pour faire tenir plus de lignes, réduisez les marges du haut et du bas.

Pour ouvrir la boîte de dialogue Mise en page avec l'onglet Marges au premier plan (Figure 5.4), cliquez sur la commande Marges personnalisées, tout en bas du menu du bouton Marges de l'onglet Mise en page et entrez les paramètres voulus dans les champs correspondants (vous pouvez aussi utiliser les boutons qui se trouvent dans ces champs pour augmenter ou réduire la valeur).

Pour que les données de la page soient automatiquement centrées sur la page à l'impression, cochez la case Horizontalement, ou la case Verticalement, dans la section Centrer sur la page de cet onglet, ou les deux. Les données seront alors centrées à l'impression entre les marges spécifiées.

Lorsque vous cochez la case Afficher les marges dans l'onglet Aperçu avant impression de l'affichage Aperçu avant impression pour pouvoir ajuster manuellement les marges, les repères des colonnes apparaissent également, ce qui vous permet d'ajuster également la largeur des colonnes (ce que montre la Figure 5.5). Pour modifier une marge, placez le pointeur de la souris sur le repère correspondant (le pointeur prend la forme d'une flèche à double pointe) et faites-le glisser dans la direction voulue. Lorsque vous relâchez le bouton de la souris, Excel affiche la page avec la nouvelle marge que vous venez de définir. Selon que vous réduisez ou que vous augmentez une marge, la page peut gagner ou perdre des lignes ou des colonnes. Utilisez la même méthode pour ajuster la largeur des colonnes : faites glisser les repères correspondants.

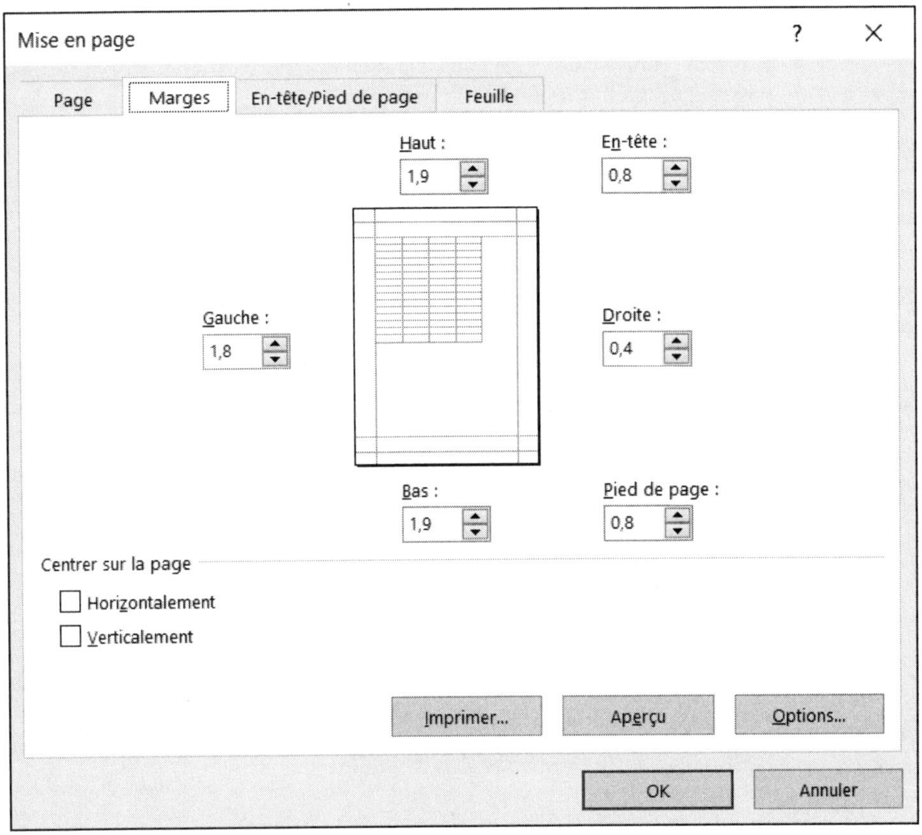

Figure 5.4 Utilisez l'onglet Marges de la boîte de dialogue Mise en page pour définir des marges personnalisées.

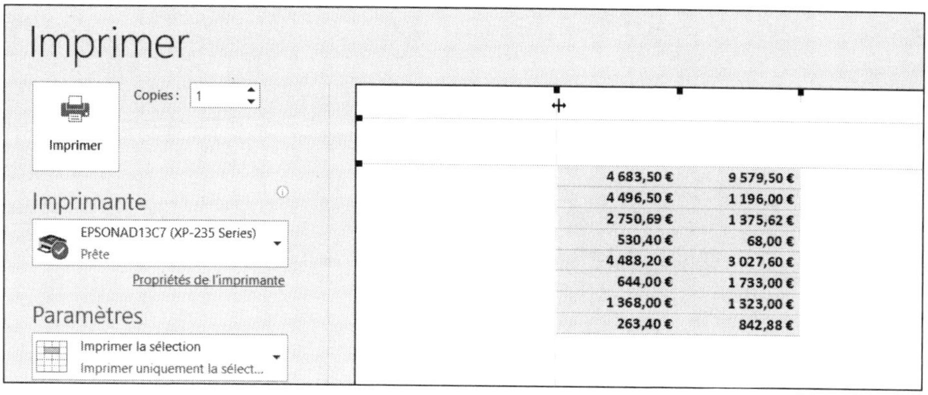

Figure 5.5 Après avoir coché la case Afficher les marges, faites glisser les repères pour régler les marges.

Portrait ou paysage ?

Le menu du bouton Orientation du groupe Mise en page de l'onglet Mise en page contient les deux options suivantes :

- » **Portrait :** c'est l'option par défaut, qui correspond à l'usage habituel d'une feuille de papier. La page est plus haute que large.
- » **Paysage :** c'est l'inverse, quand on fait tourner la page de 90 degrés. La page est plus large que haute.

Comme il est courant qu'un tableau soit assez large et comme les tableaux sont l'usage principal des feuilles de calcul, l'orientation Paysage, qui permet de faire tenir un plus grand nombre de colonnes sur la feuille, vous sera souvent plus pratique que l'orientation Portrait pour imprimer vos feuilles de calcul.

Dans la Figure 5.6, vous pouvez voir une liste en mode Paysage affichée en mode Mise en page. Excel peut faire tenir davantage de colonnes sur la page en mode Paysage qu'en mode Portrait. Mais comme il y a corrélativement moins de lignes sur une page, celles-ci s'étendent sur un plus grand nombre de pages qu'en mode Portrait.

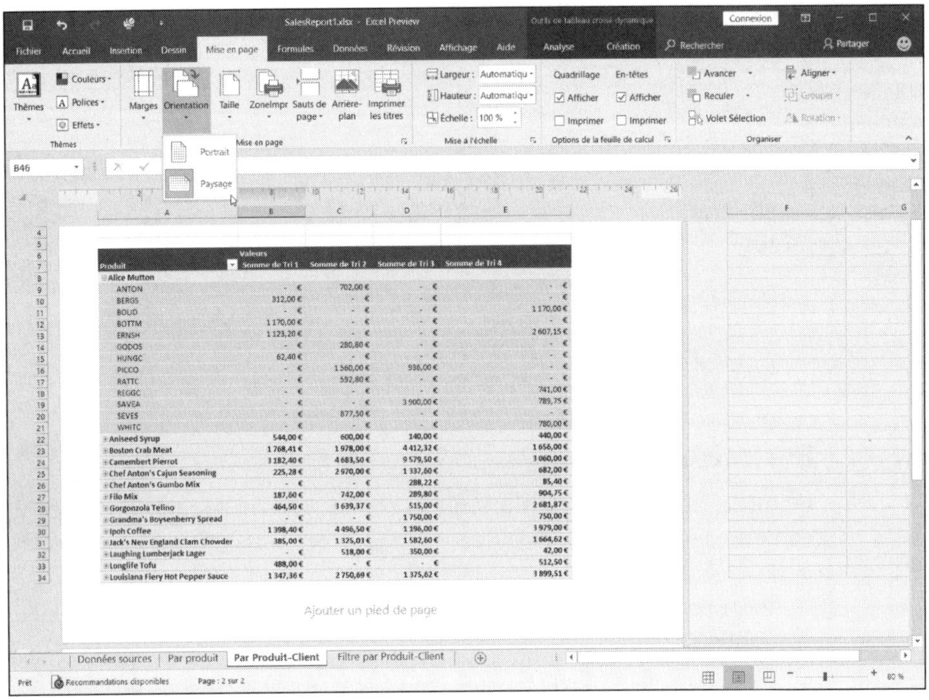

Figure 5.6 Une liste en mode Paysage affichée en mode Mise en page.

Définir les titres à imprimer

La fonction Imprimer les titres d'Excel vous permet de répéter sur chaque page d'un rapport l'impression de certaines lignes et/ou de certaines colonnes, ce qui est particulièrement utile pour les lignes et colonnes d'en-tête d'un tableau qui s'étend sur plusieurs pages.

Ne confondez pas les titres à imprimer avec l'en-tête et le pied de page d'un rapport. Bien que les uns comme les autres soient imprimés sur toutes les pages, l'en-tête et le pied de page sont imprimés respectivement dans la marge supérieure et la marge inférieure de la page, alors que les titres à imprimer le sont dans le corps du rapport.

Pour définir des lignes et des colonnes comme titres à imprimer pour un rapport, suivez ces étapes :

1. Dans l'onglet Mise en page du Ruban, cliquez sur le bouton Imprimer les titres.

La boîte de dialogue Mise en page apparaît, avec l'onglet Feuille au premier plan (Figure 5.7).

Figure 5.7

La ligne d'en-tête est à présent répétée en haut de chaque page imprimée.

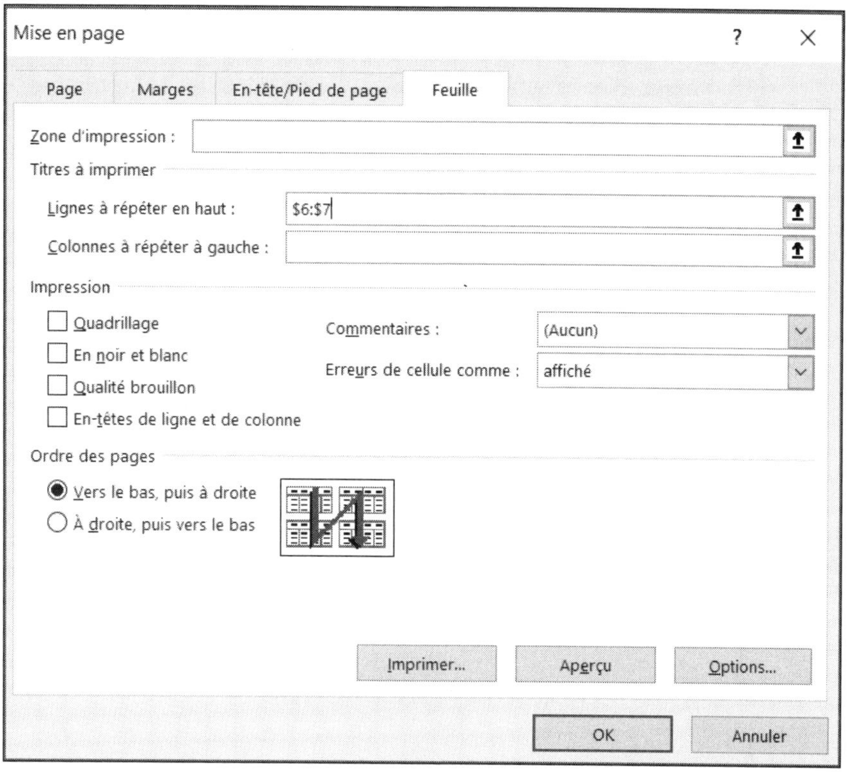

Pour définir des lignes comme titres à imprimer, allez à l'Étape 2a. Pour définir des colonnes comme titres à imprimer, allez à l'Étape 2b.

❷ **a. Cliquez sur le bouton qui se trouve à l'extrémité droite du champ Lignes à répéter en haut pour minimiser la boîte de dialogue Mise en page ; sélectionnez avec la souris dans la feuille de calcul les lignes que vous voulez voir se répéter en haut de chaque page dans le rapport imprimé, puis cliquez à nouveau sur le bouton du champ Lignes à répéter en haut pour rétablir la boîte de dialogue Mise en page.**

Dans l'exemple de la Figure 5.7, nous avons cliqué sur le bouton de minimisation à droite du champ Lignes à répéter en haut pour minimiser la boîte de dialogue Mise en page et avons sélectionné les lignes 1 et 7 dans la feuille de calcul. Excel a donc affiché l'indication $6:$7 dans le champ Lignes à répéter en haut.

Remarquez qu'Excel met en évidence les lignes des titres à répéter en haut en plaçant un trait en pointillé animé entre ces titres et les autres informations du rapport.

b. Cliquez sur le bouton qui se trouve à l'extrémité droite du champ Colonnes à répéter à gauche pour minimiser la boîte de dialogue Mise en page ; sélectionnez avec la souris dans la feuille de calcul les colonnes que vous voulez voir se répéter à gauche de chaque page dans le rapport imprimé (Figure 5.7), puis cliquez à nouveau sur le bouton du champ Colonnes à répéter à gauche pour rétablir la boîte de dialogue Mise en page.

Remarquez qu'Excel met en évidence les colonnes des titres à répéter à gauche en plaçant un trait en pointillé animé entre ces titres et les autres informations du rapport.

3. Cliquez sur OK ou appuyez sur Entrée pour fermer la boîte de dialogue Mise en page.

   Les traits en pointillé indiquant les limites des lignes et des colonnes à répéter disparaissent de la feuille de calcul.

Pour désactiver les titres à imprimer d'un rapport lorsque vous n'en avez plus besoin, ouvrez la boîte de dialogue Mise en page avec l'onglet Feuille au premier plan, supprimez le contenu des champs Lignes à répéter en haut et Colonnes à répéter à gauche, puis cliquez sur OK ou appuyez sur Entrée.

Utiliser les boutons du groupe Mise à l'échelle

Si votre imprimante offre des options de mise à l'échelle, vous allez en découvrir la commodité. Il est en effet possible de faire tenir une feuille de calcul sur une seule page en sélectionnant 1 page dans les listes déroulantes Largeur et Hauteur du groupe Mise à l'échelle de l'onglet Mise en page. Lorsque ces options sont sélectionnées, Excel ajuste automatiquement l'échelle de la zone à imprimer pour que l'ensemble tienne sur une page à l'impression.

Après avoir sélectionné ces options, si vous vous apercevez en affichant l'Aperçu avant impression que le résultat est trop petit pour être lisible, cliquez sur le lien Mise en page en bas des Paramètres de l'Aperçu avant impression pour ouvrir la boîte de dialogue Mise en page. L'onglet Page de cette boîte de dialogue étant alors ouvert, l'option Ajuster vous permet de modifier le nombre de pages en largeur et en hauteur auquel Excel doit ajuster la taille de votre document à l'impression. Utilisez pour cela les deux champs de l'option Ajuster.

Plutôt que d'essayer de tout faire tenir sur une page, voyez comment se présente votre feuille de calcul si vous la faites tenir sur deux pages en largeur. Essayez ceci : sélectionnez 2 pages dans la liste déroulante du bouton Largeur du groupe

Mise à l'échelle de l'onglet Mise en page et conservez 1 page dans la liste déroulante du bouton Hauteur. Vous pouvez aussi faire l'inverse en voyant comment se présente votre feuille de calcul si vous la faites tenir sur deux pages en hauteur : sélectionnez 2 pages dans la liste déroulante du bouton Hauteur et conservez 1 page dans la liste déroulante du bouton Largeur.

Après avoir essayé les options d'ajustement en largeur et en hauteur, vous conclurez peut-être que vous ne voulez pas de mise à l'échelle pour l'impression. Pour l'annuler, sélectionnez simplement Automatique dans les deux listes déroulantes Largeur et Hauteur du groupe Mise à l'échelle de l'onglet Mise en page. Vous voyez alors que le champ du bouton Mettre à l'échelle (juste en dessous des deux précédents) est à nouveau disponible et affiche 100 %.

Les cases Imprimer dans le groupe Options de la feuille de calcul

Le groupe Options de la feuille de calcul contient deux cases très utiles, toutes deux nommées Imprimer (aucune des deux n'étant cochée par défaut) : la première dans la colonne Quadrillage, la seconde dans la colonne Titres.

» **Pour imprimer votre rapport avec le quadrillage des lignes et des colonnes, cochez la case Imprimer dans la colonne Quadrillage.**

» **Pour imprimer votre rapport avec les numéros de lignes et les lettres de colonnes sur toutes ses pages, cochez la case Imprimer dans la colonne Titres.**

Si vous voulez que votre rapport imprimé soit aussi proche que possible de la manière dont il se présente à l'écran, cochez ces deux cases. Ces options sont particulièrement utiles lorsque vous avez besoin d'identifier les références des cellules sur la version imprimée (par exemple, pour les mettre à jour plus facilement dans la feuille).

Imprimer des formules

Occasionnellement, vous aurez besoin d'imprimer uniquement les formules de votre feuille de calcul. Le document imprimé permettra de vérifier que vous n'avez pas commis d'erreurs stupides, comme remplacer une formule par un nombre, ou bien encore utiliser de mauvaises références de cellules.

Avant d'imprimer ces formules, vous devez les afficher. Pour cela, ouvrez l'onglet Formules. Dans le groupe Vérification des formules, cliquez sur le bouton Afficher les formules (icône d'un petit 15 au-dessus de *fx*).

Le contenu calculé des cellules s'affiche sous la forme de la formule exactement comme elle apparaît dans la barre de formule.

Excel permet de basculer du mode d'affichage normal au mode d'affichage des formules avec le raccourci clavier Ctrl + « (touche 3 du clavier).

Une fois les formules affichées, vous êtes prêt à les imprimer. Vous pouvez inclure les lettres des colonnes et les chiffres des lignes. Ainsi, il sera plus facile d'obtenir l'adresse d'une cellule contenant une erreur dans sa formule.

Pour inclure les en-têtes de ligne et de colonne, ouvrez l'onglet Mise en page. Dans le groupe Options de la feuille de calcul, localisez En-têtes, et cochez sa case Imprimer.

Une fois l'impression des formules terminée, affichez la feuille de calcul en mode normal en exécutant simplement le raccourci clavier Ctrl + «, ou en cliquant de nouveau sur le bouton Afficher les formules de l'onglet Formules.

Partie 3

S'organiser et rester organisé

Dans cette partie

Apprendre à naviguer dans vos feuilles de calcul.

•

Ajouter des commentaires.

•

Rechercher et remplacer.

•

Ajouter (et supprimer) des feuilles dans un classeur.

•

Ouvrir plusieurs affichages d'une même feuille pour comparer des zones distinctes.

•

Déplacer des données à l'intérieur d'un même classeur, voire d'un classeur à un autre.

DANS CE CHAPITRE

Zoomer en avant et en arrière.

•

Fractionner la fenêtre.

•

Figer les lignes ou les colonnes des titres.

•

Attacher un commentaire à une cellule.

•

Nommer des cellules.

•

Rechercher et remplacer des données.

•

Utiliser le panneau Recherche intelligente.

•

Protéger vos feuilles de calcul.

Chapitre 6

Organiser une feuille de calcul

Chaque feuille de calcul d'Excel offre énormément de place pour vos informations ; par défaut, chaque classeur vous ouvre une feuille unique. Mais, comme un écran ne peut en montrer qu'une petite partie, la maintenance de ces informations n'est pas une mince affaire.

Dans ce chapitre, vous découvrirez quelques techniques efficaces pour garantir cette maintenance. Vous apprendrez comment attirer l'attention sur une partie d'une feuille de calcul en zoomant dedans, ou comment diviser la fenêtre d'un document en plusieurs volets montrant simultanément diverses parties d'une même feuille et aussi comment afficher en permanence certaines lignes et colonnes.

Coup de zoom sur les cellules

Bon… Qu'allez-vous faire si votre directeur traîne les pieds pour vous offrir l'écran 22 pouces qui vous éviterait d'user vos yeux sur de minuscules caractères à peine lisibles et de faire défiler la feuille à tout bout de champ parce que trop peu de cellules sont visibles ? Vous utiliserez le curseur de zoom, toujours disponible dans la barre d'état. Il suffit de le tirer vers la gauche pour réduire et voir plus de cellules, et de le tirer vers la droite pour agrandir ce que vous voyez.

La Figure 6.1 montre l'agrandissement d'une feuille de calcul à 200 %, soit le double de l'affichage normal. Pour appliquer ce rapport d'agrandissement à une feuille, faites glisser vers la droite le curseur de zoom jusqu'à ce que l'indicateur numérique affiche 200 % (juste à gauche du curseur). Vous pouvez aussi cliquer sur le bouton Zoom dans l'onglet Affichage et sélectionner 200 % dans la boîte de dialogue Zoom qui apparaît. Une chose est sûre, c'est que vous n'aurez pas à mettre de lunettes pour lire le contenu des cellules ! Le seul problème avec un tel agrandissement est que vous ne voyez plus beaucoup de cellules à l'écran.

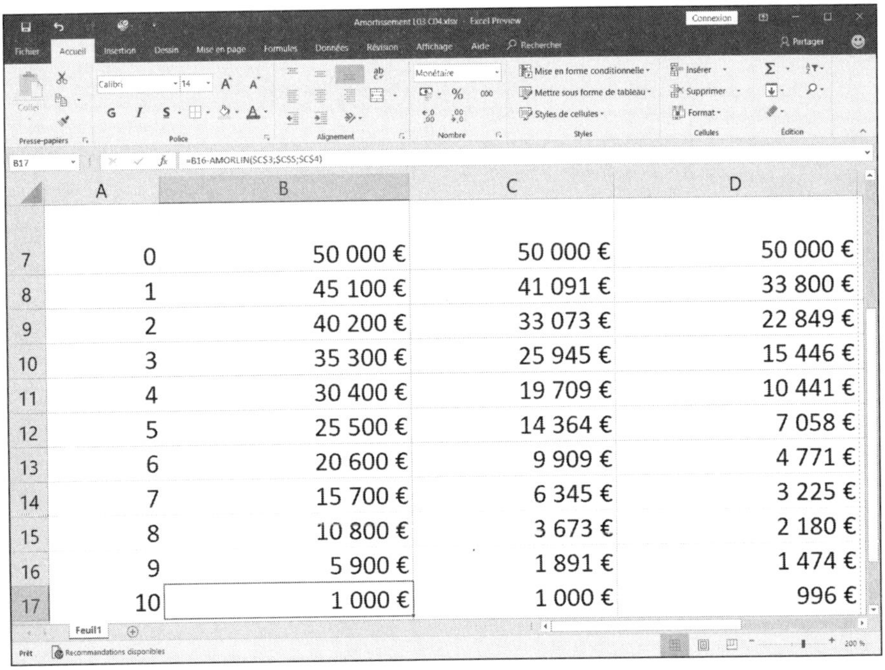

	A	B	C	D
7	0	50 000 €	50 000 €	50 000 €
8	1	45 100 €	41 091 €	33 800 €
9	2	40 200 €	33 073 €	22 849 €
10	3	35 300 €	25 945 €	15 446 €
11	4	30 400 €	19 709 €	10 441 €
12	5	25 500 €	14 364 €	7 058 €
13	6	20 600 €	9 909 €	4 771 €
14	7	15 700 €	6 345 €	3 225 €
15	8	10 800 €	3 673 €	2 180 €
16	9	5 900 €	1 891 €	1 474 €
17	10	1 000 €	1 000 €	996 €

Figure 6.1 Zoom à 170 % dans une feuille de calcul.

La Figure 6.2 montre la même feuille de calcul, mais avec une réduction à 50 %, soit la moitié de la taille normale. Pour obtenir cette valeur de zoom, faites glisser vers la gauche le curseur de zoom jusqu'à ce que l'indicateur numérique affiche 50 %.

Figure 6.2 La même feuille de calcul avec le zoom à 50 % et la boîte de dialogue Zoom.

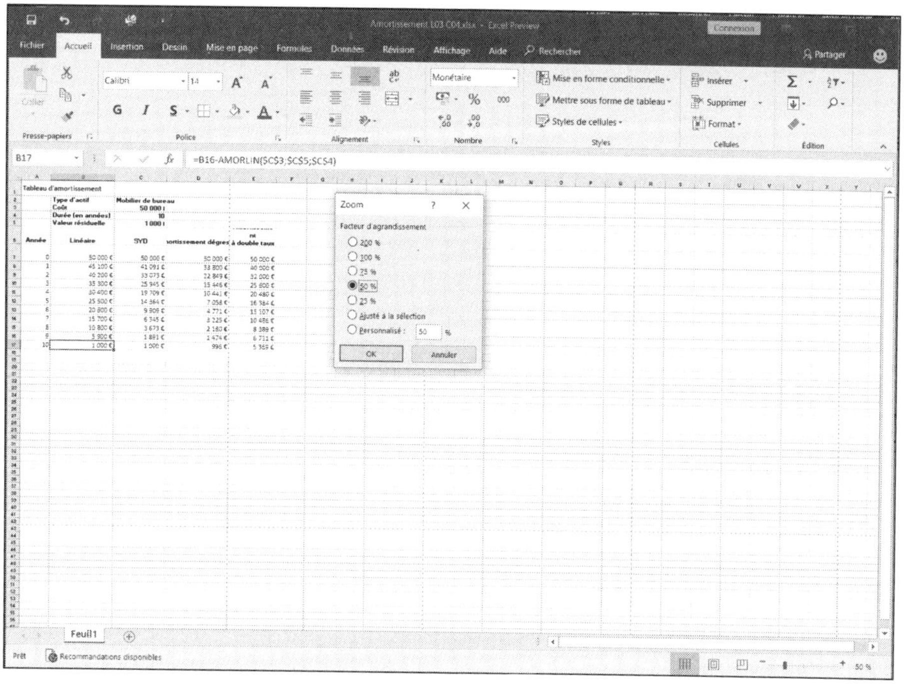

Avec une réduction à 50 %, la seule chose qui est sûre, c'est que plus rien n'est lisible ! Remarquez que cet affichage permet néanmoins de bénéficier d'une vue très élargie sur la feuille de calcul.

La boîte de dialogue Zoom (Affichage/Zoom) offre le choix de cinq facteurs d'agrandissement (200, 100 soit l'affichage normal, 75, 50 et 25 %). Si ces valeurs ne vous conviennent pas, vous avez deux autres possibilités :

» **Pour utiliser des facteurs d'agrandissement plus élevés ou plus réduits que ceux proposés (par exemple 400 % ou 10 %) ou intermédiaires (par exemple 150 % ou 85 %), sélectionnez le bouton Personnalisé dans la boîte de dialogue Zoom, entrez le pourcentage voulu et cliquez sur OK ou appuyez sur Entrée.**

» **Si vous ne savez pas quel pourcentage il faut appliquer pour cadrer une plage de cellules donnée, sélectionnez cette plage et cliquez sur le bouton Zoom sur la sélection dans l'onglet Affichage. Excel adapte automatiquement le facteur d'agrandissement pour afficher les cellules sélectionnées dans tout l'espace disponible de la fenêtre.**

Pour revenir rapidement au taux d'agrandissement normal (100 %), cliquez exactement sur le petit trait vertical qui indique le centre de l'espace de déplacement du curseur de zoom dans la barre d'état.

Vous pouvez également ouvrir la boîte de dialogue Zoom en cliquant sur le pourcentage de zoom affiché dans la partie inférieure droite de la barre d'état.

Fractionner une fenêtre

Bien que le zoom facilite l'accès aux données dispersées dans une feuille de calcul, il ne permet en rien d'afficher deux endroits éloignés de la feuille afin d'en comparer le contenu (du moins pas avec un rapport d'affichage normal). Pour contourner ce problème, vous pouvez diviser la fenêtre d'un document en deux volets distincts et faire défiler librement la feuille dans chacun d'eux.

Pour fractionner une feuille de calcul en deux volets (supérieur et inférieur), positionnez votre pointeur à l'endroit où vous voulez fractionner, puis cliquez sur le bouton Fractionner de l'onglet Affichage du Ruban (Figure 6.3).

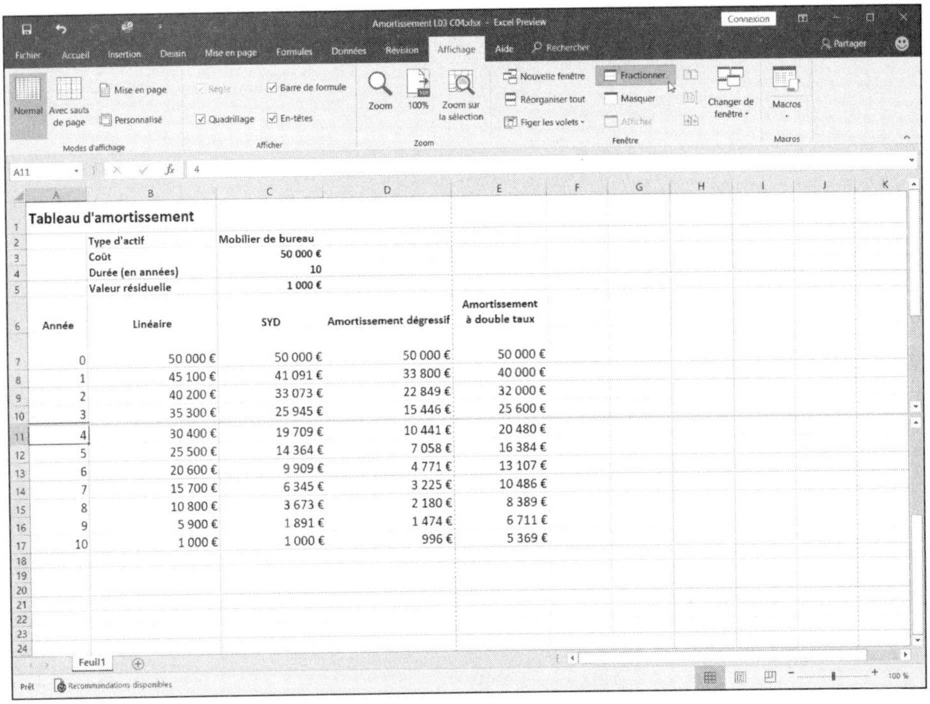

Figure 6.3 Sélectionnez l'emplacement du futur fractionnement, puis cliquez sur le bouton Fractionner.

Chaque volet possède sa propre barre de défilement verticale, ce qui permet de manipuler les volets indépendamment l'un de l'autre.

C'est la cellule désignée avant le fractionnement qui en détermine directement les aspects :

» **Pour fractionner en deux volets horizontaux, positionnez le pointeur dans la colonne A de la ligne où vous voulez que le fractionnement intervienne.**
» **Pour fractionner en deux volets verticaux, positionnez le pointeur dans la ligne 1 de la colonne où vous voulez que le fractionnement intervienne.**
» **Pour fractionner en quatre volets – deux horizontaux et deux verticaux –, sélectionnez la cellule supérieure gauche.**

Lorsque le fractionnement est effectif, il est symbolisé par un fin trait gris clair. Placez votre pointeur sur ce trait et il prend la forme d'un outil de fractionnement (deux barres noires parallèles desquelles partent, de part et d'autre, des pointes fléchées).

Utilisez ce pointeur particulier pour modifier, si nécessaire, l'amplitude du fractionnement en faisant glisser vers le haut, vers le bas, vers la gauche ou vers la droite. Autre technique intéressante : un double-clic sur la barre de fractionnement supprime ce fractionnement. Autre moyen de vous en défaire : la commande Fractionner du groupe Fenêtre de l'onglet Affichage.

Figer les volets

Les volets sont parfaits pour visualiser simultanément plusieurs parties éloignées d'une feuille de calcul. Mais ils peuvent aussi servir à figer des titres, en haut de la feuille ou à gauche, de sorte que les données peuvent défiler tandis que les titres restent en place. Les volets figés sont particulièrement utiles pour les tableaux dont les données s'étendent loin au-delà des lignes et des colonnes affichées à l'écran.

La Figure 6.4 montre des volets figés au-dessus de la ligne 7 : en haut, le titre général de la feuille, puis deux lignes vierges, puis la ligne comportant « en milliers » dans la cellule D3, et enfin les intitulés des colonnes de la ligne 4.

Procédez comme suit pour figer des volets comme nous l'avons fait pour la Figure 6.4 :

1. **Sélectionnez la première cellule située sous les lignes à figer.**

   Ici, il s'agit de la cellule A7.

❷ Ensuite, figez : dans le groupe Fenêtre de l'onglet Affichage, cliquez sur le bouton Figer les volets et sélectionnez Figer les volets dans le menu qui apparaît.

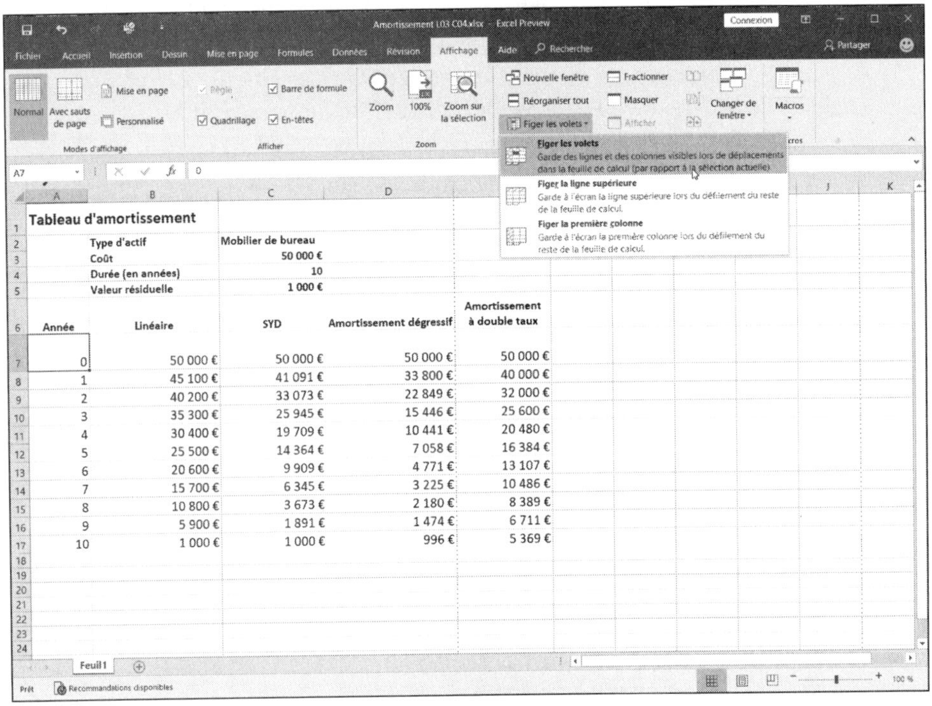

Figure 6.4 Les volets figés immobilisent les six premières lignes.

Quand Excel fige les volets, les barres de fractionnement se transforment en traits fins.

Voyez dans la Figure 6.5 ce qui se produit lors d'un défilement vers le bas de la feuille de calcul alors que les volets sont figés.

Pour figer uniquement la première ligne ou la première colonne de la feuille de calcul, quel que soit l'emplacement du curseur de cellule dans la feuille de calcul, cliquez sur Figer les volets dans l'onglet Affichage et sélectionnez Figer la ligne supérieure ou Figer la première colonne dans le menu qui apparaît.

Pour que les volets d'une feuille de calcul ne soient plus figés, cliquez sur Figer les volets dans l'onglet Affichage, et sélectionnez Libérer les volets dans le menu qui apparaît. Les traits fins sont remplacés par d'épaisses barres, indiquant que les volets ne sont plus figés.

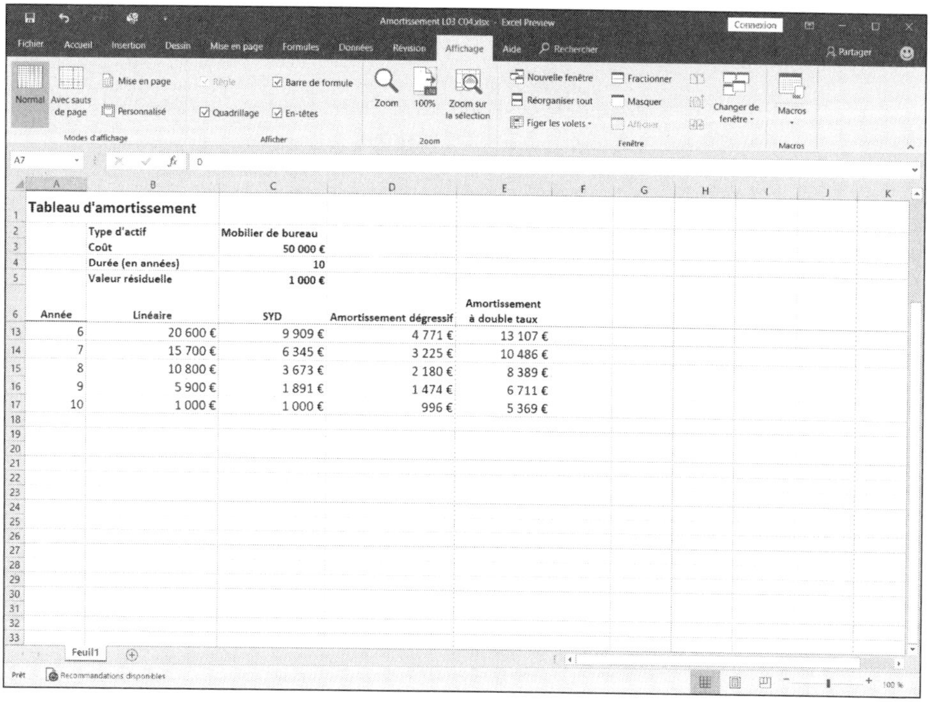

Figure 6.5 Quand les volets sont figés et qu'on fait défiler vers le bas, les en-têtes de colonne restent visibles.

Les notes électroniques

Dans Excel, des commentaires peuvent être ajoutés à des cellules. Les *commentaires* sont des sortes de petites notes qui ressemblent aux Post-it autocollants. Elles permettent d'insérer des pense-bêtes pour rappeler, par exemple, que telle ou telle valeur n'est qu'une estimation, ou qu'il faut vérifier une valeur avant d'imprimer la feuille, voire une date d'anniversaire dont l'oubli ne serait pas du tout apprécié.

En plus de rappeler une tâche à effectuer, un commentaire peut être utilisé comme repère visuel pour signaler un emplacement dans une vaste feuille de calcul et le retrouver facilement la prochaine fois que vous l'ouvrirez.

Ajouter un commentaire à une cellule

Procédez comme suit pour ajouter un commentaire à une cellule :

1. **Sélectionnez la cellule qui doit recevoir le commentaire.**

2. Dans le groupe Commentaires de l'onglet Insertion, cliquez sur le bouton Commentaire.

   Une nouvelle zone de texte apparaît. Elle contient le nom de l'utilisateur de l'onglet Général de la boîte de dialogue Options Excel. La barre d'insertion clignote au début de la ligne qui suit le nom.

3. Tapez le texte du commentaire.

4. Cliquez hors de la zone de texte.

   Excel signale que la cellule comporte un commentaire en plaçant un petit triangle rouge dans le coin supérieur droit.

5. Pour afficher un commentaire, il suffit de placer le pointeur en forme d'épaisse croix blanche au-dessus de la cellule correspondante.

Réviser les commentaires

Lorsqu'un classeur contient un grand nombre de commentaires, vous ne voudrez sans doute pas promener le pointeur de la souris au-dessus de chacun d'eux pour les lire tour à tour. Il est beaucoup plus commode de cliquer sur le bouton Afficher tous les commentaires dans le groupe Commentaires de l'onglet Révision. Excel affiche alors tous les commentaires des cellules visibles dans la fenêtre (et continue à afficher les autres commentaires si vous faites défiler le contenu de la fenêtre, ou même si vous sélectionnez une autre feuille du classeur).

Lorsque c'est l'onglet Révision du Ruban qui est au premier plan, il est possible de passer d'un commentaire à un autre en cliquant sur les boutons Suivant et Précédent dans le groupe Commentaires de cet onglet. Dès que vous atteignez le dernier commentaire d'un classeur, une boîte d'alerte demande s'il faut poursuivre la révision des commentaires depuis le début (ce que vous pouvez accepter en cliquant sur OK). Lorsque vous avez affiché tous les commentaires, il vous suffit pour les masquer après les avoir tous révisés de cliquer à nouveau sur le bouton Afficher tous les commentaires.

Modifier les commentaires

Pour modifier un commentaire, vous devez commencer par l'afficher et y placer le curseur d'insertion. Pour l'afficher, vous disposez des différents moyens que nous venons de voir (le plus simple étant de cliquer sur la cellule correspondante, puis sur le bouton Afficher/masquer le commentaire dans l'onglet Révision), après quoi il vous suffit de cliquer dedans pour y placer le curseur d'insertion.

Mais il existe un moyen plus simple : cliquez du bouton droit sur la cellule du commentaire et sélectionnez Modifier le commentaire dans le menu qui apparaît, comme à la Figure 6.6.

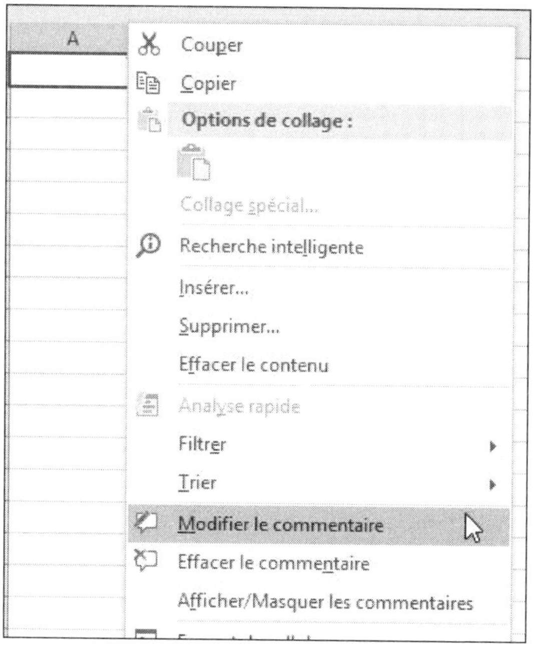

Figure 6.6 Exécutez la commande Modifier le commentaire du menu contextuel.

Pour modifier l'emplacement d'un commentaire par rapport à sa cellule, commencez par afficher le commentaire par un des moyens que nous avons vus plus haut, puis amenez le pointeur de la souris sur une des bordures hachurées. Lorsqu'il se transforme en flèche à quatre pointes, vous pouvez faire glisser le commentaire ailleurs dans la feuille de calcul. Au moment où vous relâchez le bouton de la souris, Excel redessine la flèche qui relie le coin supérieur gauche du commentaire à la cellule.

Pour modifier les dimensions de la zone de texte du commentaire, placez le pointeur de la souris sur une des poignées de redimensionnement (ce sont les petits ronds blancs que vous voyez tout autour de la zone de commentaire) de manière qu'il prenne la forme d'une flèche à double pointe et tirez-la dans la direction appropriée, vers l'extérieur du commentaire pour augmenter sa surface, vers l'intérieur pour la réduire. Dès que vous relâchez le bouton de la souris, Excel redessine la zone de texte du commentaire à la taille ainsi définie. Les retours à la ligne du texte qui s'y trouve sont pris en charge par Excel.

Pour changer la police du texte d'un commentaire, commencez par afficher celui-ci par un des moyens décrits plus haut et sélectionnez le texte dont vous voulez changer la police. Cliquez ensuite du bouton droit sur le commentaire et sélectionnez Format de commentaire dans le menu qui apparaît (vous pouvez aussi appuyer sur Ctrl + Maj + 1 ; le 1 du clavier principal, comme pour ouvrir la boîte de dialogue Format de cellule). La boîte de dialogue Format de commentaire (qui n'est qu'une variante de la boîte de dialogue Format de cellule) apparaît, comportant l'unique onglet Police. Vous pouvez y sélectionner non seulement la police et sa taille pour le texte sélectionné dans le commentaire, mais aussi tous les attributs de mise en forme que vous pouvez appliquer au contenu d'une cellule.

Pour supprimer un commentaire, sélectionnez la cellule qui le contient et cliquez sur le bouton Effacer le commentaire (Supprimer) du groupe Commentaires de l'onglet Révision. Excel supprime le commentaire ainsi que l'indicateur rouge dans le coin de la cellule.

Vous pouvez aussi supprimer tous les commentaires : cliquez sur le bouton Effacer (la gomme) du groupe Édition de l'onglet Accueil et sélectionnez Effacer les commentaires dans le menu qui apparaît.

Les cellules nommées

En attribuant des noms évocateurs aux cellules et aux plages, vous faciliterez considérablement l'accès aux informations importantes de la feuille de calcul. Plutôt que d'essayer d'associer des informations à des coordonnées abstraites, vous leur donnerez un nom. En nommant une plage, vous nommerez du même coup une sélection de cellules que vous pourrez imprimer ou importer dans d'autres logiciels Office, comme Word ou Access. En outre, ce qui est très commode, vous pourrez utiliser les noms de cellules avec la commande Atteindre.

Nous avons toujours aimé exploiter cette possibilité de nommer les cellules et les plages avec les précédentes versions d'Excel, sur ordinateur de bureau ou sur ordinateur portable. Aujourd'hui, avec cette nouvelle version d'Excel prévue pour dispositifs tactiles, comme les tablettes et les smartphones, nous l'apprécions encore davantage. Même si expérience d'autrui n'instruit pas, faites-nous confiance : cette fonction vous fera gagner un temps précieux dans l'exploitation de vos feuilles de calcul.

Ah ! Si j'avais un nom...

Lorsque vous attribuez un nom à des cellules ou à des plages, vous devez respecter les règles suivantes :

- **Les noms de plages de cellules doivent commencer par une lettre, jamais par un chiffre.**

  Par exemple, au lieu de 01Profits, utilisez Profits01.

- **Ces noms ne peuvent pas contenir d'espaces.**

  Au lieu de l'espace, utilisez le caractère de soulignement (celui de la touche 8 du clavier alphanumérique, en minuscule) pour séparer des mots. Exemple : au lieu de Profit 01, utilisez Profit_01. Les caractères accentués et la cédille sont utilisables.

- **Des coordonnées de cellule ne peuvent jamais être utilisées comme noms.**

  Une cellule ne peut pas être nommée T1, car cette formulation est celle d'une référence de cellule valide. Utilisez plutôt T1_ventes, par exemple.

Pour nommer une cellule ou une plage de cellules, suivez ces étapes :

1. Sélectionnez la cellule ou la plage à nommer.
2. Cliquez sur l'adresse de la cellule courante qui apparaît dans la Zone Nom, à l'extrémité gauche de la barre de formule.

   Excel sélectionne l'adresse de la cellule dans la Zone Nom.
3. Tapez le nom que vous voulez donner à la cellule ou à la plage sélectionnée.

   Veillez à bien respecter les règles de nom que nous venons de stipuler.
4. Appuyez sur Entrée.

Pour sélectionner une cellule ou une plage nommée, cliquez sur son nom dans la liste déroulante de la Zone Nom (pour faire apparaître cette liste, cliquez sur le triangle pointant vers le bas à l'extrémité droite de la Zone Nom).

Vous pouvez aussi cliquer sur le bouton Rechercher de l'onglet Accueil et sélectionner Atteindre dans le menu local qui apparaît. Ensuite, sélectionnez l'élément nommé que vous voulez atteindre dans la boîte de dialogue Atteindre (Figure 6.7) avant de confirmer par OK. Pour faire apparaître la boîte de dialogue Atteindre, vous pouvez aussi appuyer sur la touche F5.

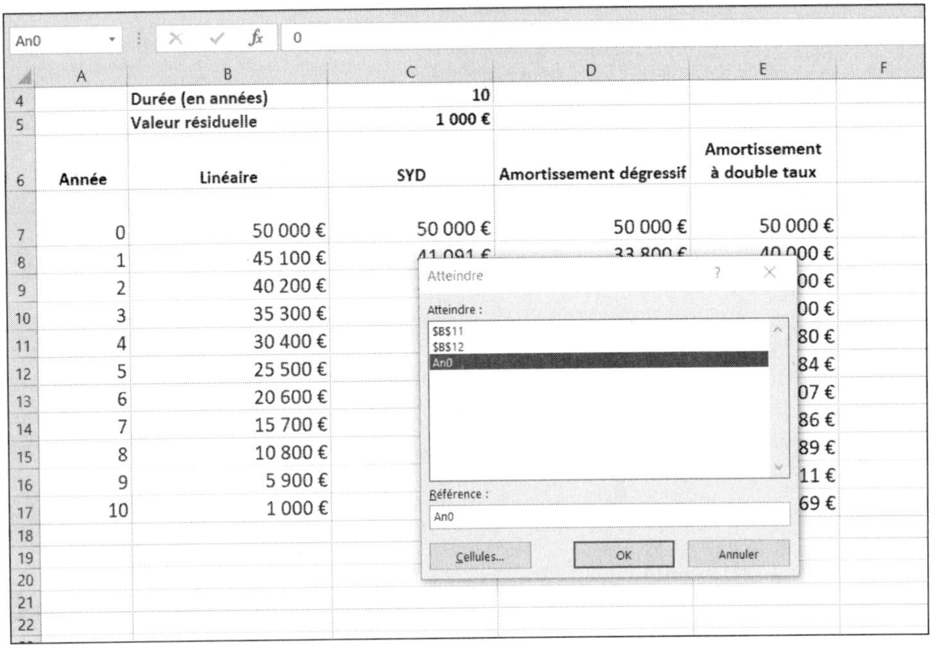

Figure 6.7 La boîte de dialogue Atteindre.

Nommer une formule

Les noms de cellules sont non seulement commodes pour identifier et localiser des cellules et des plages dans une feuille de calcul, mais ils sont aussi très utiles pour manipuler des formules. Supposons que la cellule K3 contienne une formule simple qui calcule ce qui vous est dû en multipliant vos heures de travail pour un client (dans la cellule I3) par votre rémunération horaire (dans la cellule J3). Vous taperez normalement cette formule dans la cellule K3 sous la forme :

```
=I3*J3
```

Mais si vous attribuez le nom *Heures* à la cellule I3 et le nom *Tarif_horaire* à la cellule J3, la formule se présentera dans la cellule K3 sous la forme :

```
=Heures*Tarif_horaire
```

Il va de soi que pour tout le monde cette formulation est bien plus compréhensible que =I3*J3.

Pour entrer une formule contenant des noms de cellules plutôt que des références de cellules, vous procéderez comme suit :

1. Nommez les cellules comme nous venons de l'indiquer.

   Pour cet exemple, vous nommerez la cellule I3 **Heures** et la cellule J3 **Tarif_horaire**.

2. Placez le curseur de cellule sur la cellule qui recevra la formule.

   Il s'agit en l'occurrence de la cellule K3.

3. Tapez le signe = (égal) pour indiquer à Excel que ce qui suit est une formule.

4. Sélectionnez la première cellule à laquelle la formule se réfère en cliquant dessus (ou en déplaçant le curseur de cellule jusqu'à son emplacement).

   Dans cet exemple, vous sélectionnez Heures en sélectionnant la cellule I3.

5. Tapez l'opérateur arithmétique à utiliser dans la formule.

   Il s'agit ici de l'opérateur de multiplication * (astérisque). Reportez-vous au Chapitre 2 pour connaître les autres opérateurs arithmétiques d'Excel.

6. Sélectionnez la deuxième cellule à laquelle la formule se réfère. Procédez comme à l'Étape 4.

   Il s'agit de la cellule Tarif_horaire, soit la cellule J3.

7. Cliquez sur le bouton Entrer dans la barre de formule ou appuyez sur la touche Entrée pour terminer la formule.

   Excel affiche la formule de la cellule K3, soit =Heures*Tarif_horaire.

Vous ne pouvez pas utiliser la poignée de remplissage pour copier une formule qui utilise des noms de cellules à la place des adresses traditionnelles. (La recopie est traitée au Chapitre 4.) Lorsque vous copiez une formule qui utilise des noms plutôt que des adresses, Excel copie la formule d'origine sans ajuster les références des cellules.

Les constantes nommées

Certaines formules utilisent des valeurs constantes (par exemple une taxe au taux de 5,5 % ou un rabais de 10 %). Si vous ne voulez pas les entrer dans des cellules afin de les utiliser ensuite dans des formules, vous pouvez créer des plages de noms contenant ces valeurs, que vous utiliserez dans vos formules.

Par exemple, pour créer une constante nommée *Taux_TVA* de 5,5 %, vous procéderez ainsi :

1. Dans le groupe Noms définis de l'onglet Formules du Ruban, cliquez sur le bouton Définir un nom.

2. Dans la boîte de dialogue Nouveau nom qui apparaît, tapez le nom (Taux_TVA, dans notre exemple) dans le champ Noms.

3. Si vous voulez que cette constante nommée soit définie uniquement pour une feuille du classeur et non pour le classeur entier, sélectionnez le nom de la feuille dans la liste déroulante Zone.

   Par défaut, c'est l'option Classeur qui est sélectionnée dans cette liste, ce qui signifie que cette constante nommée pourra être utilisée dans toutes les feuilles du classeur. Ce n'est que dans le cas particulier où vous voulez au contraire qu'elle ne soit utilisable que dans une feuille et pas dans les autres que vous devez vous préoccuper de la sélectionner ici.

4. Cliquez dans le champ Fait référence à. Remplacez l'adresse qui s'y trouve par la valeur 5,5 % (avec ou sans espace, Excel comprend).

5. Cliquez sur OK pour fermer la boîte de dialogue Nouveau nom.

Après avoir assigné une constante à un nom en utilisant cette méthode, vous pouvez l'utiliser dans les formules que vous créez dans la feuille de calcul en adoptant une de ces deux procédures :

» Tapez dans la formule le nom auquel vous avez assigné la constante à la place de la valeur requise.

» Insérez le nom dans la formule en cliquant, dans l'onglet Formules, sur le bouton Utiliser dans la formule et en sélectionnant le nom de la constante voulue dans la liste qui apparaît.

Quand vous copiez une formule qui utilise un nom contenant une constante, la valeur reste inchangée dans toutes les recopies de la formule obtenues avec la poignée de recopie automatique. Autrement dit, dans une formule, le nom se comporte comme une adresse de cellule absolue (reportez-vous au Chapitre 4 pour en savoir plus sur les recopies de formules).

Qui cherche trouve

Si vous n'arrivez vraiment pas à localiser une information spécifique, vous pouvez demander à la fonction Rechercher d'Excel de la trouver pour vous. Dans l'onglet Accueil, cliquez sur le bouton Rechercher et sélectionner et sélectionnez Rechercher dans le menu qui apparaît.

Dans le champ Rechercher (de l'onglet Rechercher) de la boîte de dialogue Rechercher et remplacer qui apparaît, entrez le texte ou la valeur que vous recherchez et cliquez sur le bouton Suivant ou appuyez sur Entrée pour lancer la recherche. Si vous voulez spécifier des critères de recherche supplémentaires, cliquez sur le bouton Options dans cette boîte de dialogue pour faire apparaître les options correspondantes (comme le montre la Figure 6.8).

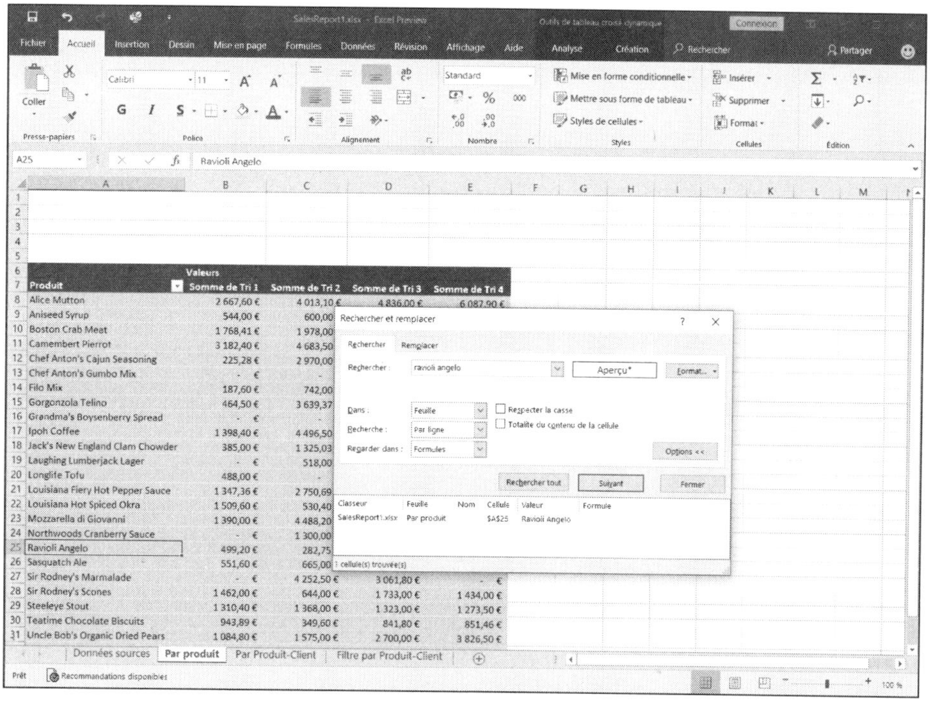

Figure 6.8 Utiliser les commandes de la boîte de dialogue Rechercher et remplacer pour localiser une entrée.

Lorsque vous recherchez une entrée de texte avec la fonction Rechercher et remplacer, demandez-vous toujours si ce texte ou ce chiffre est seul dans sa cellule ou s'il est une partie d'un terme ou d'une valeur. Par exemple, si vous lancez une recherche sur les caractères **CA** et que vous n'avez pas coché la case Totalité du contenu de la cellule, Excel trouvera les occurrences de CA dans « Canada », « sarbacane », « canettes », « décalé » et ainsi de suite.

Si vous cochez la case Totalité du contenu de la cellule, Excel ne retournera que les occurrences où le mot CA est seul dans la cellule.

Lorsque vous effectuez une recherche sur du texte, vous pouvez spécifier si Excel doit différencier ou non les majuscules et les minuscules. Par défaut, Excel ne tient pas compte de la casse des caractères. Pour qu'il fasse la différence, vous devez cocher la case Respecter la casse (visible après avoir cliqué sur le bouton Options de la boîte de dialogue Rechercher et remplacer).

Si les textes ou les valeurs recherchés ont reçu une mise en forme particulière, vous pouvez demander à Excel d'en tenir compte.

Procédez comme suit pour qu'Excel recherche une mise en forme particulière dans la feuille de calcul :

1. **Cliquez sur le bouton déroulant à droite du bouton Format, dans la boîte de dialogue Rechercher et remplacer et choisissez l'option Choisir le format à partir de la cellule.**

   La boîte de dialogue Rechercher et remplacer disparaît temporairement. Excel ajoute une pipette au pointeur de souris normal.

2. **Cliquez avec le pointeur dans la cellule contenant la mise en forme à respecter.**

   La boîte de dialogue Rechercher et remplacer réapparaît après avoir prélevé la mise en forme.

Procédez comme suit pour sélectionner la mise en forme à respecter en utilisant la boîte de dialogue Rechercher le format (qui est identique à la boîte de dialogue Format de la cellule) :

1. **Cliquez sur le bouton Format ou cliquez sur le bouton de son menu déroulant et choisissez l'option Format.**

2. **Dans la boîte de dialogue Rechercher le format qui apparaît, sélectionnez dans les différents onglets les options de mise en forme à respecter (elles sont décrites dans le Chapitre 3), puis cliquez sur OK.**

Quand vous utilisez une de ces deux méthodes de recherche d'une mise en forme, le bouton Sans mise en forme, situé entre la zone de texte Rechercher et le bouton Format, se transforme en aperçu (ce mot y figure au centre) qui montre toutes les options de mise en forme prélevées dans une cellule ou définies dans la boîte de dialogue Rechercher le format.

Si vous recherchez des valeurs dans la feuille de calcul, faites bien attention aux différences entre les formules et les valeurs. Par exemple, si une cellule contient la valeur 3582 € et si vous tapez **3582** dans le champ Rechercher suivi de l'appui sur Entrée, Excel affiche une boîte d'alerte contenant le message suivant :

Microsoft Office Excel ne trouve pas les données que vous recherchez.

Un examen attentif révélera sans aucun doute que la valeur qui apparaît dans la cellule est en réalité calculée par une formule telle que :

```
=I24*J24
```

En fait, le nombre 3582 ne figure nulle part en tant que tel. Pour qu'Excel puisse localiser n'importe quel type de valeur 3582 dans la feuille de calcul, vous devez remplacer l'option Formules, dans la liste déroulante du champ Regarder dans, par l'option Valeurs.

Pour restreindre la recherche uniquement à du texte ou à des valeurs contenues dans des commentaires, choisissez l'option Commentaires dans la liste déroulante Regarder dans.

Si vous ne connaissez pas l'orthographe exacte d'un mot ou la valeur précise que vous recherchez, vous pouvez recourir aux *caractères de substitution* ; ils remplacent un ou plusieurs caractères. Utilisez le point d'interrogation (?) à la place d'un seul caractère inconnu et l'astérisque (*) à la place d'un ou plusieurs caractères inconnus. Supposons que vous ayez entré ce qui suit dans le champ Rechercher, avec l'option Regarder dans Valeurs :

```
7*4
```

Dans cette formulation, qui n'est pas une multiplication (le signe = est absent), l'astérisque compte pour n'importe quel chiffre, qu'il y en ait un seul ou plusieurs. De ce fait, Excel s'arrête à toutes les cellules contenant des valeurs comme 74704 (l'astérisque se substitue au zéro), 75234 (l'astérisque se substitue à la chaîne de caractères 523) et trouve même une occurrence comme *67856 Strasbourg cedex 04*.

Si vous effectuez une recherche dans laquelle l'astérisque est l'opérateur de multiplication et non un caractère de substitution, faites précéder la recherche par un tilde (~), comme ci-dessous :

```
~*4
```

Cet arrangement permet de trouver dans la feuille de calcul toutes les formules comportant une multiplication par quatre.

L'entrée qui suit recherche toutes les occurrences de *Jan, Janvier.* (Le point d'interrogation est un caractère de substitution qui remplace un seul caractère à cet emplacement précis, et non plusieurs caractères comme le fait l'astérisque.)

```
J?n*
```

Normalement, Excel n'effectue la recherche que dans la feuille de calcul courante. Pour qu'elle s'effectue dans toutes les feuilles du classeur, vous devez sélectionner l'option Classeur (dans la liste déroulante Dans).

Quand Excel a trouvé une occurrence du texte ou de la valeur dans une cellule, il sélectionne cette cellule tout en laissant la boîte de dialogue Rechercher et remplacer visible à l'écran (vous pouvez la déplacer si elle occulte les cellules qui vous intéressent). Pour rechercher la prochaine occurrence du texte ou de la valeur, cliquez sur le bouton Suivant ou appuyez sur Entrée.

Par défaut, Excel effectue la recherche dans la feuille de calcul ligne par ligne. Pour que la recherche se fasse par colonne, sélectionnez Par colonne dans la liste déroulante Sens. Pour inverser la direction de la recherche et revenir à une occurrence précédente des caractères recherchés, maintenez enfoncée la touche Maj tout en cliquant sur le bouton Suivant.

Nul n'est irremplaçable

Si vous effectuez une recherche pour remplacer une entrée par une autre, vous pouvez automatiser cette opération grâce à l'onglet Remplacer de la boîte de dialogue Rechercher et remplacer. Si, dans l'onglet Accueil, vous sélectionnez Remplacer au lieu de Rechercher dans le menu du bouton Rechercher et sélectionner, ou si vous appuyez sur Ctrl + H, Excel ouvre la boîte de dialogue Rechercher et remplacer directement sous l'onglet Remplacer. Tapez le texte ou la valeur à remplacer dans le champ Rechercher, puis entrez le texte ou la valeur à lui substituer dans le champ Remplacer par.

Quand vous entrez un texte de remplacement, tapez-le exactement tel qu'il doit apparaître dans la cellule. Autrement dit, si vous voulez remplacer toutes les occurrences de *Jan* par *Janvier*, tapez dans la zone de texte Remplacer par :

```
Janvier
```

Veillez à bien mettre le J en majuscule dans le champ Remplacer par. En revanche, comme la recherche de texte ne tient pas compte des majuscules et des minuscules (à condition de ne pas avoir coché la case Respecter la casse, qui n'apparaît qu'après avoir cliqué sur le bouton Options pour déployer les commandes supplémentaires de la boîte de dialogue), vous pouvez très bien entrer ceci dans le champ Rechercher :

```
Jan
```

Après avoir spécifié ce qu'il faut remplacer et par quoi, comme dans la Figure 6.9, vous pouvez demander à Excel d'effectuer les remplacements au cas par cas ou globalement. Pour procéder à tous les remplacements en une seule opération, cliquez sur le bouton Remplacer tout.

Soyez très prudent quand vous effectuez un rechercher/remplacer global, car lancée inconsidérément, cette commande peut engendrer une énorme pagaille en remplaçant des parties de titres, de formules ou d'autres éléments que vous n'aviez pas du tout l'intention de modifier. Cela dit, respectez toujours cette règle d'or :

» **N'entreprenez jamais un rechercher/remplacer sur une feuille sans l'avoir préalablement enregistrée.**

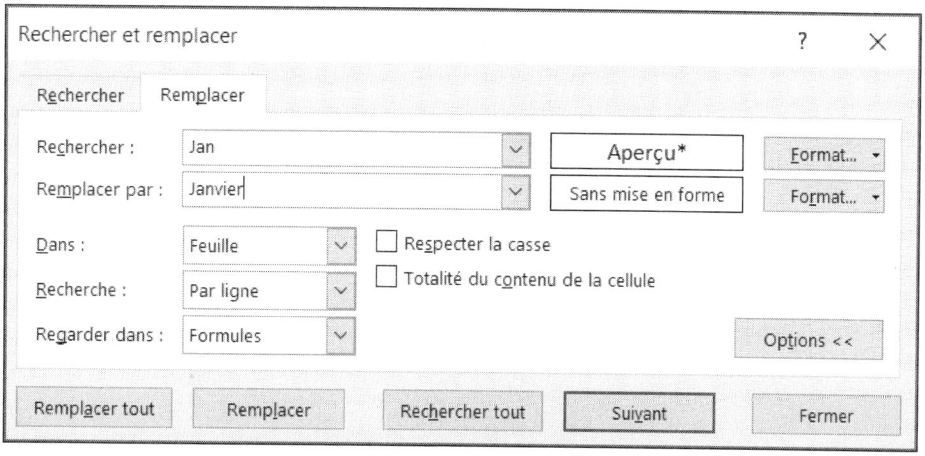

Figure 6.9 Les options de l'onglet Remplacer servent à substituer des textes ou des valeurs.

Avant de commencer, assurez-vous aussi que la case Totalité du contenu de la cellule est cochée (elle n'est visible qu'après avoir cliqué sur le bouton Options). Si elle n'était pas cochée alors que vous comptez remplacer le contenu entier des cellules et non une partie, vous risqueriez de vous retrouver avec bon nombre de remplacements indésirables.

Si vous avez néanmoins fait une fausse manœuvre et semé la pagaille, cliquez sur le bouton Annuler dans la barre d'outils Accès rapide ou appuyez sur Ctrl + Z.

Pour voir chaque occurrence avant de la remplacer, cliquez sur le bouton Suivant ou appuyez sur Entrée. Excel sélectionne la prochaine cellule dont le contenu correspond à ce qui a été entré dans la zone de texte Rechercher ; pour procéder au remplacement, cliquez sur le bouton Remplacer. Pour sauter l'occurrence, cliquez sur le bouton Suivant afin de poursuivre la recherche. Lorsque les opérations sont terminées, cliquez sur le bouton Fermer pour quitter la boîte de dialogue Rechercher et remplacer.

Recherches intelligentes

Excel 2019 permet d'effectuer des recherches dites intelligentes. Le volet du même nom servira à chercher des informations en ligne dans des ouvrages de référence, des dictionnaires de synonymes ou des sites de recherche. Il vous faut bien entendu disposer d'un accès Internet.

Pour ouvrir le volet Recherche intelligente (Figure 6.10), cliquez sur le bouton Recherche Intelligente du groupe Aperçus de l'onglet Révision. Excel effectue une recherche en fonction du contenu de la cellule sélectionnée. Pour en savoir davantage sur chaque rubrique affichée, cliquez sur le lien Plus.

Excel localise des documents, des images, des vidéos, c'est-à-dire dire toutes sortes d'informations en rapport avec le contenu de la cellule. Le moteur de recherche de Microsoft, Bing, est à l'origine des données ainsi trouvées.

Figure 6.10

Rechercher des informations en ligne.

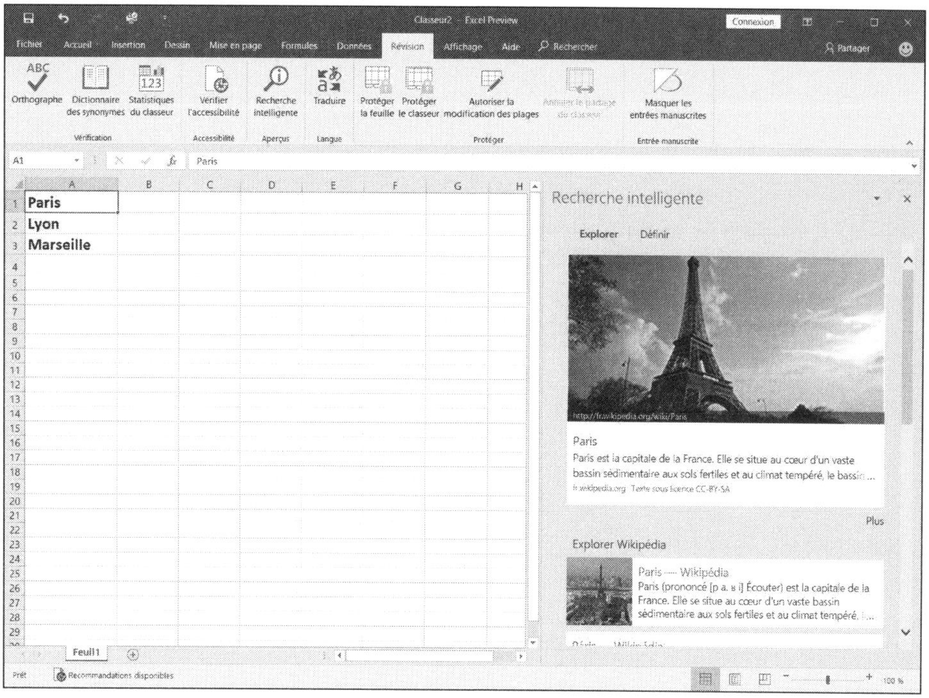

Protéger vos feuilles de calcul

Après avoir élaboré une feuille de calcul complexe avec des formules avancées, et après en avoir vérifié l'orthographe, vous souhaiterez sans doute protéger votre travail contre toute modification involontaire ou non.

Excel peut verrouiller et déverrouiller une feuille de calcul. Par défaut, Excel verrouille toutes les cellules lorsque vous suivez ces étapes :

1. Ouvrez l'onglet Révision, puis cliquez sur le bouton Protéger la feuille du groupe Protéger.

   Excel ouvre la boîte de dialogue du même nom (Figure 6.11) dans laquelle vous définissez le type de protection. Par défaut, Excel active Protéger la feuille et le contenu des cellules verrouillées.

2. (Facultatif) Pour laisser des possibilités de consultation et/ou de modification, cochez certaines cases de la liste Autoriser tous les utilisateurs de cette feuille à.

3. Si vous voulez assigner un mot de passe qui permet de déverrouiller la feuille de calcul, saisissez-le dans le champ Mot de passe pour ôter la protection de la feuille.

4. Cliquez sur OK ou appuyez sur la touche Entrée.

   Si vous indiquez un mot de passe, une boîte de dialogue de confirmation s'ouvre après que vous avez cliqué sur le bouton OK de la boîte de dialogue Protéger la feuille. Donc, saisissez-y exactement le même mot de passe, et validez par un clic sur OK.

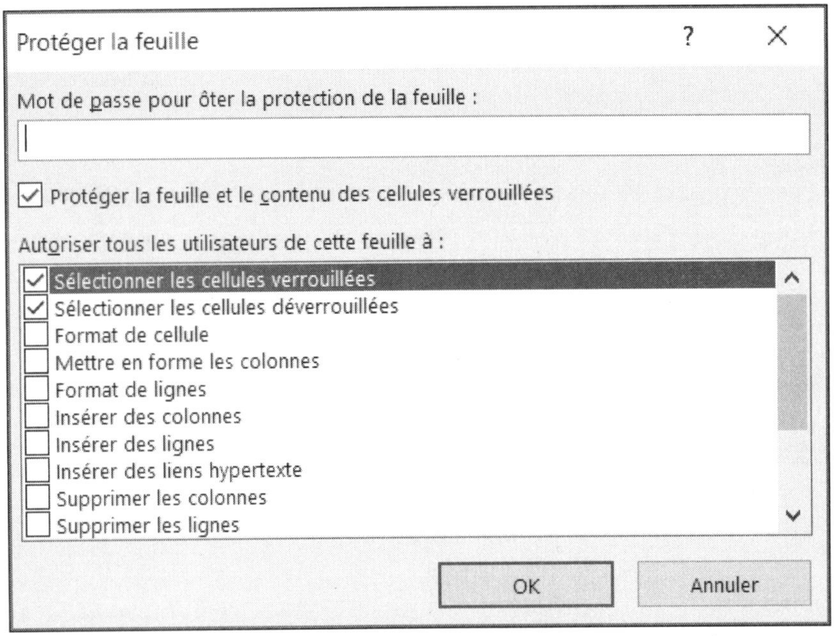

Figure 6.11 Les options de verrouillage de la boîte de dialogue Protéger la feuille.

Si vous souhaitez protéger davantage la mise en page de la feuille de calcul d'un classeur, protégez le classeur lui-même :

1. Dans l'onglet Révision, localisez le groupe Protéger, et cliquez sur le bouton Protéger le classeur.

   La boîte de dialogue Protéger la structure et les fenêtres apparaît. Lorsque vous cochez la case Structure, l'utilisateur ne peut pas modifier l'organisation de la feuille de calcul, ni même la supprimer. Si vous souhaitez protéger des fenêtres, cochez l'option Fenêtres (voir le Chapitre 7).

2. (Facultatif) Pour assigner un mot de passe, saisissez-le dans le champ Mot de passe (facultatif).

3 **Cliquez sur OK ou appuyez sur la touche Entrée du clavier.**

Si vous indiquez un mot de passe, une boîte de dialogue de confirmation s'ouvre après que vous avez cliqué sur le bouton OK de la boîte de dialogue Protéger la feuille. Donc, saisissez-y exactement le même mot de passe, et validez par un clic sur OK.

Si vous tentez d'apporter des modifications à une feuille de calcul protégée, Excel affiche le message suivant :

La cellule ou le graphique que vous essayez de modifier se trouve sur une feuille protégée. Pour apporter des modifications à celui-ci, vous devez ôter la protection de la feuille. Vous serez peut-être invité à entrer un mot de passe.

En général, votre intention n'est pas de verrouiller totalement une feuille de calcul ou un classeur, mais simplement d'éviter l'édition de certaines zones. Par exemple, dans une feuille de calcul d'un budget, vous chercherez à protéger les cellules qui contiennent des titres et des formules afin qu'on ne puisse pas en changer les montants.

Pour laisser certaines cellules sans protection, même après avoir protégé la feuille de calcul ou le classeur, sélectionnez les cellules en question. Ensuite, ouvrez la boîte de dialogue Format de cellule (Ctrl + 1), et cliquez sur son onglet Protection. Décochez la case Verrouillée.

Bien entendu, pour retirer la protection de la feuille de calcul et du classeur de manière à pouvoir de nouveau apporter des modifications à ses cellules, cliquez sur le bouton Ôter la protection de la feuille ou Protéger le classeur dans le groupe Protéger de l'onglet Révision. Si vous aviez assigné un mot de passe à la protection, il vous sera demandé pour déverrouiller la feuille ou le classeur.

La protection peut s'appliquer depuis l'écran (Backstage) Informations, accessible depuis l'onglet Fichier. Pour cela, ouvrez le menu local du bouton Protéger le classeur, et exécutez-y la commande Protéger la feuille active ou Protéger la structure du classeur. Excel vous bascule dans l'onglet Révision pour exécuter la commande ainsi sollicitée. Là encore, si un mot de passe a été déclaré, il vous sera demandé.

DANS CE CHAPITRE

Aller d'une feuille à une autre dans un classeur.

•

Ajouter ou supprimer des feuilles dans un classeur.

•

Sélectionner des feuilles pour des modifications groupées.

•

Nommer judicieusement les onglets des feuilles.

•

Réorganiser les feuilles d'un classeur.

•

Afficher des parties de différentes feuilles.

•

Comparer deux feuilles côte à côte.

•

Copier ou déplacer des feuilles d'un classeur à un autre.

Chapitre 7

Gérer des feuilles de calcul multiples

Quand vous débutez dans l'utilisation d'un tableur, vous avez bien assez à faire avec une seule feuille de calcul, si bien que la seule idée de travailler simultanément avec plusieurs feuilles vous rebute. Mais avec un peu de pratique, vous découvrirez que travailler sur plusieurs feuilles n'est pas beaucoup plus compliqué qu'avec une seule.

Jongler avec plusieurs feuilles de calcul

Vous devez certes apprendre comment travailler avec plusieurs feuilles de calcul à la fois, mais il est tout aussi important, sinon plus, de savoir pourquoi se lancer dans de telles opérations. Le cas de figure le plus courant est celui où vous vous retrouvez face à un certain nombre de feuilles de calcul, le contenu de chacune pouvant se référer aux autres et appartenant donc logiquement au même classeur. Prenons, par exemple, le cas d'une entreprise qui commercialise ses produits par l'intermédiaire de plusieurs distributeurs. Pour garder une trace des ventes annuelles de tous ces distributeurs, vous pourriez créer un classeur contenant une feuille de calcul pour chacun d'eux.

En plaçant les résultats commerciaux de chaque distributeur sur différentes feuilles d'un même classeur, vous bénéficierez des avantages suivants :

» Pouvoir entrer les données communes à toutes les feuilles de ventes (si vous sélectionnez leur onglet) en ne les tapant qu'une seule fois dans la première feuille de calcul (voir la section « Les modifications simultanées », plus loin dans ce chapitre).

» Pour faciliter la création de la première feuille de calcul pour les ventes du premier distributeur, vous pouvez programmer des macro-commandes pour le classeur courant, qui vous seront fort utiles pour créer les feuilles de calcul des autres. Une *macro-commande* est une suite de tâches répétitives qui ont été enregistrées afin de les réutiliser facilement et rapidement.

» Toutes les informations de ventes de chaque distributeur peuvent être imprimées en une fois (reportez-vous au Chapitre 5 pour savoir comment imprimer des feuilles de calcul en particulier ou la totalité d'un classeur).

» Il est facile de créer des graphiques qui comparent les données de ventes provenant de différentes feuilles de calcul (détails au Chapitre 10).

Passer d'une feuille à une autre

Chaque classeur que vous créez contient une seule feuille de calcul nommée *Feuil1*. Ce nom s'affiche dans un onglet, en bas à gauche de la fenêtre du classeur. Pour ajouter une autre feuille au classeur, cliquez sur le signe + placé à droite de cet onglet. Une nouvelle feuille est ainsi créée, qui se voit attribuer le nom générique *Feuiln* où n représente le nombre de feuilles déjà présentes dans le classeur + 1.

Pour passer d'une feuille à une autre, il suffit de cliquer sur l'onglet de la feuille de calcul que vous désirez voir. Excel la place sur le dessus de l'empilement ; son contenu est alors visible dans la fenêtre du classeur. Il est facile de savoir quelle feuille est affichée car, sur son onglet, son nom apparaît en gras et l'onglet semble placé au-dessus des autres et faire partie de la feuille.

Un problème se pose quand il y a tellement de feuilles dans le classeur que tous les onglets ne sont plus visibles. Comment, en effet, cliquer sur un onglet que vous ne voyez pas ?

Pour résoudre ce problème, Excel propose deux boutons de défilement qu'il place dans la barre d'état, à gauche du premier onglet. Utilisez-les pour visualiser les onglets qui vous intéressent :

» Cliquez sur le bouton Onglet suivant (celui avec le triangle pointant vers la droite) pour décaler les onglets d'un cran vers la gauche. Maintenez la touche Maj enfoncée pendant le clic pour faire défiler plusieurs onglets à la fois. Maintenez la touche Ctrl enfoncée pendant le clic pour afficher le dernier groupe d'onglets, notamment le dernier de la série.

» Cliquez sur le bouton Onglet précédent (celui avec le triangle pointant vers la gauche) pour décaler les onglets d'un cran vers la droite. Maintenez la touche Maj enfoncée pendant le clic pour faire défiler plusieurs onglets à la fois. Maintenez la touche Ctrl enfoncée pendant le clic pour afficher le premier groupe d'onglets, notamment le premier de la série.

» Opérez un clic-droit sur le bouton Onglet suivant ou Onglet précédent pour afficher la boîte de dialogue Activer (Figure 7.1), qui affiche la liste des feuilles du classeur et vous permet de sélectionner celle qui vous intéresse.

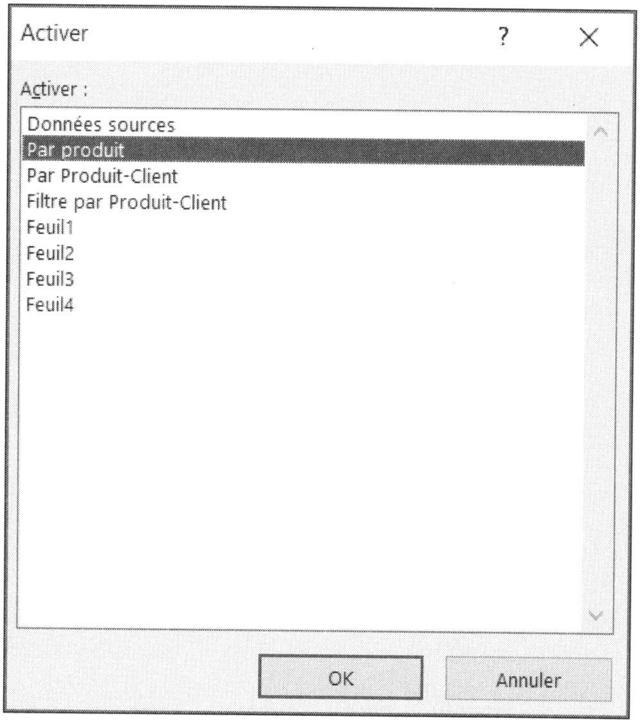

Figure 7.1 Un clic-droit sur un des deux boutons de défilement provoque l'affichage de cette fenêtre qui recense les feuilles du classeur et vous en assure l'accès.

N'oubliez pas que faire défiler des onglets ne les sélectionne pas. Vous devrez cliquer sur l'onglet de la feuille que vous désirez afficher.

Vous n'avez pas envie de passer votre temps à faire défiler la liste des onglets ? Faites donc glisser vers la droite la poignée de la barre de défilement horizontale (la série verticale de trois points placée juste après le bouton Nouvelle feuille) afin d'augmenter la zone réservée à l'affichage des onglets (au détriment de la longueur de la barre de défilement horizontale). Si cette barre ne vous intéresse pas, vous pourrez afficher un maximum d'onglets en vous en débarrassant. Pour ce faire, déplacez sa poignée vers la droite jusqu'à ce qu'elle rejoigne la barre de fractionnement verticale.

Pour rétablir la barre de défilement à sa taille normale, tirez la barre de fractionnement d'onglet vers la gauche ou, ce qui est plus rapide et efficace, double-cliquez dessus.

Accéder à une feuille avec le clavier

Vous pouvez vous dispenser de cliquer sur les petits boutons de la barre d'onglets et aller de feuille en feuille avec les touches du clavier. Pour passer à la suivante, appuyez sur Ctrl + PgSuiv. Pour passer à la précédente, appuyez sur Ctrl + PgPréc. Ces raccourcis sont d'autant plus utiles qu'ils fonctionnent même si les onglets ne sont pas visibles dans la barre de défilement.

Les modifications simultanées

Chaque fois que vous cliquez sur un onglet de feuille de calcul, vous sélectionnez la feuille et la rendez active, ce qui permet d'en modifier les cellules. Il vous arrivera toutefois de vouloir sélectionner plusieurs feuilles à la fois pour les modifier simultanément. Quand plusieurs feuilles sont sélectionnées, toute modification apportée à la feuille courante, comme la saisie d'une information dans une cellule ou une suppression de données, s'effectue *ipso facto* sur les mêmes cellules de toutes les feuilles sélectionnées.

En d'autres termes, supposons que vous deviez créer trois feuilles dans un nouveau classeur qui contiennent chacune les noms des douze mois de l'année, en commençant par la ligne 3 de la colonne B. Avant de taper **Janvier** en B3, puis d'utiliser la poignée de recopie automatique comme nous l'avons décrit dans le Chapitre 2 pour générer automatiquement les onze autres mois, vous sélectionnerez les trois feuilles de calcul *Feuil1*, *Feuil2* et *Feuil3*. En procédant ainsi, Excel insère les noms des mois de l'année dans les trois feuilles à la fois lors de la saisie. Rapide et efficace, n'est-ce pas ?

De même, supposons que vous vouliez vous débarrasser, dans un autre classeur, des feuilles Feuil2 et Feuil3. Au lieu de cliquer sur l'onglet Feuil2 et de sélectionner Supprimer une feuille dans le menu du bouton Supprimer de l'onglet Accueil, puis de cliquer sur l'onglet Feuil3 et de répéter cette manipulation, sélectionnez les deux feuilles à éliminer, puis sélectionnez Supprimer une feuille dans le menu du bouton Supprimer de l'onglet Accueil.

Pour sélectionner plusieurs feuilles de calcul à la fois, vous disposez de plusieurs choix :

» **Pour sélectionner un groupe de feuilles de calcul dont les onglets se suivent, cliquez sur le premier onglet puis faites-les défiler jusqu'à ce que le dernier onglet à sélectionner apparaisse. Maintenez enfoncée la touche Maj et cliquez sur le dernier onglet. Tous les onglets à partir du premier clic sont sélectionnés. C'est la bonne vieille méthode du Maj-clic.**

» **Pour sélectionner des feuilles éparses, cliquez sur l'onglet de la première d'entre elles puis, touche Ctrl enfoncée, cliquez sur les autres onglets des feuilles à sélectionner.**

» **Pour sélectionner toutes les feuilles d'un classeur, cliquez avec le bouton droit de la souris sur l'onglet de la feuille à activer puis, dans le menu qui apparaît, choisissez Sélectionner toutes les feuilles.**

Excel indique les feuilles sélectionnées en mettant les onglets en blanc (mais le nom de la feuille active est en gras) et en affichant, dans la barre de titre d'Excel, la mention [Groupe de travail] après le nom du fichier.

Ajouter des feuilles de calcul à un classeur

Pour certains d'entre vous, la feuille de calcul unique proposée par défaut suffit largement, mais pas pour d'autres. C'est le cas lorsqu'une entreprise possède une dizaine de filiales ou si vous calculez fréquemment des budgets pour une vingtaine de services, ou encore si vous devez gérer les notes de frais d'une quarantaine de représentants.

Il est très facile d'ajouter des feuilles de calcul à un classeur ou d'en supprimer. Excel en accepte jusqu'à 255. Cliquez simplement sur le bouton Nouvelle feuille (signe +), qui apparaît juste à droite du dernier onglet.

Pour insérer plusieurs feuilles de calcul d'un seul coup dans un classeur, sélectionnez d'abord un groupe comportant autant d'onglets que de feuilles que vous désirez ajouter en commençant à l'emplacement où elles devront être ajoutées. Puis, dans le groupe Cellules de l'onglet Accueil, cliquez sur le triangle pointant vers le bas du bouton Insérer et sélectionnez Insérer une feuille dans le menu qui apparaît.

Pour supprimer une feuille de calcul d'un classeur, suivez ces étapes :

1. **Faites un clic-droit sur l'onglet de la feuille de calcul à supprimer.**

2. **Dans le menu contextuel qui apparaît, exécutez la commande Supprimer.**

   Dans le groupe Cellules de l'onglet Accueil, cliquez sur le triangle pointant vers le bas du bouton Supprimer et sélectionnez Supprimer une feuille dans le menu local qui apparaît.

   Vous obtiendrez le même résultat *via* le bouton Supprimer du groupe Cellules de l'onglet Accueil. Cliquez sur le triangle pointant vers le bas et exécutez la commande Supprimer une feuille dans le menu qui apparaît.

   Rappelez-vous toujours que la suppression d'une feuille de calcul est un des cas où vous ne pourrez pas recourir à la fonction Annuler pour revenir en arrière.

Pour supprimer plusieurs feuilles de calcul d'un classeur, sélectionnez-les, puis faites un clic-droit sur l'une d'elles. Dans le menu contextuel qui apparaît, choisissez Supprimer.

Cette fois encore, vous pouvez passer par le bouton Supprimer du groupe Cellules de l'onglet Accueil.

D'autres noms pour les feuilles

Les noms qu'Excel attribue par défaut aux feuilles de calcul, *Feuil1*, *Feuil2*, *Feuil3*..., ne brillent pas par leur originalité et n'évoquent en rien ce que contiennent ces feuilles. Il est fort heureusement facile de renommer l'onglet d'une feuille de calcul d'une manière un peu plus évocatrice. Ce nom peut comporter jusqu'à 31 caractères.

Procédez comme suit pour renommer un onglet de feuille de calcul :

1. **Double-cliquez sur l'onglet de la feuille**

Vous pouvez également cliquer dessus avec le bouton droit de la souris et, dans le menu contextuel, choisissez l'option Renommer.

Le nom actuel de la feuille de calcul est sélectionné.

2. Remplacez le nom actuel de la feuille de calcul en tapant le nouveau nom.

3. Appuyez sur la touche Entrée.

L'onglet de feuille affiche maintenant son nouveau nom.

Des noms brefs et concis

Bien qu'Excel accepte jusqu'à 31 caractères pour les noms des onglets (espaces comprises), il est recommandé de choisir des noms aussi courts que possible pour les deux raisons suivantes :

» La première est que, plus le nom est long, plus l'onglet l'est aussi. Et plus les onglets sont longs, moins vous pouvez en faire apparaître. Et moins vous voyez d'onglets, plus vous avez à les faire défiler pour accéder à celui que vous voulez.

» La seconde est que si vous devez créer des formules qui vont chercher des données dans d'autres feuilles de calcul (nous verrons comment dans la section « En SOMME()... », plus loin dans ce chapitre), vous devrez taper le nom des feuilles dans la formule, car Excel s'en sert pour référencer les cellules. C'est le seul moyen qu'il possède pour différencier la cellule C1 de la feuille de calcul Feuil1 de cette même cellule C2 dans Feuil2. Or, si les noms de feuilles sont longs, la formule la plus simple remplira la barre de formule, même si elle se réfère seulement à une ou deux autres feuilles de calcul.

Bref, respectez la règle générale qui stipule que plus un nom de feuille est court, mieux c'est et n'oubliez pas que deux feuilles de calcul du même classeur ne peuvent pas porter le même nom.

Des onglets en couleurs

Excel permet d'affecter différentes couleurs aux onglets des feuilles de calcul, par exemple du rouge pour signaler des feuilles de calcul nécessitant une vérification immédiate ou du bleu pour les feuilles déjà vérifiées.

Pour colorier un onglet de feuille, cliquez dessus avec le bouton droit de la souris, sélectionnez l'option Couleur d'onglet dans le menu qui apparaît, puis sélectionnez la couleur voulue dans la palette qui s'affiche. Le nom de la feuille de calcul active apparaît d'abord souligné dans la couleur choisie. Mais dès que vous sélectionnez un autre onglet, celui qui a été coloré apparaît dans la couleur choisie ; si celle-ci est sombre, le texte de l'onglet est affiché en blanc afin d'améliorer sa lisibilité.

Pour ôter la couleur d'un onglet, procédez comme pour la mise en couleurs, mais en sélectionnant Aucune couleur dans la palette.

Modifier l'ordre des feuilles de calcul

Il vous arrivera de vouloir modifier l'ordre dans lequel les feuilles de calcul se présentent dans le classeur. Il suffit, pour cela, de faire glisser l'onglet de la feuille que vous désirez déplacer. Pendant ce déplacement, le pointeur se transforme en une icône en forme de feuille qui accompagne la flèche ; un repère indique l'emplacement où sera déposé l'onglet lorsque vous relâcherez le bouton de la souris (Figures 7.2 et 7.3).

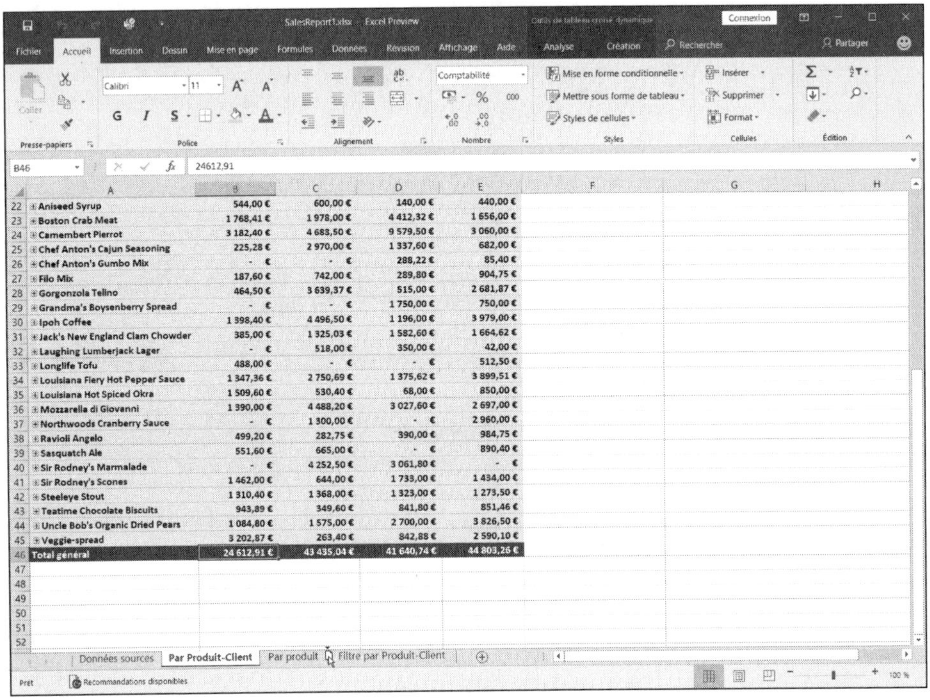

Figure 7.2 L'onglet Par Produit-Client en cours de déplacement.

Si vous maintenez la touche Ctrl enfoncée tout en déplaçant un onglet, Excel insère une copie de la feuille de calcul à l'emplacement où vous relâchez le bouton de la souris. Pendant cette manipulation, le pointeur est accompagné d'un signe + (plus). La copie possède le même nom que la feuille originale suivi de la mention (2).

Par exemple, si vous copiez la Feuil5, la nouvelle feuille de calcul sera nommée *Feuil5 (2)*. L'onglet peut bien sûr être renommé pour afficher un nom un peu moins ésotérique (cette manipulation est décrite dans la section « D'autres noms pour les feuilles », un peu plus haut dans ce chapitre).

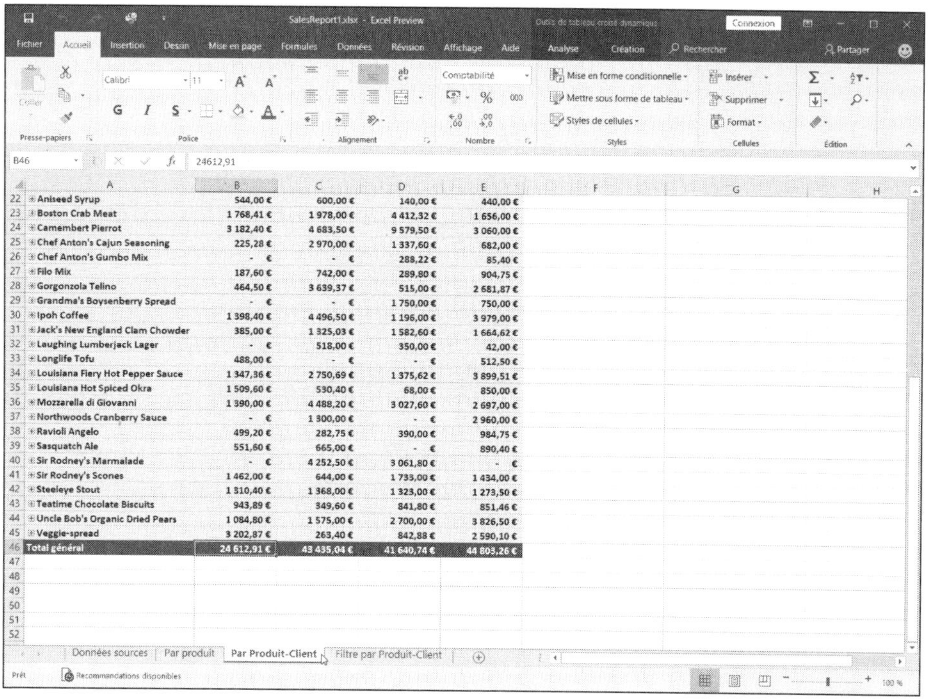

Figure 7.3 L'onglet Par Produit-Client après déplacement.

Vous pouvez aussi déplacer ou copier des feuilles de calcul dans le classeur en sélectionnant la feuille à déplacer ou à copier et en choisissant, dans le menu contextuel, l'option Déplacer ou copier. Dans la boîte de dialogue Déplacer ou copier, cliquez sur le nom de la feuille avant laquelle la feuille active doit être déplacée ou copiée.

Pour déplacer la feuille active juste avant la feuille que vous venez de sélectionner dans la boîte de dialogue Déplacer ou copier, cliquez simplement sur le bouton OK. Pour effectuer une copie, cochez d'abord la case Créer une copie, en bas de la boîte de dialogue, puis cliquez sur OK. Si une copie a été faite, et non un déplacement, Excel ajoute un numéro d'ordre à l'onglet. Par exemple, si vous avez copié la feuille de calcul Pertes et Profits, l'onglet de la copie aura pour nom *Pertes et Profits (2)*.

Ouvrir des fenêtres sur vos feuilles de calcul

De même qu'il est possible de fractionner une feuille de calcul en deux volets permettant de voir et de comparer deux parties éloignées d'une même feuille, comme nous l'avons expliqué dans le Chapitre 6, un classeur peut être divisé en fenêtres de feuilles de calcul qui peuvent ensuite être disposées à votre gré pour voir différentes parties de chacune des feuilles.

Pour ouvrir des feuilles de calcul dans différentes fenêtres, vous devez créer de nouvelles fenêtres de classeur qui s'ajouteront à celle qu'Excel ouvre automatiquement dès que vous accédez à un classeur. Vous sélectionnerez ensuite la feuille de calcul à afficher dans la nouvelle fenêtre. Ces opérations s'accomplissent de la manière suivante :

1. Dans le groupe Fenêtre de l'onglet Affichage, cliquez sur le bouton Nouvelle fenêtre pour créer une deuxième fenêtre du même classeur, puis cliquez sur l'onglet que vous voulez afficher dans cette deuxième fenêtre (reconnaissable à la mention :2 ajoutée par Excel au nom du classeur dans la barre de titre de la fenêtre).

2. Cliquez à nouveau sur le bouton Nouvelle fenêtre pour créer une troisième fenêtre, puis cliquez sur l'onglet que vous voulez afficher dans cette troisième fenêtre (reconnaissable à la mention :3 ajoutée par Excel au nom du classeur dans la barre de titre de la fenêtre).

3. Continuez ainsi comme à l'étape précédente pour créer une nouvelle fenêtre, en sélectionnant à chaque fois dans la nouvelle fenêtre l'onglet de la feuille de calcul qui devra y être affichée pour être comparée avec les autres.

4. Dans le groupe Fenêtre de l'onglet Affichage, cliquez sur le bouton Réorganiser tout, puis sélectionnez l'option de réorganisation que vous voulez dans la boîte de dialogue Réorganiser (décrite ci-après) qui apparaît.

La boîte de dialogue Réorganiser contient les options suivantes :

- **Mosaïque :** Excel dispose les fenêtres côte à côte à l'écran, dans l'ordre où vous les avez ouvertes. La Figure 7.4 montre un arrangement à quatre fenêtres.
- **Horizontal :** Excel redimensionne les fenêtres à une même taille et les superpose, comme le montre la Figure 7.5.

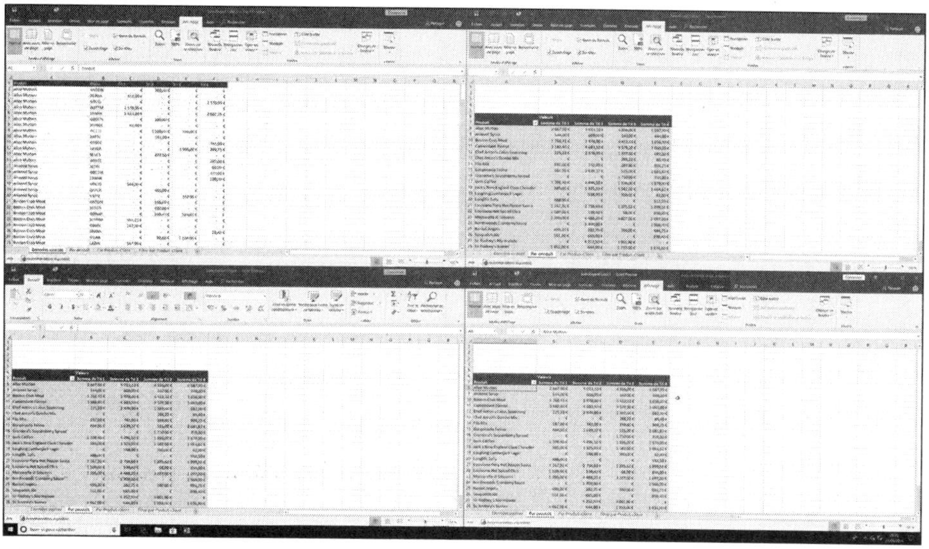

Figure 7.4

Disposition de quatre fenêtres de feuilles de calcul avec l'option Mosaïque.

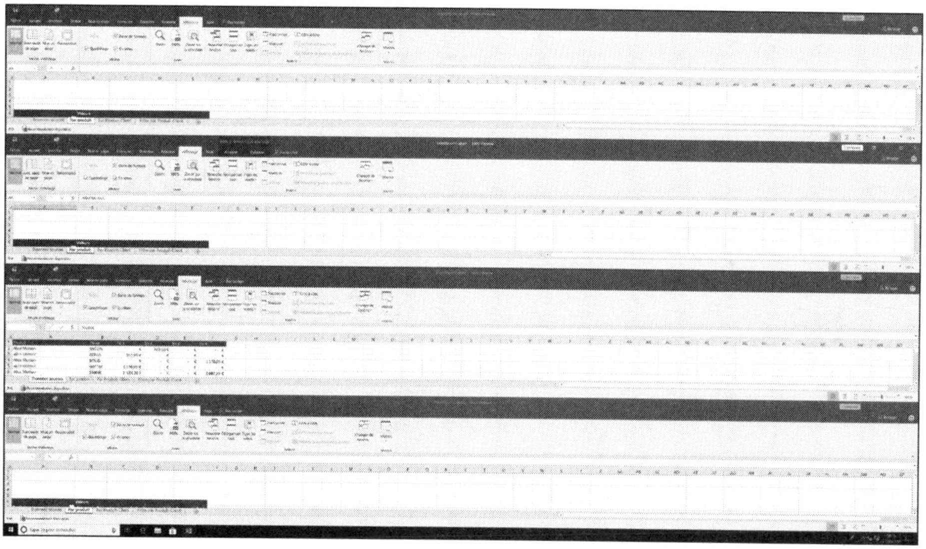

Figure 7.5

Superposition de quatre fenêtres de feuilles de calcul avec l'option Horizontal.

- **Vertical :** Excel redimensionne les fenêtres à une même taille et les juxtapose, comme l'illustre la Figure 7.6.
- **Cascade :** Excel redimensionne les fenêtres et les empile en léger décalage les unes par rapport aux autres (Figure 7.7).

Figure 7.6

Juxtaposition de quatre fenêtres de feuilles de calcul avec l'option Vertical.

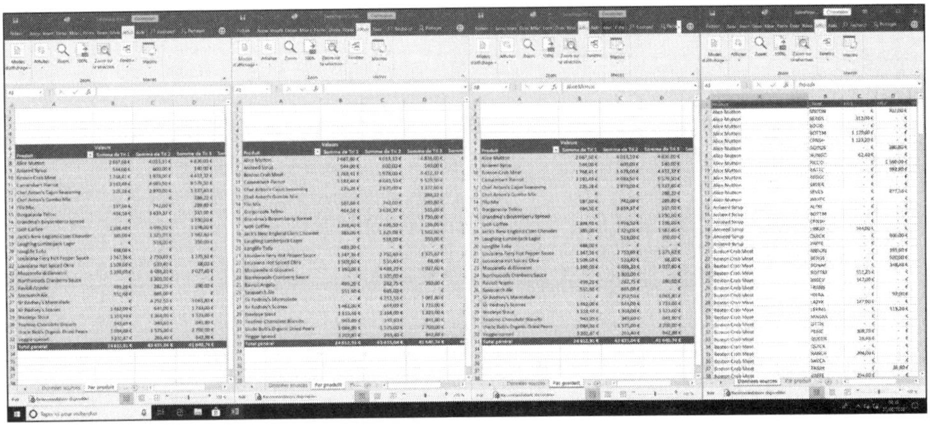

Figure 7.7

Empilement de feuilles de calcul obtenu avec l'option Cascade.

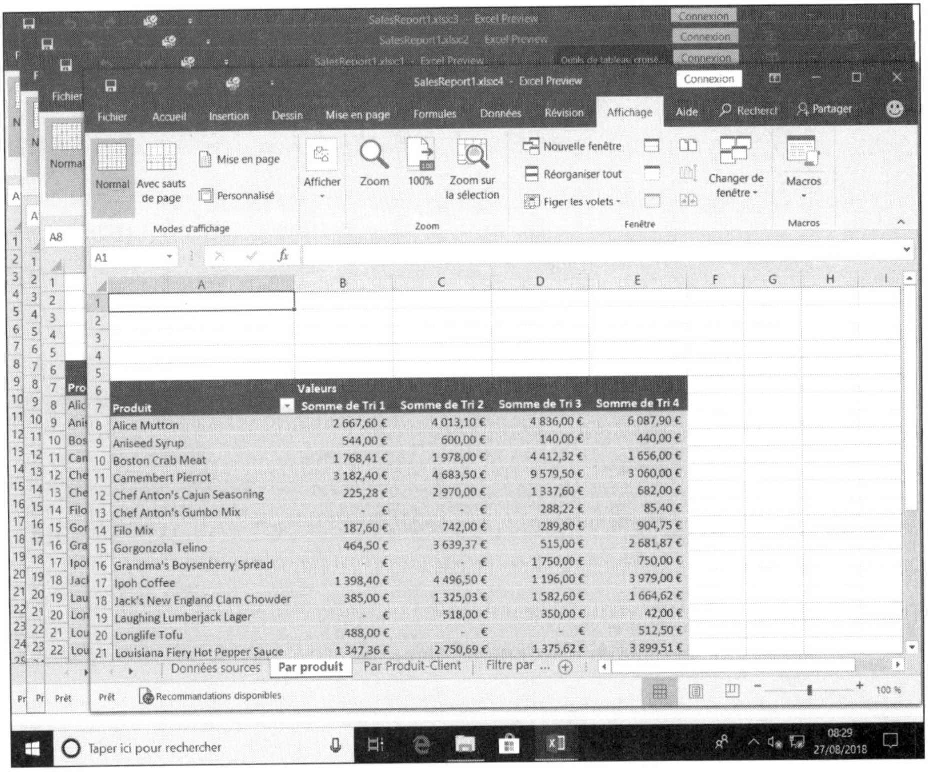

» **Fenêtres du classeur actif :** lorsque cette case est cochée, Excel ne montre que les fenêtres qui ont été ouvertes dans le classeur courant. Sinon, il affiche toutes les fenêtres de tous les classeurs ouverts. Eh oui, tout comme il est possible d'ouvrir plusieurs fenêtres d'un même classeur, il est aussi possible d'ouvrir

plusieurs classeurs à la fois, à condition toutefois que l'ordinateur dispose de suffisamment de mémoire vive et que vous ne soyez pas saturé par autant d'informations à gérer.

Après avoir choisi une disposition, activez la fenêtre de la feuille de calcul que vous désirez utiliser (si elle ne l'est pas déjà) en cliquant dedans. Vous pouvez aussi placer votre pointeur sur l'icône d'Excel depuis la barre des tâches de Windows 10 pour afficher des vignettes de toutes les fenêtres que vous avez ouvertes. Pour afficher le contenu d'une fenêtre particulière, positionnez votre pointeur sur sa vignette dans cette barre. Pour activer la fenêtre correspondante, cliquez sur cette vignette.

Quand vous cliquez sur une fenêtre de feuille de calcul qui a été disposée en mosaïque, verticalement ou horizontalement, Excel indique que cette feuille est sélectionnée en signalant la cellule active et en mettant en surbrillance ses titres de colonnes et de lignes. Quand vous cliquez sur la barre de titre d'une feuille de calcul disposée en cascade, elle se place spontanément en haut de la pile et sa cellule active est signalée.

Il est possible de zoomer temporairement dans une fenêtre et de l'afficher dans la totalité de l'espace de travail en cliquant sur le bouton Agrandir de sa barre de titre. Quand vous avez fini de travailler en mode agrandi, rétablissez-la à sa taille précédente en cliquant sur le bouton Niveau inférieur de la fenêtre.

Pour sélectionner avec le clavier la prochaine fenêtre réorganisée en mosaïque, horizontalement ou verticalement, ou placer sur le dessus de la pile la prochaine fenêtre d'une disposition en cascade, appuyez sur Ctrl + F6. Pour sélectionner la fenêtre précédente, appuyez sur Ctrl + Maj + F6. Notez que ces raccourcis clavier fonctionnent même lorsque ces fenêtres ont été agrandies dans l'espace de travail d'Excel.

Quand vous fermez une des fenêtres réorganisées en cliquant sur le bouton Fermer dans la barre de titre (celui avec un X) ou en appuyant sur Ctrl + W, Excel ne redimensionne pas les autres fenêtres pour combler le vide. De même, si vous créez maintenant une nouvelle fenêtre en cliquant sur le bouton Nouvelle fenêtre de l'onglet Affichage, Excel ne réorganise pas la disposition pour l'intégrer. Il se contente de la placer par-dessus les autres.

Pour combler le vide laissé par la fermeture d'une fenêtre, ou pour en intégrer une nouvelle, cliquez sur le bouton Réorganiser tout dans l'onglet Affichage pour ouvrir la boîte de dialogue Réorganiser, puis cliquez sur OK ou appuyez sur Entrée (le dernier bouton radio utilisé est toujours sélectionné ; si vous voulez changer de disposition, vous devrez choisir une autre option de réorganisation).

Lorsque vous enregistrez le classeur, Excel enregistre l'arrangement courant des fenêtres avec le fichier, en même temps que toutes les autres modifications. Pour ne pas enregistrer la réorganisation, fermez toutes les fenêtres sauf une (en cliquant tout simplement sur leur bouton de fermeture dans leur coin supérieur droit, mais vous pouvez aussi les sélectionner et appuyer ensuite sur Ctrl + W), puis cliquez sur le bouton Agrandir de la dernière fenêtre. Sélectionnez ensuite l'onglet sur lequel le classeur devra s'ouvrir la prochaine fois que vous le chargerez, puis enregistrez le fichier.

Comparer deux feuilles de calcul côte à côte

Vous pouvez utiliser la commande Côte à côte de l'onglet Affichage pour comparer en côte à côte deux fenêtres préalablement ouvertes. Lorsque vous cliquez sur ce bouton, Excel superpose automatiquement les deux fenêtres (comme si vous aviez sélectionné l'option Horizontal dans la boîte de dialogue Réorganiser) ainsi que le montre la Figure 7.8.

Si plus de deux fenêtres sont ouvertes lorsque vous cliquez sur le bouton Côte à côte, Excel ouvre la boîte de dialogue Comparer en côte à côte dans laquelle vous pouvez sélectionner la fenêtre qui sera comparée à la fenêtre active. Dès que vous cliquez sur OK, Excel affiche la fenêtre active à côté de celle que vous venez de sélectionner.

Juste en dessous du bouton Côte à côte, dans le groupe Fenêtres de l'onglet Affichage, vous disposez de deux commandes utiles pour comparer deux fenêtres en côte à côte :

» **Défilement synchrone : lorsque ce bouton est actif (c'est-à-dire lorsqu'il apparaît sur fond orange, ce qui est le cas par défaut), dès que vous actionnez dans une fenêtre la barre de défilement horizontale ou verticale de la fenêtre active, le mouvement est répercuté dans l'autre fenêtre. Pour être en mesure de faire défiler uniquement la fenêtre active, cliquez sur le bouton Défilement synchrone (s'il est actif) pour le désactiver.**

» **Rétablir la position de la fenêtre :** après un redimensionnement manuel de la fenêtre active, cliquez sur ce bouton afin de restaurer la disposition des deux fenêtres, propice à une comparaison en côte à côte.

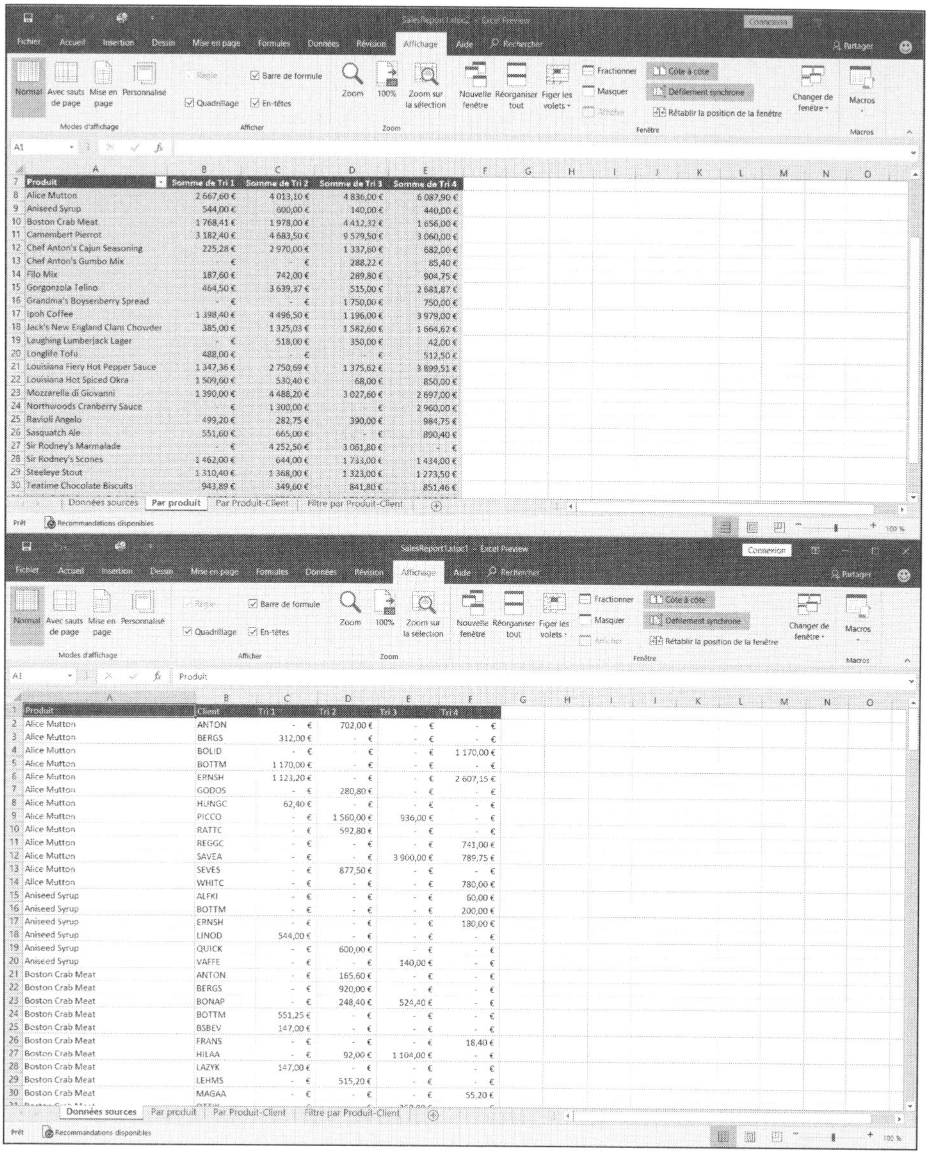

Figure 7.8
Comparez deux feuilles de calcul côte à côte.

Transférer des feuilles de calcul d'un classeur vers un autre

Dans certains cas, vous devrez déplacer ou copier une feuille de calcul dans un autre classeur. Voici la procédure à suivre :

1. Ouvrez le classeur contenant la ou les feuille(s) de calcul à transférer ainsi que le classeur de destination.

2. Sélectionnez le classeur contenant la ou les feuille(s) de calcul à déplacer ou à copier.

   Pour sélectionner le classeur, cliquez sur son bouton dans la barre des tâches de Windows.

3. Sélectionnez-la ou les feuille(s) à déplacer ou à copier.

   Pour sélectionner une seule feuille de calcul, cliquez sur son onglet. Pour sélectionner un groupe de feuilles adjacentes, cliquez sur le premier onglet puis, touche Maj enfoncée, cliquez sur le dernier onglet. Pour sélectionner des feuilles non adjacentes, cliquez sur un premier onglet puis, touche Ctrl enfoncée, cliquez sur les onglets des autres feuilles.

4. Cliquez du bouton droit sur l'onglet ou sur un des onglets sélectionnés et sélectionnez Déplacer ou copier dans le menu qui apparaît.

   Excel ouvre la boîte de dialogue Déplacer ou copier (Figure 7.9), dans laquelle vous préciserez s'il faut déplacer ou copier la ou les feuille(s) sélectionnée(s) et à quel endroit.

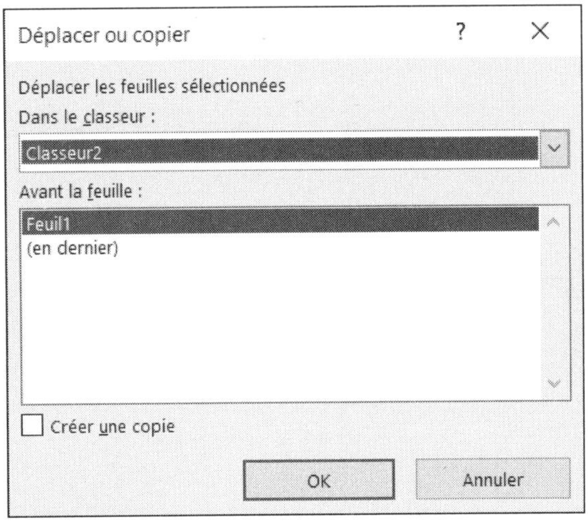

Figure 7.9 Cette boîte de dialogue permet de copier ou de déplacer des feuilles de calcul d'un classeur ouvert vers un autre, ouvert lui aussi.

5. Dans la liste déroulante Dans le classeur, sélectionnez le nom du classeur dans lequel vous désirez déplacer ou copier la ou les feuille(s) de calcul.

   Si vous voulez déplacer ou copier les feuilles sélectionnées dans un nouveau classeur au lieu d'un classeur existant, choisissez l'option Nouveau classeur, tout en haut de la liste déroulante.

6. Dans la liste Avant la feuille, sélectionnez le nom de la feuille de calcul du classeur de destination avant laquelle les feuilles déplacées ou copiées doivent être placées. Si vous voulez les placer à la fin, choisissez l'option En dernier.

7. Si vous voulez copier et non déplacer les feuilles sélectionnées, cochez la case Créer une copie.

8. Cliquez sur OK ou appuyez sur Entrée pour terminer l'opération de déplacement ou de copie.

Si vous préférez une méthode plus directe, vous pouvez déplacer ou copier des feuilles entre des classeurs ouverts en faisant glisser les onglets sélectionnés de l'un à l'autre. Notez que cette technique fonctionne aussi bien avec une seule feuille qu'avec plusieurs à la fois.

Pour faire glisser une feuille de calcul d'un classeur vers un autre, les deux classeurs doivent être ouverts. Cliquez sur le bouton Réorganiser tout dans l'onglet Affichage, puis choisissez une disposition (en mosaïque, horizontale ou verticale). Avant de fermer la boîte de dialogue Réorganiser, assurez-vous que la case Fenêtres du classeur n'est pas cochée.

Après avoir réorganisé les fenêtres du classeur, faites glisser l'onglet de feuille d'un classeur vers un autre. Pour copier une feuille plutôt que de la déplacer, maintenez la touche Ctrl enfoncée pendant la manipulation. Pour placer la feuille où bon vous semble dans le classeur de destination, cliquez sur le petit triangle noir de l'onglet et faites-le glisser jusqu'à l'emplacement où vous voulez déposer la feuille. Relâchez alors le bouton de la souris ou éloignez votre doigt ou votre stylet de l'écran tactile.

Cette opération par glisser-déposer est justement une de celles qui sont irréversibles, car impossibles à annuler. Cela signifie que si vous avez déplacé par erreur une feuille de calcul dans le mauvais classeur, vous devrez effectuer la procédure inverse pour la ramener là où elle était.

Les Figures 7.10 et 7.11 illustrent combien il est facile de déplacer ou de copier une feuille de calcul d'un classeur à un autre par un simple glisser-déposer.

La Figure 7.10 montre deux fenêtres de classeur côte à côte. Pour déplacer la feuille de calcul d'un classeur vers un autre, il suffit de sélectionner son onglet, puis de le faire glisser jusqu'à son nouvel emplacement. Pour effectuer une copie – l'original reste alors en place –, procédez de même, mais maintenez la touche Ctrl enfoncée.

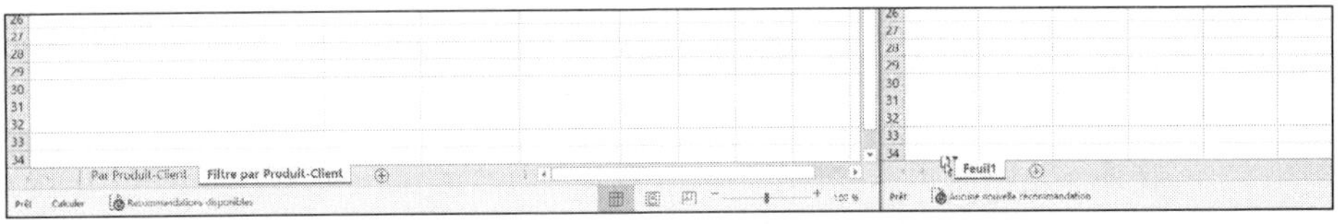

Figure 7.10 Déplacement d'une feuille de calcul d'un classeur à un autre.

Regardez à présent la Figure 7.11 pour voir les classeurs juste après avoir relâché le bouton de la souris. Comme vous le constatez, la feuille de calcul Filtre par produit a été transférée vers le classeur de droite. Notez qu'elle a disparu du classeur de gauche ; si la touche Ctrl avait été maintenue enfoncée au cours de l'opération, elle aurait été dupliquée au lieu d'être déplacée.

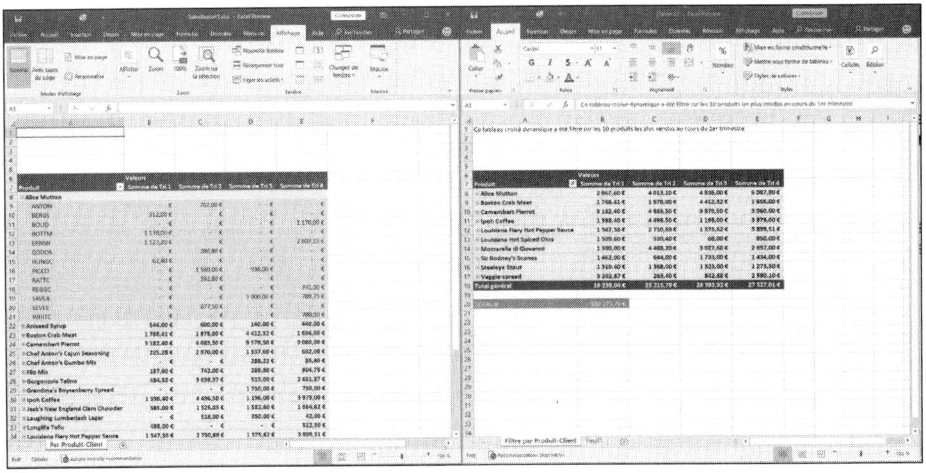

Figure 7.11 La feuille de calcul Filtre par produit a été copiée du classeur de droite dans le classeur de gauche.

En SOMME()...

Nous nous en voudrions de ne pas vous présenter la fascinante fonctionnalité qui permet de créer une *feuille récapitulative* récapitulant tous les totaux des valeurs calculées dans d'autres feuilles du classeur.

Le meilleur moyen de vous montrer comment créer une feuille récapitulative est de vous décrire, étape par étape, comment récapituler les résultats de différentes sociétés en calculant des totaux.

Voici comment vous y prendre :

1. **Dans notre classeur exemple baptisé « État des ventes » nous voulons récapituler les totaux des trois premiers vendeurs de la feuille Par produit. Pour cela, nous commençons par ajouter une nouvelle feuille de calcul que nous plaçons après les autres et que nous nommons Total général.**

   Pour savoir comment insérer une nouvelle feuille, reportez-vous à la section « Ajouter des feuilles de calcul à un classeur », dans ce chapitre. Pour savoir comment renommer une feuille, reportez-vous à la section « D'autres noms pour les feuilles », toujours dans ce chapitre.

2. **Nous introduisons la mention « Récapitulatif » dans la cellule A1 de cette nouvelle feuille, puis un « titre » dans la cellule A2.**

   Il suffit de sélectionner ces cellules et de taper le texte.

3. **Depuis la feuille Par produit, nous copions la plage des trimestres, soit B7:E7 et la collons au même emplacement dans la feuille Total général.**

   Pour cela, il suffit de sélectionner la plage de cellules et d'appuyer sur Ctrl + C, puis de cliquer sur l'onglet Total général, de sélectionner dans celui-ci la cellule B7 et d'appuyer sur Ctrl + V.

Vous êtes maintenant prêt à créer la formule maître SOMME qui totalise les résultats des trimestres par produit en commençant par la cellule où s'affichent les revenus, soit la cellule B8 de la feuille Total général :

1. **Cliquez sur la cellule B8, puis sur le bouton Somme ancré dans le groupe Édition de l'onglet Accueil.**

   Excel affiche `=SOMME()` dans la cellule ; le point d'insertion clignote entre les deux parenthèses.

2. **Cliquez sur l'onglet Par produit, puis sur sa cellule B8 pour sélectionner la somme de ce vendeur.**

3. **Juste avant la parenthèse fermante, introduisez un signe plus (+) pour pouvoir introduire un nouvel argument. Ajoutez ensuite cet argument en cliquant sur l'onglet Par produit, puis en cliquant, dans cette feuille, sur la cellule B8 (deuxième vendeur).**

❹ Répétez l'opération pour tous les autres vendeurs à intégrer dans le récapitulatif.

❺ Enfin, validez en enfonçant la touche Entrée.

La somme de toutes les valeurs des cellules B8 choisies s'affiche dans la cellule B8 de l'onglet Total général, comme l'illustre la Figure 7.12. Vous constatez qu'en fonction des données source, la formule peut être très complexe.

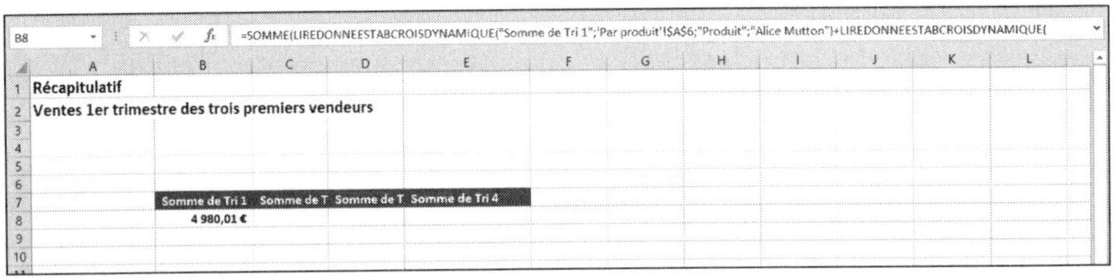

Figure 7.12 La feuille de calcul après la récupération par la fonction SOMME des résultats des trois premiers vendeurs.

Partie 4

Plongeon dans l'analyse de données

Dans cette partie

Analyser les informations pour dégager les tendances qui vous permettront de profiter des opportunités et d'éviter les écueils.

•

Envisager plusieurs scénarios grâce à l'outil Valeur cible.

•

Découvrir les tableaux croisés dynamiques et les graphiques croisés dynamiques.

DANS CE CHAPITRE

Analyser des scénarios qui dépendent d'une ou deux variables.

•

Rechercher une valeur cible.

•

Étudier différentes hypothèses avec le Gestionnaire de scénarios.

Chapitre 8

Mais que se passerait-il si... ?

Ce serait une grave erreur que de prendre Excel 2019 pour une simple calculatrice de luxe tout juste destinée à briller dans des opérations plus ou moins statiques. Car ce programme excelle (ben oui...) aussi dans des analyses plus dynamiques : demandez-lui ce qui se passerait si tel ou tel paramètre variait. Tel le Bon Génie sortant de la lampe d'Aladin, il exaucera immédiatement votre vœu. De telles analyses permettent d'explorer les possibilités offertes par une feuille de calcul en entrant diverses valeurs certaines, probables voire hypothétiques dans une même équation afin d'observer les résultats des différentes variantes.

Dans Excel 2019, les scénarios couvrent une grande variété d'hypothèses. Dans ce chapitre, je présente les trois méthodes les plus simples :

» **Tables de données** qui permettent d'apprécier l'impact d'une ou deux variables comme calculer le bénéfice net avec une taxe de 25 ou de 35 %.

» **Valeur cible** qui permet de voir comment atteindre un objectif comme la quantité de ventes à réaliser pour retirer 15 millions d'euros de profit.

» **Gestionnaire de scénarios** qui permet de tester de nombreuses hypothèses, notamment en envisageant le pire et le meilleur scénario.

Jouer avec les tables de données et les hypothèses

Une table de données permet d'entrer une série de valeurs possibles qu'Excel connectera ensuite à une même formule. Il existe deux types de tables de données : les tables à une seule variable, qui évaluent une formule en affectant une série de valeurs à un paramètre donné et les tables à deux variables, qui opèrent sur le même principe mais, cette fois, en testant deux paramètres simultanément.

Les deux techniques font appel à la même boîte de dialogue. Vous la trouverez dans l'onglet Données du Ruban. Dans le groupe Prévisions, choisissez l'icône Analyse de scénarios, puis Table de données. Le formulaire Table de données propose deux champs : Cellule d'entrée en ligne et Cellule d'entrée en colonne.

Lorsque vous créez une table basée sur une seule variable, vous désignez, dans la feuille de calcul, une cellule qui va, selon le cas, servir d'entrée en ligne (si la série des valeurs possibles est saisie horizontalement, dans une succession de colonnes sur la même ligne) ou d'entrée en colonne (si la série des valeurs possibles est disposée verticalement dans une succession de lignes appartenant à une même colonne).

Quand vous créez une table à deux variables, vous devez désigner deux cellules. L'une définira l'entrée en ligne – les valeurs possibles sont disposées horizontalement dans des cases adjacentes –, l'autre les entrées en colonne : les valeurs possibles sont disposées verticalement.

Créer une table de données à une variable

La Figure 8.1 présente une feuille évaluant les ventes en 2020 à partir des résultats de l'année précédente. L'estimation apparaît dans la cellule B5. Elle est calculée en prenant le résultat des ventes pour 2019 et en lui appliquant le taux de croissance espéré pour 2020, obtenu en multipliant le total de l'année précédente ancré en B2 par le pourcentage de croissance introduit en B3. La cellule B5 contient donc la classique formule :

```
=B2+(B2*B3)
```

Pour utiliser des noms plutôt que des références, nous avons commencé par sélectionner la plage A2:B5. Nous avons ensuite ouvert l'onglet Formules du Ruban, puis cliqué sur la commande Depuis sélection du groupe Noms définis.

Nous avons alors accepté la proposition par défaut : Colonne de gauche. Nous avons finalement réintroduit la formule en B5 pour qu'elle utilise désormais les intitulés des valeurs, ce qui donne :

```
=Ventes_2019+(Ventes_2019*Croissance_2020)
```

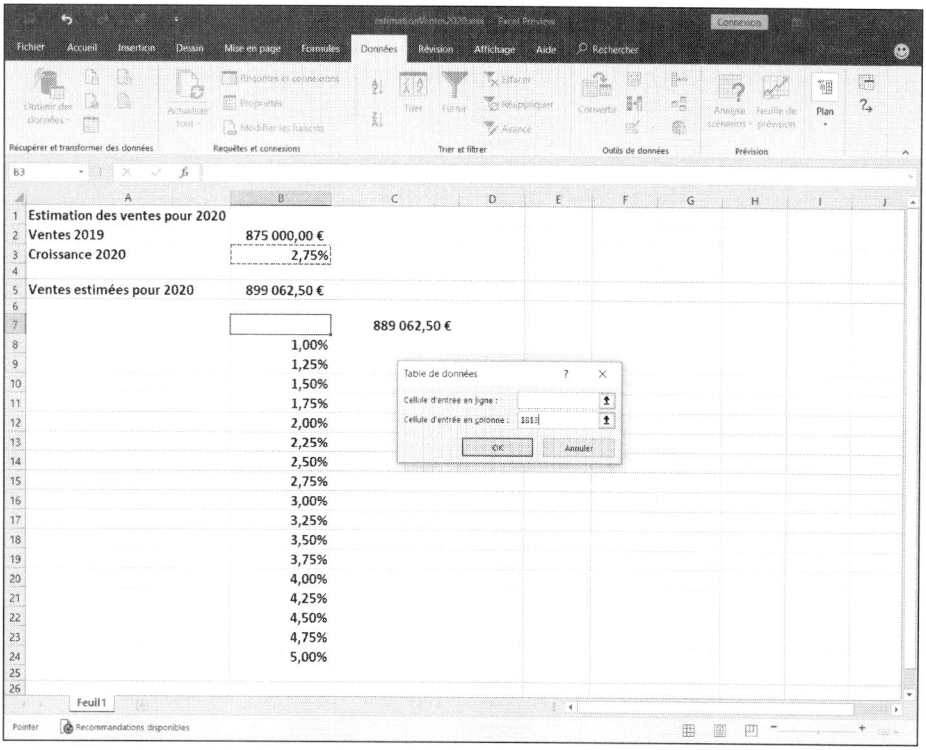

Figure 8.1 Projection des ventes avec une colonne de taux de croissance possibles pour une table de données à une seule variable.

Comme vous pouvez le constater dans la Figure 8.2, nous avons saisi une colonne de taux de croissance possibles – et réalistes – allant de 1 % à 5 %. Ces valeurs se trouvent dans la plage B8:B24. Nous avons procédé comme suit pour créer la table de données à une variable de la Figure 8.2 :

1. Commencez par copier en C7 la formule originale entrée en B5. Pour cela, cliquez sur C7, tapez sur la touche =, puis cliquez sur B5 afin d'obtenir =Projection_des_ventes_en_2016. Validez la formule.

   Cette copie de la formule de base est maintenant l'en-tête de colonne de la table de données. Elle va servir à insérer, dans le calcul, la série de taux définie dans la plage B8:B17.

❷ Sélectionnez la plage B7:C24.

La sélection comprend à la fois la formule qui vient d'être copiée et l'ensemble des taux de croissance.

❸ À partir du Ruban, cliquez successivement sur Prévisions, Analyse de scénarios et Table de données.

Excel ouvre la boîte de dialogue Table de données.

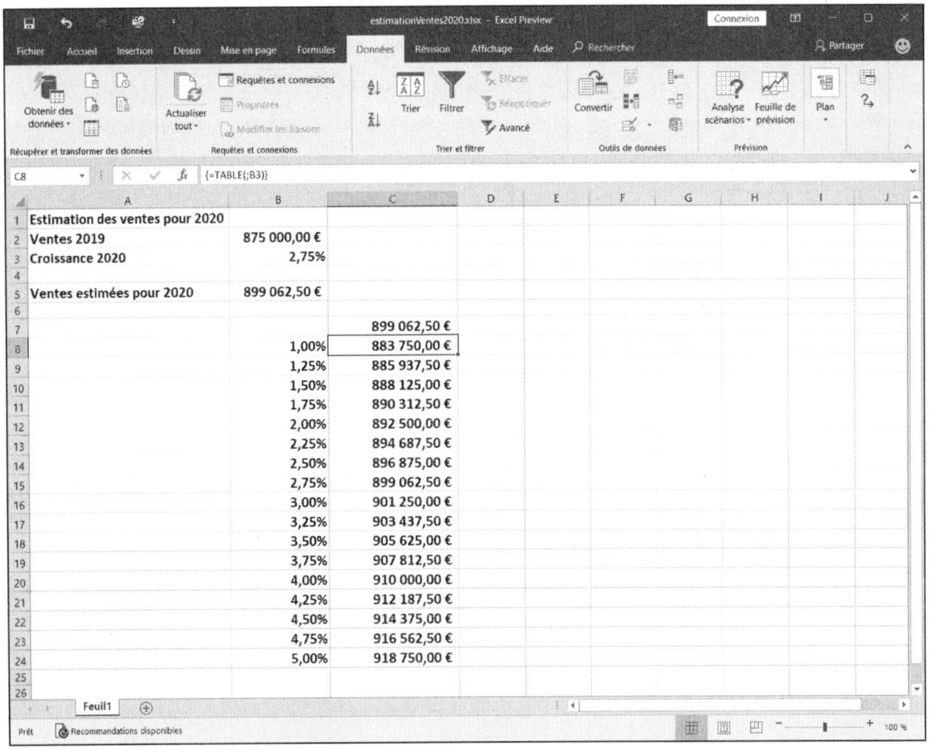

Figure 8.2 Projection des ventes une fois la table de données à une variable créée dans la plage C8:C17.

❹ Cliquez dans le champ Cellule d'entrée en colonne. Cliquez ensuite sur la cellule B3, autrement dit celle qui contient le taux de croissance annuel défini à l'origine.

Excel insère, dans la boîte de dialogue, l'adresse absolue de cette cellule, soit $B$3.

❺ Cliquez sur OK pour licencier la boîte de dialogue.

Excel crée aussitôt la table de données de la plage C8:C17 en insérant, dans chacune de ses cellules, une formule qui utilise la fonction TABLE. Chaque copie de cette formule se sert du taux de croissance qui se trouve dans sa colonne de gauche pour évaluer un montant de ventes possible.

6. Sélectionnez la cellule B5, puis ouvrez l'onglet Accueil. Dans le groupe Presse-papiers, cliquez sur l'outil Reproduire la mise en forme. Sélectionnez ensuite la plage C7:C24. La mise en forme de la cellule B5 est appliquée à la totalité de cette plage.

   De cette manière, toute notre table de données affichera les estimations sous forme de valeur monétaire en euros.

Deux points importants que vous devez retenir à propos de cet exemple :

» Si vous modifiez un des taux de croissance de la plage B8:B17, Excel actualise immédiatement la valeur correspondante dans la table de données. Dans le cas de tables importantes, il est plutôt souhaitable que cette mise à jour soit effectuée uniquement lorsque vous appuyez sur la touche F9 (Calculer maintenant) ou sur la combinaison de touches Maj + F9 (Calculer la feuille). Pour cela, activez l'onglet Formules. Dans le groupe Calcul, choisissez la commande Options de calcul ; cochez alors le mode Automatique, sauf dans les tables de données.

» Si vous tentez de supprimer une des formules TABLE de la plage C8:C24, Excel vous envoie un avertissement vous informant qu'il est impossible de modifier une partie d'une table de données. Si vous voulez vraiment supprimer ou effacer quelque chose, vous devrez d'abord sélectionner la totalité de la table, soit la plage C8:C24 dans notre exemple.

Créer une table de données à deux variables

Comment créer maintenant une table de données à deux variables ? Tout simplement en remplissant cette fois les deux champs de saisie de la boîte de dialogue. Il vous faut une cellule d'entrée en ligne (les valeurs possibles sont placées dans des colonnes successives sur la première rangée de la table) et une cellule d'entrée en colonne (les valeurs possibles pour la seconde variable sont superposées dans la première colonne de la table). Il ne vous manque plus que la formule à évaluer. Elle doit se trouver à l'intersection de la ligne d'en-tête et de la première colonne de la table.

La Figure 8.3 illustre ce type de situation. Dans cette nouvelle version de notre évaluation des ventes, nous utiliserons deux variables pour calculer le résultat escompté en 2020. Il y a d'abord un taux de croissance qui est un pourcentage d'augmentation appliqué aux ventes de l'année précédente ; cette valeur se trouve en B3 (la cellule nommée Croissance_2020). Jusque-là, rien de neuf. La seconde variable est un pourcentage de frais calculé à partir des ventes de l'année 2019. Il est enregistré dans la cellule B7 (appelée ici Dépenses_en_2020).

Figure 8.3 Projection des ventes avec une série de croissances et de pourcentages de dépenses possibles servant à créer une table de données avec deux variables.

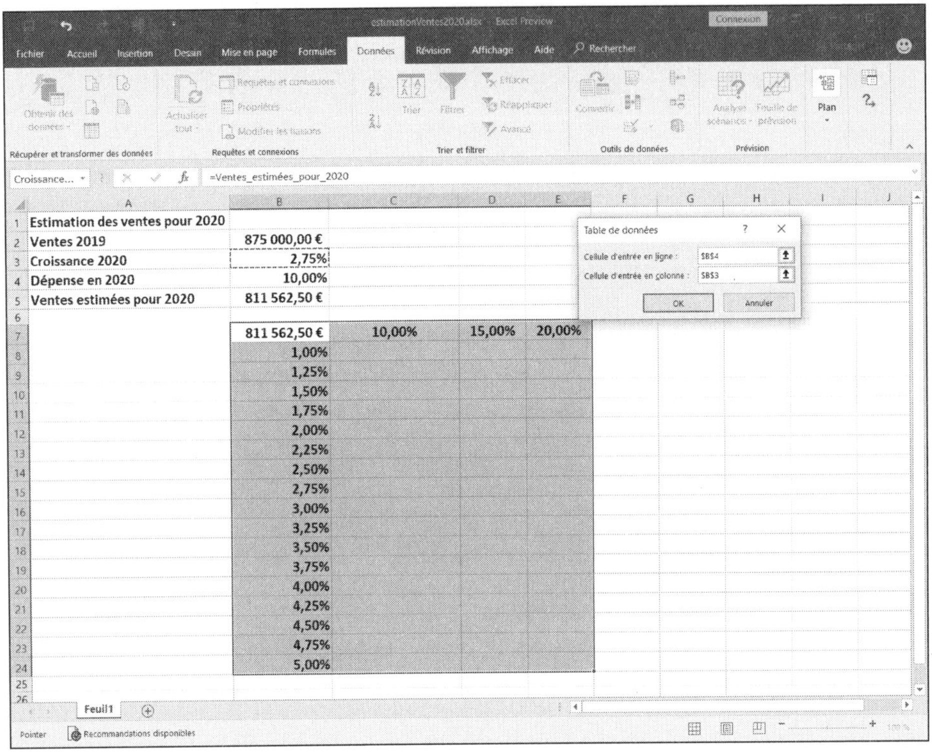

La formule originale de la cellule B5 devient un peu plus complexe :

```
=Ventes_2019+(Ventes_2019*Croissance_2020)-(Ventes_2019*Dépense_en_2020)
```

Pour définir la table de données à deux variables, nous avons ajouté une ligne représentant un pourcentage de dépenses possibles dans la rangée C7:E7. Elle est associée à une série de taux de croissance en B8:B24. Nous avons ensuite recopié la cellule Projection_des_ventes_en_2016 de B5 en B7. La formule en B7 est donc :

```
=Ventes_estimées_pour_2020
```

Quelques étapes vont suffire à créer la table de données à deux variables représentée à la Figure 8.4 :

1. **Sélectionnez la plage B7:E24.**

   Cette plage comprend la copie de la formule originale ainsi que toutes les cellules correspondant aux pourcentages de dépenses et aux taux de croissance.

❷ Cliquez dans le Ruban sur l'onglet Données, puis sur le bouton Analyse de scénarios et, enfin, sur Table de données.

Excel ouvre la boîte de dialogue Table de données ; le point d'insertion clignote dans le champ Cellule d'entrée en ligne.

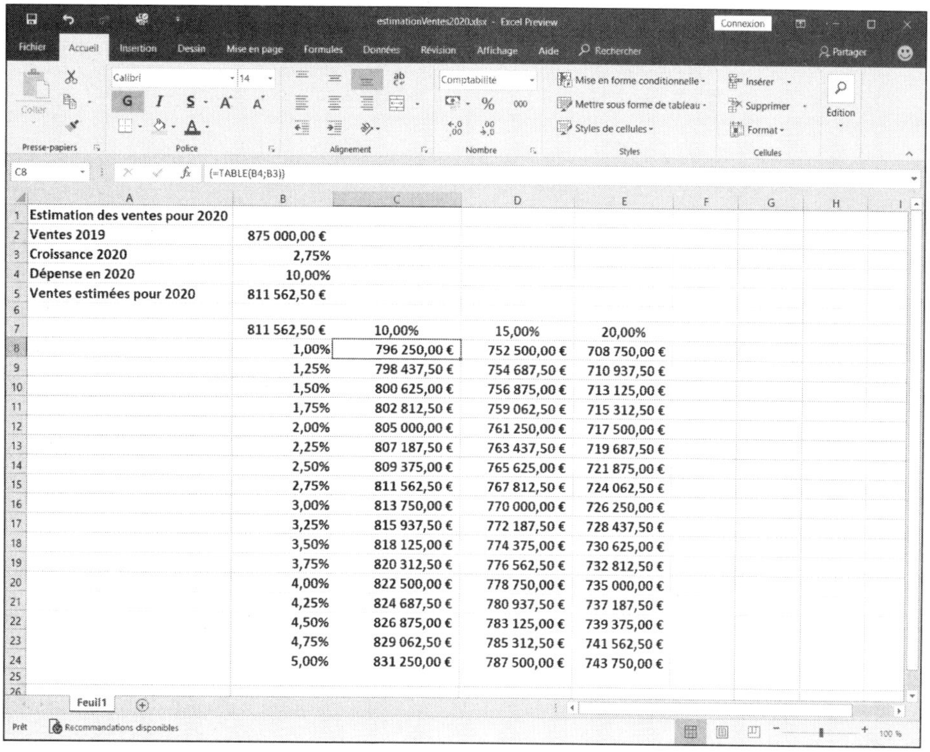

	A	B	C	D	E
1	Estimation des ventes pour 2020				
2	Ventes 2019	875 000,00 €			
3	Croissance 2020	2,75%			
4	Dépense en 2020	10,00%			
5	Ventes estimées pour 2020	811 562,50 €			
6					
7		811 562,50 €	10,00%	15,00%	20,00%
8		1,00%	796 250,00 €	752 500,00 €	708 750,00 €
9		1,25%	798 437,50 €	754 687,50 €	710 937,50 €
10		1,50%	800 625,00 €	756 875,00 €	713 125,00 €
11		1,75%	802 812,50 €	759 062,50 €	715 312,50 €
12		2,00%	805 000,00 €	761 250,00 €	717 500,00 €
13		2,25%	807 187,50 €	763 437,50 €	719 687,50 €
14		2,50%	809 375,00 €	765 625,00 €	721 875,00 €
15		2,75%	811 562,50 €	767 812,50 €	724 062,50 €
16		3,00%	813 750,00 €	770 000,00 €	726 250,00 €
17		3,25%	815 937,50 €	772 187,50 €	728 437,50 €
18		3,50%	818 125,00 €	774 375,00 €	730 625,00 €
19		3,75%	820 312,50 €	776 562,50 €	732 812,50 €
20		4,00%	822 500,00 €	778 750,00 €	735 000,00 €
21		4,25%	824 687,50 €	780 937,50 €	737 187,50 €
22		4,50%	826 875,00 €	783 125,00 €	739 375,00 €
23		4,75%	829 062,50 €	785 312,50 €	741 562,50 €
24		5,00%	831 250,00 €	787 500,00 €	743 750,00 €

Figure 8.4 Projection des résultats une fois la table de données à deux variables créée dans la plage C8:E24.

❸ Cliquez sur la cellule B4 pour entrer l'adresse absolue de la source. L'expression $B$4 apparaît dans le champ.

❹ Activez ensuite le champ Cellule d'entrée en colonne. Cliquez cette fois sur la cellule B3 pour afficher son adresse absolue ($B$3) dans la boîte de dialogue.

❺ Cliquez sur OK pour licencier la boîte de dialogue Table de données.

Excel remplit les cellules vides de la table de données avec une formule TABLE qui utilise B4 comme entrée de ligne B4 et B3 comme entrée de colonne.

❻ Cliquez sur la cellule B7, puis sur l'icône Reproduire la mise en forme du groupe Presse-papiers de l'onglet Accueil. Faites glisser le curseur sur la plage de cellules C8:E24 afin de copier le format monétaire vers l'ensemble de la table.

Il peut arriver que le contenu de certaines cellules soit trop long pour s'afficher dans l'espace disponible. Dans ce cas, Excel signale le problème par une suite de caractères dièse (#). Si la plage C8:C24 est toujours sélectionnée, l'étape qui suit corrige la situation.

7. Dans le groupe Cellules de l'onglet Accueil, cliquez sur la commande Format. Choisissez, dans le menu déroulant qui apparaît, l'option Ajuster la largeur de colonne.

Chercher la cible

Lorsque vous vous posez une question du style « Que se passerait-il si... », il se peut très bien que vous ayez en tête un certain objectif. Par exemple : « Quel taux d'augmentation de mon chiffre d'affaires dois-je atteindre ? » Ou encore : « Si je veux gagner telle somme, quel doit être le volume des ventes ? ». C'est précisément pour répondre à ce genre d'interrogation qu'Excel met à votre disposition une fonctionnalité baptisée *Valeur cible*.

La commande Valeur cible se trouve dans le menu Analyse de scénarios (sous l'onglet Prévisions du Ruban). Pour l'utiliser, vous devez sélectionner la cellule qui contient la formule devant retourner le résultat escompté (dans la boîte de dialogue Valeur cible, c'est la *cellule à définir*), puis indiquer la valeur à atteindre et, enfin, spécifier l'emplacement du paramètre qu'Excel doit faire varier pour répondre à vos souhaits (dans le champ Cellule à modifier de la boîte de dialogue).

Les Figures 8.5 et 8.6 illustrent l'utilisation de la fonction Valeur cible dans une feuille contenant des projections de ventes pour l'année 2020. Votre but : déterminer le montant des ventes nécessaires pour que le solde après achat des produits et autres dépenses atteigne, pour le premier trimestre de l'année, une valeur de 300 000 €.

Pour déterminer l'augmentation des ventes dont vous avez besoin pour que le solde net soit de 300 000 €, commencez par sélectionner la cellule B7. C'est elle qui contient la formule magique qui calcule la prévision pour le premier trimestre 2020. Activez alors l'onglet Données, cliquez dans le Ruban sur le bouton Analyse de scénarios, puis sur Valeur cible.

Cette action ouvre la boîte de dialogue Valeur cible (reportez-vous à la Figure 8.5). Du fait que B7 est la cellule active, vous trouvez déjà sa référence dans le champ Cellule à définir. Activez ensuite le champ Valeur à atteindre ; saisissez votre objectif, soit **300000**. Activez à présent le champ Cellule à modifier et cliquez sur la cellule B3 (celle qui contient les ventes du premier trimestre). Son adresse absolue ($B$3) apparaît dans la boîte de dialogue.

Figure 8.5 Utilisez la valeur cible pour déterminer le volume de ventes permettant d'atteindre un certain solde net.

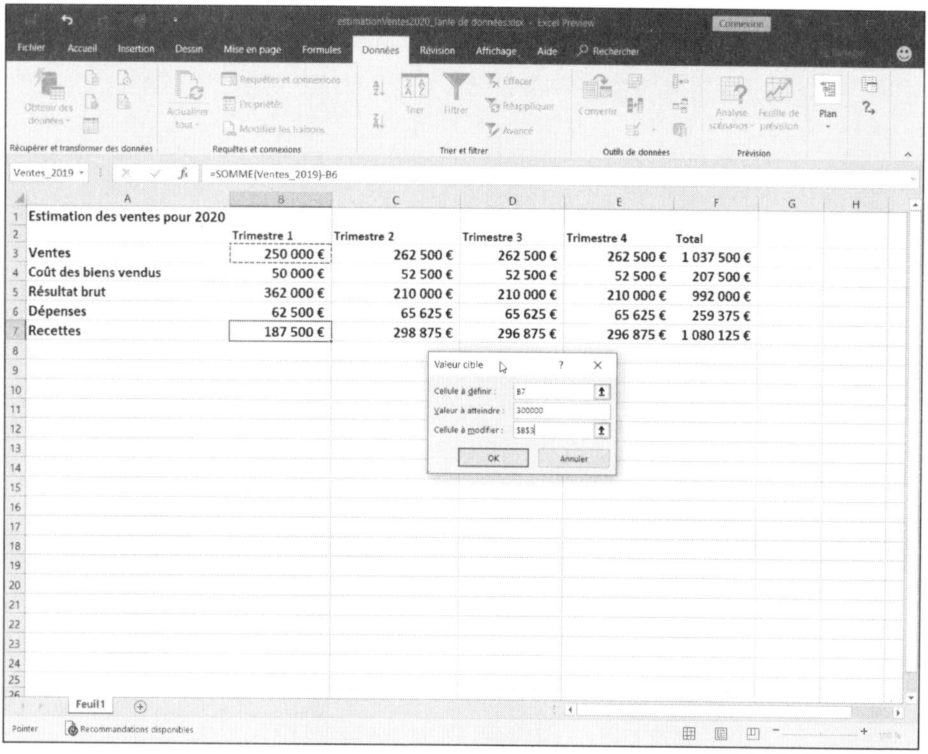

La Figure 8.6 montre ce qui se passe après avoir cliqué sur OK. Excel a recalculé la valeur du paramètre B3 jusqu'à ce que le solde B7 atteigne le montant désiré. Vous pouvez constater qu'il vous faudra passer de 250000 à 412500 € pour que la cellule B7 affiche les 300000 € attendus.

Si vous voulez conserver les nouvelles données fournies par la fonction Valeur cible, il vous suffit de cliquer sur le bouton OK de la boîte de dialogue État de la recherche. Pour revenir aux anciennes valeurs, cliquez simplement sur Annuler.

Si vous avez choisi de valider le calcul, appuyez sur Ctrl + Z (ou cliquez sur le bouton Annuler de la barre d'outils Accès rapide) pour revenir au point de départ. Et si vous changez à nouveau d'avis, vous n'avez qu'à appuyer sur Ctrl + Y (ou à cliquer sur le bouton Rétablir de la même barre). Le résultat de la valeur cible réapparaîtra instantanément. Une vraie bascule...

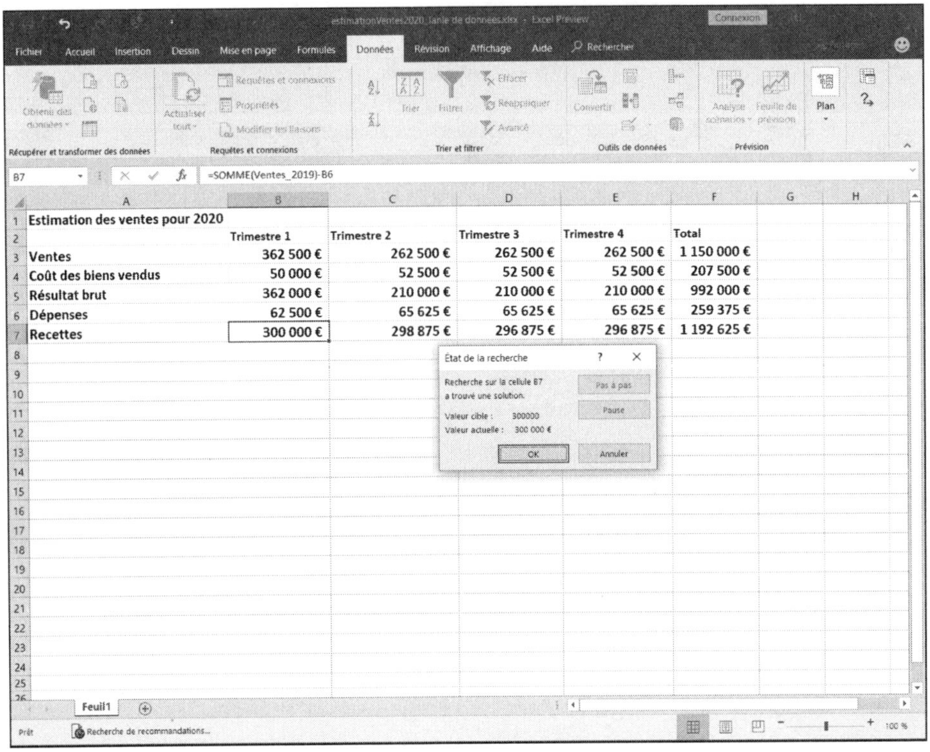

Figure 8.6 La valeur cible est atteinte.

Examiner des hypothèses avec le Gestionnaire de scénarios

Le Gestionnaire de scénarios d'Excel permet de créer et de sauvegarder des jeux de valeurs produisant différents résultats dans la feuille de calcul. Vous donnerez un nom à ces scénarios (par exemple, Hypothèse haute, Hypothèse catastrophique ou Hypothèse la plus favorable). Comme les scénarios sont enregistrés avec le classeur, vous pouvez utiliser leurs valeurs pour jouer au jeu du «quoi-si». Il suffira d'ouvrir le gestionnaire et de demander à Excel d'afficher le scénario voulu.

Les scénarios en place, il est possible d'obtenir un état récapitulatif montrant les paramètres associés à chaque hypothèse, de même que les résultats qu'ils produisent.

Définir des scénarios

Pour créer un scénario, vous devez identifier les diverses cellules dont la valeur peut (ou doit) varier dans chaque hypothèse. Vous sélectionnez alors ces cellules avant de cliquer successivement sur l'onglet Données du Ruban, puis sur le bouton Analyse de scénarios et, enfin, sur Gestionnaire de scénarios.

La Figure 8.7 montre la feuille de prévisions des ventes pour 2020 après que nous avons nommé les cellules d'hypothèses (G3, baptisée Croissance_Ventes, G4, baptisée CBV pour « Coût des Biens Vendus » et G6, baptisée Dépenses) et ouvert la boîte de dialogue Gestionnaire de scénarios.

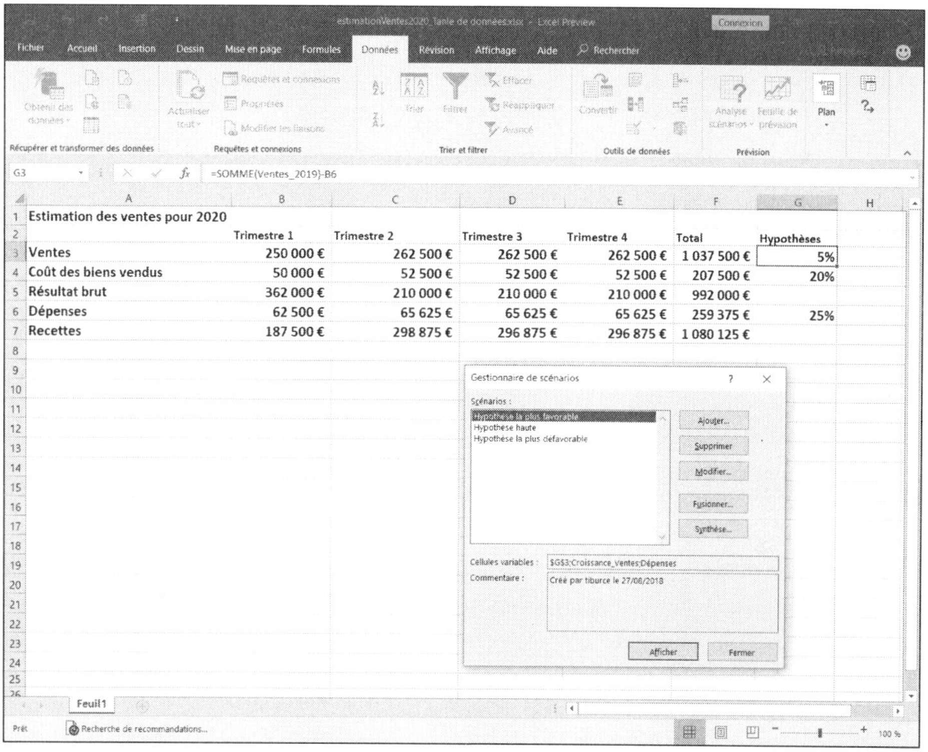

Figure 8.7
Ajout de scénarios à la feuille Prévisions.

Dans notre exemple, trois scénarios ont déjà été définis en cliquant à chaque fois sur le bouton Ajouter, en définissant un nom, puis en spécifiant les valeurs que doivent prendre nos cellules :

» **Hypothèse la plus favorable :** des ventes qui augmentent de 5 % (Croissance_Ventes), un coût des achats (CBV) de 20 % et des frais (Dépenses) qui s'accroissent de 25 %.

» **Hypothèse haute :** les ventes augmentent de 8 % (Croissance_Ventes), le coût des achats (CBV) de 18 % et les frais (Dépenses) de 20 %.

» **Hypothèse la plus défavorable :** cette fois, les ventes augmentent de 2 % (Croissance_Ventes), le coût des achats (CBV) de 25 % et les frais (Dépenses) de 35 %.

Pour créer le premier scénario, nous avons cliqué sur le bouton Ajouter de la boîte de dialogue Gestionnaire de scénarios. Dans la fenêtre Ajouter un scénario, nous avons saisi comme nom **Hypothèse la plus favorable**, puis sélectionné les cellules variables, soit G3, G4 et G6.

À ce stade, Excel affiche la boîte de dialogue Valeurs de scénarios dans laquelle vous êtes censé fournir les paramètres souhaités dans les trois champs Croissance_Ventes, CBV et Dépenses, à savoir :

» **0,05** dans le champ Croissance_Ventes ;

» **0,20** dans le champ CBV ;

» **0,25** dans le champ Dépenses.

Après quoi, il ne reste plus qu'à cliquer sur OK.

Avant de commencer à créer vos scénarios, donnez toujours un nom aux cellules variables (si vous avez oublié comment procéder, reportez-vous au Chapitre 6). De cette manière, Excel affichera le nom de ces cellules à la place de leur adresse dans la boîte de dialogue Valeurs de scénarios, ce qui, vous en conviendrez, est tout de même plus explicite.

Lorsque vous avez validé vos variables, résistez à la tentation de cliquer sur OK (Excel revient à la boîte de dialogue Gestionnaire de scénarios). Nous avons de nouveau cliqué sur Ajouter pour regagner immédiatement la fenêtre Gestionnaire de scénarios où nous comptons en définir deux supplémentaires. En voici les paramètres :

Deuxième scénario :

» **Hypothèse haute** dans le champ Nom du scénario ;

» **0,08** dans le champ Croissance_Ventes ;

» **0,18** dans le champ CBV ;

» **0,20** dans le champ Dépenses.

Troisième scénario :

» **Hypothèse la plus défavorable** dans le champ Nom du scénario ;
» **0,02** dans le champ Croissance_Ventes ;
» **0,25** dans le champ CBV ;
» **0,35** dans le champ Dépenses.

Nos trois hypothèses apparaissent désormais dans la liste Scénarios.

Pour demander à Excel de recalculer nos projections de ventes 2014 en fonction des différentes évaluations, il suffit de sélectionner le nom du scénario voulu, puis de cliquer sur le bouton Afficher.

Une fois vos scénarios définis, n'oubliez pas de sauvegarder le classeur dès que vous avez refermé la boîte de dialogue Gestionnaire de scénarios. De cette manière, les scénarios seront enregistrés en même temps que votre fichier. Vous les aurez ainsi à portée de main chaque fois que vous ouvrirez le classeur. Il vous suffira pour cela de rappeler le gestionnaire, de choisir un scénario et de cliquer sur Afficher.

Produire une synthèse

Une fois tous vos scénarios définis, vous pouvez demander à Excel de produire un rapport de synthèse, comme celui représenté à la Figure 8.8. Cet état affiche les valeurs variables et les valeurs résultantes non seulement pour chaque scénario associé à la feuille, mais également pour le contenu des cellules tel qu'il se présente au moment où vous générez la synthèse.

Pour produire une synthèse, ouvrez la boîte de dialogue Gestionnaire de scénarios (onglet Données du Ruban, puis Analyse de scénarios, puis enfin Gestionnaire de scénarios). Cliquez alors sur le bouton Synthèse.

La boîte de dialogue Synthèse de scénarios vous offre le choix entre deux modes : Synthèse de scénarios (c'est la version statique) et Scénario du rapport de tableau croisé dynamique. Comme nous reviendrons sur les tableaux croisés dans le prochain chapitre, c'est ici le premier choix qui retient notre attention.

Figure 8.8

La synthèse des scénarios montre l'impact des hypothèses sur les projections de ventes pour 2020.

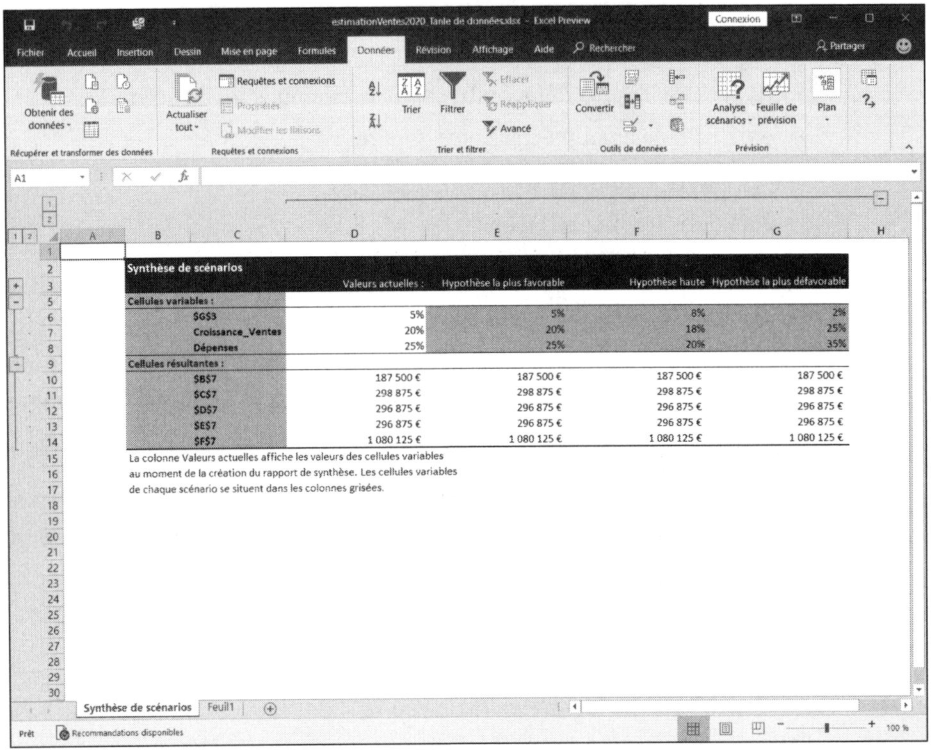

La plage de données à afficher dans la synthèse est définie dans le champ Cellules résultantes. Si la proposition par défaut d'Excel ne vous convient pas, sélectionnez la série de cellules qui devront apparaître dans la synthèse. Dans notre exemple, il s'agit de la dernière ligne de la table, soit la plage B7:F7 (les soldes des quatre trimestres, plus le total annuel).

Après avoir cliqué sur OK, Excel crée le rapport de synthèse en prenant les valeurs changeantes de chaque scénario, plus celles qui se trouvent actuellement dans les cellules « souches ». Il affiche le tout dans une nouvelle feuille de calcul qu'il baptise Synthèse de scénarios. Les paramètres apparaissent sous la légende Cellules variables. Les valeurs calculées sont disposées sous l'intitulé Cellules résultantes.

Bien entendu, vous pouvez renommer la feuille de synthèse, la déplacer dans le classeur, puis enregistrer celui-ci.

DANS CE CHAPITRE

Comprendre les tableaux croisés.

Créer un tableau croisé.

Formater un nouveau tableau croisé dynamique.

Trier et filtrer les données.

Modifier la structure et la disposition.

Créer un graphique croisé dynamique.

Chapitre 9

Jouer avec les tableaux croisés

Les *tableaux croisés dynamiques* constituent une espèce particulière de tableaux de synthèse, spécifiques à Microsoft Excel. Ils sont particulièrement utiles pour synthétiser des valeurs prises dans une liste de données (ou provenant d'une base de données), car ils font leurs tours de magie sans que vous ayez à créer des formules pour effectuer ces opérations. Ils vous permettent aussi d'examiner et d'analyser facilement et rapidement les relations inhérentes à leurs sources de données (qu'il s'agisse de séries de valeurs traitées directement sous Excel, ou de tables lues dans des bases de données externes gérées à l'aide d'un programme autonome tel que Microsoft Access, ou de données de sources comme Windows Azure Marketplace – voir le Chapitre 11).

Grâce aux tableaux croisés, il est possible de disposer différemment les données traitées, y compris après les avoir générées. C'est d'ailleurs cette capacité à adapter à la volée l'agencement des données, en opérant une rotation sur les en-têtes de lignes et de colonnes, qui a donné à l'origine leur nom aux tables *pivot*, devenues entre-temps des *tableaux croisés dynamiques*. Si vous visualisez mieux les relations entre données quand elles sont présentées graphiquement, Excel permet tout aussi bien de créer des graphiques croisés dynamiques à partir d'un des nombreux modèles pris en charge par Excel.

Analyser des données grâce aux tableaux croisés dynamiques

Les tableaux croisés dynamiques sont extrêmement intéressants, car ils vous permettent de synthétiser des données en utilisant une belle variété de fonctions (même si la totalisation avec SOMME est celle qui reste la plus courante). Lorsque vous définissez un tableau croisé dynamique (ce que nous allons faire dans la prochaine section), vous avez plusieurs décisions à prendre : quelle sera la fonction de regroupement, quelles seront les colonnes (ou les champs) auxquelles cette fonction s'appliquera et quelles seront les colonnes (ou champs) avec lesquelles ces calculs seront (justement) croisés.

Les tableaux croisés sont parfaits pour croiser (on s'y attendait !) une série de données avec une autre. Par exemple, vous pouvez créer un tableau croisé à partir d'une table provenant d'une base de données Employés, de manière à totaliser les salaires des différentes catégories professionnelles par service ou site.

Créer un tableau croisé avec l'outil Analyse rapide

L'outil Analyse rapide fait de la création de tableaux croisés dynamiques un jeu d'enfant. Pour prévisualiser différents types de structures de ce genre qu'Excel compose sur la base des données consignées dans une table ou dans une liste, contentez-vous de suivre la procédure décrite ci-après :

1. **Sélectionnez, dans la table ou dans la liste, les données à traiter (en incluant les en-têtes de colonne).**

2. **Cliquez sur l'outil Analyse rapide qui se manifeste en bas à droite de la zone sélectionnée.**

   Ce faisant, vous accédez à la palette correspondante, dont l'onglet Mise en forme est sélectionné par défaut.

3. **Activez l'onglet Tableaux.**

4. **Comme le montre la Figure 9.1, Excel ouvre le volet Champs de tableau croisé dynamique.**

Figure 9.1

Pour créer votre tableau croisé dynamique.

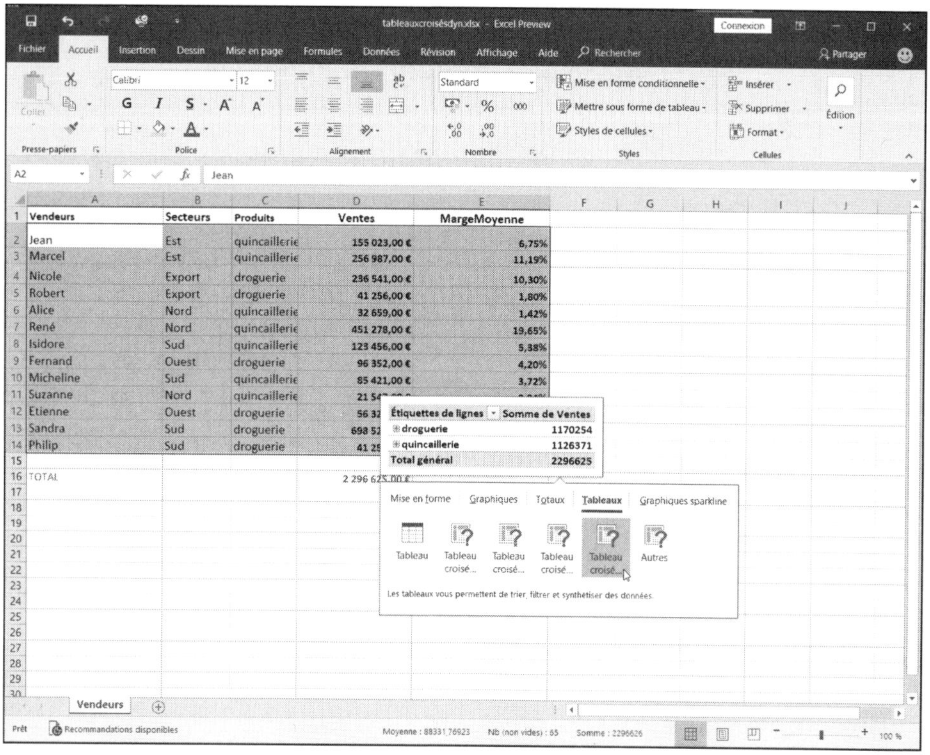

❺ Cochez les champs à inclure dans le tableau.

La Figure 9.2 montre que le tableau se constitue à mesure des champs cochés.

Remarquez que le tableau a échoué dans une feuille rien qu'à lui, qu'Excel a placée devant toutes les autres feuilles du classeur courant (une seule dans notre exemple). Exploitez les commandes qu'il vous propose pour personnaliser votre tableau, comme vous invite à le faire la section « Mettre en forme un tableau croisé dynamique », plus loin dans ce chapitre.

Il arrive qu'Excel soit incapable de proposer des tableaux pour les données que vous avez sélectionnées. Dans ce cas, un bouton Tableau croisé stérile (c'est-à-dire ne provoquant l'affichage d'aucune suggestion) s'affiche juste à droite du bouton Tableau de l'onglet Tableaux de la palette Analyse rapide. Rien ne s'oppose, alors, à ce que vous agissiez manuellement, comme vous l'explique la suite de ce chapitre.

Figure 9.2

La feuille ajoutée et son tableau croisé dynamique.

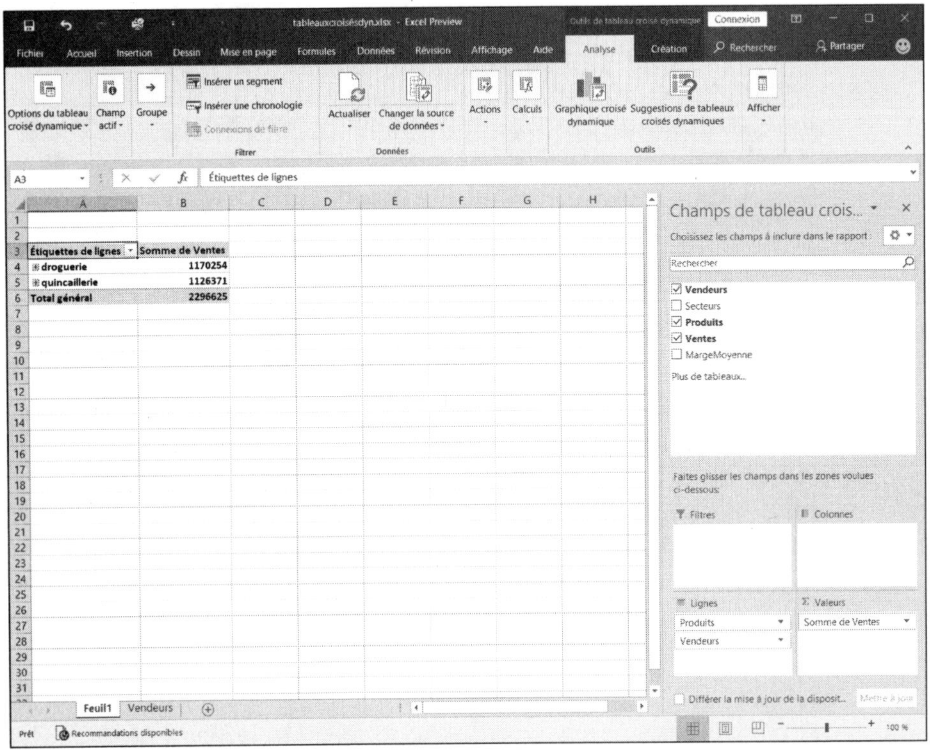

Créer un tableau croisé avec la commande Suggestions

Autre façon d'agir rapidement et efficacement : la commande Suggestions de tableaux croisés dynamiques. Voici comment l'exploiter :

1. Sélectionnez une cellule de la plage de données à représenter.

   Vous pouvez désigner n'importe quelle cellule si vos données sont disposées en lignes et en colonnes contiguës.

2. Activez le bouton Tableaux croisés recommandés de l'onglet Insertion du Ruban.

   Il s'agit du bouton dont le libellé est au pluriel, situé à droite de celui dont le libellé est au singulier.

   Excel affiche la boîte de dialogue Suggestions de tableaux croisés dynamiques. À gauche, plusieurs tableaux vous sont proposés avec, à droite, l'aperçu de l'option validée en regard.

❸ **Cliquez sur la suggestion qui vous intéresse, puis cliquez sur OK.**

Dès que vous validez, Excel crée le tableau correspondant dans une feuille à part, qu'il place devant toutes les autres. Étant donné que ce tableau est sélectionné, le volet Champs de tableau croisé dynamique surgit à droite. Comme annoncé plus haut, il regroupe les outils de mise en forme que nous détaillerons plus tard.

Créer un tableau croisé manuellement

Si les propositions d'Excel ne vous conviennent pas, créez le tableau manuellement. Ne dit-on pas qu'on n'est jamais si bien servi que par soi-même ? Deux moyens d'agir : commencer par créer le tableau dont la disposition se rapproche le plus de ce que vous recherchez ou partir carrément de zéro, ce qui, parfois, est préférable.

Lancez-vous : ouvrez la feuille de calcul contenant la liste des données à synthétiser, sélectionnez une cellule quelconque, puis cliquez sur le bouton de commande Tableau croisé dynamique sous l'onglet Insertion du Ruban, comme à la Figure 9.3.

Figure 9.3 Créez manuellement un tableau croisé dynamique.

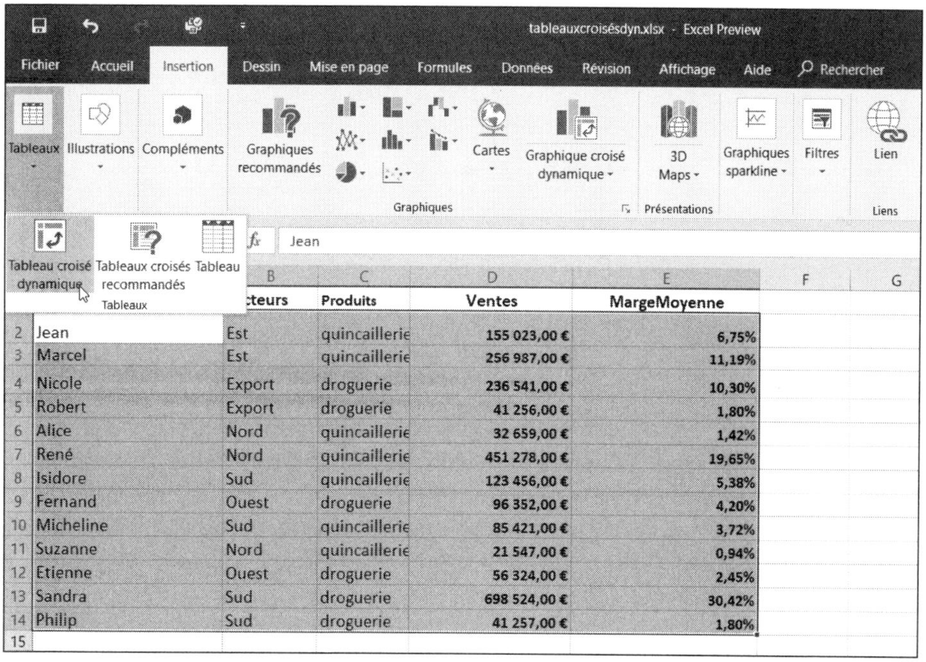

Suite à cette action, Excel dévoile la boîte de dialogue Créer un tableau croisé dynamique et sélectionne l'intégralité des données (un trait clignotant en témoigne). Si nécessaire, vous pouvez ajuster cette sélection en vous exprimant dans le champ Tableau/Plage de la rubrique Sélectionner un tableau ou une plage (Figure 9.4). Par défaut, Excel introduit le nouveau tableau croisé dynamique dans une feuille distincte qu'il ajoute au classeur. Si vous préférez l'insérer sur la feuille courante, validez l'option Feuille de calcul existante. Dans ce cas, spécifiez, dans le champ Emplacement, l'adresse de la première cellule du tableau. (Évitez que le tableau n'écrase des données !)

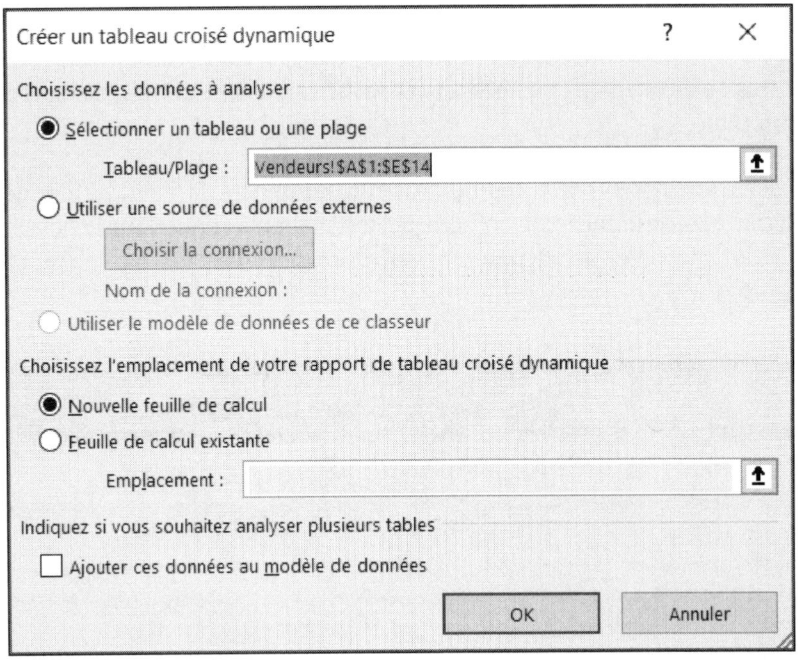

Figure 9.4 Indiquez, dans la boîte de dialogue Créer un tableau croisé dynamique, les données source et l'endroit où vous souhaitez que le tableau échoue.

Si vos données proviennent d'une source externe créée avec un gestionnaire de base de données comme Access, cochez l'option Utiliser une source de données externe, puis cliquez sur Choisir la connexion et sélectionnez une connexion dans la fenêtre Connexions existantes. (Reportez-vous au Chapitre 11 pour en apprendre davantage quant aux connexions avec des données externes.) Sachez qu'Excel 2019 est capable d'analyser des infos issues de tables multiples mises en relation.

Une fois que vous avez indiqué, dans la boîte de dialogue Créer un tableau croisé dynamique, les données source ainsi que l'emplacement du futur tableau, il ne vous reste plus qu'à indiquer les champs à inclure dans le tableau. Excel constitue alors la structure vierge du tableau et affiche, dans la partie droite de l'interface, le volet Champs de tableau croisé dynamique (Figure 9.5).

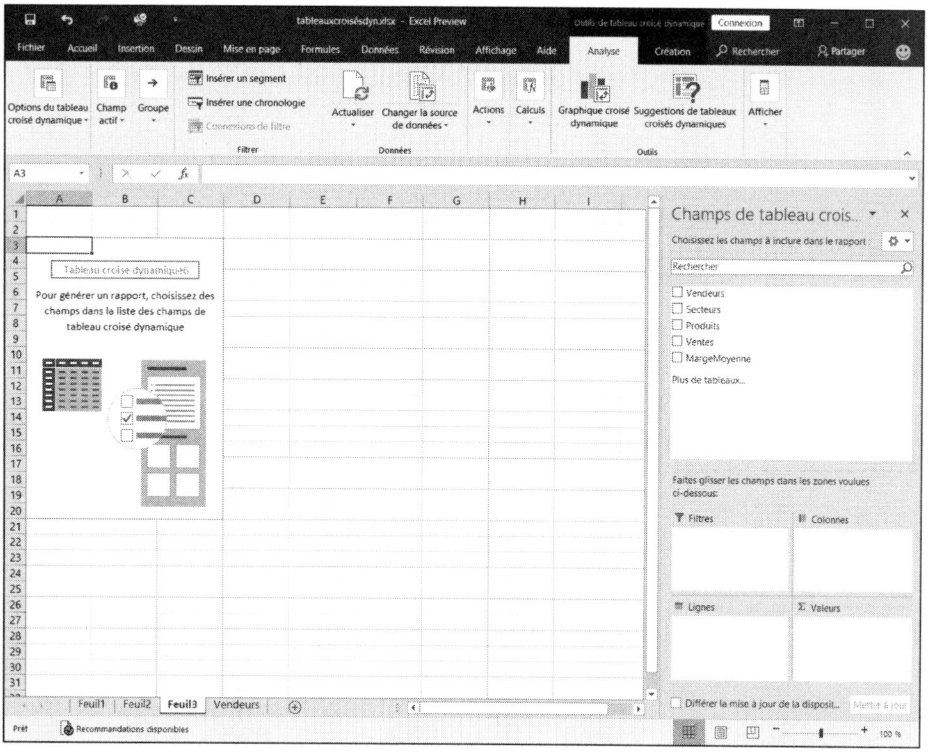

Figure 9.5

Le futur tableau et le volet de droite.

Chaque entrée est précédée d'une case à cocher vide ; c'est la raison pour laquelle, à ce stade, le tableau est toujours vierge. En bas, quatre zones permettent de faire glisser des noms de champs sur les éléments proposés : filtres, lignes, colonnes et valeurs.

À ce stade, et comme expliqué ci-dessus, il ne vous reste qu'à désigner les champs que vous voulez voir figurer dans le tableau. Pour ce faire, il suffit de faire glisser leurs noms vers une des quatre zones du bas :

» **Filtres :** cette zone contient des champs qui vous permettent de regrouper les données du tableau croisé en leur appliquant un filtre. Supposons par exemple que vous vouliez étudier l'évolution des ventes sur plusieurs années. En faisant glisser un champ Année sur la fenêtre Filtre du rapport, vous pourrez afficher les valeurs année par année ou pour toute la période représentée par votre liste de données.

» **Colonnes :** cette zone contient les champs qui déterminent la disposition des données dans les colonnes du tableau croisé.

» **Lignes :** cette zone contient les champs qui déterminent la disposition des données dans les lignes du tableau croisé.

» **Valeurs :** cette zone contient les champs qui déterminent les données représentées dans les cellules du tableau, autrement dit celles qui sont sommées (par défaut) dans sa dernière colonne.

Dans notre exemple, nous pourrions décider de mettre les filiales en filtres, les vendeurs et les produits en lignes, les secteurs en colonnes et les trois premiers mois de l'année en valeurs. Nous obtiendrions ainsi un tableau permettant de connaître les chiffres de vente par vendeur, ventilés verticalement par article et horizontalement par région (Figure 9.6).

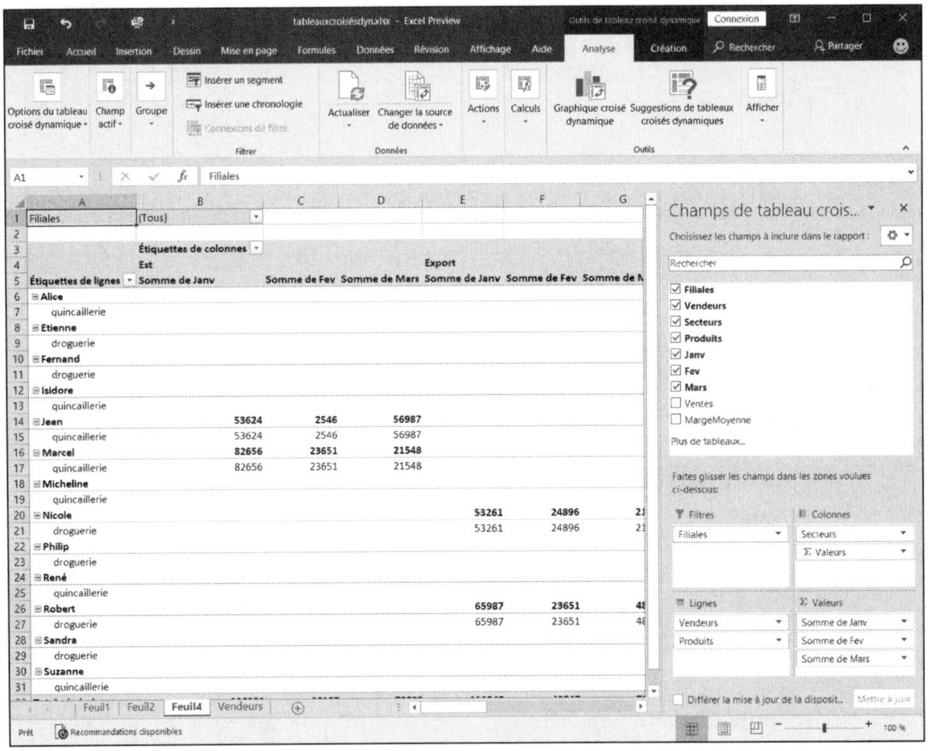

Figure 9.6 Le tableau tel qu'issu de nos choix.

Dès le début de la procédure, un onglet Outils de tableau croisé dynamique fait son apparition dans le Ruban ; il propose deux sous-onglets, baptisés respectivement Analyse et Création, le sous-onglet Analyse étant sélectionné. Vous y trouverez une foule de commandes intéressantes, notamment dans le menu local du bouton Afficher :

- **Liste des champs :** affiche ou masque le volet Liste de champs du tableau croisé dynamique, à droite de la fenêtre.
- **Boutons +/- :** affiche ou masque les boutons servant à étendre (+) ou réduire (-) en regard des champs particuliers (en colonne comme en ligne) et qui servent à montrer ou cacher les totaux de ceux-ci dans le tableau.
- **En-têtes de champ :** affiche ou masque les noms des champs affectés aux étiquettes de colonnes ou de lignes dans le tableau croisé.

Mettre en forme un tableau croisé dynamique

Formater un tableau croisé dynamique n'est pas plus compliqué que formater des données classiques. Il suffit de cliquer dans une des cellules du tableau afin d'afficher l'onglet Outils de tableau croisé dynamique dans le Ruban, puis d'activer son onglet Création.

Cet onglet regroupe trois groupes de commandes :

- **Disposition :** pour ajouter des sous-totaux ou des totaux généraux et pour modifier l'agencement global du tableau.
- **Options de style de tableau croisé dynamique :** pour affiner l'aspect grâce à la galerie de styles affichée à droite.
- **Styles de tableau croisé dynamique :** pour appliquer des styles au tableau en cliquant sur la vignette correspondante.

Personnaliser le style du tableau croisé dynamique

Profitez de l'aperçu dynamique pour juger immédiatement de l'effet des différentes variantes : positionnez le pointeur de votre souris sur une vignette de la galerie pour apprécier le résultat.

Une fois que vous avez ainsi appliqué un style prédéfini, vous pouvez le personnaliser grâce aux cases à cocher du groupe Options de style de tableau croisé dynamique. Vous pouvez, par exemple, pour ajouter du contraste, introduire des lignes à bandes pour séparer par un trait les lignes d'un tableau qui n'emploie pas les couleurs alternées (le but étant bien entendu d'en améliorer la lisibilité). C'est simple : il vous suffit de cliquer sur l'option correspondante. L'option du dessous vous permet d'appliquer le même traitement aux colonnes. Si le résultat n'est pas satisfaisant, contentez-vous de décocher la case.

Formater les valeurs d'un tableau croisé dynamique

Pour appliquer aux totaux de votre tableau croisé dynamique un format numérique particulier, procédez comme suit :

1. **Cliquez, dans le tableau, sur la cellule qui contient les mots « Somme de », suivis du nom du champ dont les valeurs sont totalisées (dans notre exemple, « Somme de Janv »).**

2. **Cliquez ensuite sur le bouton Champ actif de l'onglet Analyse sous Outils de tableau croisé dynamique et choisissez Paramètres de champs.**

   Excel ouvre la boîte de dialogue Paramètres des champs de valeurs.

3. **Cliquez, en bas à gauche, sur Format de nombre.**

   L'onglet Nombre de la boîte de dialogue Format de cellule s'affiche.

4. **Dans la liste Catégorie, choisissez le format numérique que vous voulez appliquer à vos totaux.**

5. **Si vous le souhaitez, modifiez les options du format sélectionné (nombre de décimales, symbole monétaire, mode d'affichage des valeurs négatives, etc.) dans la partie droite de la fenêtre.**

6. **Cliquez une première fois sur OK pour regagner la boîte de dialogue précédente ; cliquez une seconde fois pour regagner le tableau.**

Trier et filtrer les données du tableau croisé dynamique

Lorsque vous créez un nouveau tableau croisé dynamique, Excel ajoute automatiquement des flèches dans les cellules correspondant aux champs du filtre et des étiquettes (colonnes et lignes). Ces boutons de filtrage permettent de restreindre l'étendue des entrées en retirant certaines données, ou encore de trier les éléments en ligne et/ou en colonne.

Si vous avez ajouté au tableau plusieurs champs dans les cases Étiquettes, Excel ajoute également des boutons de réduction (-) qui servent à masquer temporairement le sous-total correspondant à un champ secondaire particulier. Lorsque vous avez ainsi réduit des informations, le bouton devient un + (expansion) sur lequel il suffit de cliquer pour afficher de nouveau les sous-totaux.

Filtrer le rapport

Les boutons les plus importants dans un tableau croisé dynamique sont probablement ceux qui sont ajoutés au(x) champ(s) Filtres du rapport. En choisissant une des options attachées à l'un de ces boutons de filtrage, seul le jeu de données vérifiant ce critère apparaîtra dans le tableau.

Notre exemple utilise comme filtre du rapport le champ Filiales. Nous pouvons donc facilement distinguer les chiffres d'affaires par filiale. Voyons comment. Cliquez sur le bouton de filtrage dans la cellule qui suit l'intitulé Filiales. Dans la liste qui apparaît, sélectionnez la filiale qui vous intéresse, puis cliquez sur OK pour n'afficher les résultats que de cette cellule particulière.

Lorsque vous appliquez ce filtre, Excel affiche la valeur choisie dans le champ Filiale. Il remplace également la flèche par un symbole d'entonnoir afin de vous rappeler que seules certaines des données source sont actuellement affichées dans le tableau.

Pour revenir à l'ensemble des données, sélectionnez à nouveau l'option (Tous) du champ Filtre et validez par OK.

Filtrer des lignes et des colonnes

Les boutons de filtrage associés aux étiquettes des colonnes et des lignes vous permettent d'appliquer des filtres à des groupes particuliers, voire, parfois, à des entrées individuelles des données source.

Pour filtrer les éléments présents dans les lignes ou les colonnes, cliquez sur l'étiquette concernée, puis, dans le menu local, décochez l'option Sélectionner tout pour désactiver toutes les coches de cette rubrique. Il vous suffira ensuite de cocher la ou les entrée(s) dont vous voulez voir les données.

Comme précédemment, Excel remplace le bouton fléché de la colonne ou de la ligne que vous venez de filtrer par une icône d'entonnoir. Il vous prévient ainsi que seules certaines valeurs sont affichées dans le tableau. Pour revenir à la situation d'ensemble, cliquez à nouveau sur le bouton de filtrage, puis sur l'option (Sélectionner tout) et confirmez.

La Figure 9.7 montre notre tableau croisé dynamique une fois filtrés le champ Filiales (de manière à n'afficher que les informations relatives à la filiale Strasbourg), le champ en ligne Produits (pour ne montrer que les ventes de quincaillerie) ainsi que le champ en colonne Région (pour ne traiter que la région Est).

Figure 9.7

Le tableau croisé dynamique après un filtrage opéré sur trois champs.

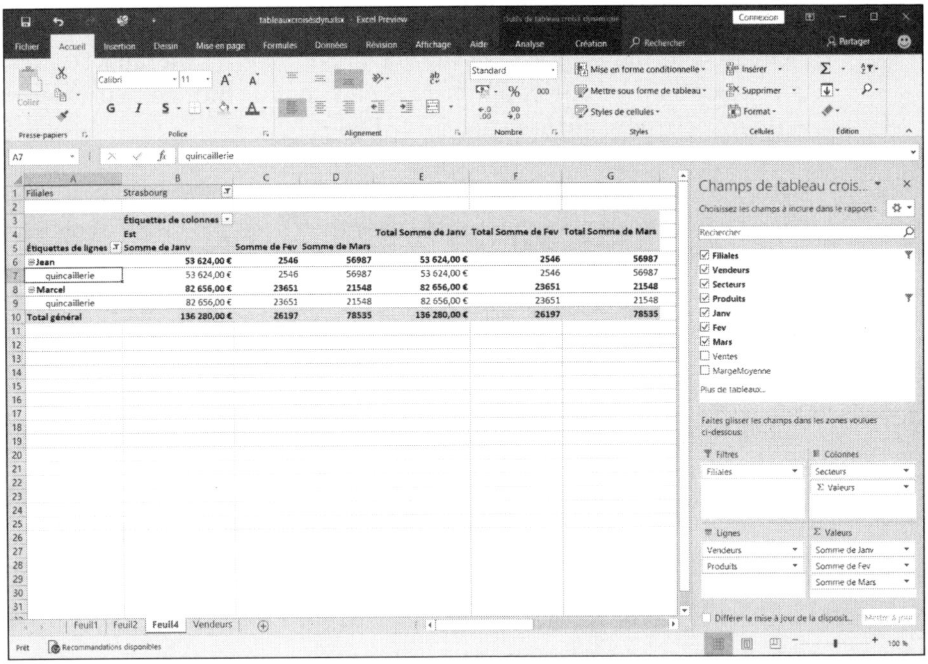

Filtrer avec des segments

Les segments (*slicers*) sont des outils qui permettent de filtrer les tableaux croisés dynamiques. Faciles à créer et à exploiter, ils sont capables d'effectuer un filtrage sur plusieurs champs (voire de les lier à des champs d'autres tableaux croisés dynamiques présents dans le classeur).

L'ajout de segments dans le tableau croisé dynamique s'effectue en deux temps :

1. **Sélectionnez une cellule du tableau croisé dynamique, puis, dans le groupe Filtrer du sous-onglet Analyse de l'onglet Outils de tableau croisé dynamique, cliquez sur Insérer un segment.**

Excel ouvre la boîte de dialogue Insérer des segments, qui regroupe le nom de tous les champs du tableau.

❷ Cochez tous les champs que vous voulez utiliser pour le filtrage et pour lesquels vous désirez appliquer un segment ; confirmez par OK.

Excel introduit les segments sous la forme d'objets graphiques (voyez, à ce propos, le Chapitre 10), à raison d'un segment par champ sélectionné.

Une fois les segments créés, utilisez-les pour filtrer les données en sélectionnant simplement les critères qu'ils proposent. (Notez qu'en maintenant enfoncée la touche Maj, vous pourrez sélectionner plusieurs critères contigus et, grâce à la touche Ctrl, plusieurs critères non contigus.) Une fois la sélection des critères réalisée, le tableau croisé en arrière-plan réagit immédiatement.

La Figure 9.8 nous permet, par exemple, de limiter l'affichage à l'activité de la filiale Strasbourg du secteur Est pour les ventes en quincaillerie réalisées par les vendeurs Marcel et Jean.

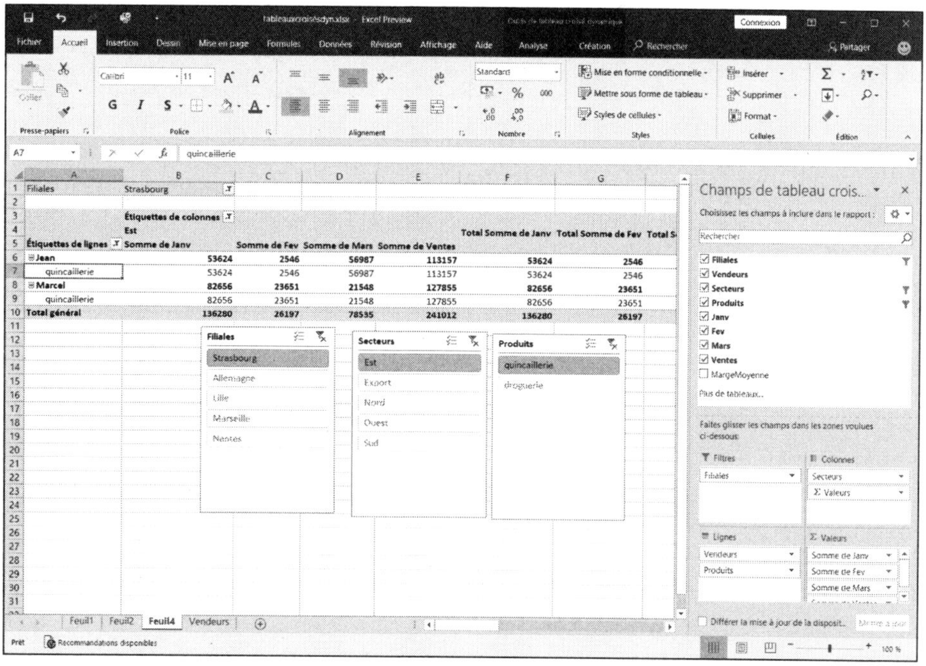

Figure 9.8 Le tableau croisé dynamique interrogé grâce à un segment.

Comme les segments sont des objets graphiques, vous pouvez les déplacer, les redimensionner et même les supprimer. Pour supprimer un segment d'un tableau croisé dynamique, cliquez dessus pour le sélectionner, puis enfoncez la touche Suppr.

Filtrer avec des chronologies

Les chronologies s'apparentent à des segments : elles fonctionnent en effet selon le même principe, à cette différence près qu'elles concernent uniquement des champs date et permettent de filtrer les données du tableau qui ne se situent pas à une période donnée.

Dans la pratique : sélectionnez une cellule du tableau (qui doit, pour la circonstance, comporter des champs date), puis, dans le groupe Filtrer du sous-onglet Analyse de l'onglet Outils de tableau croisé dynamique, cliquez sur Insérer une chronologie. Cette action provoque l'affichage de la boîte de dialogue Insérer une chronologie, qui répertorie tous les champs date susceptibles d'être utilisés par la fonction. Cochez celui qui vous intéresse, puis cliquez sur OK.

Pour obtenir la Figure 9.9, nous avons sélectionné le champ Date livraison. Excel nous a alors proposé une fenêtre de chronologie flottante reprenant, par défaut, les mois de l'année (le menu en haut à droite sous le trait proposant d'autres choix) et une barre de progression traduisant la période sélectionnée.

Figure 9.9

Un tableau croisé dynamique filtré grâce à une chronologie.

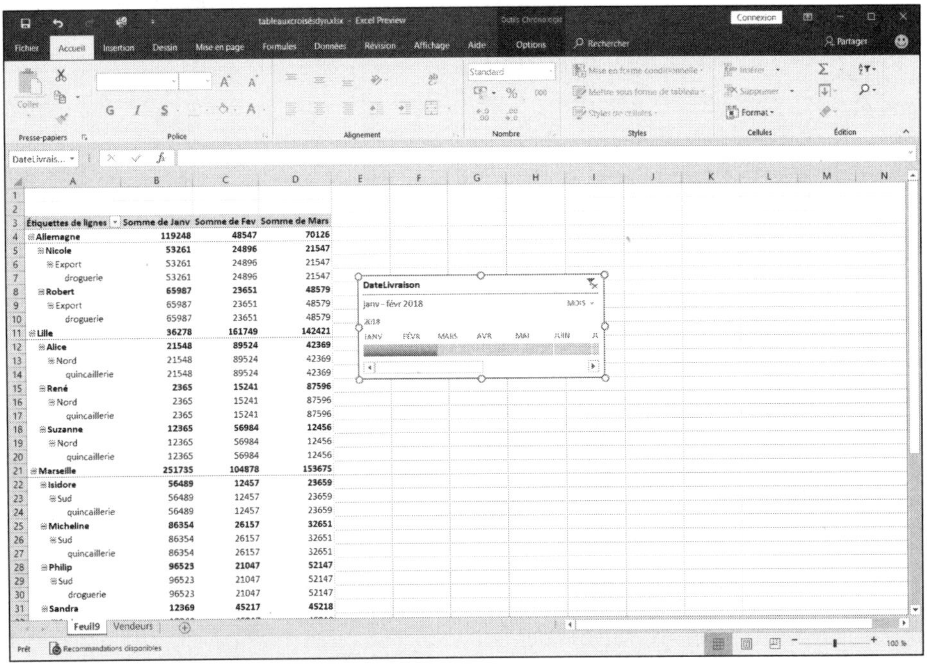

Notez que, dès que vous créez une chronologie, un onglet Outils chronologie s'implante dans le Ruban ; son unique sous-onglet, Options, regroupe, bien entendu, différentes options de mise en forme.

Trier le tableau croisé dynamique

Le contenu d'un tableau croisé dynamique peut être réorganisé instantanément en le triant selon une ou plusieurs colonnes et/ou lignes. Pour modifier l'ordre de présentation des données, cliquez sur le bouton de filtrage correspondant au champ à trier ; choisissez, en haut de la liste, le mode de tri souhaité, croissant ou décroissant.

Selon le cas, l'option Trier de A à Z classera les données dans l'ordre alphabétique ascendant s'il s'agit de noms, de la plus petite à la plus grande valeur s'il s'agit de nombres, ou encore de la plus ancienne à la plus récente dans le cas de dates. L'option Trier de Z à A inverse le classement (ordre alphabétique descendant, de la plus grande à la plus petite valeur ou de la date la plus récente à la plus ancienne).

Modifier un tableau croisé dynamique

Les tableaux croisés sont bien plus dynamiques que les tableaux de données classiques, car ils sont très simples à manipuler et à éditer. Changer les champs que vous voulez regrouper ou totaliser est aussi facile à faire que de les ajouter lors de la création du tableau. De surcroît, vous pouvez instantanément restructurer le tableau croisé en faisant glisser ses champs actuels vers un autre emplacement. Si on ajoute à cela la possibilité de sélectionner une nouvelle fonction de calcul statistique, vous aurez une bonne idée de ce qu'est un tableau de données réellement dynamique !

Modifier les champs du tableau croisé dynamique

Pour modifier les champs utilisés dans un tableau croisé, vous devez tout d'abord en afficher la liste (si elle ne l'est pas) :

1. **Cliquez dans n'importe quelle cellule du tableau.**

   Excel ajoute au Ruban l'onglet Outils de tableau croisé dynamique et ses deux onglets contextuels, Analyse et Création.

2. **Activez l'onglet Analyse afin d'en développer le contenu.**

3. **Cliquez sur le bouton Afficher, puis sur Liste des champs.**

Excel ouvre le volet Champs de champs de tableau croisé dynamique, dans lequel il recense les champs actuellement utilisés ainsi que les zones auxquelles ils sont affectés.

Procédez à présent aux modifications souhaitées :

- **Pour supprimer un champ, faites glisser son nom en dehors de sa zone de dépôt (Filtres, Lignes, Colonnes et Valeurs), c'est-à-dire sur la feuille ou sur la liste des champs. Relâchez le bouton de la souris lorsque le pointeur se dote d'une croix. Vous pouvez aussi désactiver la case correspondante dans la liste Choisissez les champs à inclure dans le rapport.**
- **Pour déplacer un champ existant à l'intérieur du tableau, faites glisser son nom d'une zone de dépôt vers une autre.**
- **Pour ajouter un champ au tableau, faites glisser son nom depuis la liste Choisissez les champs à inclure dans le rapport vers la zone de dépôt souhaitée (Filtres, Lignes, Colonnes ou Valeurs). Cas particulier : si vous désirez insérer le champ dans la zone Lignes, il suffit de cocher sa case dans la liste du haut.**

Faire pivoter les champs

Si les tableaux croisés s'appelaient autrefois « tables pivot », ce n'est pas pour rien. Vous pouvez, en effet, restructurer votre tableau en permutant les lignes et les colonnes.

Supposons, dans notre exemple, que nous souhaitions intervertir Secteurs et Produits pour présenter les premières en ligne et les seconds en colonne. La marche à suivre : depuis le volet Champs de tableau croisé dynamique, faites glisser le champ Région de la zone Colonnes vers la zone Lignes, puis répétez l'opération avec le champ Produits depuis Lignes vers Colonnes. Et le tour est joué ! Excel traite automatiquement le tableau pour en refléter la nouvelle organisation.

Plutôt que de transiter par le volet de droite, vous pouvez agir directement dans le tableau proprement dit. Un prérequis toutefois : avant d'agir, vous devez mener l'action suivante : activez l'onglet Analyse sous Outils de tableau croisé dynamique, cliquez sur le premier bouton, soit Options du tableau croisé dynamique, puis choisissez Options dans le menu local ; dans la fenêtre Options du tableau croisé dynamique, commencez par activer l'onglet Affichage, puis cochez Disposition classique du tableau croisé dynamique (glisser de champs dans la grille) ; terminez par OK.

Modifier la fonction de calcul du tableau croisé dynamique

Par défaut, Excel utilise la bonne vieille fonction SOMME pour créer les sous-totaux et les totaux généraux des valeurs numériques traitées dans le tableau.

Cependant, certains tableaux croisés nécessitent le recours à une autre opération de calcul (moyenne, dénombrement…). Pour changer de fonction, opérez un clic-droit sur l'en-tête Somme de [champ] à l'intersection, dans le tableau, de la première colonne de champ et de la première ligne de champ. Dans le menu déroulant qui s'affiche suite à cette action, choisissez Paramètres des champs de valeurs (Figure 9.10).

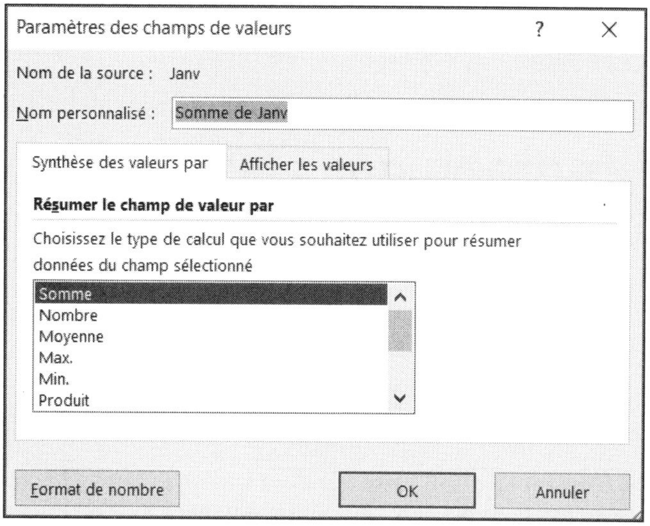

Figure 9.10 La boîte de dialogue Paramètres des champs de valeurs.

Vous voilà en mesure de choisir un type de calcul dans la liste des fonctions de synthèse :

» **Nombre :** dénombre la quantité d'enregistrements pour une catégorie particulière (notez qu'il s'agit de la fonction par défaut si vous utilisez des champs de texte comme contenu pour votre tableau croisé).

» **Moyenne :** calcule la moyenne arithmétique des valeurs des champs pour la catégorie et le filtre courants.

» **Max :** calcule la plus grande des valeurs des champs pour la catégorie et le filtre courants.

» **Min :** calcule la plus petite des valeurs des champs pour la catégorie et le filtre courants.

» **Produit :** calcule le produit des valeurs des champs pour la catégorie et le filtre courants. Toutes les entrées non numériques sont ignorées.

» **Chiffres :** affiche le nombre de valeurs numériques pour la catégorie et le filtre courants. Toutes les entrées non numériques sont ignorées.

» **Ecartype :** affiche la déviation standard des valeurs des champs pour la catégorie et le filtre courants.

» **Ecartypep :** affiche la déviation standard pour la population correspondant aux champs pour la catégorie et le filtre courants.

» **Var :** affiche la variance des valeurs des champs pour la catégorie et le filtre courants.

» **Varp :** affiche la variance pour la population correspondant aux champs pour la catégorie et le filtre courants.

Une fois la nouvelle fonction sélectionnée, cliquez sur OK. Excel l'applique instantanément aux données des cellules du tableau.

Créer des graphiques croisés dynamiques

Le tableau croisé en place, vous pouvez créer le diagramme qui lui correspond afin de visualiser graphiquement vos données. C'est facile :

1. Sous l'onglet Outils de tableau croisé dynamique, cliquez sur Analyse, puis sur Outils, et enfin sur Graphique croisé dynamique.

   Souvenez-vous que l'onglet Outils de tableau croisé dynamique possède deux sous-onglets : Analyse et Création, qui se manifestent spontanément dès que vous cliquez dans une des cellules du tableau.

2. Dans la boîte de dialogue Insérer un graphique, cliquez sur la vignette correspondant au type de graphique à créer ; confirmez par OK.

Dès validation, Excel introduit deux objets sur la même feuille que celle où se trouve le tableau :

» Un **graphique croisé dynamique** du type que vous venez de sélectionner. Ce graphique *incorporé* peut facilement être déplacé ou redimensionné à l'aide de ses poignées (reportez-vous au Chapitre 10 pour savoir comment procéder).

» Un onglet contextuel **Outils de graphique croisé dynamique** qui propose trois sous-volets : Analyse, Création et Format, qui vous permettent, à divers titres, de personnaliser votre graphique.

Déplacer un graphique croisé vers sa propre feuille

Par défaut, Excel introduit les nouveaux graphiques croisés dynamiques dans la même feuille que leur tableau source. Cependant, il est souvent plus facile de personnaliser et de modifier un graphique lorsqu'il se trouve sur sa propre feuille :

1. **Sous Outils de graphique croisé dynamique, cliquez sur Création.**

   Si vous ne voyez pas cet onglet, c'est que le graphique n'est pas sélectionné ; sélectionnez-le en cliquant dessus.

2. **Cliquez sur Déplacer le graphique dans le groupe Emplacement.**

   Excel ouvre la boîte de dialogue Déplacer le graphique.

3. **Cliquez sur Nouvelle feuille.**

4. **(Facultatif) Renommez la feuille de destination en entrant un intitulé plus explicite que le nom générique (Graphique1).**

5. **Cliquez sur OK.**

La Figure 9.11 montre un histogramme groupé déplacé vers une feuille indépendante.

Figure 9.11 Un graphique à colonnes après migration vers sa propre feuille.

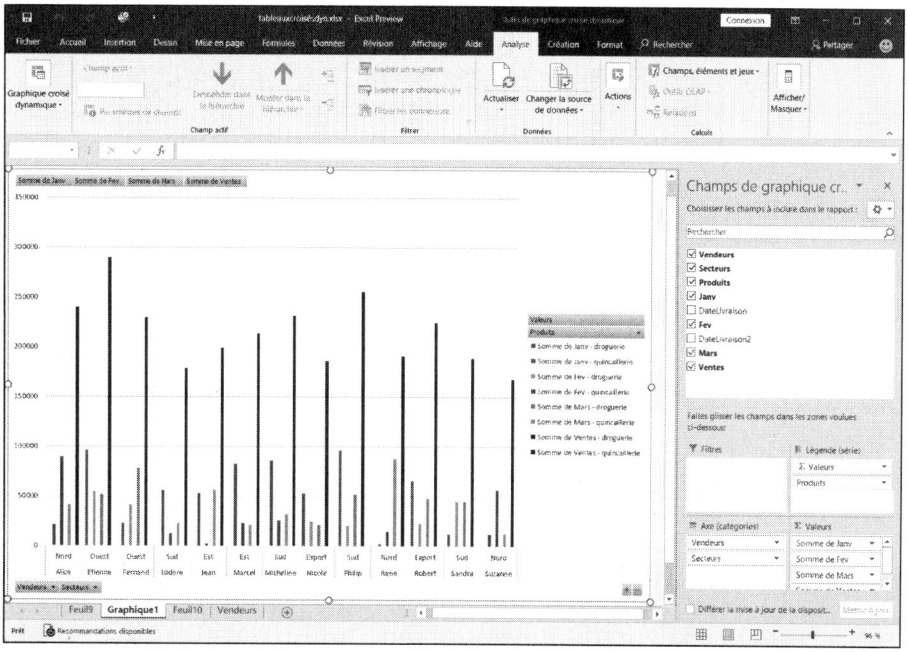

Filtrer un graphique croisé dynamique

Lorsque les données d'un tableau croisé dynamique sont représentées sous la forme d'un diagramme classique (histogramme, barres, lignes...) reposant sur un axe *x* (abscisses) et un axe *y* (ordonnées), les étiquettes des lignes du tableau, ou *catégories,* se trouvent en bas du graphe. Les étiquettes de colonnes du tableau deviennent les *séries* de données qui sont transcrites dans la légende. Les valeurs proprement dites du tableau sont représentées le long de l'axe vertical.

Les boutons ornés d'une flèche sont des Filtres déroulants qui permettent de choisir la nature des données que vous voulez y représenter. Tout se passe exactement comme pour les tableaux du même type. Désactivez l'option (Sélectionner tout), puis cochez les champs à représenter graphiquement.

Formater un graphique croisé dynamique

Les boutons de commandes des onglets Création et Format (regroupés dans la catégorie Outils de graphique croisé dynamique) facilitent la mise en forme et la personnalisation des graphes. Utilisez le premier pour sélectionner un nouveau style, voire un nouveau type de graphique. Exploitez le second pour formater individuellement les éléments du graphe).

Pour plus d'informations sur les boutons de commandes proposés par ces onglets, reportez-vous au Chapitre 10 consacré aux graphiques classiques. Le menu contextuel qui s'affiche suite à un clic-droit sur le graphique vous propose le même type de commandes et autorise le même type d'actions.

DANS CE CHAPITRE

Créer des graphiques.

•

Personnaliser un graphique.

•

Utiliser les sparklines.

•

Ajouter une zone de texte et des flèches à un graphique.

•

Insérer des éléments graphiques.

•

Imprimer un graphique.

Chapitre 10

L'art subtil des graphiques

Comme le disait Confucius, « une image vaut mille mots » (ou, dans notre cas, mille chiffres). Dans un tableur, les graphiques augmentent non seulement l'intérêt pour des chiffres dont la lecture serait autrement fort ennuyeuse, mais ils mettent aussi en évidence des anomalies qui passeraient inaperçues si l'on ne regardait que des séries de valeurs. La création de graphiques est si facile dans Excel 2019 que vous pourrez aisément en essayer plusieurs et choisir celui qui illustre le plus efficacement vos données (en d'autres termes, l'image qui raconte le mieux votre histoire singulière).

Des graphiques dignes des pros

Quelques mots encore sur les graphiques avant de découvrir comment les réaliser dans Excel. Vous vous rappelez les efforts méritoires de votre professeur de mathématiques pour vous apprendre à tracer des graphes en traçant des valeurs sur les axes *x* et *y* d'une feuille de papier millimétré ? Évidemment, vous aviez l'esprit ailleurs à ce moment-là. De toute façon, vous vous demandiez bien en quoi ces graphiques pourraient vous être utiles plus tard, dans votre vie professionnelle.

Eh bien, nous y voilà ! Il est vrai qu'Excel automatise la quasi-totalité du processus de création des graphiques. Mais vous ne pouvez pas vous dispenser de savoir ce qui différencie un axe *x* d'un axe *y*, ne serait-ce qu'au cas où Excel n'orienterait pas le graphique comme prévu. Afin de rafraîchir votre mémoire et de faire plaisir à votre vieux prof de maths, sachez que l'axe *x* est horizontal et usuellement situé en bas du graphique, alors que l'axe *y* est vertical et ordinairement situé à gauche du graphique.

Dans la plupart des graphiques basés sur ces deux axes, Excel place les catégories le long de l'axe, en bas du tracé, et leurs valeurs relatives le long de l'axe *y* à gauche. L'axe *x* est parfois appelé *axe de temps*, car il est souvent utilisé pour indiquer des durées comme les mois, les trimestres, les années, *etc.*

Encore un point à ne pas oublier : les valeurs de la feuille de calcul qui sont représentées dans un graphique sont liées à celui-ci de façon dynamique. Autrement dit, toute modification apportée à une de ces valeurs sera immédiatement répercutée dans le graphique.

Excel fournit beaucoup de fonctionnalités pour créer rapidement et facilement vos graphiques. Mais, dans tous les cas, la règle d'or est la suivante : commencez systématiquement par indiquer au programme les données à représenter graphiquement en sélectionnant une des cellules de la feuille à traiter. Si vous souhaitez limiter la représentation à quelques valeurs de cette feuille, sélectionnez d'abord ces valeurs ainsi que leurs intitulés.

Utiliser l'outil Graphiques recommandés

Pour créer nos graphiques, nous emploierons principalement la fonction Graphiques recommandés d'Excel 2019. Vous la trouverez dans l'onglet Insertion du Ruban. Lorsque vous l'invoquez, le programme vous ouvre la boîte de dialogue Insérer un graphique, représentée à la Figure 10.1 ; c'est, par défaut, son onglet Graphiques recommandés qui est sélectionné. N'hésitez pas à tester différents graphiques en cliquant sur leur type dans le volet gauche de la fenêtre. Quand vous avez trouvé celui qui vous convient, il vous suffit de cliquer sur OK pour créer un graphe et l'incorporer à la feuille de calcul sous-jacente.

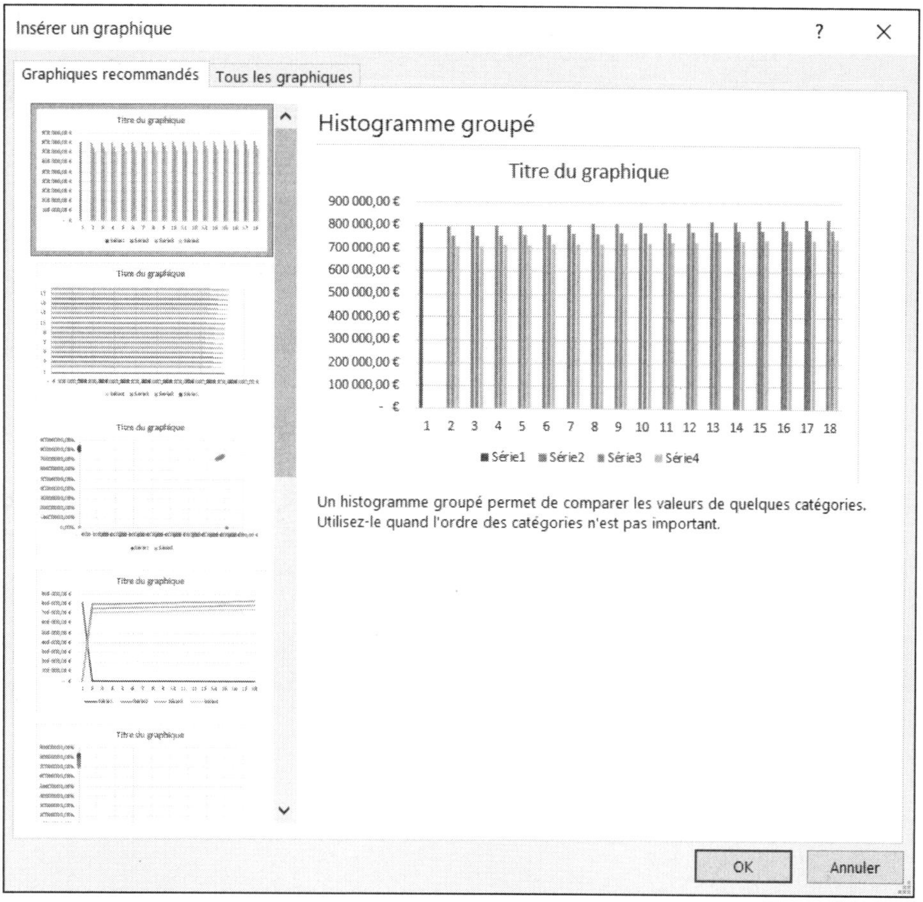

Figure 10.1 L'onglet Graphiques recommandés de la fenêtre Insérer un graphique.

Utiliser le Ruban

À droite du bouton Graphiques recommandés se trouve une série d'icônes regroupées sous la mention Graphiques. Toutes sont équipées d'un dérouleur de menu local grâce auquel vous aurez accès à une flopée de types de graphes.

En fonction de la résolution d'affichage de votre écran, il est possible que les mentions listées ci-dessous ne soient pas visibles sous le nom des boutons correspondants. Dans ce cas, elles s'afficheront dans l'info-bulle qui apparaîtra lorsque vous placerez le pointeur de la souris sur l'icône des boutons en question :

» **Insérer un histogramme ou graphique à barres** permet de prévisualiser des graphiques 2D ou 3D à colonnes verticales, mais aussi de prévisualiser des graphiques 2D ou 3D à colonnes horizontales.

- » **Insérer un graphique hiérarchique** pour comparer des ensembles ou bien représenter des colonnes hiérarchisées.
- » **Insérer un graphique Cascade ou boursier** permet de prévisualiser des graphiques boursiers en 2D et en cascade.
- » **Insérer un graphique en courbes ou en aires** permet de prévisualiser des graphiques 2D ou 3D en courbes. Permet également de prévisualiser des graphiques 2D ou 3D en aires.
- » **Insérer un graphique statistique** afin d'afficher une analyse statistique de vos données.
- » **Insérer un graphique combiné** permet de prévisualiser des graphiques 2D colonne groupée – ligne et aire empilée – colonne groupée.
- » **Insérer un graphique en secteurs ou en anneaux** permet de prévisualiser des graphiques 2D et 3D en secteurs et des graphiques 2D en anneaux.
- » **Insérer un graphique en nuages de points (X, Y) ou en bulles** permet de prévisualiser des graphiques 2D en nuages de points ou en bulles.
- » **Insérer un graphique de carte** pour prévisualiser, sous la forme d'une carte géographique, vos données réparties dans des régions.
- » **Graphique croisé dynamique** qui permet, comme nous l'avons vu au Chapitre 9, de présenter des données sous la forme d'un graphique croisé dynamique dont vous pouvons filtrer les données à loisir.

Si la prévisualisation vous convient, il vous suffit de cliquer sur l'icône du menu local pour tracer le graphe et l'incorporer à la feuille de calcul située en arrière-plan.

Si vous hésitez quant au modèle de graphe capable de représenter au mieux vos données, ne passez pas votre temps à prévisualiser tous ces modèles ; agissez plutôt depuis l'onglet Tous les graphiques de la fenêtre Insérer un graphique (Figure 10.2) qui vous permet de tester toutes sortes de modèles de graphes. Vous accéderez à cette fenêtre *via* le bouton Afficher tous les graphiques, qui occupe l'angle inférieur droit du groupe Graphiques de l'onglet Insertion du Ruban.

Figure 10.2
L'onglet Tous les graphiques autorise une foule de prévisualisations.

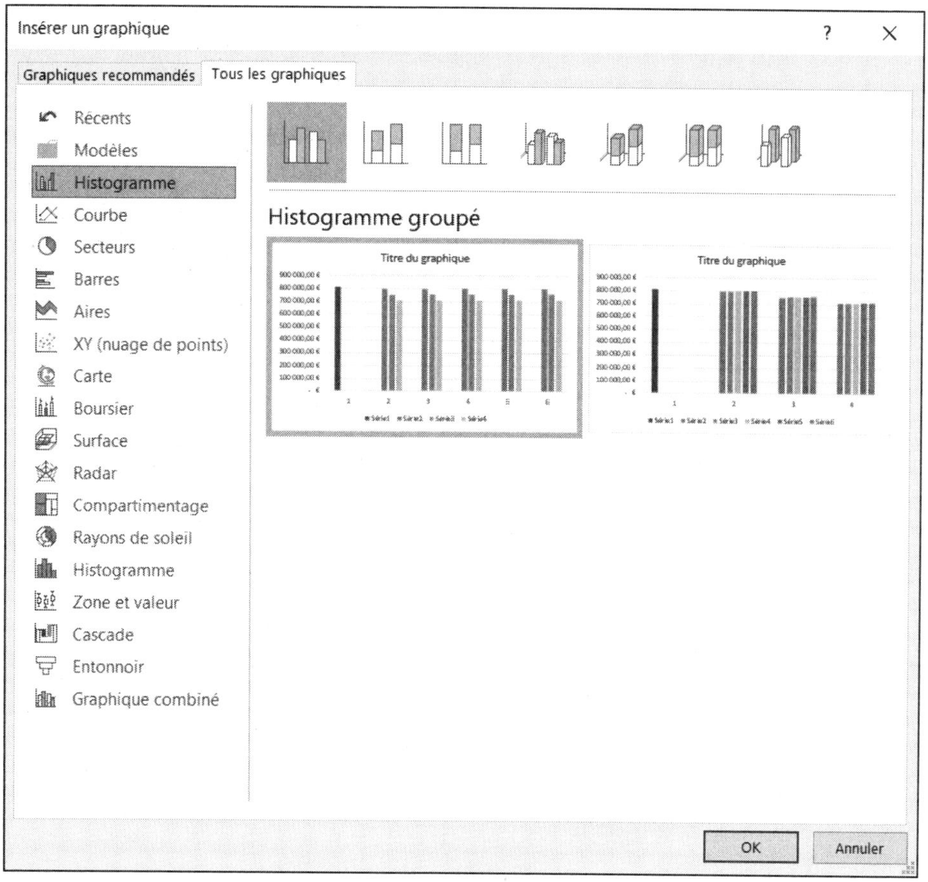

Utiliser l'outil Analyse rapide

Imaginons (scénario déjà évoqué plus haut) que vous souhaitiez limiter la représentation graphique à une sélection de données plutôt qu'à une feuille entière. Pensez alors à exploiter l'outil Analyse rapide en le manipulant comme suit :

❶ Cliquez sur le bouton Analyse rapide (qui s'affiche en bas à droite de votre sélection).

Ce clic vous donne accès à la palette correspondante où l'onglet Mise en forme est sélectionné par défaut.

❷ Activez l'onglet Graphiques.

Excel propose, dans le bas de la palette, une série d'options qui, toutes, vous permettent de visualiser vos données avec un modèle précis de graphe.

Le bouton Autres graphiques, pour sa part, ouvre la fenêtre Insérer un graphique et son onglet Graphiques recommandés que nous avons déjà commenté plus haut.

3. Testez les différents modèles disponibles en cliquant sur leur icône depuis la partie inférieure de la palette.

   La représentation graphique des données vous est alors instantanément proposée dans une zone au-dessus de la palette Analyse rapide et elle le reste tant que vous maintenez votre pointeur sur l'icône du modèle de graphe.

4. Dès que vous avez trouvé le modèle qui vous intéresse, cliquez sur son icône pour tracer le graphique.

   Excel 2019 s'exécute, traçant le graphe et l'incorporant à la feuille de données. Ce graphe est activé; vous pouvez donc, sans autre manipulation préalable, commencer à le déplacer et/ou à le modifier.

La Figure 10.3 montre la prévisualisation d'une série de données; la Figure 10.4 montre le graphe après validation.

Figure 10.3 Prévisualisation des ventes de la zone 1 en graphique à barres empilées.

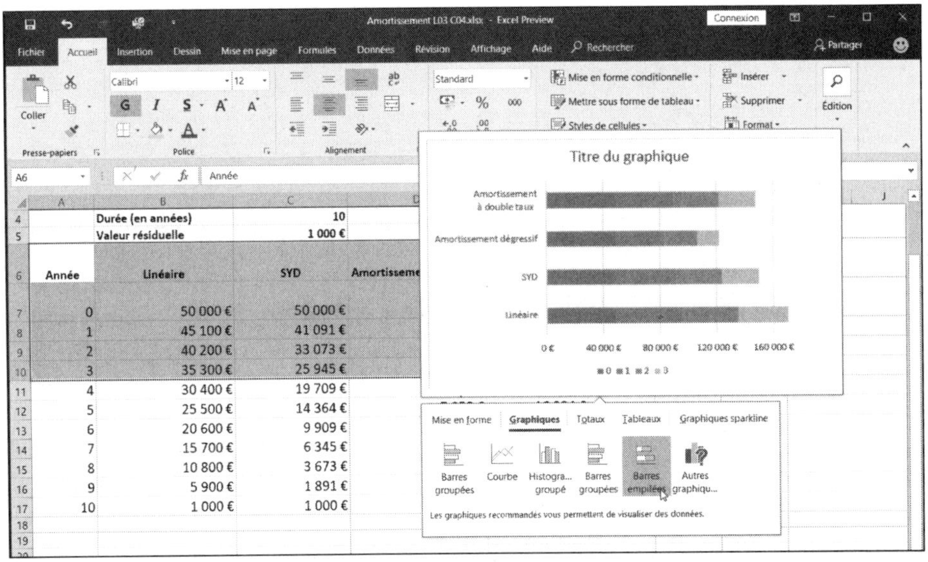

Année	Linéaire	SYD
0	50 000 €	50 000 €
1	45 100 €	41 091 €
2	40 200 €	33 073 €
3	35 300 €	25 945 €
4	30 400 €	19 709 €
5	25 500 €	14 364 €
6	20 600 €	9 909 €
7	15 700 €	6 345 €
8	10 800 €	3 673 €
9	5 900 €	1 891 €
10	1 000 €	1 000 €

Dès qu'un graphique est créé, il est automatiquement actif et sélectionné. Pour le positionner à un autre endroit que celui où il s'est implanté par défaut, contentez-vous de cliquer-glisser. Par ailleurs, notez que les valeurs représentées restent sélectionnées dans la feuille de calcul, les têtes de colonnes étant entourées d'un trait rouge, les libellés des lignes, en mauve et les valeurs proprement dites, en bleu. Notez encore qu'un onglet Outils de graphique a fait son apparition dans le Ruban ; il regroupe lui-même deux onglets, baptisés respectivement Création et Format.

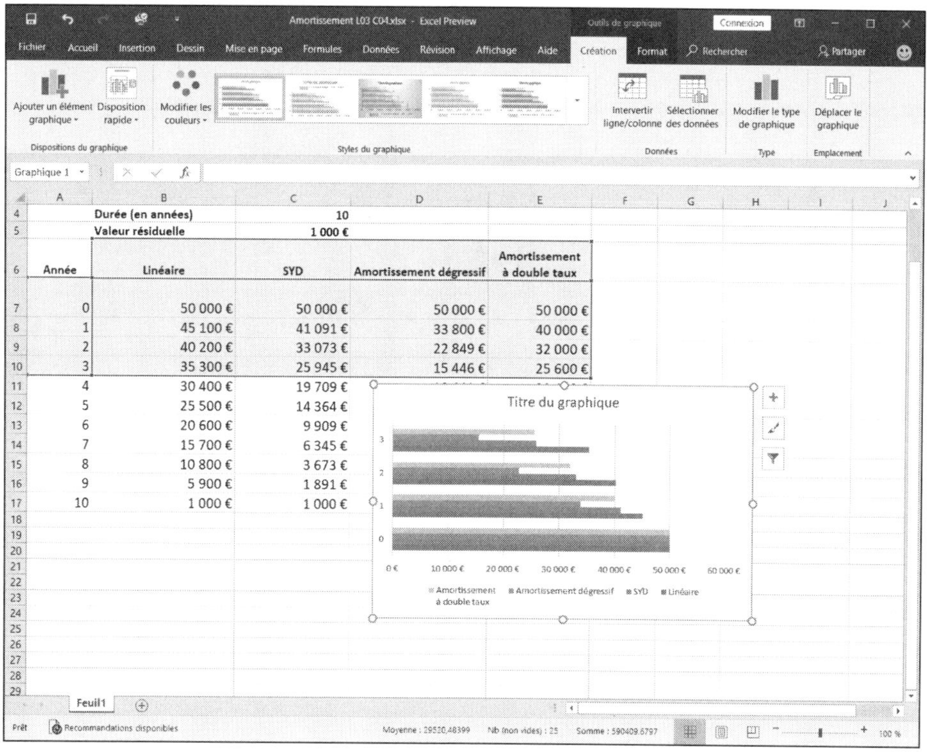

	Année	Linéaire	SYD	Amortissement dégressif	Amortissement à double taux
4		Durée (en années)	10		
5		Valeur résiduelle	1 000 €		
7	0	50 000 €	50 000 €	50 000 €	50 000 €
8	1	45 100 €	41 091 €	33 800 €	40 000 €
9	2	40 200 €	33 073 €	22 849 €	32 000 €
10	3	35 300 €	25 945 €	15 446 €	25 600 €
11	4	30 400 €	19 709 €		
12	5	25 500 €	14 364 €		
13	6	20 600 €	9 909 €		
14	7	15 700 €	6 345 €		
15	8	10 800 €	3 673 €		
16	9	5 900 €	1 891 €		
17	10	1 000 €	1 000 €		

Figure 10.4 Le graphique obtenu après avoir cliqué sur le modèle.

Tracer un graphique sur une feuille indépendante

Si vous désirez qu'un graphique s'affiche sur une feuille indépendante plutôt que de flotter par-dessus celle où figurent les données, cliquez sur une des données à représenter (ou opérez une sélection si vous entendez restreindre la représentation à une plage donnée de cellules), puis enfoncez la touche F11.

Excel génère alors un graphique dans une feuille graphique qu'il baptise Graphique1 et qu'il place avant les autres feuilles du classeur, en première position (Figure 10.5). Ce graphique indépendant se manipule exactement comme un graphique incorporé.

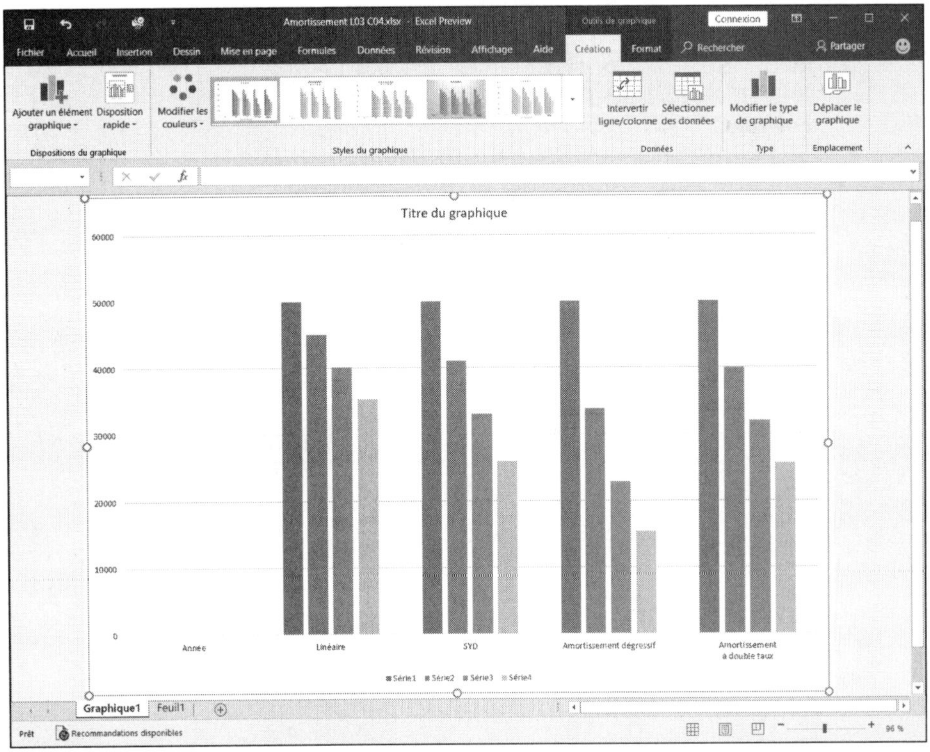

Figure 10.5 Un graphique indépendant qui apparaît sur une feuille rien qu'à lui, placée devant les autres onglets du classeur.

Déplacer et redimensionner un graphique incorporé dans une feuille

Un graphique qui vient tout juste d'être créé peut facilement être déplacé ou redimensionné puisqu'il est sélectionné. (Vous pouvez savoir si un objet – diagramme ou autre – est sélectionné grâce au cadre doté de *poignées* (des carrés aux coins et au milieu des côtés de l'objet) qui l'entoure.)

De plus, quand un graphique est sélectionné, trois icônes apparaissent en haut sur sa droite :

» **Éléments du graphique** (signe +) pour modifier les éléments du graphe, comme le titre, la légende, le quadrillage ou les lignes de tendance.

» **Styles de graphique** (pinceau) pour modifier le formatage et le thème couleur.

» **Filtres du graphique** (entonnoir) pour modifier les valeurs représentées ou leurs libellés en abscisse ou en ordonnée.

Cette fois encore, le nom des icônes ne sera pas visible. Il apparaîtra dans une info-bulle lorsque vous placerez le pointeur de la souris sur les icônes en question.

Lorsqu'un graphique incorporé est actif, vous pouvez facilement le déplacer ou le redimensionner :

» **Pour déplacer le graphique, placez le pointeur de la souris quelque part au-dessus du fond (là où apparaît une croix) et faites glisser l'objet vers un nouvel emplacement.**

» **Pour redimensionner le graphique (par exemple parce qu'il semble déformé), placez le pointeur de la souris au-dessus d'une de ses poignées (il doit alors afficher une flèche à deux têtes). Cliquez et faites glisser afin d'agrandir ou de rétrécir le graphique. Le résultat dépend bien sûr de la poignée active et du sens de votre mouvement.**

Quand le graphe occupe la taille et la position qui vous conviennent, désélectionnez-le en cliquant dans n'importe quelle cellule de la feuille en dehors de la zone du graphe. Ses poignées disparaissent ainsi que les outils correspondants du Ruban.

Pour sélectionner de nouveau le graphe, cliquez dessus. L'onglet contextuel Outils de graphique et toutes ses options refont leur apparition.

Déplacer un graphique incorporé vers une feuille rien qu'à lui

Par défaut, Excel incorpore un nouveau graphique sur la même feuille que les données représentées (à moins d'appuyer sur la touche F11). Mais il est souvent plus facile de travailler avec un graphique autonome, c'est-à-dire placé dans sa propre feuille. Voyons comment obtenir ce résultat :

1. **Sélectionnez le graphique, puis cliquez sur le bouton Déplacer le graphique de l'onglet Création sous Outils de graphique.**

   La boîte de dialogue Déplacer le graphique apparaît.

2. **Activez le bouton radio Nouvelle feuille.**

3. **(Facultatif) Dans le champ Nouvelle feuille, remplacez le nom générique (Graphique) par un intitulé plus évocateur.**

4. Cliquez sur OK pour refermer la boîte de dialogue et afficher le graphique dans sa propre feuille.

Après avoir personnalisé un graphique placé dans une feuille spécifique, vous pouvez décider de le renvoyer vers la série de données qu'il représente. Dans ce cas, cliquez de nouveau sur le bouton Déplacer le graphique. Activez cette fois l'option Objet dans. Sélectionnez alors le nom de la feuille de destination dans la liste déroulante associée. Validez.

Personnaliser vos graphiques grâce à l'onglet Création

Utilisez les boutons de l'onglet Création (sous l'onglet contextuel Outils de graphique) pour personnaliser l'aspect de votre nouveau graphique. Cet onglet héberge plusieurs groupes de commandes :

- **Dispositions du graphique :** cliquez sur Ajouter un élément de graphique pour ajouter des éléments à vos graphes, comme un titre, des étiquettes de données, une légende... Vous trouverez la liste de ces éléments dans le menu local correspondant. Utilisez la commande Disposition rapide (placée juste à droite) pour modifier facilement la présentation des données.
- **Styles du graphique :** cliquez sur Modifier les couleurs pour dérouler un menu local qui vous propose des thèmes couleur répartis en deux catégories, couleurs et monochromes. Juste à droite, une série de styles de graphes vous permet de rapidement formater ces entités.
- **Données :** le bouton Intervertir les lignes/colonnes échange immédiatement les données utilisées dans le graphique pour représenter respectivement les séries (légendes) et les catégories (axe *x*). Avec la commande Sélectionner des données, vous pouvez non seulement redéfinir totalement les séries et les catégories, mais aussi les intervertir, ou encore spécifier une autre plage de données.
- **Type :** le bouton Modifier le type de graphique ouvre la fenêtre du même nom dans laquelle vous pouvez désigner un autre type de graphe pour représenter vos données.
- **Emplacement :** cliquez sur ce bouton Déplacer le graphique pour le placer dans une nouvelle feuille de graphique ou dans une autre feuille de calcul.

Personnaliser les éléments du graphique

Le bouton Éléments du graphique (le signe « + » placé à droite quand le graphe est sélectionné) vous propose une série d'éléments susceptibles d'être ajoutés.

Cliquez sur ce bouton pour dévoiler cette liste, puis cochez les éléments à ajouter. Décochez ceux que vous ne voulez plus voir.

Pour intervenir sur un élément, positionnez votre pointeur à droite de son nom dans ce menu local de manière à faire apparaître le triangle signalant un sous-menu ; agissez ensuite dans ce sous-menu.

Prenons un exemple. Pour intervenir sur le titre d'un graphe, cliquez sur le bouton Éléments du graphique alors que le graphe est sélectionné, puis cliquez sur le petit triangle qui apparaît à droite de la mention Titre du graphique afin d'accéder aux sous-options disponibles, en l'occurrence :

- **Au-dessus du graphique :** ajoute ou repositionne le titre de manière qu'il soit centré au-dessus de la zone de traçage.
- **Superposé centré :** ajoute ou repositionne le titre de manière à ce qu'il apparaisse en haut et au centre de la zone de traçage.
- **Autres options :** ouvre le volet Mettre en forme le titre du graphique dans la partie droite de l'interface. Exploitez les commandes qui y sont mises à votre disposition pour définir le remplissage et le contour du texte, des effets éventuels, des trames et des bordures, *etc.*

Ajouter des étiquettes de données

Les étiquettes de données identifient les valeurs des données représentées. Pour ajouter ces valeurs au graphique actif, cliquez sur le bouton Éléments du graphique, puis cochez Étiquettes de données et fournissez quelques précisions dans le menu local correspondant (qui se déroule quand vous cliquez sur le triangle qui s'affiche en regard quand vous déplacez votre pointeur à droite de la commande) :

- **Centrer :** place les étiquettes au centre de chaque *point* de donnée.
- **Bord intérieur :** place les étiquettes près de l'extrémité de chaque point de donnée et à l'intérieur de celui-ci.
- **Intérieur base :** place les étiquettes en bas de chaque point de donnée.
- **Légende de données :** associe à chaque point de données une zone texte dans laquelle figurent l'étiquette et sa valeur.
- **Autres options :** ouvre le volet Format des étiquettes de données dans la partie droite de l'interface. Vous pouvez alors personnaliser totalement l'apparence des étiquettes en vous servant des options Contenu, Position, Remplissage et Contour du texte…

Ajouter une table de données

À la place d'étiquettes qui risquent de surcharger le graphique, il peut être intéressant d'insérer, en bas de celui-ci, une table qui montre la valeur de toutes les données que vous tracez.

Pour obtenir ce résultat, servez-vous une fois de plus du bouton Éléments du graphique ; cochez Table de données et exprimez-vous dans le menu local :

» **Avec symboles de légende :** demande à Excel de dessiner une table de données en bas du graphique en ajoutant, à gauche du nom des séries, un petit carré (le même que dans la légende) rappelant la couleur utilisée dans le graphique.

» **Aucun symbole de légende :** idem que ci-dessus, mais sans légende.

» **Autres options :** ouvre le volet Format de table de données dans la partie droite de l'interface. Exploitez les commandes disponibles à cet endroit pour formater votre table.

La Figure 10.6 montre le graphique après insertion d'une table de données. Remarquez la présence des symboles de légendes.

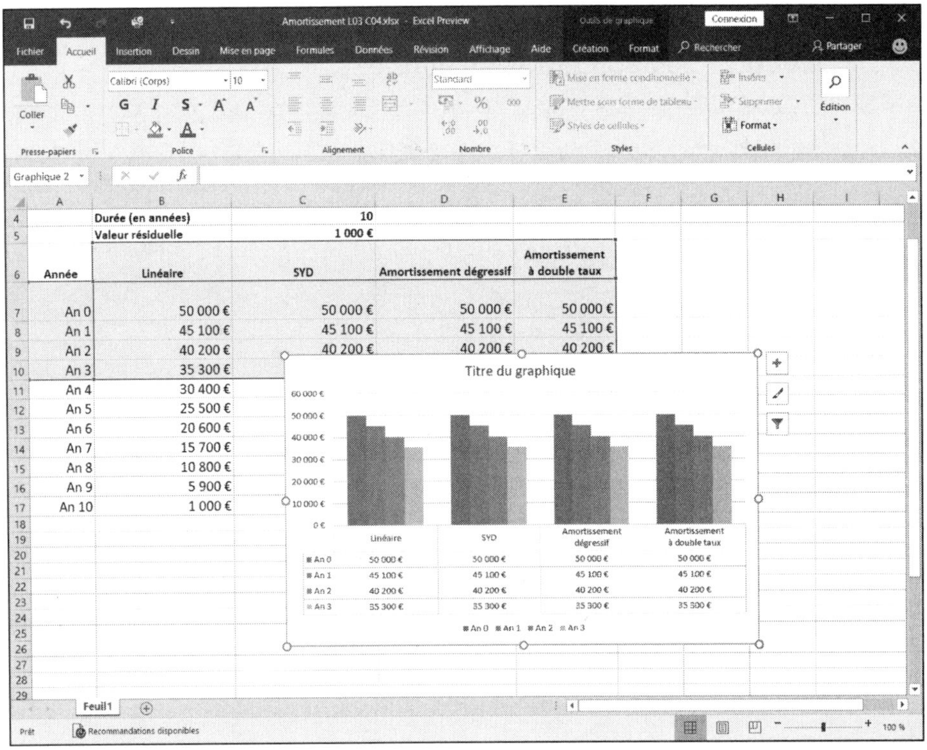

Figure 10.6 Histogramme incorporé dans une feuille, avec table de données et symboles de légendes.

Modifier les titres génériques d'un graphique

Lorsqu'Excel ajoute des titres à un nouveau graphique, il leur donne un nom générique comme Titre du graphique ou Titre de l'axe (aussi bien pour les abscisses que pour les ordonnées). Pour remplacer ces intitulés peu parlants, cliquez à l'intérieur du graphique sur le titre voulu. Cliquez autant de fois que nécessaire à l'apparition du point d'insertion dans la zone de texte et à l'ouverture du panneau Mettre en forme le titre du graphique. Vous pouvez également sélectionner le type de titre dans le menu local Éléments du graphique (qui affiche le nom de l'élément actuellement sélectionné sur le graphique), et qui se situe en tête du groupe Sélection active de l'onglet Format sous l'onglet majeur Outils de graphique. L'élément est ainsi sélectionné dans le graphe ; les poignées qui s'affichent autour en témoignent.

Une fois le titre activé, vous n'avez plus qu'à cliquer dedans et à l'éditer comme vous le feriez pour une cellule quelconque. Pour insérer une nouvelle ligne dans le titre, cliquez simplement à l'endroit où le saut doit intervenir, puis appuyez sur la touche Entrée.

Le titre modifié, cliquez n'importe où sur le graphique pour annuler la sélection (ou sur la feuille de calcul si vous voulez revenir à vos données).

Formater les titres

Utilisez l'aperçu dynamique pour juger de l'impact dans le graphique de telle police ou de telle taille de caractères avant d'appliquer une mise en forme. Activez l'onglet Accueil et servez-vous des listes Police ou Taille de police et placez le pointeur de la souris au-dessus d'une proposition (cela fonctionne également avec la couleur du texte ou du fond).

Pour personnaliser davantage vos titres, recourez aux boutons de commandes de l'onglet Format (sous Outils du graphique). Pour mettre en forme tout le champ de texte qui contient le titre, cliquez sur un des boutons suivants dans le groupe Styles de formes :

- **Styles de formes :** contient une galerie de vignettes qui propose des styles prédéfinis s'appliquant à la fois au texte et à son cadre.
- **Remplissage :** permet de choisir dans une liste déroulante une nouvelle couleur pour le cadre du titre.
- **Contour :** choisissez ici une nouvelle couleur pour le contour du cadre de texte.

» **Effets :** cette liste permet d'appliquer un effet au cadre du titre (Ombre, Réflexion, Lumière, Bordure arrondie, et ainsi de suite).

Pour ne mettre en forme que le texte, vous disposez des boutons du groupe Styles WordArt :

» **Styles rapides :** contient des vignettes de styles WordArt prédéfinis.

» **Remplissage du texte :** affiche une liste de couleurs et de motifs de remplissage qui s'appliqueront à l'intérieur des caractères du texte WordArt.

» **Contour du texte :** affiche une liste de couleurs et de styles de trait qui s'appliqueront au contour des caractères du texte WordArt.

» **Effets du texte :** choisissez dans cette liste un effet (ombrage, réflexion ou encore lumière) qui finira de donner à votre titre un aspect dynamique et professionnel.

Formater les axes x et y

Lorsqu'il doit représenter un grand nombre de données, Excel fait un minimum d'efforts pour mettre en forme les valeurs qui apparaissent sur l'axe *y* (ou sur l'axe *x* pour certains types de graphiques comme les histogrammes empilés 3D ou les nuages de points).

Si la présentation par défaut des axes ne vous convient pas, vous pouvez facilement l'adapter à vos souhaits :

1. Cliquez sur l'axe x (ou sur l'axe y) directement dans le graphique. Vous pouvez également vous servir de la liste déroulante située en haut et à gauche du groupe Sélection active de l'onglet Format (dans les Outils du graphique). Choisissez alors une des options Axe Horizontal (Catégories) ou Axe Vertical (Valeurs).

   Excel active l'objet choisi et fait apparaître ses poignées de sélection.

2. Toujours dans le groupe Sélection active, cliquez maintenant sur le bouton Mise en forme de la sélection.

   Excel ouvre le volet Format de l'axe dans la partie droite de l'interface avec la rubrique Options d'axe sélectionnée.

3. Pour modifier l'échelle d'un axe, l'apparence de ses graduations et son mode d'intersection avec l'autre axe, définissez les réglages voulus dans cette rubrique Options d'axe.

Vous disposez ici de nombreux choix permettant de fixer la plage des valeurs, d'inverser le sens de celles-ci, d'appliquer une échelle logarithmique, d'afficher des unités (par centaines, milliers, millions, *etc.*) et de diviser les valeurs par ces unités, de repositionner les graduations sur l'axe, ou encore de modifier le point d'intersection entre l'axe des abscisses (catégories) et l'axe des ordonnées (valeurs).

4. Pour paramétrer le style d'affichage des valeurs numériques sur l'ensemble de l'axe, cliquez sur Nombre, puis sélectionnez une catégorie avant de préciser les options associées à ce format.

   Par exemple, pour afficher les nombres avec une espace entre les milliers et sans partie décimale, choisissez Nombre dans le menu local Catégorie. Ensuite, cochez la case Utiliser le séparateur de milliers et entrez 0 dans le champ Décimales.

5. Pour changer la disposition et l'orientation des étiquettes sur l'axe sélectionné, cliquez sur l'icône Taille et propriétés sous Options d'axe (troisième en partant de la gauche), puis agissez dans les rubriques Alignement vertical et Orientation du texte.

6. Cliquez dans la case de fermeture du volet pour vous en débarrasser.

Quand vous appliquez de nouvelles options pour l'axe sélectionné, Excel montre sur le graphique ce qu'elles vont donner. Cependant, ces modifications ne seront validées qu'après fermeture du volet.

Pour personnaliser la police ou d'autres attributs de texte pour l'axe actif, vous disposez, comme d'habitude, des boutons de l'onglet Accueil (voir le Chapitre 3).

Pour des graphiques encore plus beaux

Les diagrammes ne sont pas les seuls objets graphiques susceptibles d'être ajoutés à une feuille de calcul. Excel permet d'utiliser d'autres objets visuels, comme des zones de texte, des cliparts, des images importées, qu'il s'agisse de photographies numériques, de documents numérisés ou encore de sources chargées directement depuis l'Internet.

Outre ces éléments, Excel 2019 autorise la création de titres WordArt décoratifs de formes extrêmement variées, ainsi que des diagrammes organisationnels appelés SmartArt.

Des minigraphiques avec les sparklines

Votre tableur vous propose un type d'information graphique appelé sparkline, qui représente les tendances ou les variations d'un ensemble de données. Les sparklines sont de minuscules graphiques dont la taille est approximativement celle du texte qui les entoure. Ils sont de la taille des cellules de la feuille de calcul auxquelles ils se rapportent et peuvent être d'un de ces types :

» **Courbe :** elle représente la valeur relative des données sélectionnées dans la feuille de calcul.

» **Histogramme :** les données sélectionnées dans la feuille de calcul sont représentées par un petit histogramme.

» **Positif/Négatif :** les données sélectionnées dans la feuille de calcul apparaissent sur un graphique dans lequel les gains sont représentés par des colonnes positives bleues, et les pertes par des colonnes négatives rouges.

Utiliser l'outil Analyse rapide

Dans Excel 2019, cet outil vous permet, en effet, d'ajouter en toute facilité des graphiques sparklines à vos feuilles de calcul.

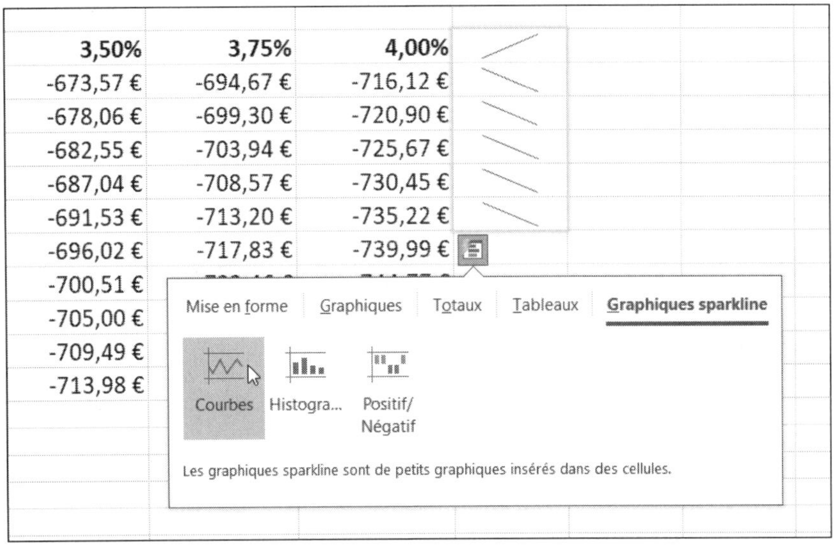

Figure 10.7 Prévisualisation d'un sparkline en courbes pour traduire l'évolution du remboursement d'un prêt en fonction de différents taux.

Tout ce que vous avez à faire, c'est de sélectionner, dans le tableau, les données à représenter, d'activer l'outil Analyse rapide puis, dans la palette correspondante, de cliquer sur Graphiques sparklines et, finalement, de faire un choix parmi les trois options proposées qui sont Courbes, Histogrammes et Positif/Négatif

(Figure 10.7). Positionnez votre pointeur sur une de ces variantes pour apprécier le résultat de la commande dans la feuille sous-jacente ; cliquez quand vous êtes satisfait du résultat.

Des sparklines depuis le Ruban

Moins révolutionnaire, la technique suivante vous permet d'arriver à vos fins en mettant en œuvre des procédés éprouvés :

1. Dans la feuille de calcul, sélectionnez les données à représenter par un graphique sparkline.

2. Dans le groupe Graphiques sparklines de l'onglet Insertion, cliquez sur le type de sparkline désiré.

   Excel ouvre la boîte de dialogue Créer des graphiques sparklines. Elle contient deux champs :

   - **Plage de données :** contient les références de la plage de données que vous venez de sélectionner à l'Étape 1.
   - **Plage d'emplacements :** vous indiquez, dans ce champ, la cellule ou la plage de cellules dans laquelle les sparklines doivent apparaître.

3. Cliquez sur le bouton à droite du champ Plage d'emplacements, puis sélectionnez la cellule ou la plage de cellules pour les sparklines.

   L'étendue de la plage de cellules réservée aux sparklines doit être identique à celle de la plage des cellules contenant les données.

4. Cliquez sur OK.

Comme les sparklines sont de petite taille, vous pouvez fort bien les placer dans la dernière colonne d'un tableau. De cette manière, les tendances ou les résultats de séries de chiffres sont immédiatement visibles et interprétables.

Formater un sparkline

Quand un ou plusieurs sparklines sont sélectionnés, Excel affiche un onglet Outils Sparkline dans le Ruban, doté d'un unique sous-onglet baptisé Création.

Celui-ci regroupe une série de boutons qui vous permettront de choisir le type, le style et la mise en forme de vos sparklines. Le dernier groupe, appelé tout bêtement Groupe, permet de réunir un ensemble de sparklines dans un seul groupe partageant les mêmes axes et/ou valeurs maximales et minimales (le choix est effectué dans le menu local du bouton Axe). Cette commande est extrêmement commode lorsqu'un ensemble de sparklines doit partager les mêmes paramètres de graphique afin de représenter les tendances des données de manière égale.

Vous ne pourrez pas vous défaire d'un sparkline en sélectionnant les cellules où il apparaît, puis en activant la touche Suppr. Agissez plutôt de la manière suivante : opérez un clic-droit sur ces cellules, puis, dans le menu contextuel, choisissez Graphiques sparklines/Supprimer les graphiques sparklines sélectionnés.

Des messages plus efficaces avec les zones de texte

Les *zones de texte* sont des cadres dans lesquels vous pouvez ajouter des explications afin (par exemple) de commenter certains détails de vos graphiques. Elles sont un peu comme les commentaires de cellules d'une feuille de calcul (comme expliqué au Chapitre 6), à ceci près qu'une zone de texte est visible en permanence et peut être associée à une flèche pointant vers l'élément auquel elle se rapporte.

Dans la Figure 10.8, nous avons ajouté une zone de texte à notre graphique indépendant.

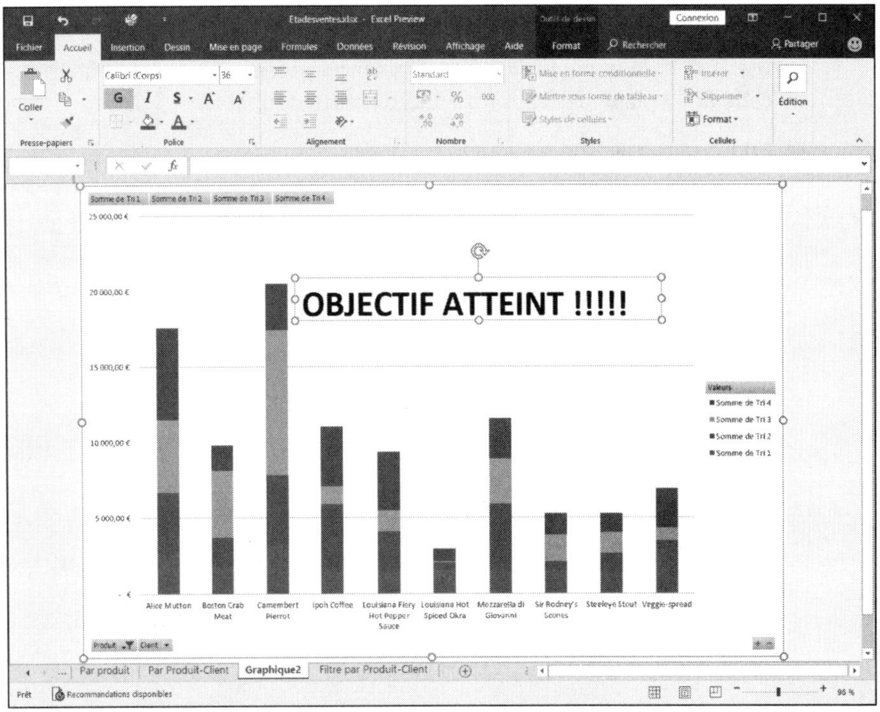

Figure 10.8 Ouf ! L'objectif est atteint !

Ajouter et mettre en forme une zone de texte

Voyons comment procéder. Si le graphique est déjà sélectionné, activez l'onglet Format sous Outils de graphique, puis, dans la rubrique Insérer des formes, choisissez Zone de texte.

Pour ajouter une zone de ce type alors que le graphique n'est pas sélectionné, ouvrez l'onglet Insertion du Ruban, puis choisissez Zone de texte sous le bouton Texte.

Le pointeur de la souris prend la forme d'une ligne verticale barrée vers le bas d'un petit trait horizontal. Cliquez à l'emplacement qui sera le premier coin de la zone de texte. Faites ensuite glisser le pointeur pour tracer le cadre. Lorsque vous relâchez la souris, Excel dessine un rectangle entouré de poignées qui délimite la forme et la taille de la zone.

Le point d'insertion est automatiquement positionné au début du texte, en haut à gauche de la zone. Tapez le texte qui doit figurer dans le cadre. Il est automatiquement renvoyé à la ligne chaque fois que la marge droite est atteinte. Vous pouvez aussi appuyer sur Entrée pour créer un retour à la ligne. Le texte saisi, cliquez hors de la zone pour la désélectionner.

Pour modifier une zone de texte, commencez par cliquer dessus afin de la sélectionner. Vous pouvez ensuite :

» Faire glisser son cadre pour déplacer la zone de texte.

» La redimensionner en faisant glisser la poignée appropriée (éventuellement en combinaison avec les touches Maj, Ctrl ou Alt pour conserver les proportions, la position du centre ou l'accrochage aux cellules).

» La faire pivoter vers la droite ou vers la gauche en faisant glisser sa poignée de rotation (c'est le petit cercle vert qui se trouve en haut).

» Modifier sa mise en forme et son apparence en faisant appel aux multiples boutons dédiés à cet usage (notamment dans le groupe Styles de formes du sous-onglet Format des outils de dessin, ou encore à partir de l'onglet Accueil pour formater tout ou partie du texte de la zone).

» La supprimer en cliquant sur son périmètre et en appuyant sur la touche Suppr (vérifiez d'abord que les tirets qui délimitent le contour deviennent des traits pleins et que le point d'insertion n'apparaît pas dans le texte).

Ajouter une flèche à une zone de texte

Pour mettre en évidence un point particulier, il peut être utile d'associer à la zone de texte une flèche qui pointera directement vers l'objet que vous voulez mettre en valeur. Voici comment procéder :

1. Cliquez sur la zone de texte que vous souhaitez doter d'une flèche.

   Les poignées apparaissent sur les bords de la zone et l'onglet Format des outils de dessin fait irruption dans le Ruban.

2. Activez cet onglet, puis, dans le groupe Insérer des formes, cliquez sur l'icône qui représente une flèche (c'est la troisième en partant de la gauche).

   Dès que vous avez sélectionné ce bouton, le pointeur de la souris prend la forme d'une petite croix.

3. Cliquez là où vous voulez ancrer le point de départ de la flèche, puis faites glisser jusqu'à la position où vous voulez qu'elle se termine. Relâchez alors le bouton de la souris.

   Aussitôt, Excel dessine deux points, l'un à la base de la flèche sur la zone de texte, l'autre du côté de la pointe. Le contenu du groupe Styles de formes change pour afficher une galerie de styles de lignes.

4. Cliquez sur le bouton Autres, dans le coin inférieur droit de la galerie des styles de formes. En passant le pointeur de la souris au-dessus des vignettes, vous pouvez juger dynamiquement de l'effet du style sur la flèche.

5. Cliquez sur la vignette du style à appliquer à la nouvelle flèche.

Excel redessine la flèche en temps réel, en utilisant le style en cours. L'objet reste sélectionné, avec des poignées à chaque extrémité. Vous pouvez alors modifier la flèche :

» Déplacez-la en faisant glisser son contour (ou en appuyant sur les touches de direction du clavier).

» Réglez sa longueur en tirant la poignée du côté de la pointe.

» Changez la forme de la pointe ou l'épaisseur de la hampe en choisissant une option à votre convenance dans les listes déroulantes Contour de forme et Effets sur la forme de l'onglet Format. Vous pouvez aussi cliquer sur la flèche avec le bouton droit de la souris pour ouvrir son menu contextuel. Choisissez alors la commande Format de la forme (Ctrl + 1 donne directement le même résultat). Dans la boîte de dialogue qui apparaît, choisissez les réglages les mieux adaptés à vos besoins dans les rubriques Remplissage, Couleur du trait, Style de trait, Ombre, Format 3D et Rotation 3D.

» Effacez la flèche en appuyant sur la touche Suppr.

Télécharger des images en ligne

Avec Excel 2019, c'est l'enfance de l'art d'intégrer des images en ligne dans vos feuilles de calcul. La boîte de dialogue Insérer des images vous permet de lancer une recherche sur Office.com ou d'exploiter le moteur de recherche Bing pour explorer le Web entier en quête d'illustrations. Et si ça ne suffit pas, vous pouvez encore télécharger des images que vous avez enregistrées dans le nuage, sur votre OneDrive Windows.

Dans la pratique, activez l'onglet Insertion du Ruban, puis cliquez sur Illustrations, puis, enfin, sur Images en ligne. Excel ouvre la boîte de dialogue Insérer des images (Figure 10.9), qui regroupe les options suivantes :

» **Images en ligne avec Bing :** pour utiliser Bing dans le but de trouver des images sur le Web.

» **OneDrive de... :** pour télécharger des images sauvegardées sur votre OneDrive.

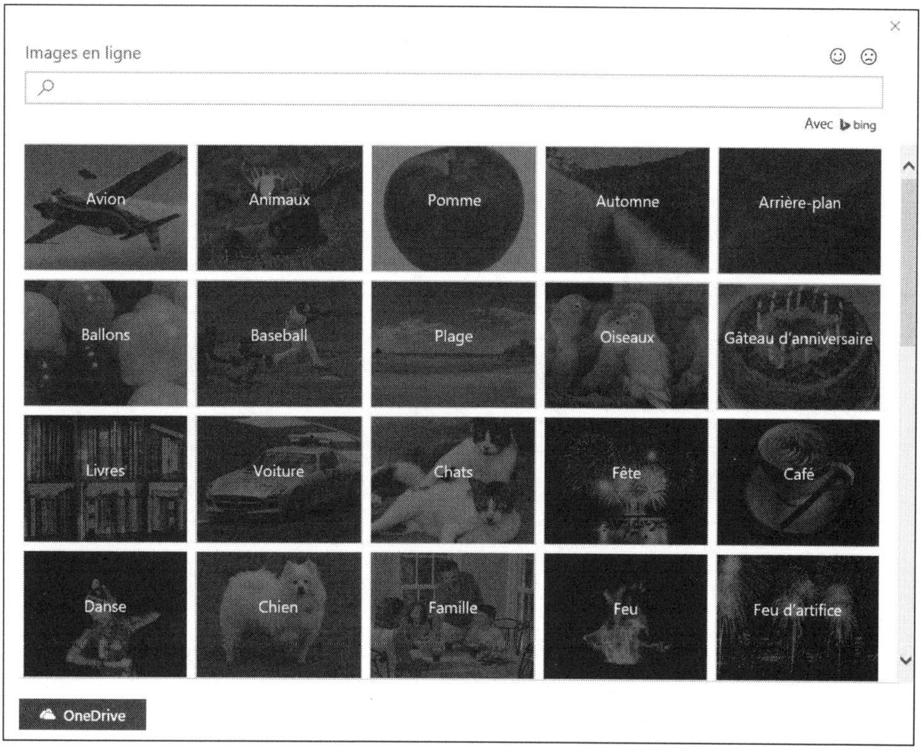

Figure 10.9
Les options de la fenêtre Insérer des images.

Insérer des images clipart

Pour illustrer les documents que vous créez avec vos programmes Office, Microsoft met à votre disposition plus de 150 000 images appelées *cliparts*. Il y a en a tant que le site de Microsoft les regroupe par catégories.

Pour localiser les images qui vous intéressent, utilisez la boîte de dialogue Images en ligne dont il a été question plus haut, et tapez dans le champ Rechercher sur Bing un mot-clé qui décrit le type d'image que vous recherchez. Validez *via* la touche Entrée ou *via* le bouton Rechercher (la loupe), placé en bout de champ.

Pour bien cibler le type d'illustrations, précisez-le dans la recherche en indiquant, par exemple, *cliparts ordinateurs* pour ne trouver que des illustrations et non pas des photos. Si vous omettez cet ajout, vous pourrez appliquer des filtres afin de réduire les résultats de Bing.

Figure 10.10
Mot-clé et propositions de Bing.

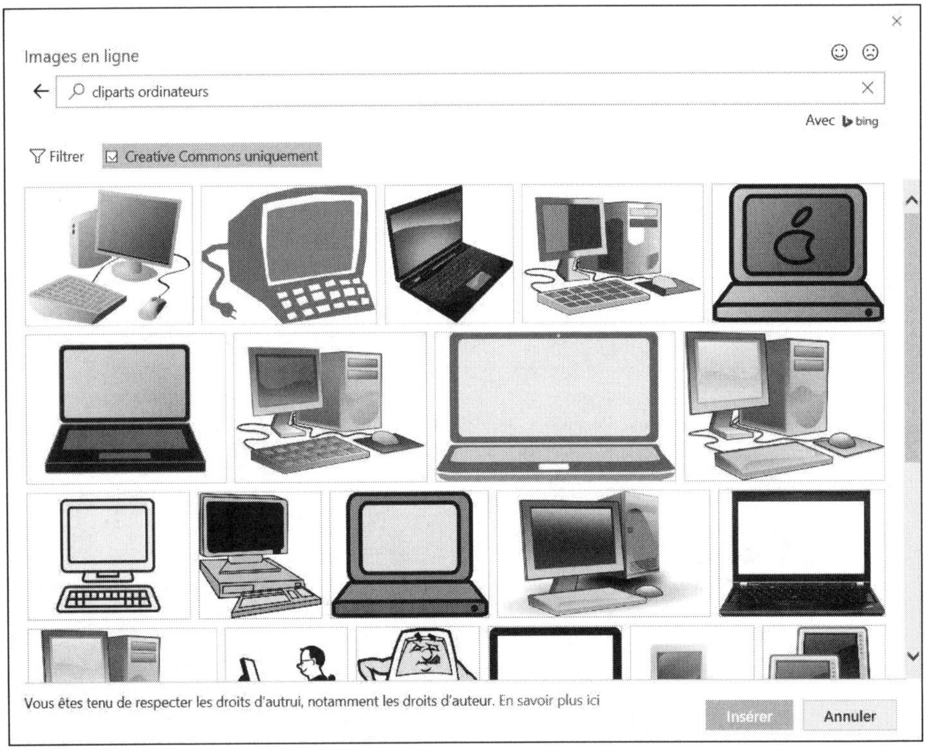

Excel affiche alors une liste de vignettes de toutes les « illustrations » correspondant à votre recherche. Pour disposer d'informations supplémentaires, comme la résolution, placez le pointeur de la souris sur une vignette et cliquez sur les trois petits points qui apparaissent en bas à droite. Une incrustation indique la taille, la provenance; positionnez votre pointeur sur ces vignettes pour en apprendre davantage à leur sujet, à savoir leur nom complet et, en bas à gauche, leur taille exprimée en pixels (Figure 10.10).

Pour cibler un résultat précis, cliquez sur Filtrer en haut à gauche. Dans le menu local qui apparaît, vous pouvez choisir une taille (Petite, Moyenne, *etc.*), un type d'image (Photo, Images clipart, *etc.*), une disposition (Carré, Large, *etc.*), et spécifier si l'image doit être en couleurs, en noir et blanc ou les deux.

Pour insérer une de ces illustrations dans votre feuille de calcul, cliquez deux fois sur sa vignette si elle n'est pas sélectionnée; contentez-vous de cliquer sur Insérer ou d'enfoncer la touche Entrée si elle l'est.

Lorsqu'une image est soumise à une autorisation ou au paiement d'un droit pour l'utiliser, cette mention s'affiche dessous quand elle est insérée dans votre feuille de calcul. Cliquez dessus pour être envoyé vers la page Web où vous pourrez demander une autorisation d'utilisation gracieuse, vous acquitter de son prix, ou simplement apprendre que toute utilisation est prohibée.

Insérer des images stockées localement

Si l'illu que vous souhaitez utiliser se trouve sur votre disque dur ou sur un disque réseau auquel vous avez accès, introduisez-la dans votre feuille en cliquant sur le bouton Images sous Illustrations dans l'onglet Insertion du Ruban. Ce clic provoque l'ouverture de la boîte de dialogue Insérer une image (qui fonctionne exactement comme n'importe quelle autre fenêtre d'ouverture de fichier). Sélectionnez-y un dossier, puis un fichier; terminez en cliquant sur Insérer.

Pour importer une image réalisée dans un autre programme graphique, mais qui n'est pas enregistrée dans son propre fichier, il suffit de la copier vers le Presse-papiers depuis l'application source (appuyez sur Ctrl + C), de revenir ensuite à votre feuille de calcul, de placer le curseur là où le document doit apparaître, puis de coller, à cet endroit, le contenu du Presse-papiers (appuyez sur Ctrl + V ou cliquez sur le bouton Coller, à gauche de la barre d'accueil dans le Ruban).

Éditer les illustrations importées

Lorsque vous introduisez une image dans une feuille de calcul, elle est automatiquement sélectionnée. Les poignées de sélection affichées sur son périmètre en témoignent (Figure 10.11). Pour la désélectionner, il suffit de cliquer en dehors.

Lorsqu'une image clipart ou une illustration importée est sélectionnée, vous pouvez opérer les modifications suivantes :

» Déplacer l'image en faisant glisser son cadre pour la positionner ailleurs sur la feuille.

» Redimensionner l'image en faisant glisser ses poignées (n'oubliez pas qu'il est possible de conserver les proportions, de fixer le centre ou de forcer l'ajustement aux cellules en utilisant simultanément les touches Maj, Ctrl et/ou Alt).

» Faire pivoter l'image en faisant glisser sa poignée de rotation (le cercle gris placé au-dessus du cadre) vers la droite ou vers la gauche.

» Supprimer l'image en appuyant sur la touche Suppr.

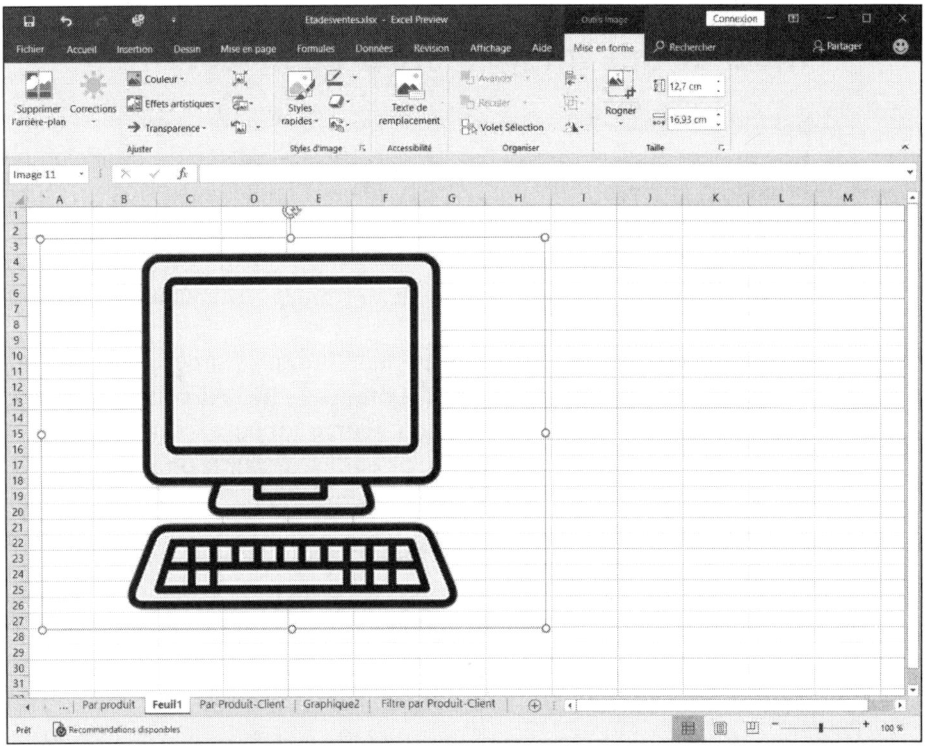

Figure 10.11
Une image prête à être éditée.

Formater les illustrations importées

Lorsqu'une illustration est active, Excel ajoute au Ruban un onglet contextuel baptisé Outils Image, qui propose une série de commandes dans son sous-menu unique intitulé Mise en forme.

Cet onglet est divisé en quatre groupes : Ajuster, Styles d'images, Organiser et Taille. Passons en revue quelques-unes des commandes qu'ils proposent :

» **Supprimer l'arrière-plan :** donne accès à trois boutons qui vous permettent d'être sélectif. Vous pouvez marquer les zones à conserver ou, au contraire, celles à supprimer. Quand vous avez terminé, cliquez sur Conserver les modifications ou, dans l'hypothèse où vous n'êtes pas satisfait, cliquez sur Ignorer toutes les modifications.

» **Ajuster la netteté :** permet de rendre l'image plus nette ou plus floue.

» **Corrections – Luminosité et contraste :** augmente ou diminue la luminosité et le contraste de l'image en sélectionnant un pourcentage positif (plus clair) ou négatif (plus sombre). La valeur par défaut est de 0 %. La commande Options de correction des images ouvre le volet Mise en forme de l'image. Vous pouvez y ajuster la luminosité plus finement en faisant glisser un curseur ou en entrant directement une valeur de pourcentage.

» **Couleur – Saturation de la couleur :** permet d'accentuer l'intensité des couleurs, voire de la diminuer jusqu'à rendre une image noir et blanc.

» **Couleur – Nuance des couleurs :** correspond en réalité à la température de la couleur exprimée en degrés Kelvin. Cela permet de rendre une image plus ou moins froide ou chaude, c'est-à-dire plus ou moins bleue ou jaune.

» **Couleur - Recolorier :** ouvre un menu déroulant qui vous permet de « peindre » l'image sous la forme de nuances d'une couleur de base ou encore de définir une couleur transparente (qui laissera donc apparaître le contenu sous-jacent).

» **Effets artistiques :** applique des effets esthétiques qui modifient considérablement l'image.

» **Transparence :** applique un pourcentage d'opacité à l'image. Pour le régler plus précisément, cliquez sur Options de transparence de l'image en bas de ce menu local.

» **Compresser les images :** ouvre la boîte de dialogue du même nom, qui vous permet de compresser au choix les images actuellement sélectionnées ou toutes celles qui sont insérées dans la feuille. En limitant notamment la résolution interne des objets graphiques, vous diminuerez quelque peu la taille de fichier de votre classeur Excel.

» **Remplacer l'image :** ouvre la boîte de dialogue Insérer des images. Vous pouvez remplacer l'illustration courante par un autre fichier graphique. Dans ce cas, Excel appliquera automatiquement la taille et le format de l'ancienne image à sa remplaçante.

» **Rétablir l'image :** supprime toutes les modifications apportées à l'image et la rétablit telle qu'elle se présentait au moment de son insertion dans la feuille de calcul.

Vous pouvez également modifier la présentation d'un clipart ou d'une photographie grâce au volet Format de l'image (Ctrl + 1). Sélectionnez alors les options désirées dans les différentes rubriques du volet.

Pour affiner et personnaliser l'aspect de vos illustrations, vous disposez également des boutons du groupe Styles d'image. Cliquez sur une des vignettes de la galerie pour appliquer à l'image courante de nouvelles options de style et d'orientation. Vous pouvez également modifier d'autres réglages à l'aide des boutons Bordure de l'image, Effets de l'image et Disposition d'image qui vous déroule une palette à la mode SmartArt.

Insérer des modèles 3D

Excel 2019 prend en charge les images 3D provenant de la communauté en ligne Microsoft Remix 3D. Pour cela, accédez à l'onglet Insertion. Dans le groupe Illustration, ouvrez le menu local du bouton Modèles 3D. Choisissez alors « à partir de sources en ligne ».

La boîte de dialogue Modèles 3D en ligne qui apparaît, fonctionne comme la boîte de dialogue Images en ligne. Par conséquent, saisissez l'objet de votre recherche dans le champ Rechercher sur Remix 3D (Loupe). Cliquez sur le modèle qui vous intéresse puis sur le bouton Insérer. L'objet 3D apparaît dans la feuille de calcul. Vous pouvez le redimensionner et le repositionner, mais aussi le faire pivoter dans l'espace 3D pour l'afficher sous l'angle qui vous convient, comme sur la Figure 10.12.

Figure 10.12

Un modèle 3D peut être orienté dans l'espace 3D selon vos besoins.

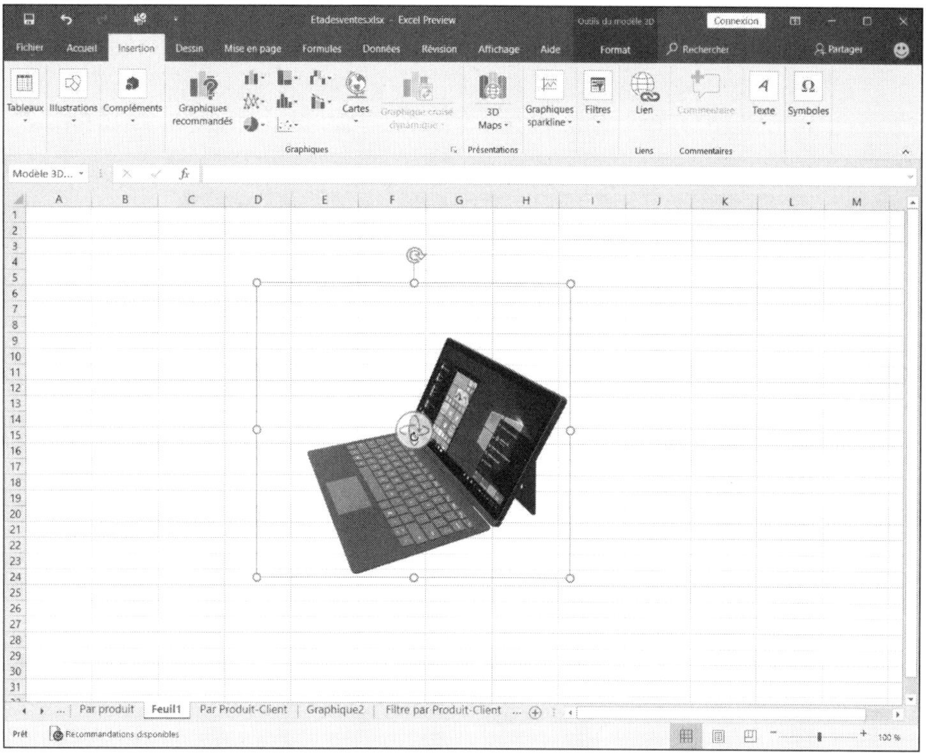

Ajouter des formes prédéfinies

Outre les images issues du Web ou locales, Excel vous autorise à insérer, dans vos feuilles de calcul et dans vos feuilles graphiques, des formes prédéfinies que vous trouverez dans la liste Formes du bouton Illustrations de l'onglet Insertion (Figure 10.13).

La palette est divisée en neuf sections : Formes récemment utilisées, Traits, Rectangles, Formes de base, Flèches pleines, Formes d'équation, Organigrammes, Étoiles et bannières et, enfin, Bulles et légendes.

Quand vous cliquez sur une vignette de cette palette, le curseur se transforme en croix. Cliquez au point de départ, puis tirez pour donner les dimensions voulues à la forme.

Après avoir relâché le bouton de la souris, la forme que vous venez de tracer reste sélectionnée. Cet état se traduit par la présence des poignées de redimensionnement et de la poignée de rotation (le petit cercle placé au-dessus de l'objet).

De plus, Excel active l'onglet Format (sous l'onglet contextuel Outils de dessin). Vous pouvez alors utiliser la galerie des styles de formes (ou d'autres boutons de commandes) pour finaliser à votre gré l'aspect de l'objet. Pour annuler la sélection, il suffit de cliquer n'importe où en dehors du dessin de la forme.

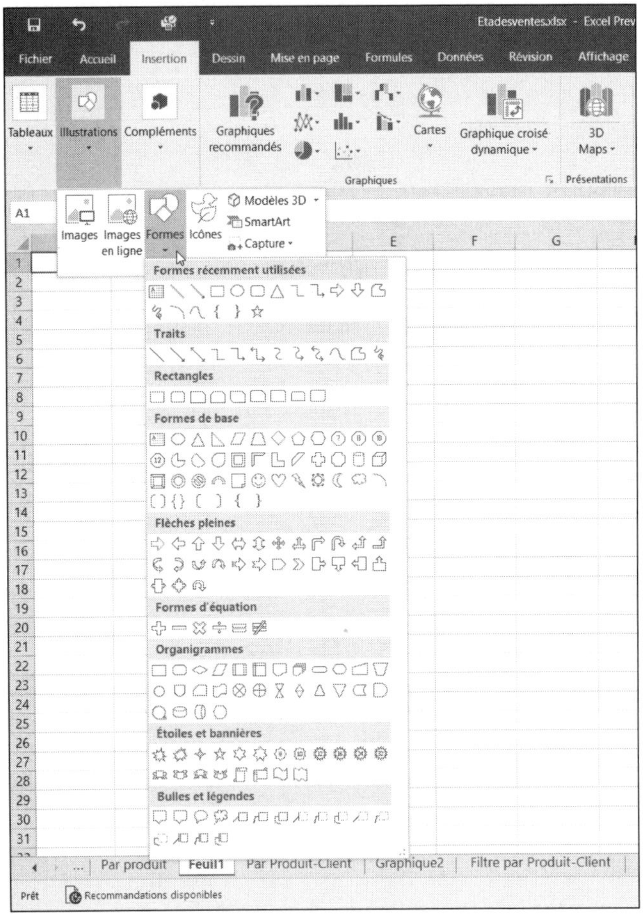

Figure 10.13 Choisissez la forme dans cette palette, puis tracez-la dans la feuille.

Travailler avec WordArt

Si les formes prédéfinies de la galerie des formes ne vous satisfont pas encore, vous pouvez toujours ajouter du texte décoratif. Pour cela, ouvrez l'onglet Insertion et cliquez sur le bouton WordArt du groupe Texte.

Voyons comment procéder pour insérer des titres « graphiques » dans vos feuilles de calcul :

1. Cliquez sur le bouton Texte de l'onglet Insertion puis, dans le sous-menu correspondant, cliquez sur WordArt.

   Si la résolution de votre écran est élevée, vous verrez directement le bouton WordArt.

   Excel affiche la galerie des styles WordArt.

2. Cliquez sur la vignette correspondant au style que vous désirez utiliser.

   Excel insère au centre de la feuille une zone de texte contenant les mots « Votre texte ici ». Bien entendu, la mise en forme que vous venez de choisir est déjà appliquée au texte.

3. Saisissez le texte à utiliser dans la feuille de calcul.

   Dès que vous commencez à taper les caractères, Excel efface la légende par défaut et la remplace par votre propre prose.

4. (Facultatif) Pour formater l'arrière-plan de la zone de texte, faites appel à l'Aperçu dynamique de la galerie Styles de formes (sous l'onglet Format des outils de dessin).

   L'onglet Format est ajouté au Ruban lorsque vous sélectionnez un texte WordArt. S'il n'est pas activé automatiquement, cliquez sur cet onglet pour accéder aux options de mise en forme.

5. L'aspect du texte WordArt finalisé, les dimensions et l'orientation établies grâce aux poignées, il ne reste plus qu'à cliquer n'importe où dans la feuille de calcul pour désélectionner l'objet.

Par défaut, Excel ajuste automatiquement la forme au texte. Autrement dit, il adapte au besoin les dimensions du cadre afin qu'il englobe la totalité du titre. Vous pouvez désactiver ce comportement en ouvrant la boîte de dialogue Format de la forme. Cliquez sur l'icône Taille et propriétés. Ensuite, dans la rubrique Zone de texte, décochez l'option Ajuster la forme au texte.

L'objet WordArt créé, vous pouvez modifier le style des caractères du titre. Pour cela, sélectionnez tout ou partie du texte, puis choisissez une police et une taille de caractères à partir de l'onglet Accueil (comme vous le feriez pour un texte standard).

Diagrammes intelligents avec SmartArt

Les objets SmartArt d'Excel 2019 sont des outils qui vous permettent de réaliser facilement et rapidement des listes, des diagrammes et des organigrammes. Les diagrammes et autres schémas SmartArt sont fournis dans une grande variété de configurations qui vous permet de combiner formes graphiques prédéfinies, textes et images. Vous avez maintenant à portée de main tout ce qu'il vous faut pour représenter listes, processus, relations, cycles, *etc.*

Pour insérer un objet SmartArt dans une feuille de calcul, cliquez sur SmartArt dans la palette qui se déroule lorsque vous invoquez le bouton Illustrations de l'onglet Insertion. La boîte de dialogue Choisir un graphique SmartArt se manifeste (Figure 10.14). Sélectionnez une catégorie dans le volet de gauche, puis cliquez sur la vignette de la liste ou du diagramme que vous voulez utiliser dans la partie centrale de la fenêtre. Validez.

Excel insère dans la feuille la structure de base de l'objet choisi et affiche à sa gauche une fenêtre intitulée *Tapez le texte ici*. Chaque élément de cette structure affiche par défaut la légende [Texte]. Il suffit de cliquer sur un cadre pour personnaliser cet intitulé (Figure 10.15). Dans le même temps, l'onglet contextuel Outils SmartArt ouvre ses deux sous-onglets : Création et Format. Le premier propose des dispositions et des styles servant à personnaliser l'objet que vous venez d'insérer ; le second permet d'en affiner l'aspect.

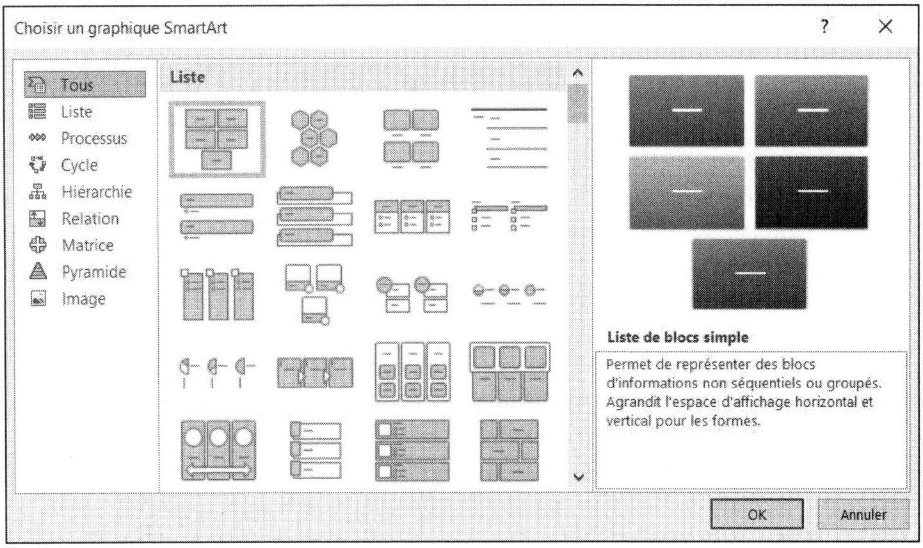

Figure 10.14 La boîte de dialogue Choisir un graphique SmartArt.

Figure 10.15
Un organigramme en cours de création.

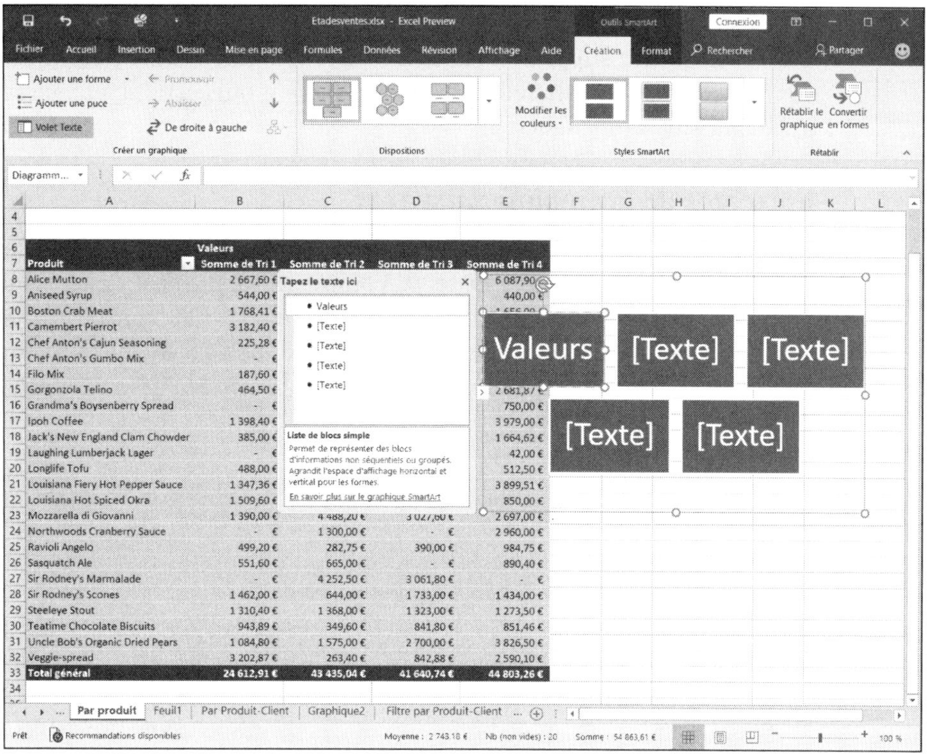

Saisir le texte d'un graphique SmartArt

Pour remplir le texte de la première section d'une nouvelle liste ou d'un nouveau diagramme, cliquez simplement dans le cadre correspondant et saisissez l'intitulé. Vous pouvez également cliquer sur la ligne voulue de la fenêtre *Tapez le texte ici* et éditer son contenu.

N'appuyez pas sur la touche de tabulation ou sur Entrée pour terminer une saisie dans une liste ou un diagramme SmartArt. La touche Entrée insère en effet une nouvelle section au même niveau hiérarchique s'il s'agit par exemple d'un organigramme. Quant à la touche de tabulation, soit elle ne fait rien de particulier, soit elle met en retrait le niveau hiérarchique courant, soit encore elle sélectionne l'entité suivante dans le groupe d'objets formant la liste ou le diagramme.

Lorsque vous avez terminé la saisie des intitulés, vous pouvez cliquer sur la case de fermeture de la fenêtre *Tapez le texte ici*. Pour l'afficher à nouveau, cliquez sur le bouton fléché qui apparaît alors au milieu du bord gauche de la liste ou du diagramme.

Si la liste ou le diagramme SmartArt comporte plus de sections qu'il ne vous en faut, vous pouvez supprimer les éléments graphiques inutiles en cliquant sur leur contour (les poignées habituelles vous indiquent quel est l'objet courant) puis en appuyant sur la touche Suppr.

Formater un graphique SmartArt

Le texte des légendes étant saisi, il est temps de s'occuper de la mise en forme du graphique. Pour formater le texte, commencez par sélectionner tous les objets de la liste ou du diagramme qui doivent prendre le même aspect (il suffit pour cela de cliquer successivement sur ces objets tout en appuyant sur la touche Ctrl). Servez-vous alors des boutons appropriés du groupe Police (sous l'onglet Accueil du Ruban).

Pour améliorer ou redéfinir l'aspect visuel des éléments graphiques, utilisez les groupes Dispositions et Styles SmartArt de l'onglet Création des outils SmartArt :

» **Cliquez sur le bouton Autres du groupe Dispositions, c'est-à-dire là où sont affichées les vignettes des mises en forme des graphiques SmartArt. Choisissez alors une vignette dans la galerie pour sélectionner une liste ou un diagramme totalement différent.**

» **Cliquez sur le bouton Modifier les couleurs du groupe Styles SmartArt, puis sur une des vignettes représentant un modèle de couleur.**

» **Cliquez sur le bouton Autres de la galerie affichée dans le groupe Styles SmartArt. Choisissez alors une nouvelle présentation à l'aide des vignettes qui vous sont proposées.**

Faire une capture d'écran

Excel permet de créer des captures d'écran, c'est-à-dire des instantanés de ce qui se trouve sur le Bureau et d'incorporer ces éléments graphiques dans une feuille de calcul.

Pour capturer le contenu d'une fenêtre du Bureau ou de n'importe quel autre objet qui s'y trouve, commencez par afficher l'élément en question. Ensuite, basculez vers Excel, et cliquez sur l'onglet Insertion du Ruban, puis, dans le groupe Illustrations, cliquez sur Capture, puis sur Capture d'écran. Excel s'éclipse pour laisser la vedette à la fenêtre tandis que le pointeur de la souris se transforme en réticule. Tout l'écran est recouvert d'un voile blanchâtre.

Cliquez et tirez de manière à englober la partie de l'écran à utiliser dans Excel. La partie sélectionnée apparaît avec toutes ses couleurs.

Relâchez le bouton de la souris et le bloc de pixels qui vient d'être sélectionné est aussitôt transféré dans la feuille de calcul active. Il y apparaît comme n'importe quel autre graphisme (clipart, photo, dessin...).

Excel enregistre la capture d'écran avec la feuille de calcul. En revanche, il n'offre aucun moyen de l'enregistrer dans un fichier à part afin de l'utiliser avec une autre application. Une astuce permet cependant de contourner cette déficience : sélectionnez la capture d'écran dans Excel et copiez-la dans le Presse-papiers. Dans une autre application, utilisez la commande Coller pour récupérer la capture d'écran.

Le thème du jour

Les thèmes d'Excel servent à appliquer une mise en forme cohérente à tous les éléments texte et graphiques qui se trouvent dans une feuille de calcul. Il suffit pour cela de cliquer sur la vignette du thème que vous souhaitez utiliser. La galerie correspondante est accessible dans le groupe justement appelé Thèmes, à gauche dans l'onglet Mise en page du Ruban.

L'aperçu dynamique permet de juger de l'effet d'un thème sur les graphiques de votre feuille. Survolez simplement les vignettes avec le pointeur de la souris avant de cliquer à l'endroit voulu.

Les thèmes d'Excel associent par défaut trois éléments : un schéma de couleur, un jeu de polices (pour le corps et les en-têtes) et, enfin, un style d'effet graphique. Chacun de ces éléments peut être personnalisé en cliquant sur leurs boutons de commandes respectifs dans le groupe Thèmes :

- **Couleurs :** sélectionnez, dans la galerie, un nouveau jeu de couleurs en cliquant sur la vignette voulue. En bas de la palette, l'option Personnaliser les couleurs vous permet de personnaliser chaque composant du jeu et de sauvegarder le résultat sous un nom suffisamment descriptif.
- **Polices :** sélectionnez un jeu de polices en cliquant sur la vignette correspondante. En bas de la palette, l'option Personnaliser les polices ouvre une fenêtre dans laquelle vous pouvez choisir parmi d'autres polices les titres et le corps des textes. Sauvegardez votre combinaison sous un nom évocateur.
- **Effets :** sélectionnez un jeu d'effets graphiques en cliquant sur une des vignettes de la palette.

Pour enregistrer l'ensemble de vos définitions personnelles (couleurs, polices et effets), utilisez le bouton Thèmes dans l'onglet Mise en page du Ruban. Vous pourrez ensuite appliquer cette mise en forme dans d'autres classeurs afin d'uniformiser vos présentations. Choisissez la commande Enregistrer le thème actif, en bas du menu déroulant. Une boîte de dialogue portant le même nom s'affiche ; éditez le nom de fichier par défaut (Thème1), (mais n'effacez pas l'extension .thmx), puis cliquez sur Enregistrer. Excel ajoute votre jeu de couleurs, polices et effets à la palette des thèmes dans une rubrique intitulée Personnalisé. Vous pourrez, par la suite, activer cette vignette pour appliquer le thème à n'importe quel classeur actif.

Contrôler le recouvrement des objets

Au cas où vous ne l'auriez pas remarqué, nous vous informons que les objets graphiques « flottent » au-dessus des cellules de la feuille de calcul. La plupart de ces objets (y compris les graphiques de données) sont *opaques* : ils cachent (sans effacer ni remplacer) les informations sous-jacentes. Si vous déplacez un élément graphique et qu'il vient en recouvrir partiellement un autre, celui qui se trouve sur la couche supérieure masque celui placé en dessous, exactement comme si vous posiez une feuille de papier sur une autre. La plupart du temps, vous allez donc devoir vous assurer que vos graphiques ne masquent pas des données (ou d'autres graphiques) que vous voulez voir apparaître.

Excel 2019 met deux techniques à votre disposition pour vous permettre de déplacer un objet graphique vers une autre couche :

» Pour le déplacer vers le haut ou vers la couche supérieure, choisissez Avancer ou Mettre au premier plan dans le menu local Avancer du groupe Organiser du sous-onglet Format de l'onglet Outils Image, Outils de dessin ou Outils SmartArt, selon le cas. Pour le déplacer vers le bas ou vers la couche inférieure, utilisez les articles Reculer ou Mettre à l'arrière-plan dans le menu local Reculer, voisin du précédent.

» Dernier article de ce même menu, Volet Sélection affiche, à droite, le volet du même nom. Utilisez les triangles placés à droite des boutons Afficher tout et Masquer tout : le premier, orienté vers le haut, vous permet de déplacer l'objet sélectionné d'un plan vers le haut ; l'autre fait l'inverse. Si nécessaire, cliquez à plusieurs reprises, en fait jusqu'à ce que l'objet graphique occupe la position qui vous convient dans la pile.

Pour donner à vos graphiques des noms plus parlants, cliquez sur la ligne correspondante dans le volet Sélection, puis saisissez un intitulé personnalisé et confirmez *via* la touche Entrée.

Grouper des objets graphiques

Il est parfois utile de regrouper plusieurs objets graphiques. Dans ce cas, le groupe se comporte comme s'il n'était formé que d'un seul élément. En procédant ainsi, vous pourrez déplacer ou redimensionner l'ensemble des composants du groupe en une seule opération. L'exemple type est celui d'une zone de texte associée à une flèche.

Pour procéder à un tel regroupement, cliquez sur chacun des objets voulus tout en maintenant enfoncée la touche Ctrl. Cette technique peut d'ailleurs aussi être employée dans le volet Sélection. Quand vous avez terminé, activez si nécessaire l'onglet contextuel des outils (de dessin ou encore d'image) et cliquez, dans le groupe Organiser, sur le bouton Grouper (c'est le second à droite en partant du haut, celui qui affiche un symbole représentant deux carrés entrelacés). Dans le menu déroulant qui apparaît, choisissez alors l'option Grouper.

Vous obtenez un résultat identique en faisant un clic-droit sur un des objets sélectionnés. Ensuite, dans le menu contextuel qui apparaît, choisissez Grouper/Grouper.

Par la suite, lorsque vous cliquerez sur ce « méga-objet », un cadre et des poignées apparaîtront autour de l'ensemble du groupe. Cette nouvelle hiérarchie sera également visible dans le volet Sélection.

Pour déplacer ou redimensionner indépendamment des objets appartenant à un groupe, séparez-les en cliquant dessus et en choisissant Grouper/Dissocier sous les onglets Outils de dessin, puis Format ou sous les onglets Outils Image, puis Format. Regroupez-les ensuite si vous le désirez.

Vous trouverez une commande identique *via* le menu contextuel précité.

Masquer des objets graphiques

Le volet Sélection ne vous permet pas seulement de gérer la mise en pile de vos objets ; il vous permet aussi d'en contrôler l'affichage ou le masquage.

Pour ouvrir ce volet, sélectionnez un objet graphique présent sur votre feuille, puis cliquez sur le sous-onglet Format de l'onglet Outils (complété du type d'objet) et cliquez sur le bouton Volet Sélection du groupe Organiser.

Masquez les objets que vous ne souhaitez pas voir en cliquant sur l'œil en regard de leur intitulé. Pour traiter de la sorte tous les objets présents, préférez le bouton Masquer tout.

Pour réafficher un objet masqué, cliquez sur le trait qui a remplacé l'œil et le tour est joué. Vous l'aurez deviné : le bouton Afficher tout réactive tous les objets graphiques de la feuille.

Attention : si vous masquez tous les objets, puis refermez le volet Sélection, vous n'avez plus aucun moyen de réaccéder à ce panneau puisqu'il n'y a plus d'éléments graphiques à sélectionner et donc plus d'ouverture possible de cet endroit où est logée la commande d'affichage.

Pas de panique ! Si vous vous retrouvez dans cette inconfortable situation, commencez par annuler votre action précédente si vous vous rendez compte de votre bourde juste après l'avoir commise. Dans le cas contraire, vous pourrez toujours créer un graphique quelconque, le sélectionner et, grâce à lui, regagner le volet Sélection et son bouton très convoité Afficher tout. Vous effacerez ensuite l'élément qui vous aura sauvé la mise. Ouf ! Vous avez eu chaud !

N'imprimer que les graphiques

Supposons que vous vouliez imprimer un graphique incorporé (indépendamment des données qu'il trace et des autres objets éventuellement présents sur la feuille). Pour parvenir à vos fins, commencez par ouvrir le volet Sélection (voir la section précédente qui détaille cette procédure), puis vérifiez que tous les objets graphiques sont bien visibles en cliquant, si nécessaire, sur le bouton Afficher tout ou en activant l'icône de l'œil pour chaque entrée de la liste.

Ensuite, depuis la feuille de calcul, cliquez sur le graphe à imprimer, puis choisissez Fichier/Imprimer (ou enfoncez les touches Ctrl + P). La boîte de dialogue Imprimer s'affiche ; elle propose, dans son volet droit, une prévisualisation du graphique concerné.

Si vous souhaitez modifier sa taille et/ou son orientation, exploitez les réglages disponibles dans la rubrique Paramètres. Accédez également, aux mêmes fins, à la fenêtre Mise en page en activant, depuis cette fenêtre d'impression, le lien Mise en page proposé sous la rubrique Paramètres. (Autre accès à cette boîte de dialogue depuis la feuille de calcul : le bouton lanceur (en bas à droite) du groupe Mise en page de l'onglet Mise en page.)

Agissez dans l'onglet Page de cette fenêtre pour régler le format du papier et l'orientation. Préférez l'onglet Graphique si vous désirez contrôler la qualité d'impression et/ou opter pour un tirage noir et blanc sur imprimante couleur.

Cliquez sur OK pour regagner la fenêtre précédente. (Si vous avez ouvert la fenêtre Mise en page depuis le Ruban, c'est le bouton Imprimer qu'il faut invoquer à cette fin.) Si tout vous paraît bien, lancez l'impression en cliquant sur Imprimer.

DANS CE CHAPITRE

Créer une liste de données dans Excel.

•

Entrer et éditer des enregistrements dans la liste de données.

•

Trier les enregistrements de la liste de données.

•

Filtrer les enregistrements de la liste de données.

•

Importer des données externes dans la feuille de calcul.

Chapitre 11 Utiliser les listes de données

Toutes les tables et tous les tableaux étudiés jusqu'à présent dans ce livre concernaient essentiellement des calculs pratiques, comme totaliser des ventes mensuelles ou trimestrielles. Mais d'autres types de tables peuvent être créés dans les feuilles de calcul Excel. Il s'agit de *listes de données* (que l'on appelle *bases de données* dans d'autres lieux). L'objet d'une liste de données n'est pas spécialement le calcul de nouvelles valeurs, mais plutôt l'enregistrement et le traitement cohérents de quantités importantes d'informations structurées. Par exemple, vous pouvez créer une liste de données pour répertorier tous vos clients, ou encore pour stocker des informations sur vos employés (dans le respect des textes légaux, évidemment).

Créer une liste de données

Créer une liste de données n'a rien de bien extraordinaire. Il s'agit d'une table tout à fait classique, à ceci près qu'elle n'a besoin que d'en-têtes de colonnes (et donc pas besoin d'étiquettes de lignes). Voici comment construire une nouvelle liste de données :

1. Cliquez dans la cellule qui sera le point de départ de la liste.
2. Entrez sur la même ligne les en-têtes de colonnes (dans le langage des bases de données, on parle aussi de colonnes, ou encore de noms de champs).

   Ces en-têtes correspondront aux différents types d'éléments que vous devez gérer (par exemple Nom, Prénom, Adresse, Ville, et ainsi de suite). Ces intitulés doivent se suivre de gauche à droite en occupant autant de cellules successives que nécessaire.

   Ce travail préparatoire achevé, vous êtes prêt à commencer la saisie des données.
3. Entrez les valeurs appropriées à chaque colonne sur la ligne qui suit immédiatement les en-têtes.

   Le contenu de cette ligne constitue le premier enregistrement de la liste de données.
4. Cliquez sur le bouton Mettre sous forme de tableau dans le groupe Style de l'onglet Accueil. Choisissez un style dans la galerie proposée. Cliquez sur la vignette correspondante.

   Excel délimite automatiquement la nouvelle liste de données (en-têtes et premier enregistrement). Dans le même temps, la boîte de dialogue Mettre sous forme de tableau apparaît. Elle affiche la plage actuellement sélectionnée dans le champ Où se trouvent les données de votre tableau ?
5. Cochez si nécessaire la case Mon tableau comporte des en-têtes (normalement, elle devrait déjà être activée).
6. Cliquez sur le bouton OK pour refermer la boîte de dialogue.

Champs calculés

Lorsque vous voulez qu'Excel calcule les entrées d'une colonne particulière de la table, vous devez saisir la formule à employer dans la bonne cellule dès la saisie du premier enregistrement. Dans une feuille qui répertorie les données relatives aux membres du personnel d'une entreprise, nous pourrions, par exemple, insérer un champ Date d'embauche et un champ Ancienneté. Nous pourrions alors construire la formule suivante : **=ANNEE(AUJOURDHUI()) - ANNEE(DATE_EMBAUCHE)**, soit une formule qui calculerait le nombre d'années écoulées entre cette date et la date courante et serait automatiquement reproduite lors de la saisie des enregistrements suivants.

Excel met la liste de données en forme selon le style choisi et ajoute un bouton de filtrage (une flèche pointant vers le bas) à chaque cellule de la ligne d'en-tête, comme l'illustre la Figure 11.1.

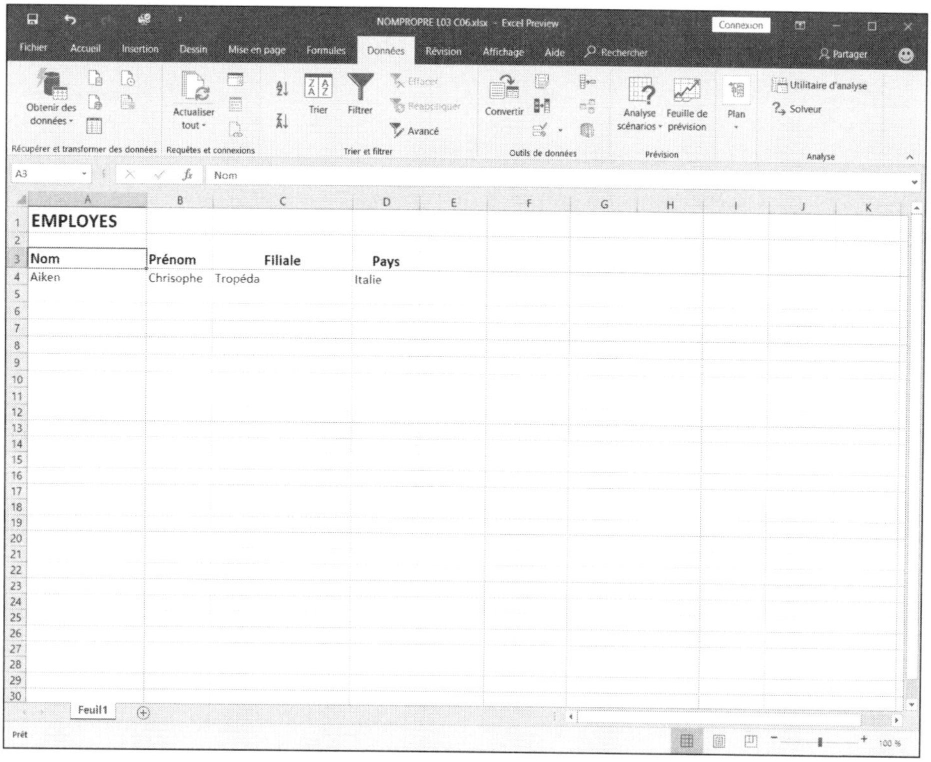

Figure 11.1 Création d'une liste de données à partir d'une ligne d'en-têtes et d'un premier enregistrement.

Ajouter des enregistrements à une liste de données

Vous avez saisi les en-têtes et le premier enregistrement. Vous avez choisi un style et transformé votre feuille en liste de données (ou tableau). Vous êtes maintenant prêt à entrer la suite des enregistrements dans les lignes suivantes de la liste. La manière la plus directe de procéder consiste à appuyer sur la touche de tabulation lorsqu'une ligne se termine, c'est-à-dire quand la cellule active se trouve en bout de ligne, sur le dernier champ ; Excel ajoute alors automatiquement une ligne au tableau (en y reproduisant les éventuelles formules de calcul) et active la première colonne du nouvel enregistrement.

Lorsque vous saisissez des données directement dans une liste, appuyez sur la touche de tabulation pour passer au champ suivant et non pas sur la flèche vers le bas. En procédant de cette manière, Excel ajoutera un nouvel enregistrement lorsque vous aurez saisi le dernier champ de la ligne et vous placera immédiatement dans le premier champ de la ligne suivante. Si vous utilisez la touche fléchée vers le bas, il déplacera simplement le curseur vers la première cellule se trouvant en dehors du tableau.

Utiliser le bouton Formulaire

Au lieu d'entrer directement les données dans une liste, vous pouvez faire appel au formulaire de saisie que vous propose Excel. Le seul problème est qu'il n'existe aucune commande dans le Ruban qui permette d'afficher ce formulaire. Vous ne pouvez y accéder qu'en ajoutant un nouveau bouton de commande dans la barre d'outils Accès rapide. Voici comment procéder :

1. **Cliquez sur le bouton fléché placé à droite dans la barre d'outils Accès rapide.**

   Il déploie le menu local Personnaliser la barre d'outils Accès rapide.

2. **Dans le menu, choisissez l'option Autres commandes.**

   La boîte de dialogue Options Excel s'ouvre instantanément.

3. **Ouvrez le menu local Choisir les commandes dans les catégories suivantes.**

4. **Dans la liste qui apparaît, cliquez sur Formulaire puis sur Ajouter.**

   Le bouton est placé à la fin de la liste des boutons actuellement présents sur la barre d'outils Accès rapide. Cliquez éventuellement sur les boutons Monter ou Descendre si vous voulez le placer à un autre endroit de la liste.

5. **Cliquez sur OK pour refermer la boîte de dialogue et revenir à la feuille de calcul contenant la liste de données.**

Ajouter des enregistrements en utilisant le formulaire de données

Lorsque vous cliquez pour la première fois sur le bouton Formulaire depuis la barre d'outils Accès rapide, Excel analyse la ligne qui comporte les noms des champs (les en-têtes) ainsi que le contenu du premier enregistrement et fabrique un formulaire de saisie reprenant ces informations. Assurez-vous au préalable que la cellule active se trouve bien dans le tableau.

Ce formulaire répertorie les noms de champs de haut en bas dans la partie gauche de la fenêtre et les entrées correspondantes du premier enregistrement dans autant de champs de saisie. C'est ce qu'illustre la Figure 11.2.

Figure 11.2 Cliquez sur le bouton Nouvelle en haut à droite pour pouvoir encoder le deuxième enregistrement de la liste en mode formulaire.

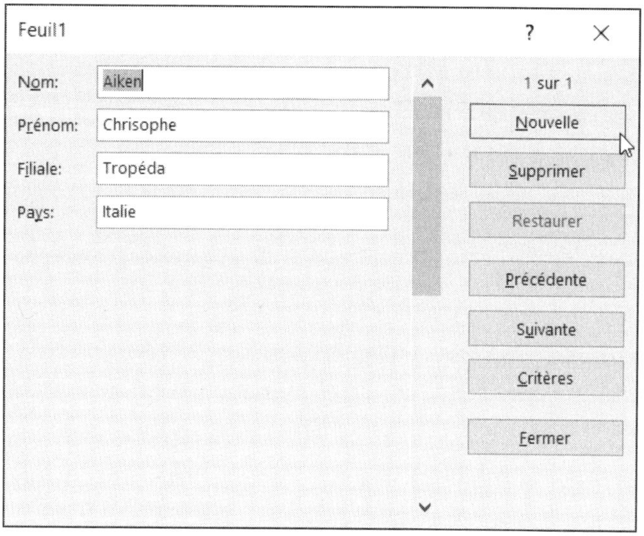

Si un des champs est calculé, sa valeur sera affichée dans le formulaire, mais aucune saisie ne sera possible.

La partie droite de la fenêtre comprend une série de boutons. Ils vous servent à insérer, supprimer ou encore retrouver un enregistrement. Juste au-dessus du bouton Nouvelle, vous pouvez voir le numéro de l'enregistrement courant suivi du nombre total d'enregistrements de la liste (soit, dans notre exemple, 1 sur 1 lorsque vous venez de créer le tableau).

La mise en forme appliquée aux différents champs du premier enregistrement est automatiquement appliquée à tous les enregistrements qui suivent et utilisée (si possible) dans le formulaire. Supposons par exemple, que vous ayez formaté, dans le premier enregistrement de votre table, une colonne Téléphone en utilisant comme format de cellule Spécial/Numéro de téléphone (reportez-vous au Chapitre 3 pour plus d'informations sur les formats de cellules). De cette manière, vous n'aurez pas besoin de saisir les espaces entre les groupes de chiffres ; il vous suffira, par exemple, de saisir **0123456789** dans le champ Téléphone de la liste ou du formulaire pour voir apparaître 01 23 45 67 89 dans la cellule correspondante.

La saisie de nouveaux enregistrements est on ne peut plus simple. Lorsque vous cliquez sur le bouton Nouvelle, Excel affiche un formulaire vierge (ce qui est signalé par la mention Nouvel enregistrement en haut et à droite de la boîte de dialogue). Il suffit de remplir les cases.

Une fois rempli le premier champ, appuyez sur la touche de tabulation pour passer au suivant.

Attention ! Si vous appuyez sur la touche Entrée, vous insérerez tout simplement le nouvel enregistrement, incomplet, dans la liste de données, ce qui n'est certainement pas ce que vous souhaitez faire.

Continuez à entrer les informations voulues en appuyant à chaque fois sur la touche Tab.

» Si vous constatez que vous venez de faire une erreur et souhaitez la corriger immédiatement, appuyez sur Maj + Tab pour remonter jusqu'au champ erroné.

» Pour remplacer une entrée, saisissez simplement le nouveau contenu.

» Pour éditer certains caractères du champ courant, cliquez à la position voulue ou servez-vous des flèches gauche et droite pour vous placer sur la section à éditer.

N'appuyez pas sans réfléchir sur les touches de défilement vers le haut ou vers le bas : elles servent en fait à circuler entre les enregistrements !

» Si une donnée doit être reproduite dans une série d'enregistrements, pensez à la sélectionner en entier et à la copier. Cela vous évitera par exemple de saisir des centaines de fois **Hauts-de-Seine** si vous avez de nombreux clients dans ce département...

» Si vous avez à entrer des dates, utilisez un format reconnu par Excel, comme **25/06/10**.

» Pour les codes postaux comme dans **07120**, formatez au préalable le champ correspondant en lui appliquant le style de nombre spécial Code postal. Cela vous évitera de perdre l'éventuel zéro de gauche. Reportez-vous au Chapitre 3 pour plus d'informations sur la mise en forme des cellules.

» Pour forcer la prise en compte de zéros en préfixe devant d'autres types de nombres, saisissez d'abord une apostrophe. Ce signe demande à Excel de traiter la valeur numérique comme s'il s'agissait d'un texte. L'apostrophe elle-même ne sera pas affichée, sauf dans la barre de formule.

Lorsque vous avez fini de remplir un enregistrement, appuyez sur la touche Entrée, sur la touche de défilement vers le bas, ou bien cliquez sur le bouton Nouvelle. Excel insère le nouvel enregistrement dans la liste de données et affiche un nouveau formulaire vierge (Figure 11.3). Continuez la saisie.

Lorsque vous avez terminé d'introduire vos enregistrements dans la liste de données, appuyez sur la touche Échap ou cliquez sur le bouton Fermer de la boîte de dialogue, ce qui referme le formulaire.

Figure 11.3 Excel insère le nouvel enregistrement en fin de liste et vous repropose un formulaire vierge.

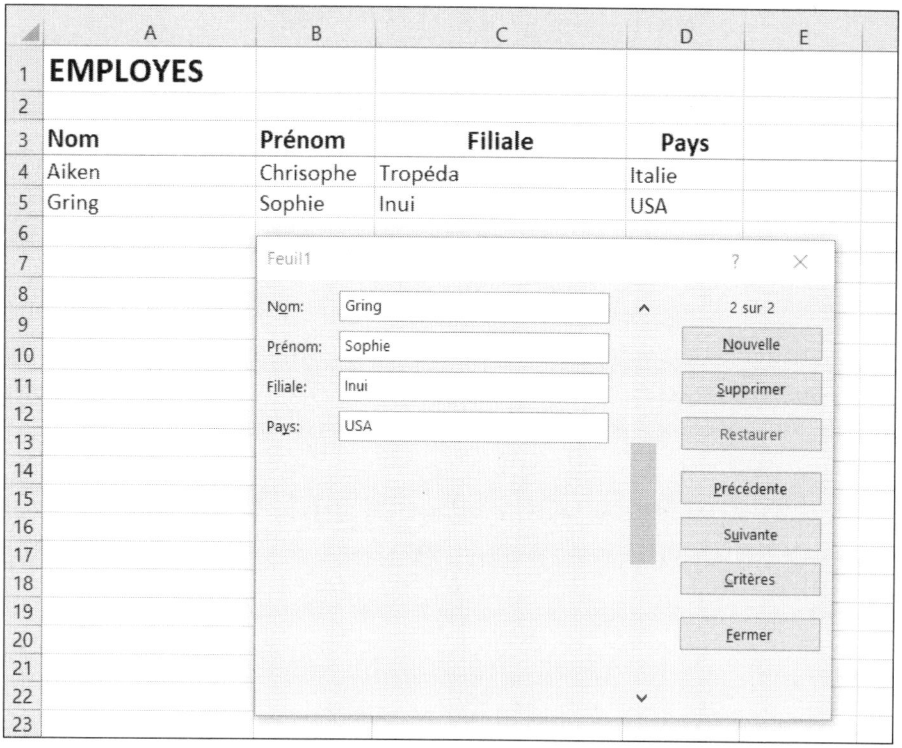

Modifier des enregistrements à l'aide du formulaire

Vos enregistrements créés, vous pouvez à tout moment revenir au formulaire pour effectuer des opérations de maintenance. Un traitement courant consiste à rechercher une certaine ligne pour mettre à jour certains de ses champs ou encore pour la supprimer.

» Localisez l'enregistrement que vous voulez éditer en vous servant du formulaire (voyez ci-après les sections « Se déplacer dans les enregistrements à l'aide du formulaire » et « Trouver des enregistrements à l'aide du formulaire »).

» Pour modifier un champ de l'enregistrement courant, sélectionnez-le en vous servant des touches Tab et Maj + Tab. Saisissez alors un nouveau contenu.

  Vous pouvez également cliquer dans le champ, ou utiliser les flèches de déplacement gauche et droite, pour effectuer une correction partielle.

» Pour effacer complètement le contenu d'un champ, sélectionnez-le et appuyez sur la touche Suppr.

Pour effacer totalement un enregistrement de la liste de données, cliquez sur le bouton Supprimer. Excel affiche le message d'avertissement suivant :

```
L'enregistrement affiché sera supprimé définitivement
```

Pour confirmer la suppression, cliquez sur OK. Autrement, cliquez sur Annuler.

N'oubliez pas qu'il est impossible de recourir au bouton Restaurer pour rétablir un enregistrement effacé avec Supprimer ! En fait, ce bouton ne fait que rétablir un champ que vous avez modifié. Excel ne plaisante pas lorsqu'il vous avertit qu'il supprimera *définitivement* l'enregistrement. À titre de précaution, vous devriez *toujours* enregistrer une copie de sauvegarde du fichier sur lequel vous travaillez *avant* de commencer à supprimer des données périmées.

Se déplacer dans les enregistrements à l'aide du formulaire

Dans le formulaire, vous pouvez vous servir de la barre de défilement qui se trouve à droite des champs pour circuler entre les enregistrements de la liste de données jusqu'à ce que vous trouviez celui que vous voulez éditer ou supprimer. Vous disposez également de diverses touches d'action pour accéder aux lignes de la table. Résumons :

» **Pour accéder à l'enregistrement suivant :** appuyez sur la flèche de déplacement vers le bas ou appuyez sur Entrée, ou cliquez sur le bouton fléché qui se trouve en bas de la barre de défilement.

» **Pour accéder à l'enregistrement précédent :** appuyez sur la flèche de déplacement vers le haut ou appuyez sur Maj + Entrée, ou cliquez sur le bouton fléché qui se trouve en haut de la barre de défilement.

» **Pour avancer de dix enregistrements à la fois :** appuyez sur la touche Page Bas.

» **Pour reculer de dix enregistrements à la fois :** appuyez sur la touche Page Haut.

» **Pour accéder au premier enregistrement de la liste :** appuyez sur la combinaison Ctrl + flèche de déplacement vers le haut ou sur Ctrl + Page Haut, ou faites remonter la barre de défilement jusqu'en haut.

» **Pour accéder au dernier enregistrement de la liste :** appuyez sur la combinaison Ctrl + flèche de déplacement vers le bas ou sur Ctrl + Page Bas, ou faites descendre la barre de défilement jusqu'en bas.

Trouver des enregistrements à l'aide du formulaire

Dans une liste de données particulièrement longue, essayer de retrouver une ligne particulière en se déplaçant d'un enregistrement à la fois (ou même de dix en dix enregistrements) peut prendre toute la journée. Au lieu de perdre votre temps à travailler manuellement, faites appel au bouton Critères du formulaire pour automatiser ce genre de tâche.

Lorsque vous cliquez sur Critères, Excel vide tous les champs du formulaire. Pour vous éviter toute confusion, il remplace aussi le numéro d'enregistrement par le mot Critères. À partir de là, vous pouvez entrer dans un ou plusieurs champs ce que vous recherchez.

Supposons, dans un fichier imaginaire, que vous ayez besoin de retrouver l'ancienneté d'une employée. Vous n'avez pas son matricule sous la main et son nom vous échappe. Tout ce dont vous vous souvenez, c'est qu'elle s'appelle Marie quelque chose et qu'elle travaille à l'agence de Paris. Pour retrouver cet enregistrement, vous pourriez déjà vous servir des renseignements dont vous disposez afin de localiser les personnes qui travaillent à **Paris** et dont le prénom commence par **Mar**. La procédure : ouvrir la feuille qui contient vos données, ouvrir le formulaire, cliquer sur le bouton Critères et taper dans le champ Prénom :

```
Mar*
```

Saisir ensuite le nom de la localité dans le champ Lieu :

```
Paris
```

Lorsque vous entrez un critère de recherche dans un champ du formulaire, vous pouvez vous servir des caractères de substitution suivants : * (n'importe quelle série de caractères) et ? (un caractère unique à cet emplacement précis).

Vous cliquerez ensuite sur le bouton Suivante. Excel affichera, dans le formulaire, le premier enregistrement qui répond à votre critère (en l'occurrence, la première Marianne, Marie, Martine ou autre « Mar quelque chose » travaillant à Paris). Vous modifierez éventuellement le contenu des champs ; lorsque vous aurez terminé, il ne vous restera qu'à cliquer sur le bouton Fermer. L'enregistrement sera aussitôt mis à jour.

Quand vous utilisez le bouton Critères du formulaire pour localiser des enregistrements, vous pouvez inclure différents opérateurs de comparaison afin de préciser votre requête :

Opérateur	Signification
=	Égal à
>	Plus grand que
>=	Supérieur ou égal à
<	Plus petit que
<=	Inférieur ou égal à
<>	Différent de

Pour n'afficher, par exemple, que les enregistrements pour lesquels le salaire de l'employé est supérieur à 22 000 euros, vous entrerez **>=22000** dans le champ Salaire, puis cliquerez sur le bouton Suivante.

Lorsque votre critère correspond à toute une série d'enregistrements, vous devrez vraisemblablement cliquer à plusieurs reprises sur les boutons Suivante et Précédente pour retrouver celui que vous voulez éditer. Si aucune ligne ne répond à votre demande, ces boutons se contenteront d'émettre un signal sonore pour signifier leur refus.

Pour modifier une requête, il suffit de cliquer de nouveau sur le bouton Critères, puis sur Effacer et d'entrer tout à fait normalement un nouveau critère de recherche.

Pour basculer vers l'enregistrement courant sans utiliser le critère de recherche, cliquez sur le bouton Grille (celui qui remplace Critères lorsque vous êtes en mode de saisie d'une requête).

Trier des listes de données

Chaque liste de données possède un certain ordre préférentiel servant à afficher ou gérer les données d'une manière cohérente. Cet ordre préférentiel peut être celui des noms de famille, des sociétés, des codes individuels, des services ou des agences que possède l'entreprise, et ainsi de suite.

Lorsque vous procédez à la saisie initiale d'une série d'enregistrements, vous le faites sans aucun doute en respectant un certain classement (généralement, celui qui vous a été communiqué par une instance supérieure réputée compétente). En revanche, cet ordre n'est plus respecté quand vous ajoutez de nouveaux enregistrements à la liste. Dans ce cas, Excel se contente d'insérer une ligne supplémentaire à la fin du tableau.

Supposons que la liste de données a été saisie à l'origine dans l'ordre alphabétique des noms de pays. Vous voulez maintenant insérer un nouveau pays, la Hongrie.

Excel place le nouvel enregistrement tout en bas de la liste au lieu de l'insérer au bon endroit.

Et ce n'est pas le seul problème que vous rencontrez avec l'ordre initial de saisie. Même si le contenu de la liste de données reste globalement stable, l'ordre préférentiel n'est jamais que celui dont vous vous servez *la plupart du temps*. Que se passe-t-il alors si vous avez besoin de classer temporairement les enregistrements selon une hiérarchie différente ?

Prenons un exemple. Le plus souvent, vos données sont classées en fonction du pays. Or, pour avoir une idée plus claire des populations, on pourrait souhaiter ranger la liste selon ce critère.

Pour demander à Excel de classer correctement les enregistrements d'une liste de données, vous devez lui spécifier le ou les champ(s) définissant votre critère de tri (ce que les *aficionados* de bases de données appellent une *clé*). Il faut aussi préciser le sens dans lequel ce tri doit être effectué :

» **Ordre ascendant :** les textes sont placés dans l'ordre alphabétique croissant, les nombres du plus petit au plus grand et les dates de la plus ancienne à la plus récente.

» **Ordre descendant :** les textes sont placés dans l'ordre alphabétique décroissant, les nombres du plus grand au plus petit et les dates de la plus récente à la plus ancienne.

Ordre ascendant, ordre descendant : une question de bon sens

Lorsque vous appliquez un ordre de tri ascendant à un champ de la liste de données qui contient des valeurs de différents types, Excel place en premier les nombres (du plus petit au plus grand), puis les textes (dans l'ordre alphabétique) suivis des valeurs logiques (FALSE, puis TRUE), des valeurs d'erreur et, enfin, des cellules vides. Si vous utilisez un tri descendant, chaque type d'entrée reste à sa place, mais dans l'autre sens. Vous trouvez donc dans l'ordre les nombres (du plus grand au plus petit), les textes (de Z à A) et les valeurs logiques (TRUE, puis FALSE).

Trier sur un seul champ

Si vous voulez ordonner votre tableau selon un seul critère (par exemple, le nombre de mariages), il suffit de cliquer sur le bouton de filtrage qui se trouve dans l'en-tête du champ en question. Choisissez alors une des options suivantes dans le menu qui s'affiche :

» **Trier de A à Z** ou **Trier de Z à A** (pour un champ texte).

» **Trier du plus petit au plus grand** ou **Trier du plus grand au plus petit** (pour un champ nombre).

» **Trier du plus ancien au plus récent** ou **Trier du plus récent au plus ancien** (pour un champ date).

Excel réorganise la totalité de la liste en accord avec le nouvel ordre défini dans le champ sélectionné. Si vous vous apercevez que vous avez commis une erreur, il suffit de cliquer sur le bouton Annuler de la barre d'outils Accès rapide ou d'appuyer sur Ctrl + Z. Vous revenez alors au classement précédent.

Excel signale qu'un champ est utilisé dans un tri en plaçant un symbole particulier dans son bouton de filtrage : une flèche dirigée vers le haut indique un tri ascendant (et, bien sûr, une flèche dirigée vers le bas un tri descendant).

Trier sur plusieurs champs

Si un champ contient plusieurs doublons à l'intérieur desquels vous avez besoin d'un classement plus précis des données, la méthode précédente ne suffit plus (Excel se contentant par défaut de placer les enregistrements répondant au même critère dans l'ordre de leur saisie).

Un cas simple et très courant est celui d'un tri dans l'ordre des noms. Supposons que votre base de données contient plusieurs personnes dénommées Dupont, Martin ou bien Zigomar (tous les membres de cette famille nombreuse sont vos clients). Si vous vous contentez du seul champ Nom pour trier votre liste, les Dupont, les Martin et les Zigomar vous seront livrés en vrac, c'est-à-dire tels que saisis à l'origine dans le tableau. Pour obtenir un classement plus efficace, il conviendrait de choisir comme second critère le prénom. De cette manière, Gérard Dupont se trouverait avant Pierre Dupont, Adèle Martin avant Zoé Martin, et Vladimir Zigomar après Ladislas Zigomar.

Voici comment réaliser un tri portant sur plusieurs champs :

❶ Placez le curseur dans une cellule de la liste de données.

❷ Sous l'onglet Accueil, cliquez sur le bouton Trier et filtrer du groupe Édition.

❸ Dans le menu qui apparaît, choisissez la commande Tri personnalisé.

Si l'onglet Données est activé, cliquez simplement sur Trier.

Excel sélectionne tous les enregistrements de la table (en excluant la ligne des en-têtes). Il ouvre la boîte de dialogue de la Figure 11.4.

Figure 11.4 Définir un tri personnalisé grâce à cette fenêtre.

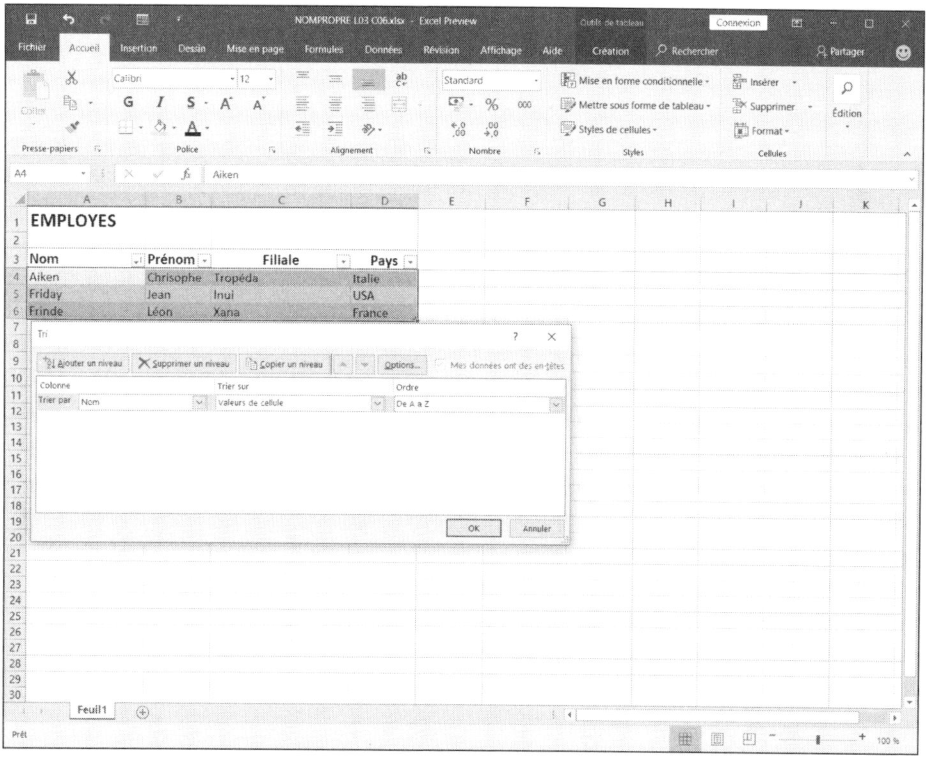

❹ Dans la liste déroulante Trier par, choisissez le champ principal sur lequel vous voulez que les enregistrements soient classés.

Pour inverser le sens par défaut, servez-vous des options de la liste Ordre (de Z à A, du plus grand au plus petit, ou encore du plus récent au plus ancien).

❺ (Facultatif) Si le champ contient des doublons et que vous voulez spécifier la manière dont ces duplicatas seront ordonnés, cliquez sur le bouton Ajouter un niveau afin de définir un critère secondaire. Sélectionnez le champ voulu dans la liste Puis par. Déterminez également l'ordre ascendant ou descendant du tri.

6. (Facultatif) Si nécessaire, répétez l'étape précédente autant de fois que nécessaire.

7. Cliquez sur OK ou appuyez sur Entrée.

   Excel referme la boîte de dialogue. Il trie alors les enregistrements de la liste de données selon la hiérarchie des critères que vous venez de définir. Si vous constatez que le résultat n'est pas celui que vous escomptiez (vous avez fait une erreur quelque part…), il suffit d'annuler immédiatement le tri (par Ctrl + Z ou en cliquant sur le bouton Annuler de la barre d'outils Accès rapide). La liste revient à son état précédent.

Dans l'exemple de la Figure 11.5, nous avons sélectionné le nom comme champ principal (Trier par) et le prénom comme champ secondaire (Puis par). Autrement dit, les éventuels noms en double seront rangés dans l'ordre des prénoms. Le sens choisi pour ces deux colonnes est celui de l'ordre alphabétique ascendant.

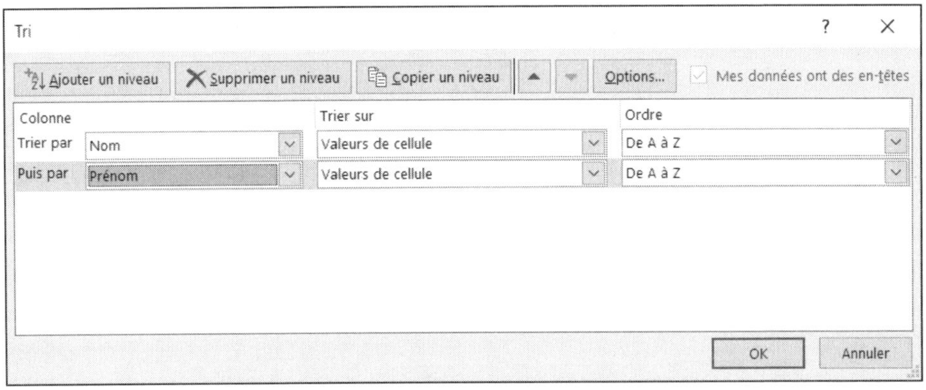

Figure 11.5

Double clé de tri : le nom d'abord, le prénom ensuite.

Filtrer des listes de données

La fonction de filtrage d'Excel permet de masquer, en un tournemain, tout ce qui ne vous intéresse pas dans une liste de données. Pour limiter l'affichage aux seules lignes qui contiennent une valeur particulière, cliquez sur le bouton de filtre situé à droite d'un en-tête de champ ; toutes les entrées de cette colonne apparaissent dans un menu. Sélectionnez celle(s) que vous voulez utiliser comme filtre en décochant les valeurs à exclure. Excel affichera uniquement les enregistrements correspondants et masquera provisoirement tous les autres.

Le tri, les listes de données et les autres

La commande Trier n'est pas uniquement dédiée aux listes de données. Vous pouvez l'utiliser pour ordonner des valeurs financières, des étiquettes, et ainsi de suite. Toute feuille de calcul contenant des données dont la structure est (si possible) identifiable peut être concernée. Il suffit de sélectionner la plage de cellules à trier (et uniquement cette plage). Ouvrez alors la boîte de dialogue Tri à partir de la commande Trier de l'onglet Données ou du bouton Trier et filtrer de l'onglet Accueil (groupe Édition).

Notez qu'Excel active automatiquement, dans la boîte de dialogue Tri, la case Mes données ont des en-têtes. En d'autres termes, il exclut la première ligne de la sélection en considérant qu'il s'agit de noms de champs et non de données à trier. Si ce n'est pas le cas (vous avez, par exemple, simplement sélectionné un tableau de nombres), n'oubliez pas de cliquer sur cette case pour en retirer la coche avant de valider la boîte de dialogue.

Si vous souhaitez classer, non plus les enregistrements (les lignes), mais les colonnes de votre sélection, cliquez sur le bouton Options de la boîte de dialogue Tri. Dans la fenêtre qui s'affiche, choisissez le mode De la gauche vers la droite. Indiquez alors le numéro de la ou des lignes servant à trier les données.

Dans l'exemple de la Figure 11.6, nous sommes en train de filtrer la liste des filiales afin de ne montrer que les employés de la filiale Xana. Pour cela, nous avons cliqué sur le petit bouton de filtrage à droite de l'en-tête Filiale, puis avons cliqué dans la case Sélectionner tout (dans le menu qui apparaît) afin de supprimer toutes les coches ; nous avons ensuite coché Xana.

Une fois les données filtrées, il peut être intéressant de les recopier pour leur appliquer un traitement spécifique. Sélectionnez vos enregistrements et envoyez-les vers le Presse-papiers en choisissant la commande Copier sous l'onglet Accueil (ou en appuyant sur Ctrl + C). Cliquez ensuite dans la cellule de destination (celle qui correspondra au coin supérieur gauche du tableau), puis collez le contenu du Presse-papiers (par Ctrl + V ou *via* la commande Coller de l'onglet Accueil). La copie peut s'effectuer vers la droite de la feuille (pour ne pas interférer avec votre liste de données) ou mieux vers une autre feuille. Quand vous avez terminé, affichez à nouveau tous les enregistrements de la liste en cochant dans le menu Filtrer l'option Sélectionner tout. Vous n'avez plus qu'à reprendre votre travail, par exemple pour réaliser un autre filtrage.

Si le résultat du filtrage d'un champ fournit plus d'enregistrements que vous n'en avez réellement besoin, vous pouvez affiner l'opération en sélectionnant un second critère dans un autre champ, c'est-à-dire en définissant, de la sorte, une deuxième clé de tri.

Figure 11.6 La base de données en train de subir un filtrage des pays avec exclusion de ceux qui ne sont pas en Europe.

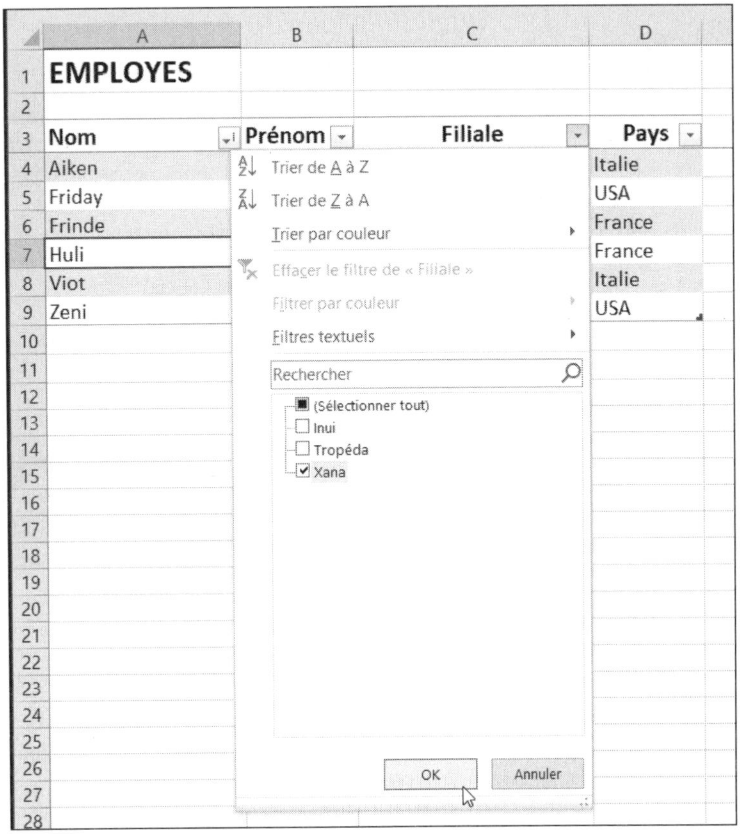

Pour retrouver la liste de données tout entière, cliquez dans la ligne d'en-tête sur un des boutons de filtre (lorsqu'un champ est filtré, son bouton affiche le dessin d'un entonnoir), puis sur l'option Sélectionner tout, et enfin sur OK.

Si les boutons insérés par Excel dans chaque cellule de la ligne d'en-tête vous gênent, sachez qu'il est possible de les masquer. Pour cela, cliquez dans une cellule contenant ce bouton, puis cliquez sur le bouton Filtrer de l'onglet Données. Cliquez encore une fois et ils réapparaissent.

Utiliser des filtres numériques prêts à l'emploi

Excel contient un filtre numérique prédéfini appelé 10 premiers. Vous pouvez utiliser cette option sur un champ numérique afin de créer votre propre *Top 10* (ou éventuellement Bottom 10…). Pour y parvenir, suivez ces étapes :

1. **Triez en ordre croissant ou décroissant en fonction de ce que vous souhaitez afficher comme données.**

Par exemple, je souhaite créer une table de données ne contenant que les cinq meilleurs vendeurs. Je commence par classer par ordre décroissant la colonne Ventes.

❷ Cliquez sur le bouton de filtre d'un champ numérique. Dans le menu qui s'affiche, choisissez l'option Filtres numériques, puis 10 premiers dans son sous-menu (Figure 11.7).

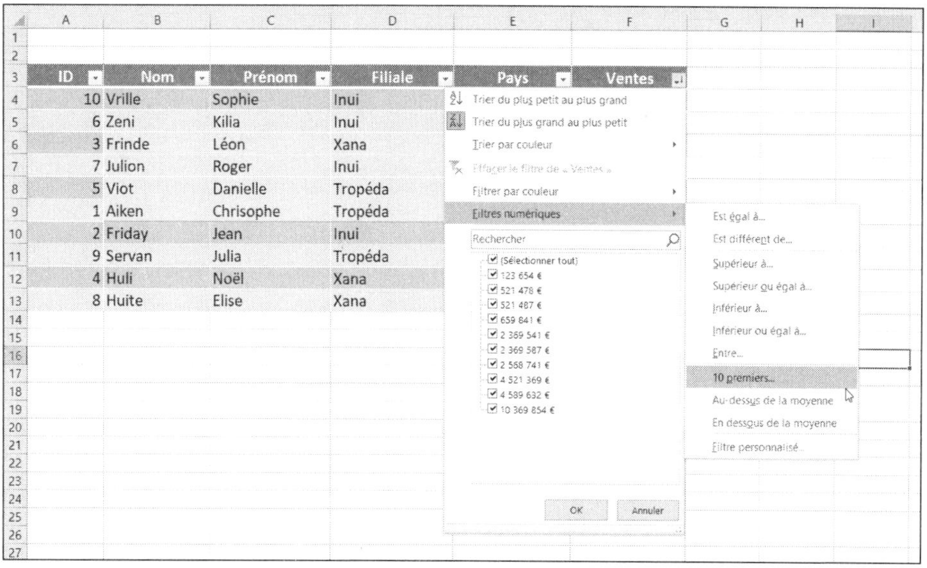

Figure 11.7 Filtrage numérique pour isoler les dix pays les plus peuplés.

Excel ouvre la boîte de dialogue Les 10 premiers. Par défaut, ce sont les dix valeurs les plus élevées qui sont proposées. Vous pouvez ajuster ces paramètres avant de filtrer la liste de données.

❸ Si vous voulez ne retenir que les valeurs les plus petites, choisissez l'option Bas dans la première liste déroulante, sinon Haut.

Selon mon hypothèse et mon tri initial, je choisis Haut.

❹ Vous préférez peut-être le Top 50 ? Entrez la quantité de valeurs à filtrer dans la zone du milieu ou servez-vous aux mêmes fins des flèches de défilement.

Toujours selon mon hypothèse, je choisis cette fois 5.

❺ La dernière liste permet de faire un choix entre valeurs proprement dites et pourcentages (les plus élevés ou les plus bas). Exprimez-vous !

❻ Cliquez sur OK quand vous avez terminé.

Excel filtre la liste pour n'afficher que les lignes qui correspondent à votre critère.

Pour supprimer un filtrage numérique, ouvrez de nouveau le menu Filtrer et cliquez sur Sélectionner tout.

Utiliser des filtres chronologiques prêts à l'emploi

Pour filtrer le contenu d'un champ qui contient des dates, Excel propose une impressionnante série d'options chronologiques prédéfinies : Aujourd'hui, Demain, Hier, ou encore la semaine, le mois, le trimestre ou l'année qui précède, en cours ou qui suit. Vous disposez également des filtres Année à ce jour et Toutes les dates de cette période. Avec cette dernière option, vous avez la possibilité de sélectionner aussi bien un des douze mois de l'année qu'un des quatre trimestres.

Pour appliquer un de ces critères, cliquez sur le bouton de filtre du champ qui contient les dates, choisissez Filtres chronologiques et faites votre marché dans la liste des options. Revenez à la table de données complète en cliquant sur Sélectionner tout.

Utiliser des filtres personnalisés

Vous pouvez non seulement limiter l'affichage des données aux enregistrements dont *certains* champs contiennent *certaines* valeurs spécifiques, mais aussi créer des filtres personnalisés permettant de réaliser des filtrages moins restreints. Il est ainsi parfaitement possible, dans un fichier de vendeurs, de n'afficher que les vendeurs qui ont vendu pour une somme comprise dans une fourchette comme 600 000 et 8 000 000 d'euros, comme sur la Figure 11.8.

Figure 11.8 Définir un filtre personnalisé pour afficher, par exemple, une fourchette de valeurs.

Pour créer votre propre critère, cliquez, comme d'habitude, sur le bouton de filtrage associé au champ voulu. Dans le menu qui apparaît, choisissez selon le cas l'option Filtres textuels, Filtres numériques ou Filtres chronologiques. Cliquez ensuite dans le sous-menu sur la commande Filtre personnalisé, puis exprimez-vous dans la boîte de dialogue Filtre automatique personnalisé qu'Excel vous propose à la suite de cette action.

Les sous-menus Filtres textuels, Filtres numériques et Filtres chronologiques proposent des raccourcis vers cette boîte de dialogue *via* des options appelées Est égal à, Est différent de, Commence par, Supérieur à, Entre, et ainsi de suite.

Dans cette boîte de dialogue, vous commencez par définir, dans la première liste déroulante, l'opérateur à utiliser. Dans la seconde liste, vous sélectionnez, éditez et/ou saisissez la valeur à laquelle s'appliquera l'opérateur. Le Tableau 11.1 décrit les différentes possibilités dont vous disposez.

Tableau 11.1 Les différentes possibilités offertes par la boîte de dialogue Filtre automatique personnalisé dans le cas d'un fichier de vendeurs.

Opérateur	Exemple	Enregistrements localisés
Est égal à	Salaire est égal à 22000	Les employés qui gagnent exactement 22000 euros.
Est différent de	Lieu est différent de Paris	Tous les employés, sauf ceux qui travaillent à Paris.
Est supérieur à	Ancienneté supérieure à 9	Les employés qui ont plus de neuf ans révolus (et donc au moins dix ans) d'ancienneté.
Est supérieur ou égal à	Ancienneté supérieure ou égale à 9	Les employés qui ont au moins neuf ans d'ancienneté.
Est inférieur à	Ancienneté inférieure à 9	Les employés qui ont strictement moins de neuf ans d'ancienneté.
Est inférieur ou égal à	Ancienneté inférieure ou égale à 9	Les employés qui ont au plus neuf ans d'ancienneté.
Commence par	Nom commence par D	Tous les employés dont le nom commence par la lettre *D*.
Ne commence pas par	Nom ne commence pas par D	Tous les employés, sauf ceux dont le nom commence par la lettre *D*.
Se termine par	Nom se termine par er	Tous les employés dont le nom se termine par la syllabe *er*.
Ne se termine pas par	Nom ne se termine pas par er	Tous les employés, sauf ceux dont le nom se termine par la syllabe *er*.
Contient	Nom contient er	Tous les employés dont le nom contient la syllabe *er*.
Ne contient pas	Nom ne contient pas er	Tous les employés, sauf ceux dont le nom contient la syllabe *er*.

Pour ne filtrer que les enregistrements dans lesquels un champ particulier contient, ne contient pas, est égal à ou différent de, plus petit ou plus grand que, il suffit de cliquer sur OK. Excel applique immédiatement le filtre à la liste de données. Mais vous pouvez aussi utiliser la boîte de dialogue Filtre automatique personnalisé pour n'afficher que les enregistrements qui vérifient l'un, l'autre ou deux critères, ou encore pour lesquels une certaine valeur appartient à un certain intervalle.

Pour définir un intervalle (voir la Figure 11.8), choisissez comme premier opérateur *est supérieur à* ou *est supérieur ou égal à*. Entrez ou sélectionnez dans le champ de saisie correspondant la limite inférieure de votre intervalle. Vérifiez que l'option *Et* est bien activée au milieu de la fenêtre. Définissez ensuite le second opérateur dans la liste du bas : *est inférieur à* ou *est inférieur ou égal à*. Entrez ou sélectionnez en regard de cet opérateur la limite supérieure de l'intervalle.

La Figure 11.9 montre le résultat de l'action menée à la Figure 11.8.

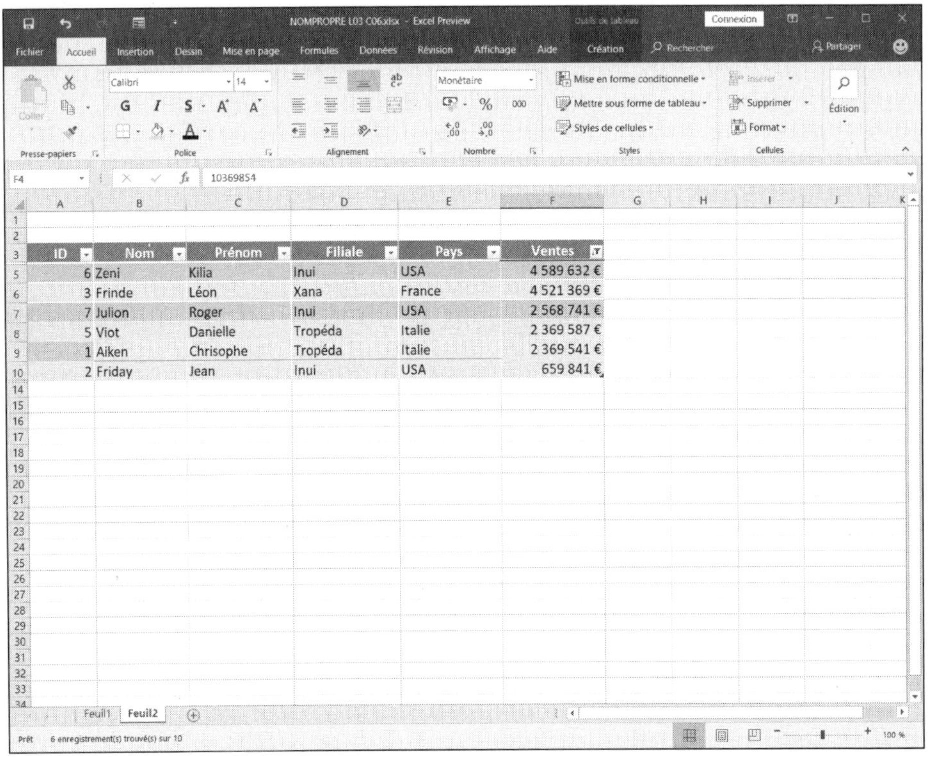

Figure 11.9 La table telle qu'elle se présente quand le filtre a produit son effet.

Pour définir une condition Ou (soit l'un, soit l'autre), vous devez normalement choisir entre les opérateurs *est égal à* ou *est différent de*, puis entrer la première valeur. Cliquez ensuite sur Ou, spécifiez le second opérateur, saisissez la seconde valeur et validez.

Importer des données externes

Avec Excel 2013, il est facile d'importer, dans une feuille de calcul, des données provenant de tables créées avec un système de gestion de bases de données (SGBD) externe (comme Microsoft Access).

Vous pouvez également faire appel à des requêtes Web pour importer directement des données à partir de pages Web contenant des informations financières ou statistiques afin de les analyser ou de les éditer dans une feuille de calcul Excel.

Interroger une table Access

Pour adresser une requête à une table provenant d'une base de données Access, commencez par activer l'onglet Données. Cliquez ensuite sur le bouton Obtenir des données à gauche dans le Ruban. Dans le menu local, pointez sur À partir d'une base de données, puis sur À partir d'une base de données Microsoft Access. Excel affiche la boîte de dialogue Importer des données . Choisissez le nom d'une base de données Access (un fichier d'extension .mdb), puis cliquez sur Importer. La boîte de dialogue Navigateur s'affiche. Pour importer plusieurs éléments, cochez Sélectionner plusieurs éléments. Sélectionnez les tables de données à importer, puis cliquez sur Charger dans, comme le montre la Figure 11.10.

Cette action ouvre la boîte de dialogue Importation de données qui, comme le montre la Figure 11.11, propose les options suivantes :

» **Tableau :** pour importer les données de la table Access dans un tableau Excel, soit dans la feuille courante, soit dans une nouvelle feuille (voir ci-après).

» **Rapport de tableau croisé dynamique :** pour importer les données Access dans un nouveau tableau croisé dynamique. Reportez-vous au Chapitre 9 pour une étude approfondie de ces structures.

» **Graphique croisé dynamique :** pour importer les données Access dans un nouveau tableau croisé dynamique comprenant un graphique que vous pouvez construire à partir des données Access. Reportez-vous au Chapitre 9 pour plus détails à ce sujet.

» **Ne créer que la connexion :** pour établir le lien vers les données de la table Access sélectionnée, mais sans importer ces données dans la feuille de calcul Excel.

» **Feuille de calcul existante** (option par défaut) : pour importer les données Access à partir de la cellule courante de la feuille active. Si vous voulez changer de feuille ou de cellule, servez-vous du bouton de sélection situé à droite du champ.

» **Nouvelle feuille de calcul :** pour importer les données Access en créant à cette fin une nouvelle feuille qui occupera la première position dans le classeur actif.

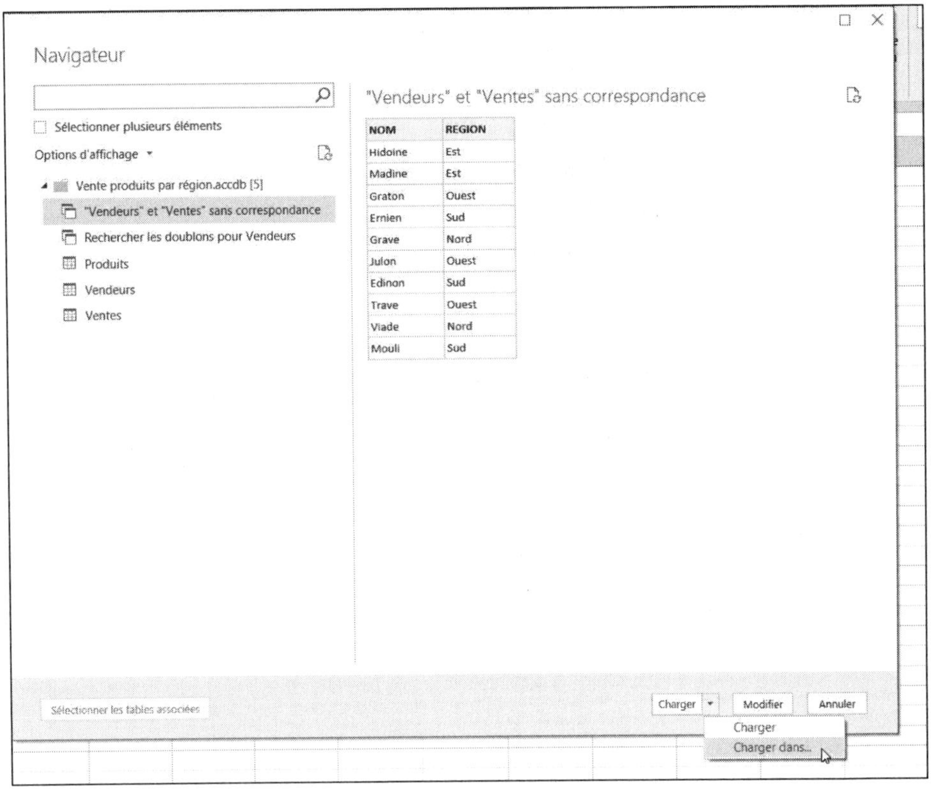

Figure 11.10
Charger une base de données Access.

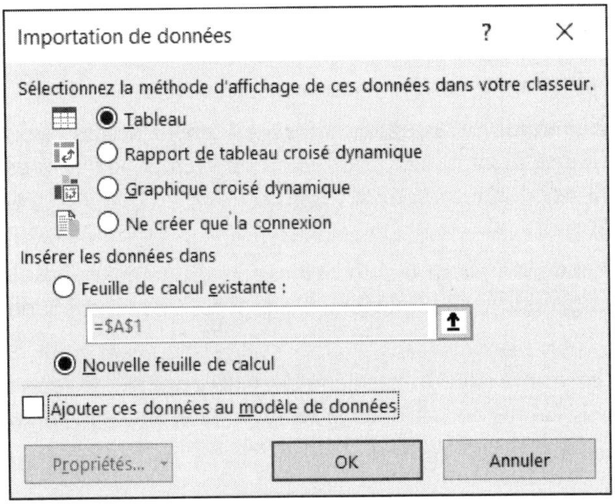

Figure 11.11
Les options d'importation des données.

Une fois les données importées, vous pouvez leur appliquer différents traitements, notamment les filtrer.

Excel conserve une liste de toutes les requêtes adressées vers des données externes. De cette manière, vous pouvez facilement réimporter des données actualisées à partir d'une base ou d'une page Web. Pour cela, activez l'onglet Données et cliquez sur le bouton Connexions existantes du groupe Récupérer et transformer les données . Dans la boîte de dialogue qui s'affiche, choisissez le nom de la requête à exécuter et cliquez sur Ouvrir.

Lancer des requêtes sur le Web

Pour réaliser une requête sur une page Web, activez l'onglet Données, puis sur le bouton À partir du Web. Dans la boîte de dialogue À partir du Web, vous pouvez :

» Saisir l'adresse URL voulue dans le champ URL.

» Utiliser la fonction de recherche normalement affichée sur votre page d'accueil, ou cliquer sur des liens jusqu'à ce que vous ayez localisé les données que vous voulez importer.

Supposons que vous ayez trouvé la page qui contient les données souhaitées. Excel ouvre la boîte de dialogue Navigateur pour vous permettre de sélectionner les tableaux à importer.

Une fois la sélection opérée, vous pouvez :

» Cliquer sur le bouton **Modifier**. Cette action ouvre l'éditeur Power Query qui permet d'éditer la table de données avant de l'importer dans Excel. Une fois vos modifications apportées, ouvrez le menu local du bouton Fermer et charger, et choisissez entre Fermer et charger ou Fermer et charger dans.

» Ouvrir le menu local Charger et choisir entre Charger et Charger dans. Avec Charger, les données sont importées dans une nouvelle feuille de calcul du classeur en cours. Avec Charger dans, vous accédez à la boîte de dialogue Importation de données illustrée sur la Figure 11.11 un plus haut dans ce chapitre.

Vous ne pourrez lancer des requêtes Web que si votre ordinateur dispose d'une connexion Internet. L'opération sera donc impossible si vous exploitez Excel 2019 sur un dispositif portable qui n'est pas connecté au Web.

DANS CE CHAPITRE

Utiliser les applications pour Office et les compléments d'Excel 2019.

• Créer des hyperliens.

• Créer et enregistrer des macros.

• Partager une feuille de calcul sur le Web.

• Modifier les feuilles de calcul avec des applications Excel Web.

Chapitre 12

Apps, compléments, hyperliens et macros

En lisant le titre de ce chapitre, vous aurez peut-être l'impression de vous retrouver face à un pot-pourri ou à un fourre-tout. Bref, le genre de chapitre où l'auteur case les informations qui n'ont pas trouvé leur place dans le reste du livre. Eh bien pas du tout ! Ce chapitre est consacré à un thème bien défini : comment accroître la puissance d'Excel.

Les applications pour Office, les compléments Excel, les hyperliens et les macros sont autant de moyens de rendre Excel encore plus performant et plus souple : les applications et les compléments à cause des fonctionnalités supplémentaires qu'ils lui apportent ; les hyperliens pour l'ouverture qu'ils offrent en direction d'autres feuilles, classeurs ou documents Office ainsi que vers le Web ; les macros, enfin, pour le gain de productivité qu'elles procurent en permettant d'enregistrer et de répéter des séquences de commandes complexes.

Utiliser les compléments Office

Les compléments Office sont de petits utilitaires qui s'exécutent depuis différents programmes de cette suite logicielle afin d'en démultiplier les performances. Quelques buts qu'elles servent : vous apprendre à exploiter telle ou telle fonction d'Excel, afficher la définition d'un mot dans tel ou tel dictionnaire, voire introduire, dans votre feuille, des données issues d'un calendrier.

La plupart de ces compléments sont gratuits ; d'autres se vendent très bon marché sur l'Office Store. Pour les exploiter sous Excel 2019, vous devez d'abord les installer :

❶ **Ouvrez l'onglet Insertion.**

❷ **Dans le groupe Compléments, cliquez sur le bouton Télécharger des compléments.**

Une fenêtre Compléments Office s'ouvre.

❸ **Dans la section Catégorie, de cette fenêtre, cliquez sur Tous.**

Excel affiche alors toutes les applications disponibles (Figure 12.1).

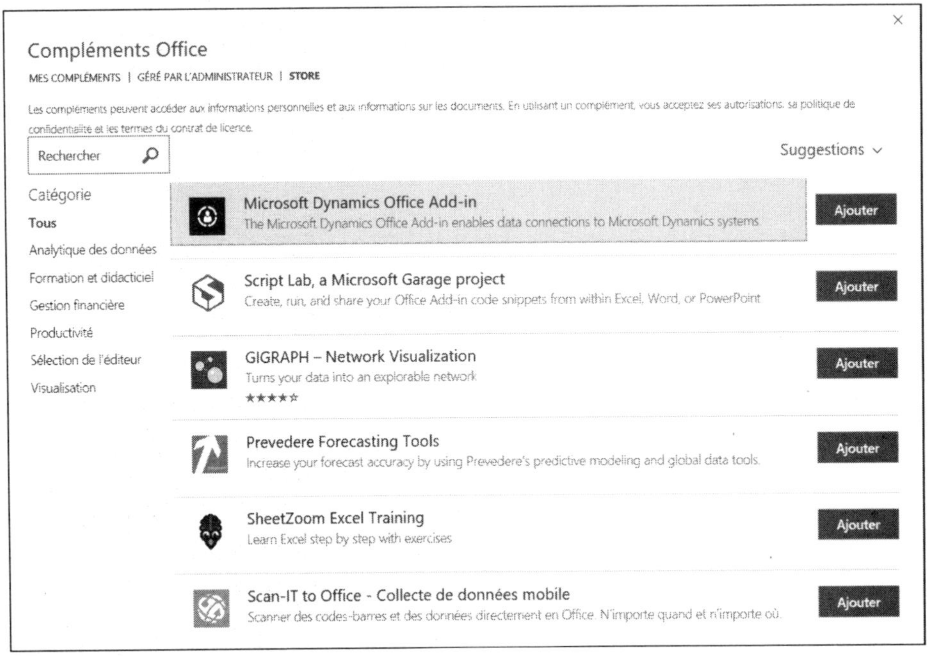

Figure 12.1 La boîte de dialogue Compléments et ses propositions.

Chaque application listée est identifiée par son nom, celui de son développeur, et son prix.

4. Pour en savoir plus à propos de l'une d'entre elles, cliquez sur son nom depuis cette liste.

   Si vous avez cliqué sur le nom d'une app depuis la fenêtre Compléments Office, un descriptif apparaît.

5. Pour installer l'application, cliquez sur Ajouter quand elle est gratuite et sur Acheter quand elle est payante.

   L'application s'affiche dans un volet, et peut être immédiatement utilisée.

   Certaines applications apparaissent sous la forme d'un bouton de l'onglet Insertion.

6. Pour quitter l'application, cliquez sur son X de fermeture situé dans la partie supérieure gauche de son volet.

Une fois les applications installées, vous pouvez introduire celles que vous comptez exploiter dans le classeur courant. Pour ce faire :

1. Lorsque le volet de l'application a été fermé, ouvrez l'onglet Insertion.

2. Ouvrez le menu local du bouton Compléments, puis celui nommé Mes compléments.

   S'affiche alors la liste des Compléments Office installés dans Excel 2019, comme à la Figure 12.2.

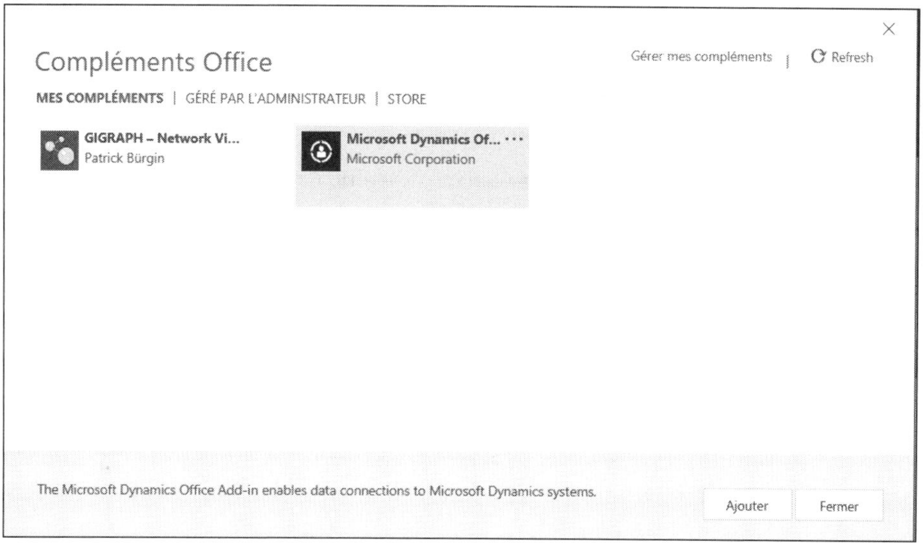

Figure 12.2 Choisissez le complément à utiliser.

❸ Cliquez sur l'application que vous souhaitez utiliser.

Excel introduit l'application désignée dans le classeur courant, ou bien ouvre son volet d'utilisation dans la partie droite de l'interface.

Pour quitter une application ajoutée qui s'exécute dans le volet, fermez ce volet. Pour supprimer une application ajoutée qui se déploie sous la forme d'un objet graphique, sélectionnez l'objet, puis enfoncez la touche Suppr. (Ne vous inquiétez pas : cette action n'a pas pour effet de désinstaller l'outil, mais uniquement de le mettre provisoirement hors service.)

Placer des hyperliens dans une feuille de calcul

Les *hyperliens* rendent une feuille de calcul Excel encore plus efficace en plaçant documents Office, classeurs, feuilles ou encore des cellules à un clic de souris. Ces documents peuvent par ailleurs se trouver aussi bien sur votre disque dur que sur le serveur de votre réseau local, voire être accessibles *via* des pages Web localisées sur l'intranet de votre entreprise ou aux antipodes de votre bureau. Il est également possible de créer des liens hypertextes associés à des adresses de messagerie afin de communiquer avec vos collègues ou vos clients et d'échanger directement des fichiers Excel ou autres avec eux.

Les liens définis dans une feuille de calcul peuvent appartenir à une des catégories suivantes :

» **Texte saisi dans une cellule (on parle alors de *liens hypertextes*). Traditionnellement, ce genre de lien se signale par sa couleur bleue et par la présence d'un trait de soulignement.**

» **Clipart ou image importée dans la feuille de calcul (voyez à ce sujet le Chapitre 10).**

» **Graphique créé à partir de la galerie des formes, sous l'onglet Insertion (reportez-vous au Chapitre 10). Cela revient d'ailleurs à transformer un objet graphique en bouton de commande…**

La cible d'un lien textuel ou graphique peut être extrêmement variée : autre classeur Excel, autre type de fichier Microsoft Office, adresse d'un site Web (sous forme d'une URL, vous savez, le genre de monstruosité qui commence par http://), emplacement nommé dans le même classeur ou bien encore adresse de messagerie. Un emplacement nommé est susceptible de représenter une référence de cellule ou encore une plage entière d'une quelconque feuille (reportez-vous au Chapitre 6 pour plus d'informations sur cette question).

Voyons comment associer un hyperlien au contenu d'une cellule – qu'elle contienne du texte ou une valeur numérique – ou à un objet graphique :

❶ **Dans le groupe Liens de l'onglet Insertion, cliquez sur le bouton Lien du groupe Liens, ou exécutez le raccourci clavier Ctrl + K.**

Excel ouvre la boîte de dialogue Insérer un lien hypertexte (Figure 12.3). Vous pouvez y spécifier un fichier, une adresse Web ou de messagerie, un emplacement dans le même document, voire demander qu'un nouveau document soit créé lorsque quelqu'un clique sur le lien.

Figure 12.3 La boîte de dialogue Insérer un lien hypertexte.

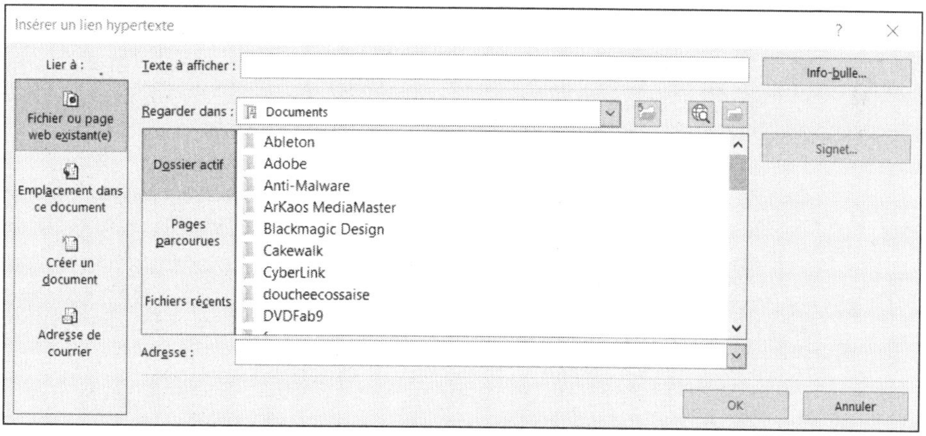

❷ **a. Pour que le lien ouvre un autre document, une page Web sur l'intranet de votre société ou un site Web sur l'Internet, cliquez à gauche sur le bouton Fichier ou page Web existant(s). Entrez dans le champ Adresse l'emplacement du fichier ou de la page Web à ouvrir.**

Si le document à lier est situé sur votre disque dur ou sur une unité connectée en réseau, cliquez sur la liste déroulante Regarder dans. Sélectionnez ensuite le bon dossier, puis le fichier voulu dans la liste du dessous.

Si le document à lier se trouve sur un site Web et que vous connaissez son adresse URL, introduisez-la dans le champ Adresse. Vous pouvez aussi faire appel à l'historique de vos voyages sur le Web en choisissant l'option Pages parcourues.

b. Pour que le lien provoque un déplacement du curseur vers une autre cellule (ou vers une plage nommée) du même classeur, cliquez sur le bouton

Emplacement dans ce document. Saisissez ensuite l'adresse cible dans le champ Tapez la référence de la cellule, ou bien choisissez la feuille ou le nom de destination dans la liste Sélectionnez un emplacement dans ce document.

c. Pour ouvrir un message destiné à un de vos correspondants, cliquez sur le bouton Adresse de courrier. Saisissez l'adresse électronique de la personne dans le champ Adresse de courrier.

Dès que vous commencez à saisir une adresse de messagerie, Excel insère le mot-clé `mailto:` en début de ligne (`mailto:` est la balise HTML qui signale à une application qu'elle doit ouvrir le programme de messagerie).

Si vous renseignez le champ Sujet, son contenu sera envoyé dans la ligne Objet du message (ou son équivalent).

Si le correspondant apparaît dans la liste Adresses de messagerie récemment utilisées, il suffit de cliquer dessus pour l'entrer dans le champ Adresse de messagerie.

3. (Facultatif) Pour changer le contenu de la cellule qui contient le lien hypertexte (celui qui est souligné et de couleur bleue), ou pour ajouter une légende si cette cellule est vierge, tapez un intitulé dans le champ Texte à afficher.

4. (Facultatif) Pour créer un bref message qui apparaîtra lorsque le pointeur de la souris survolera le lien hypertexte, cliquez sur le bouton Info-bulle. Saisissez votre annotation et validez.

5. Cliquez sur OK pour fermer la boîte de dialogue Insérer un lien hypertexte.

Après avoir ajouté un hyperlien dans une feuille de calcul, il est très facile de le suivre. Il suffit de placer le pointeur de la souris au-dessus du texte bleu souligné, ou au-dessus du graphique que vous venez de définir comme « cliquable ». Le pointeur se transforme en main dont l'index est pointé vers le haut. Cliquez, puis Excel vous conduit aussitôt vers le document, la page Web, la cellule ou le message cible.

Lorsqu'un hyperlien a été suivi, le texte devient violet sombre tout en restant souligné. Vous savez ainsi que la cible a déjà été visitée (mais cela ne fonctionne que pour du texte, par pour les liens graphiques). Le lien sera réinitialisé lors de la prochaine ouverture du classeur ; il apparaîtra avec sa jolie couleur bleue.

Pour modifier un lien attaché à une cellule ou à un objet graphique, faites un clic-droit dessus. Dans le menu contextuel qui apparaît, choisissez Modifier le lien hypertexte. La boîte de dialogue éponyme apparaît. Elle ressemble comme deux gouttes d'eau à la boîte de dialogue Insérer un lien hypertexte. Pour supprimer un lien, faites un clic-droit sur le lien. Dans le menu contextuel qui apparaît, exécutez la commande Supprimer le lien hypertexte. Vous pouvez également supprimer un lien depuis la boîte de dialogue Modifier le lien hypertexte en cliquant sur le bouton Supprimer le lien. Le texte d'un lien supprimé se transforme en texte standard.

Automatiser les commandes avec les macros

Les *macros* – abréviation de « macro-commandes » – sont de véritables automates permettant d'enregistrer des séquences de commandes (plus ou moins) complexes. En recourant aux macros pour exécuter les tâches routinières, vous améliorerez considérablement votre productivité. Excel est en effet capable de reproduire toutes les saisies et actions à la souris beaucoup plus vite que manuellement. De surcroît, les macros garantissent que chaque étape de la procédure sera répétée à l'identique, sans aucune variation, et cela à chacune de leur exécution.

L'enregistreur de macros d'Excel mémorise toutes les commandes et les saisies que vous effectuez dans un langage appelé VBA (Visual Basic pour les Applications). Il s'agit d'une version spéciale de ce bon vieux langage BASIC (nostalgie quand tu nous tiens !) développé par Microsoft pour toutes les applications Office. Apprendre le langage VBA ouvre d'infinies possibilités de programmation d'Excel, mais aussi de Word.

Enregistrer de nouvelles macros

Sous l'onglet Affichage du Ruban, cliquez sur la flèche située sous le bouton Macros pour accéder à une commande nommée Enregistrer une macro. Mais ce n'est pas le seul point d'entrée pour cette fonctionnalité. En effet, Excel 2019 possède un onglet supplémentaire Développeur que vous pouvez faire apparaître sur le Ruban ; il regroupe des commandes fort utiles pour une utilisation avancée. Voici comment ajouter l'onglet Développeur au Ruban :

1. **Cliquez sur Fichier/Options pour accéder à la boîte de dialogue Options Excel.**

2. **Cliquez, à gauche, sur la catégorie Personnaliser le Ruban.**

3. **Dans la colonne de droite, sous Onglets principaux, cochez la case Développeur.**

4. **Cliquez sur OK.**

Le nouvel onglet apparaît à droite de l'onglet Affichage, dans le Ruban. Excel ajoute aussi, à gauche dans la barre d'état, juste à côté de l'indicateur Prêt, un bouton permettant de démarrer et d'arrêter l'enregistrement de macros.

Quelle que soit la manière par laquelle vous démarrez l'enregistrement d'une macro – depuis l'onglet Affichage, l'onglet Développeur, le bouton de la barre d'état –, Excel enregistre toutes les actions que vous effectuerez dans la feuille de calcul ou le classeur.

L'enregistreur de macros ne mémorise pas les touches sur lesquelles vous appuyez ni les mouvements de votre souris. Son rôle consiste à créer le code VBA nécessaire à l'exécution de l'action elle-même. De ce fait, les erreurs que vous commettez en cours d'enregistrement ne seront pas intégrées dans la macro. Par exemple, si vous vous trompez dans une saisie et si vous la corrigez pendant que l'enregistreur fonctionne, seule l'entrée définitive – la commande – apparaîtra dans la macro. Les erreurs commises et les actions pour y remédier ne seront donc pas prises en compte.

Les macros créées à l'aide de l'enregistreur peuvent être enregistrées soit dans le classeur actif, soit dans un nouveau classeur, soit encore dans un classeur global appelé PERSONAL.XLSB (il est placé dans un sous-dossier d'Excel appelé XLSTART). Si vous choisissez cette dernière option, la macro pourra être exécutée à partir de n'importe quel classeur. En effet, le fichier PERSONAL.XLSB est automatiquement et secrètement ouvert chaque fois que vous lancez Excel. Même s'il reste caché, ses macros sont donc toujours disponibles. En revanche, les macros enregistrées dans un classeur « normal » ne sont accessibles que si ce classeur est explicitement ouvert.

Lors de la création d'une macro, vous devez spécifier non seulement l'emplacement où elle sera enregistrée, mais aussi lui donner un nom et lui affecter un raccourci clavier. Les règles à suivre pour attribuer un nom à une macro sont les mêmes que pour nommer une plage de cellules dans une feuille de calcul. Les raccourcis prennent la forme suivante :

» **Touche Ctrl plus une lettre de A à Z (comme dans Ctrl + Q).**

» **Combinaison Ctrl + Maj plus une lettre de A à Z (comme dans Ctrl + Maj + Q).**

Vous ne pouvez par conséquent pas utiliser dans vos raccourcis des signes de ponctuation ou des chiffres.

Pour juger combien il est facile d'enregistrer des macros, essayez l'exemple qui suit. Nous allons y saisir le nom d'une entreprise, en caractères gras de corps 12, puis répartir et centrer ce nom dans les colonnes A à E.

1. Ouvrez le classeur contenant les données ou le graphique concerné par la macro.

   Pour réaliser une macro qui ajoute de nouvelles données à une feuille, ce qui est le cas ici, ouvrez une feuille contenant de nombreuses cellules vierges. Si la cible est une cellule, placez-y le pointeur de la souris.

2. Cliquez sur le bouton de démarrage de l'enregistrement, en bas et à gauche de la barre d'état.

   La boîte de dialogue Enregistrer une macro apparaît (Figure 12.4). Vous y nommerez la macro, définirez son raccourci clavier, choisirez le classeur dans lequel elle sera mémorisée et saisirez une brève description de son usage.

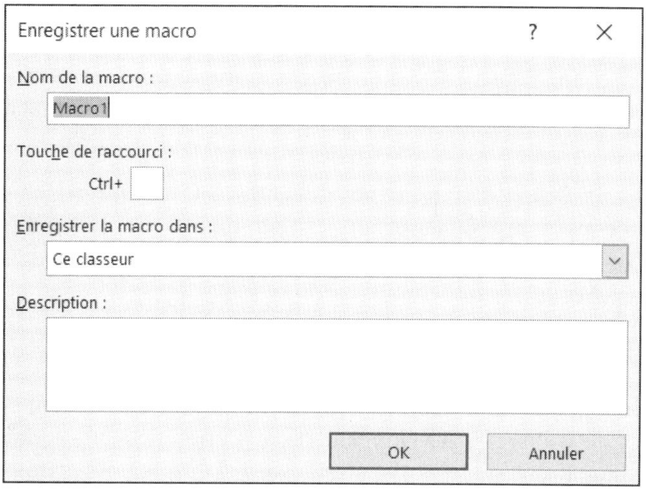

Figure 12.4 Définition des caractéristiques de la nouvelle macro.

3. Saisissez dans le champ Nom de la macro.

   Sachez que les espaces ne sont pas autorisées et que le nom doit commencer par une lettre, un chiffre ou un signe de ponctuation. Pour cet exemple, nous remplacerons Macro1 par Nom_entreprise.

   Vous pouvez ensuite entrer une lettre entre A et Z afin de définir un raccourci clavier. Autrement dit, vous demandez que la macro soit exécutée chaque fois que vous appuyez sur la combinaison Ctrl + *lettre*. Il se trouve cependant que certaines lettres sont déjà attribuées ; c'est le cas du C : par exemple, Ctrl + C copie une sélection dans le Presse-papiers, tandis que Ctrl + V colle le contenu du Presse-papiers. Si vous tenez cependant à utiliser la lettre C, appuyez sur la touche Maj tout en saisissant la lettre en question, pour obtenir le raccourci clavier Ctrl + Maj + C.

4. (Facultatif) Cliquez dans le champ Touche de raccourci (le petit carré vide) ; tapez la lettre de l'alphabet que vous désirez assigner à la macro.

   Vous devez maintenant décider de l'emplacement où sera placée la macro.

5. À l'aide de la liste déroulante Enregistrer la macro dans, spécifiez l'emplacement où la nouvelle macro sera stockée.

   Pour notre exemple, nous choisissons l'option Classeur de macros personnelles, ce qui permettra d'insérer le nom de l'entreprise dans tous les documents créés ou modifiés avec Excel. De cette manière, vous pourrez exécuter la macro quel que soit le classeur ouvert. Si l'action ne doit concerner que le classeur actuellement ouvert, sélectionnez l'option *Ce classeur*. Enfin, l'option Nouveau classeur créera (comme son nom l'indique) un nouveau classeur pour y enregistrer vos macros.

6. (Facultatif) Cliquez dans le champ Description et insérez un bref commentaire indiquant l'objet de la macro. Dans un environnement professionnel, il est aussi conseillé d'ajouter la date de création et le nom de la personne qui l'a réalisée.

   Remplir le champ Description n'est pas obligatoire. C'est en revanche une bonne habitude à prendre. En associant systématiquement un commentaire à vos macros, vous ou vos collègues saurez toujours à quoi elle sert.

   Vous êtes maintenant prêt à commencer l'enregistrement de la macro.

7. Cliquez sur OK.

   La boîte de dialogue se referme. L'icône du bouton d'enregistrement sur la barre d'état et dans l'onglet Développeur cesse d'être une icône et devient un carré bleu, indiquant qu'Excel enregistre désormais toutes vos actions.

   Sous le menu Macros de l'onglet Affichage ainsi que dans le groupe Code de l'onglet Développeur, se trouve une commande Utiliser les références relatives. Utilisez-la lorsque les adresses des cellules doivent être enregistrées relativement à la position initiale, et non de façon absolue. Supposons par exemple que la cellule courante soit A1. Dans le mode par défaut (absolu), l'adresse utilisée sera systématiquement A1 (ce qui correspond à la forme $A$1). Chaque fois que vous exécuterez la macro, elle partira de cette cellule. Un déplacement vers la droite, par exemple, renverrait vers A2. Dans le mode relatif, toutes les actions seront appliquées en partant de la cellule active. S'il s'agit de B8, un déplacement vers la droite activera B9 (et non A2). Il est évident que seul le mode relatif convient à notre exercice.

8. (Facultatif) Cliquez sur l'option Utiliser les références relatives. Elle se trouve dans le groupe Code de l'onglet Développeur ainsi que dans le menu de la commande Macros de l'onglet Affichage. De cette manière, la macro peut être exécutée en partant de n'importe quelle cellule de la feuille active.

9. Sélectionnez les cellules, entrez les données et choisissez les commandes Excel nécessaires à la réalisation des tâches que vous voulez enregistrer. Procédez exactement comme vous le feriez ordinairement. Tapez, cliquez, activez... L'enregistreur se charge du reste.

   Pour cet exemple, tout ce que vous avez à faire est de saisir le nom de la société. Cliquez sur le bouton Entrer de la barre de formule (afin de valider le texte sans quitter la cellule). Activez si nécessaire l'onglet Accueil. Dans le groupe Police, cliquez sur le bouton G (gras) et choisissez le corps 12 dans la liste déroulante Taille de police. Sélectionnez ensuite la plage A1:E1 à l'aide de la souris. Toujours sous l'onglet Accueil, cliquez dans le groupe Alignement sur le bouton Fusionner et centrer.

   Ces actions terminées, il ne reste plus qu'à arrêter l'enregistrement.

10. Cliquez sur le bouton Arrêter l'enregistrement, dans la barre d'état ou sous l'onglet Développeur.

   Le bouton carré bleu redevient une icône, indiquant que l'enregistreur est arrêté.

Exécuter des macros

La macro enregistrée, vous pouvez l'exécuter en procédant de diverses manières :

- Sous l'onglet Affichage, cliquez sur le bouton Macros, ou déroulez le menu associé en cliquant sur la flèche, et choisissez la commande Afficher les macros.
- Sous l'onglet Développeur, cliquez dans le groupe Code sur le bouton Macros.
- Appuyez sur la combinaison de touches Alt + F8.

Dans chacun de ces cas, une boîte de dialogue semblable à celle de la Figure 12.5 apparaît. Elle contient la liste de toutes les macros disponibles dans le classeur actif, ainsi que la liste de celles placées dans **PERSONAL.XLSB**. Pour lancer une macro, il suffit de cliquer sur son nom, puis sur le bouton Exécuter (vous pouvez aussi appuyer sur Entrée ou double-cliquez sur la ligne voulue).

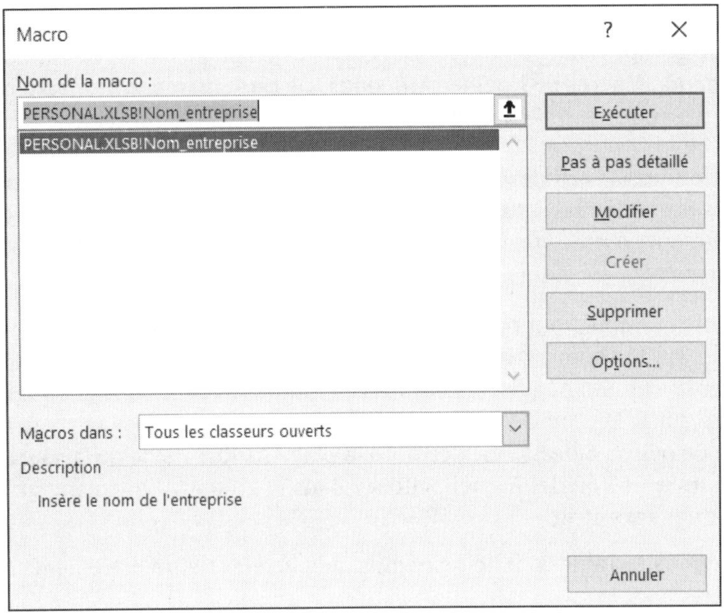

Figure 12.5 Sélectionner la macro à exécuter.

Si vous avez associé un raccourci clavier à la macro, il n'est pas utile d'ouvrir cette boîte de dialogue. Appuyez tout simplement sur la touche Ctrl et sur la lettre choisie (plus éventuellement sur la touche majuscule) et Excel exécutera immédiatement toutes les commandes enregistrées.

La raison pour laquelle les macros placées dans **PERSONAL.XLSB** sont toujours disponibles est que ce classeur est automatiquement ouvert lors du lancement d'Excel, mais sans être affiché. Cependant, du fait même que ce classeur est invisible, il n'est pas possible de modifier ou de supprimer les macros depuis votre classeur. Si vous tentez d'effectuer ce genre d'action, Excel vous informe qu'il est impossible d'éditer une macro dans un classeur masqué.

Pour accéder à **PERSONAL.XLSB**, refermez d'abord le message d'erreur ainsi que la boîte de dialogue Macro. Cliquez à présent sur l'onglet Affichage puis, dans le groupe Fenêtre, cliquez sur le bouton Afficher. Dans la boîte de dialogue qui apparaît, sélectionnez le classeur **PERSONAL.XLSB**, puis cliquez sur OK. Le classeur caché devient visible. Vous pouvez maintenant ouvrir la fenêtre Macro, puis modifier ou supprimer les macros enregistrées dans le classeur personnel. Cela fait, refermez la boîte de dialogue Macro et cliquez sur le bouton Masquer, dans le groupe Fenêtre, pour cacher de nouveau le classeur **PERSONAL.XLSB**.

Placer des macros sur le Ruban et sur la barre d'outils Accès rapide

Au lieu de lancer une macro en appuyant sur un raccourci clavier ou en ouvrant la boîte de dialogue Macro, vous pouvez l'affecter à un onglet personnalisé sur le Ruban, ou le placer sur la barre d'outils Accès rapide.

Procédez comme suit pour placer une macro sous un onglet personnalisé du Ruban :

1. Choisissez Fichier/Options puis, dans la boîte de dialogue Options Excel, cliquez, à gauche, sur la catégorie Personnaliser le ruban.

   Le volet Personnaliser le ruban apparaît à droite.

2. Dans le menu Choisir les commandes dans les catégories suivantes, choisissez Macros.

   La liste de gauche contient toutes les macros du classeur courant ainsi que celles enregistrées dans le dossier `PERSONAL.XLSB`.

3. Dans la liste de droite, cliquez sur le nom d'un onglet personnalisé dans lequel vous désirez placer la macro.

   Si vous n'avez pas encore créé de groupe personnalisé pour les macros, vous devrez en confectionner un. Voici comment :

   a. *Cliquez sur le bouton Nouvel onglet, en bas de la liste.*

   Excel ajoute à la fois, dans la liste de droite, un élément Nouvel onglet (Personnalisé) et un élément Nouveau groupe (Personnalisé). Ce dernier est sélectionné.

   b. *Cliquez sur l'élément Nouvel onglet (Personnalisé) que vous venez de créer.*

   c. *Cliquez sur le bouton Renommer du bas de la liste, puis saisissez un nom pour l'onglet personnalisé –* ***Macros*** *par exemple – avant de cliquer sur OK.*

   d. *Cliquez sur l'élément Nouveau groupe (Personnalisé).*

   e. *Cliquez sur Renommer, puis saisissez un nom pour le groupe,* ***Insertion*** *par exemple ; confirmez par OK.*

4. Dans la liste de gauche, cliquez sur la macro à placer dans le groupe personnalisé.

5. Cliquez sur Ajouter. Cliquez ensuite sur OK pour fermer la boîte de dialogue.

Le nom de la macro apparaît sur un bouton du groupe personnalisé (Insertion, par exemple) figurant sous l'onglet personnalisé (Macros, par exemple). Il suffit à présent de cliquer sur le bouton de la macro, dans le Ruban, pour l'exécuter.

Pour ajouter un bouton personnalisé à la barre d'outils Accès rapide, procédez de la manière suivante :

1. **Cliquez sur la flèche qui se trouve au bout de la barre d'outils Accès rapide. Dans le menu qui s'ouvre, choisissez l'option Autres commandes.**

   La boîte de dialogue Options Excel apparaît, ouverte sur la catégorie Barre d'outils Accès rapide.

2. **Dans la liste déroulante Choisissez les commandes dans les catégories suivantes, sélectionnez Macros.**

   Excel affiche la liste de toutes les macros créées aussi bien dans le classeur actif que dans le classeur PERSONAL.XLSB.

3. **Cliquez sur le nom de la macro à ajouter à la barre d'outils Accès rapide, puis sur le bouton Ajouter (au milieu de la fenêtre).**

4. **Cliquez sur OK pour refermer la boîte de dialogue.**

Partager des classeurs

Il est très facile, avec Excel 2019, de partager des feuilles de calcul avec des collègues ou des clients. Vous pouvez, à cette fin, utiliser la fonction Partager du volet gauche, accessible *via* le bouton Fichier du Ruban, pour envoyer des classeurs par e-mail ou *via* Instant Message à d'autres personnes sur l'ordinateur desquelles Excel est installé. Si vous utilisez Microsoft Lync, vous pourrez partager vos classeurs *via* ses outils de visioconférence.

Si vous disposez d'un espace de stockage OneDrive, les feuilles de calcul que vous y entreposerez seront accessibles à vos collègues et clients, qui pourront les ouvrir depuis Excel si ce programme est installé sur leur poste de travail, ou avec Excel Web App *via* leur navigateur dans le cas contraire.

Vous pouvez modifier ou réviser directement vos classeurs sur OneDrive lorsque vous êtes hors de votre bureau ou en déplacement, même si une version d'Excel compatible n'est pas installée sur l'ordinateur que vous exploitez. Il suffit d'utiliser l'accès Internet de cet ordinateur pour vous connecter au dossier Mes

Documents de votre zone OneDrive contenant les feuilles de calcul, puis de les ouvrir et de les modifier avec les Excel Web Apps, reconnues par la plupart des navigateurs Web modernes.

Partager par OneDrive

Avant de partager votre classeur Excel, vous devez en enregistrer une copie dans un dossier du cloud, soit sur OneDrive soit sur un site SharePoint. La technique la plus simple pour effectuer cette sauvegarde consiste à cliquer sur l'onglet Fichier, puis sur Partager. Là, veillez à activer Partager avec des personnes (*a priori* choix par défaut), et à cliquer sur le bouton Enregistrer dans le cloud. En supposant que vous choisissiez OneDrive dans le nouveau panneau qui apparaît, cliquez alors sur Se connecter afin d'accéder à votre compte d'utilisateur OneDrive. Saisissez votre adresse mail Microsoft et votre mot de passe. Une fois l'accès à OneDrive établi, cliquez sur un des dossiers proposés. Cette action ouvre la boîte de dialogue Enregistrer sous qui permet de naviguer parmi les dossiers de votre compte distant OneDrive. Nommez le classeur, et cliquez sur Enregistrer.

Le classeur étant sur le cloud, vous allez pouvoir le partager avec d'autres personnes.

Partager avec des personnes

Pour partager un classeur que vous avez stocké dans le nuage, procédez comme suit :

1. **Ouvrez le classeur enregistré sur le cloud, puis choisissez Fichier/Partager.**

   Excel ouvre la fenêtre Partager dont l'option Partager avec des personnes est sélectionnée par défaut (Figure 12.6).

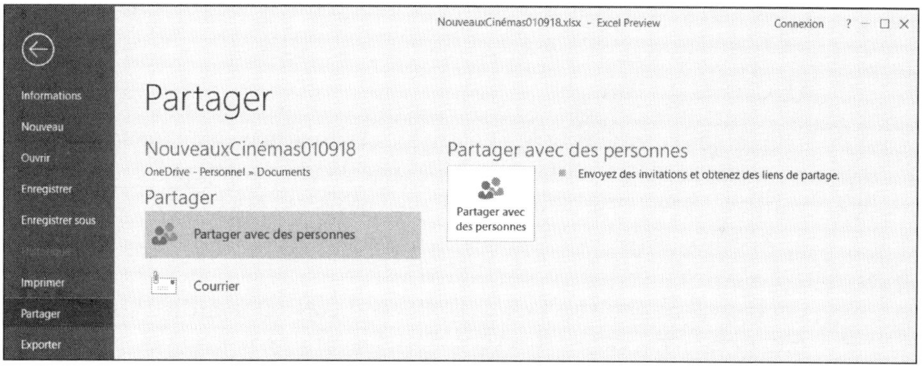

Figure 12.6 Pour proposer à d'autres de partager votre classeur Excel.

2. Cliquez sur Partager avec des personnes.

   Cette action vous bascule vers le volet Partager.

3. Dans le champ Inviter des personnes, saisissez l'adresse mail de votre collaborateur.

   Dès que vous commencez à taper, Excel tente de compléter la saisie en cherchant des correspondances dans votre Carnet d'adresses. Dès qu'il en trouve, il vous les propose dans une liste déroulante. Pour isoler une adresse dans cette liste et l'insérer dans le champ courant, cliquez sur le bouton Rechercher des contacts dans le carnet d'adresses placé à droite du champ, puis exprimez-vous dans la fenêtre correspondante, intitulée fort à propos Carnet d'adresses : liste d'adresses globale. Si vous souhaitez partager votre classeur avec plusieurs personnes, séparez leurs adresses mail par un point-virgule.

4. (Facultatif) Déroulez le menu local Peut modifier et validez son option Peut afficher pour empêcher vos invités d'apporter une quelconque modification au classeur.

   Par défaut, Excel 2019 autorise les personnes avec lesquelles vous partagez des classeurs à opérer des changements sur les classeurs qui sont enregistrés automatiquement sur votre OneDrive. Si vous souhaitez limiter leur mobilité et leur permettre de voir les données sans pour autant les autoriser à les modifier, assurez-vous que ce menu local affiche bien Peut afficher plutôt que Peut modifier.

5. (Facultatif) Dans le champ Inclure un message, saisissez le texte qui accompagnera l'e-mail (exactement comme si vous adressiez un courrier électronique avec votre logiciel de messagerie habituel).

6. (Facultatif) Cliquez sur le lien Obtenir un lien de partage afin de générer un lien que vous insérerez dans un mail traditionnel, ou que vous enverrez via un smartphone.

   Il suffira au destinataire de cliquer vers ce lien pour accéder à votre document Excel.

7. Cliquez sur Partager.

   Dès que vous activez ce bouton, Excel envoie par mail une invitation à partager le classeur à toutes les personnes que vous avez définies. Dans la foulée, il ajoute leurs adresses e-mail ainsi que leur statut (Peut modifier ou Peut afficher) dans la section Partagé avec du bas du volet droit.

Cet e-mail comporte un hyperlien vers le classeur sur OneDrive. Dès qu'un destinataire activera ce lien, il se verra proposer une copie du classeur sur une nouvelle page de son navigateur par l'entremise d'Excel Web App. Si vous avez validé l'option Peut modifier, un bouton Modifier le classeur sera à sa disposition.

Si la personne active ce bouton, elle aura accès à deux options : Modifier dans Excel et Modifier dans Excel Web App. Si elle choisit la première, le classeur sera téléchargé et ouvert dans sa version d'Excel. Si, en revanche, elle choisit la seconde, le navigateur ouvrira le classeur dans une nouvelle version d'Excel Web App, qui propose différents onglets (Accueil, Insertion, Affichage) regroupant un nombre limité de commandes qui lui permettront de mener à bien quelques tâches élémentaires d'édition (dont les effets seront automatiquement sauvegardés sur OneDrive en même temps que le classeur).

Pour avoir accès à cette option de partage dans le nuage, il est impératif que votre classeur ait été préalablement enregistré à cet endroit. Dans le cas contraire, seul un bouton Enregistrer dans le cloud vous sera proposé. Activez-le pour accéder à la fenêtre Enregistrer sous qui vous permet d'effectuer la sauvegarde requise, puis réaffiche la fenêtre de partage qui vous permet de poursuivre la procédure.

Dès que vous aurez enregistré une fois un classeur dans OneDrive, vous pourrez le partager très rapidement *via* l'onglet Partager d'Excel, qui ouvrira le volet Partager décrit ci-dessus et illustré à la Figure 12.7.

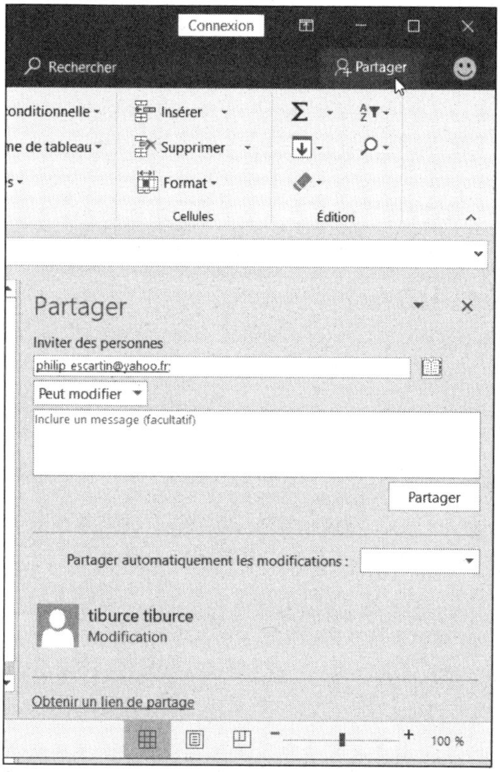

Figure 12.7 Partager rapidement *via* l'onglet Partager et le volet qui l'accompagne.

Envoyer un classeur par courrier électronique

Pour envoyer, par courrier électronique, une copie d'un classeur, choisissez une fois de plus Fichier/Partager. Cliquez sur Courrier électronique. Instantanément mis à jour, le volet droit propose les cinq options suivantes :

- **Envoyer en tant que pièce jointe :** crée un nouveau message à l'aide du logiciel de messagerie par défaut et y joint le classeur Excel.
- **Envoyer un lien :** crée un nouveau message à l'aide du logiciel de messagerie par défaut, contenant un lien pointant vers le classeur. Cette option n'est disponible que si le classeur est enregistré sur le serveur Web de votre société ou de votre fournisseur d'accès Internet.
- **Envoyer en tant que PDF :** le classeur Excel est converti en fichier PDF (*Portable Document File*) qui est placé comme pièce jointe dans un nouveau message. (Notez que le logiciel gratuit Adobe Reader doit être installé sur l'ordinateur du destinataire.)
- **Envoyer en tant que XPS :** convertit le dossier Excel en fichier XPS (*XML Paper Specification*) joint à un nouveau message.
- **Envoyer en tant que télécopie Internet :** envoie le classeur sous la forme d'une télécopie, par le truchement d'un fournisseur de service de télécopie. Le programme Télécopie et numérisation Windows doit être installé.

Après avoir sélectionné l'option de messagerie désirée, Windows ouvre un nouveau message contenant le classeur sous forme de pièce jointe ou un lien pointant vers le classeur. Indiquez l'adresse Internet du destinataire dans le champ À, ajoutez un petit mot dans le corps du message, puis cliquez sur le bouton Envoyer.

Faire de l'édition en ligne

Microsoft propose différentes applications Office Web pour Word, Excel et PowerPoint ainsi que OneNote intégré à Windows Live, ces outils étant associés à la fonction de stockage en ligne OneDrive. Celle baptisée Excel Web App vous permet de modifier des classeurs enregistrés dans le nuage depuis votre navigateur Web.

Vous apprécierez cette possibilité lorsque vous aurez à apporter quelques changements de dernière minute à un classeur Excel alors que vous n'avez accès à aucun poste sur lequel Excel est installé. Pour peu que l'appareil auquel vous avez accès dispose d'une connexion Internet et que son navigateur soit compatible avec Excel Web App (c'est le cas d'Internet Explorer sur une tablette Surface, voire de Safari sur un MacBook Air), vous pourrez modifier, dans vos classeurs, tout ce qui vous fait plaisir.

L'avantage majeur d'Excel Web App lorsqu'il s'agit de modifier un classeur en ligne, c'est qu'il fonctionne parfaitement sous Internet Explorer ainsi que sous les dernières versions des navigateurs Web les plus connus, comme Mozilla Firefox pour Windows, Mac et Linux ainsi qu'avec Safari, le navigateur d'Apple pour iMac et iPad.

Pour modifier, *via* Excel Web App, un classeur que vous avez stocké sur OneDrive :

1. Lancez le navigateur Web, et rendez-vous sur https://onedrive.live.com/about/fr-fr/, puis connectez-vous à votre compte Windows.

2. En haut à gauche, cliquez sur la matrice des neuf carrés afin d'accéder aux applications Office 365, comme sur la Figure 12.8.

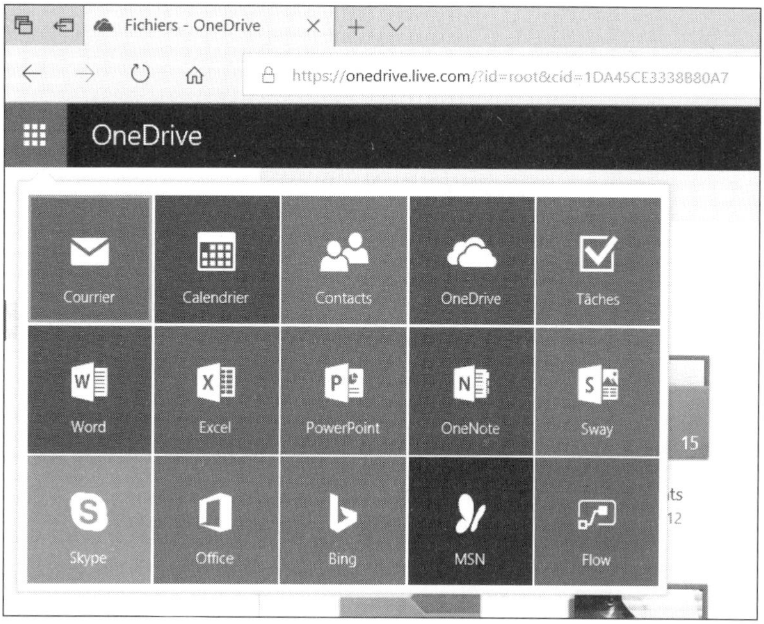

Figure 12.8 Les applications en ligne de Microsoft.

3. Cliquez sur la vignette Excel.

   Cette action ouvre une interface d'Excel en ligne avec, sur sa gauche, la liste des classeurs enregistrés sur le cloud.

4. Dans la liste Récent, cliquez sur le nom du fichier à ouvrir, puis double-cliquez sur sa vignette dans OneDrive.

Le fichier s'ouvre dans la version en ligne d'Excel, comme le montre la Figure 12.9.

Exploitez les outils mis à votre disposition pour procéder aux modifications qui s'imposent. (Reportez-vous, si vous avez la mémoire courte, au Chapitre 3.)

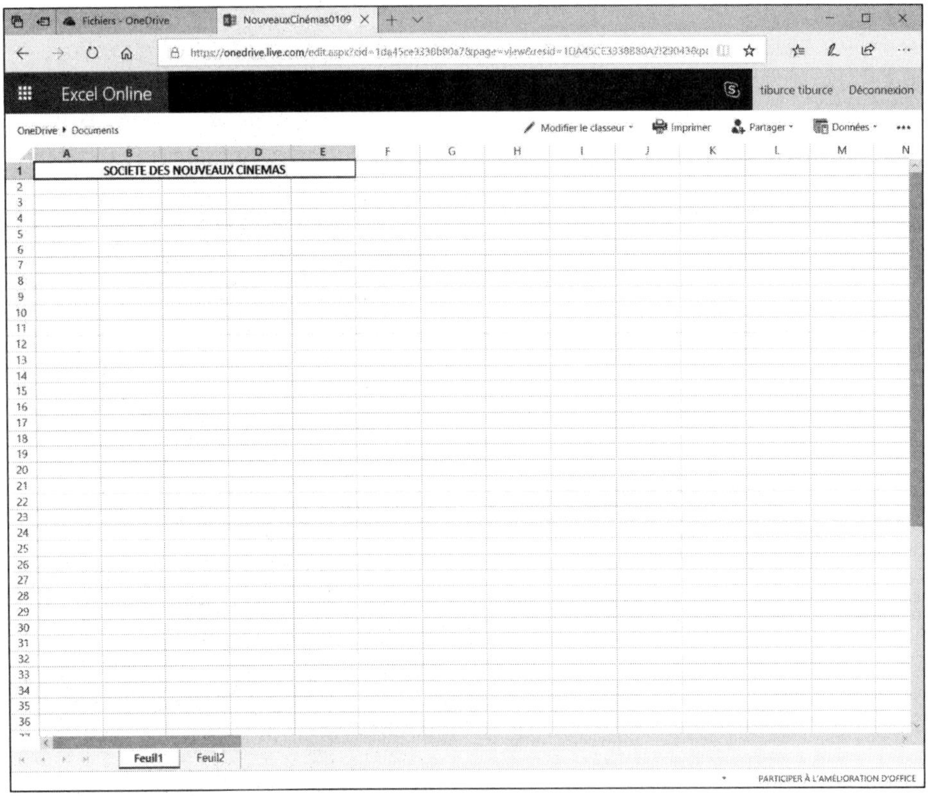

Figure 12.9 Modifier le document Excel directement depuis OneDrive.

❺ Si nécessaire, ouvrez le menu local Modifier le classeur, et choisissez entre Modifier dans Excel et Modifier dans le navigateur.

Dans le premier cas, le fichier est téléchargé sur votre ordinateur, puis ouvert dans Excel. Dans le second, l'édition se déroule directement en ligne.

❻ Quand vous avez terminé, cliquez dans la case de fermeture du navigateur pour enregistrer la version éditée.

❼ Pour enregistrer une copie du classeur modifié sous un nouveau nom dans le dossier OneDrive, choisissez la commande Enregistrer sous dans l'onglet Fichier.

La fonctionnalité Excel Online est fort commode lorsqu'il s'agit d'appliquer à vos tableaux et à vos graphes des modifications sur des éléments. Elle est en revanche incapable de prendre en charge le traitement de tous les éléments graphiques plus évolués. Pour ce genre d'interventions, vous devrez pratiquer différemment. Première solution : ouvrir le classeur à traiter dans une copie locale d'Excel (pour peu que la version 2019 soit installée) en cliquant sur le bouton Modifier dans Excel que vous trouverez dans le haut de l'interface. Deuxième solution : téléchargez, sur votre poste de travail (où Excel 2019 est installé), une copie du classeur en question ; exploitez, à cette fin, la commande Fichier/Enregistrer sous/Télécharger une copie, puis infligez à cette copie téléchargée les modifications souhaitées dès que vous aurez regagné votre bureau.

Partie 5

Les Dix Commandements

Dans cette partie

Conseils avisés aux débutants.

•

Ce qu'il faut faire et ce qu'il ne faut pas faire.

•

Pour encore mieux analyser ses données.

Chapitre 13
Dix recommandations aux débutants

Si vous ne maîtrisiez que les dix points qui suivent, vous sauriez déjà vous débrouiller honorablement avec Excel 2019. Ce Top 10 recense en effet ce qu'il faut savoir pour utiliser efficacement votre tableur.

1. **Pour lancer Excel 2019 depuis l'écran de démarrage,** cliquez sur le bouton Démarrer situé à l'extrême gauche de la barre des tâches. Ensuite, tapez directement au clavier **exc**. Cliquez ensuite sur la vignette Excel 2019 qui apparaît dans la liste des résultats de l'assistant Cortana de Windows 10.

2. **Pour ouvrir un classeur tout en exécutant Excel 2019**, localisez le dossier dans lequel se trouve le classeur à modifier dans l'Explorateur Windows et double-cliquez sur son icône.

3. **Pour atteindre une partie de la feuille de calcul qui n'est pas visible à l'écran**, agissez sur les barres de défilement à droite et en bas de la fenêtre du classeur jusqu'à ce que l'emplacement recherché apparaisse.

4. **Pour créer un nouveau classeur contenant par défaut une feuille de calcul vierge,** exécutez le raccourci clavier Ctrl + N. Pour ouvrir un nouveau classeur basé sur un autre modèle, cliquez sur Fichier/Nouveau (ou Alt + FN). Sélectionnez ensuite le modèle désiré dans la partie Nouveau de la fenêtre Backstage, où vous pouvez aussi télécharger des modèles depuis le site

Office.com. Pour ajouter une nouvelle feuille de calcul dans un classeur, cliquez sur le bouton Nouvelle feuille, immédiatement à droite du dernier onglet situé en bas des feuilles.

5. **Pour activer un classeur ouvert et l'afficher à l'écran par-dessus ceux qui sont déjà ouverts**, cliquez sur l'onglet Affichage, dans le Ruban, puis sur le bouton Changer de fenêtre. Sélectionnez le classeur voulu dans la liste déroulante qui s'affiche. Vous pouvez aussi utiliser la combinaison de touches Alt + NH suivie du numéro de la fenêtre. Pour localiser une feuille de calcul particulière dans le classeur actif, cliquez sur l'onglet de cette feuille, en bas à gauche de la fenêtre du document. Pour afficher d'autres feuilles, cliquez sur les boutons de défilement des feuilles (ils se trouvent sur la gauche des onglets de celles-ci).

6. **Pour introduire des données dans une feuille de calcul**, cliquez sur la cellule qui doit les contenir, puis tapez-les. Cliquez ensuite sur le bouton Entrer de la barre de formule (celui en forme de coche) ou appuyez sur la touche Tab, sur la touche Entrée ou sur une des touches fléchées.

7. **Pour modifier le contenu d'une cellule**, double-cliquez sur sa case ou placez le pointeur de la souris dessus et appuyez sur F2. Excel place le point d'insertion au bout du contenu de la cellule et passe en mode Modification (reportez-vous au Chapitre 2 pour les détails). Après avoir corrigé l'entrée, cliquez sur le bouton Entrer de la barre de formule ou appuyez sur la touche Tab, sur la touche Entrée ou sur une des touches fléchées.

8. **Pour choisir une des nombreuses commandes d'Excel dans le Ruban**, cliquez sur l'onglet voulu, localisez le groupe qui contient le bon bouton, puis cliquez sur celui-ci. Vous pouvez également appuyer sur la touche Alt afin d'afficher les raccourcis clavier, puis sur la touche de la lettre associée à l'onglet qui vous intéresse et, enfin, sur celle du bouton de commande à utiliser. Pour choisir une commande dans la fenêtre Backstage, choisissez Fichier, puis cliquez sur l'option désirée. Une autre solution consiste à utiliser la combinaison Alt + F suivie de la touche de raccourci associée à la commande que vous voulez activer. Pour choisir une commande dans la barre d'outils Accès rapide, il suffit de cliquer sur le bouton correspondant en haut et à gauche de la fenêtre d'Excel.

9. **Pour enregistrer une première fois le classeur sur le disque dur**, cliquez sur le bouton Enregistrer de la barre d'outils Accès rapide ou appuyez sur Ctrl + S. Agissez dans la fenêtre Enregistrer sous pour affecter une destination au classeur, puis, dans la fenêtre suivante, remplacez le nom générique Classeur1 par le nom de votre choix (maximum 255 caractères, espaces compris), puis cliquez sur Enregistrer. Pour enregistrer un classeur dans un format lisible par les anciennes versions d'Excel, faites votre choix dans le menu local Type.

⑩ **Pour quitter Excel**, cliquez dans sa case de fermeture (le X en haut à droite) ou exécutez le raccourci Alt + F4. Si le classeur contient des modifications non sauvegardées, Excel 2019 vous invite à les enregistrer avant de quitter les lieux et de regagner Windows.

Chapitre 14

Les Dix Commandements d'Excel 2019

Vous découvrirez que dans Excel 2019 certaines choses se font et d'autres pas. En respectant religieusement les Tables de la Loi édictées ci-après, votre tableur vous mènera au septième ciel.

1. **Sur le disque dur tu coucheras ton travail.** En sauvegardant fréquemment le travail en cours (sur le bouton Enregistrer de la barre Accès rapide tu cliqueras ou sur les touches Ctrl + S tu appuieras), le risque de pertes de données tu minimiseras. Pour enregistrer dans le nuage afin de pouvoir toujours accéder aux classeurs depuis n'importe quel poste de travail connecté à Internet, l'option OneDrive du volet Enregistrer sous tu valideras.

2. **Tes classeurs tu nommeras.** La première fois qu'un classeur tu enregistreras, un nom plus descriptif que celui proposé par défaut tu lui attribueras. À 255 caractères ou symboles tu te limiteras et, si un caractère interdit est utilisé – enfer et damnation ! –, de te le signaler Excel ne manquera pas. Tu choisiras ensuite judicieusement le dossier dans lequel le classeur sera enregistré afin de le retrouver facilement lorsque tu en auras besoin.

❸ **Tes données tu n'éparpilleras point dans la feuille de calcul**, afin d'épargner la sainte mémoire vive de ton Seigneur et Maître, le Grand Ordinateur (sinon, au PC chinois tu seras inscrit d'office).

❹ **Par le diabolique et sulfureux signe = (égal), chacune des formules d'Excel 2019 tu commenceras.** Mais si tu appartiens à l'orientale mais néanmoins pacifique tribu du grand Lotus 1-2-3, d'une dispense spéciale tu bénéficieras et tu pourras commencer une formule par le signe + et les fonctions par le signe @.

❺ **Les cellules tu sélectionneras avant d'invoquer quelque commande Excel.** Sinon, comme un ballon de baudruche leur terrible pouvoir se dégonflerait.

❻ **De la fonction Annuler tu useras immédiatement après avoir commis une Très Grande Faute.** Pour cela, sur le bouton Annuler de la barre Accès rapide tu cliqueras ou le raccourci Ctrl + Z tu exécuteras. Si tu oublies d'utiliser tout de suite cette fonctionnalité, couvert de honte et d'opprobre tu devras sélectionner l'action à effacer dans le sacré menu déroulant attaché au bouton Annuler. Mais prévenu tu seras alors que toutes tes actions ultérieures seront également détruites par Excel le Tout-Puissant.

❼ **Des lignes ou des colonnes tu ne supprimeras ou n'inséreras** sans avoir vérifié que ces opérations ne détruisent ou ne déplacent pas inconsidérément des formules et des données.

❽ **Sans l'Aperçu avant impression jamais tu n'imprimeras.** Systématiquement tu vérifieras, en cliquant sur le bouton d'aperçu (celui qui se trouve au milieu de la rangée que tu vois immédiatement à gauche du curseur de zoom), que les données apparaissent correctement dans la page, qu'elles ne sont pas tronquées et que les sauts de page sont pertinents. Pour voir ces derniers, sur le bouton d'aperçu des sauts de page tu cliqueras (celui qui se trouve juste à gauche du Pourcentage de zoom).

❾ **Au recalcul manuel tu auras recours** lorsque la feuille de calcul sera devenue si volumineuse qu'elle rampera comme un vermisseau à terre. Dans le groupe Calcul de l'onglet Formules, tu cliqueras sur Options de calcul. À partir de là, le message Calculer de la barre d'état tu ignoreras. Sur la touche de recalcul immédiat (F9) tu éviteras d'appuyer. L'option Formules/Calcul/Calculer maintenant, tu mépriseras. Ta feuille tu ne recalculeras que lorsque tu auras toi-même choisi l'heure de ton destin, par exemple juste avant d'imprimer ton document.

⑩ Les feuilles et le classeur tu protégeras de l'iniquité et de la corruption, et surtout de la horde des maladroits et des malfaisants. Pour ce faire, sur Révision tu cliqueras, puis Protéger la feuille ou Protéger le classeur tu valideras. Et pour te prémunir du malin – si tant est qu'il le soit –, un mot de passe au classeur tu appliqueras. Ce mot de passe, toujours tu t'en souviendras, car sinon, sur toi, les foudres divines s'abattront. Écoute le Grand Maître Dan Bricklin, celui qui sait tout car il inventa le tableur en 1977 : « En vérité, je te le dis : le jour maudit où le mot de passe tu oublieras, de ce jour dans les ténèbres ta feuille de calcul, à jamais, demeurera. »

Chapitre 15

Les dix meilleures manières d'analyser des données

Lorsque vous travaillez avec de grandes quantités de données dans des feuilles de calcul Excel, il est facile d'en perdre le fil et de ne plus y voir d'opportunités commerciales ou de potentiels dangers pour votre activité. Heureusement, Excel 2019 propose de nombreuses fonctionnalités qui vous aideront à récapituler des données afin de mieux comprendre les indications d'une très grande quantité d'informations.

Voici mes dix fonctions d'analyse d'Excel 2019 préférées pour évaluer des tendances et apprécier des indicateurs vitaux :

1. **Tableaux croisés dynamiques.** Cette fonction permet de créer des rapports et d'analyser de grandes quantités de données au sein de listes que vous gérez dans des feuilles de calcul Excel ou que vous y importez. Ces tableaux sont extrêmement faciles à créer et à modifier.

   Les tableaux croisés dynamiques permettent de croiser facilement des données en appliquant des fonctions statistiques standard (SOMME, NB, MOYENNE, Max, Min, *etc.*). Ils permettent également d'appliquer des filtres à des listes ou des modèles de données qui permettent d'obtenir rapidement un état particulier de vos données.

Les tableaux croisés dynamiques sont étudiés au Chapitre 9.

❷ **Graphiques croisés dynamiques.** Il s'agit de l'équivalent visuel des tableaux croisés dynamiques. À l'instar des tableaux, les graphiques sont extrêmement souples en permettant de filtrer les données à la volée, et d'en voir instantanément les effets dans le graphique croisé dynamique.

Les graphiques croisés dynamiques sont étudiés au Chapitre 9.

❸ **Segments.** Ils permettent d'affiner un rapport de données dans un tableau croisé dynamique en utilisant autant de champs de données que nécessaire. Les segments prennent la forme de listes de données que vous activez et désactivez à volonté pour obtenir un état de vos données correspondant aux critères ainsi activés et désactivés.

Les segments sont étudiés au Chapitre 9.

❹ **Chronologies.** Les chronologies sont des segments réservés aux champs contenant des dates utilisées dans des tableaux croisés dynamiques. Elles permettent de filtrer les données d'un rapport en utilisant une durée comme critère de filtrage (jours, mois, trimestres, ou années). Les chronologies permettent de créer des états pour suivre l'évolution des données sur une période précise.

Consultez le Chapitre 9 pour obtenir plus d'informations sur la création et l'utilisation des chronologies.

❺ **Filtres automatiques.** Excel permet d'appliquer des filtres dans les colonnes de données afin de « trier » rapidement des informations de vos feuilles de calcul. Dès que vous affichez une liste de données sous la forme d'un tableau de données, Excel ajoute une flèche à chaque en-tête de colonne. Un clic sur cette flèche ouvre un menu local contenant des champs de noms que vous cochez et décochez afin de créer des états spécifiques de vos données.

Consultez le Chapitre 11 pour obtenir plus d'informations sur les filtres automatiques.

❻ **Filtre avancé.** La fonction de filtre avancé disponible dans le groupe Trier et filtrer de l'onglet Données permet de copier vos enregistrements d'une liste de données filtrés selon vos critères dans un nouvel emplacement de la feuille de calcul.

La fonction Filtre avancé est indiquée lorsque vous avez besoin de travailler avec des sous-groupes de données qui répondent à certains critères (comme les enregistrements d'une liste de données de commandes où le total des commandes est supérieur ou égal à 500 €), et cela sans affecter la liste de données originale elle-même.

❼ **Valeur cible.** Permet d'analyser des objectifs simples qui doivent prendre en compte des étapes clés de votre business. Valeur cible tente de trouver une valeur particulière indiquée dans le champ Cellule à définir en modifiant la valeur saisie de la cellule indiquée dans le champ Cellule à modifier.

Consultez le Chapitre 8 pour en savoir plus sur la manière d'effectuer des prévisions avec cette fonction.

❽ **Gestionnaire de scénario.** Le Gestionnaire de scénario d'Excel permet de créer une série d'hypothèses telles que la plus plausible, la meilleure, ou la pire en se basant sur diverses suppositions qui déterminent différents niveaux de confiance.

Reportez-vous au Chapitre 8 pour plus d'informations sur le Gestionnaire de scénario.

❾ **Graphiques recommandés.** La puissance des graphiques est énorme car ils synthétisent visuellement des données, ce qui permet d'attirer immédiatement votre attention sur de potentiels échecs et réussites. Toutefois, pour qu'un graphique soit efficace, vous devez utiliser un type de graphique adapté à vos données. Si vous êtes perdu dans ce choix, sollicitez la fonction Graphiques recommandés d'Excel. Vous la trouverez dans le groupe Graphiques de l'onglet Insertion.

Lorsque vous invoquez cette commande, Excel analyse la plage de données sélectionnée dans votre feuille de calcul, puis propose le meilleur graphique qui lui paraît adapté pour les représenter correctement. Vous pouvez parcourir les propositions d'Excel afin de sélectionner le graphique qui vous convient le mieux. Si vous n'en trouvez aucun, cliquez sur l'onglet Tous les graphiques qui contient toutes les catégories de graphiques d'Excel 2019.

La création des graphiques et les graphiques recommandés sont traités au Chapitre 10.

❿ **Prévisions.** La fonction Prévisions d'Excel 2019 permet de créer des graphiques croisés dynamiques et standard qui mettent en évidence des aspects spécifiques de vos données.

Lorsque vous invoquez Feuille de prévision après avoir sélectionné vos données, vous pouvez définir un certain nombre d'options dans la fenêtre Créer la feuille de calcul de prévision qui s'affiche. Une fois vos critères définis, cliquez sur le bouton Créer pour qu'Excel insère le graphique dans la feuille de calcul.

Index

C

D

E

F

G

H

I

L

M

N

O

P

Q

R

S

W

X

Z